一番わかりやすい

はじめての

紫微斗数（しびとすう）占い

照葉桜子
Sakurako Teruha

日本文芸社

はじめに

「紫微斗数占いをはじめて知る人にも、わかりやすく解説する本をつくってほしい」――。そう依頼をいただいたのは、2022年の夏のことでした。

現在出版されている紫微斗数占いに関する書籍は、一定の知識がある中級者以上向けのものが多く、いわゆる「初心者向け」の書籍はないと感じていました。そのなかでいただいたご依頼だったのです。

今から約1000年前の中国で生まれた「紫微斗数占い」は、当時の厳しい世を生き抜くための占術として使われてきました。そのため、紫微斗数の原書を読むと、とても残酷で無慈悲な内容もあり、難解なものも多いのです。

そんな紫微斗数を、「はじめて知る人に解説するためにはどうしたら良いか？」と、担当の女性編集者さんと和気あいあいとした雰囲気で話し合い、その一方で、わかりやすく、現代に合わせた解釈でみなさまに伝えるためにと、綿密に試行錯誤を繰り返しました。

海外などのあらゆる専門書と、自らの実践研究で得た成果を合わせ、紫微斗数の「幸せな側面」を多く盛り込み、執筆を進めた1冊となっています。「紫微斗数って何だろう？」と、本書をたまたま手に取っていただいた人にも、「より深く紫微斗数を追求したい」と思っている人にも、満足していただける内容になっているのではないでしょうか。

本書では、占術の核ともいえる「十二支」と「甲級主星」の組み合わせ120パターンを、性格・恋愛・仕事・容姿・健康の５項目に分けて、細かく解説しています。ここまで解説している日本の書籍はあまりなく、ぜひともみなさんに読んでいただきたい箇所のひとつです。

そして、占いといえば気になるのは「人との相性」ではないでしょうか。紫微斗数における相性の見方も解説していますので、気になるお相手との相性を確認してみてくださいね。

これまでもさまざまな書籍の制作に関わらせていただきましたが、本書の執筆にあたり自分自身で改めて勉強しなおすことも多くあり、うれしい気持ちと、幸せな気持ちを持って執筆させていただきました。

そんな気持ちで書いた本書ですから、手に取ってくれたあなたが、少しでも幸せになってくれたら良いなと願っています。

最後になりますが、本書の出版の機会をくださった日本文芸社さん、リラックスした、自然体での執筆をサポートしてくださった担当編集者さんには、とても感謝しております。２人に出会えたことが、2022年の最もうれしい出来事のひとつです。ありがとうございました。

照葉桜子

CONTENTS

CHAPTER 3
命盤のつくり方

巻末資料

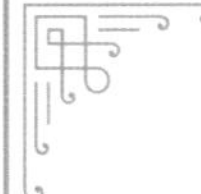

CHAPTER

紫微斗数占いの基本

台湾で圧倒的な人気を誇る「紫微斗数占い」は、
自分が生まれた瞬間の宇宙の星たちの様子を命盤に落とし込む占いです。
本章ではその概要を解説し、紫微斗数占いの神秘的な世界へ皆さんを誘います。

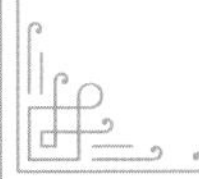

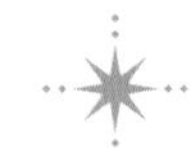

紫微斗数占いは
どのような占い？

北極星に導かれながら、運勢を詳細に読み解く

紫微斗数占いは、約1000年前、唐時代後期から宋時代にかけて中国で生まれた占術です。「易経」などに精通し、さまざまな占術の知識と技術を持ち合わせた道教の道士・陳 希夷が宗主だといわれています。

そもそも占いには、「命・卜・相」の３種類の占術があります。「命」は、個人の生年月日をもとに盤や式を書き出し、その人の一生の運勢などを見ていくもの。「卜」はその瞬間出たことを答えとするもので、カード占いなどが該当します。「相」は手相や家相など、今見えるものをもとに判断します。

紫微斗数はこのうち「命術」に該当します。命術には生年月日のみ用いるものと、生まれた時間も用いるものとがありますが、紫微斗数は後者に該当し、生まれた時間と場所のデータから「命盤」というものを書き出して占います。生まれた瞬間のデータをもとに個人の性質や運勢を細かく見ていくため、占術方法はやや複雑で、命盤の出し方も少々難解になるのですが、**まるでその人の人生を見てきたかのように的中させられるのが特徴です。仕事や結婚などの人生の重要な局面の選択を、自信を持って判断することができるといえます。**

「紫微斗数」という名前は、道教で「予言神」を示す「北極星（＝紫微星）」と、北斗・南斗の星を指す「斗」、そして生年月日の数字を示す「数」が合わさった言葉です。つまり**紫微斗数占いとは、道教の予言の神である北極星の智慧を、人の生年月日などを用いて北斗・南斗の星の意味に変換し、表す占術**ということ。古来から瞬く星に思いを馳せながら運命を読み解いていく、とても神秘的な占いなのです。

古い時代から脈々と受け継がれてきたこの占いを、現代の世に生まれた私たちが、星々の意味を深く理解しながら活用できるのは、とても貴重なこと。気の遠くなるような年月をかけて瞬く星の光を見上げ、その叡智を受け取っているような、厳かな気持ちになりますね。

紫微斗数占いの歴史

1000年ほど前	中国唐時代後期から宋時代にかけて、道教の道士である陳 希夷によって編み出される。陳 希夷は『紫微斗数全書』の著者ともされている。
1942〜1943年	占術の研究家である阿部泰山が「紫微斗数占い」の講習を日本で行った（諸説あり）。
1957年	阿部泰山が著した『神秘聖学 天文紫微運命学』が発刊される。
1960年代	台湾の小説家・学者である張 明澄が度々来日し、書籍を発刊するなど普及に努めた。
現在	中国・台湾では「四柱推命学」に並んで人気の高い占術となっている。

主な占術の種類

命術

生年月日や生まれた時間などを用いて、特性や運勢を判断する占術。

- **紫微斗数**
- **占星術**
- **四柱推命学**

など

卜術

ツールを用いて、偶然出た結果をもとに運気の流れなどを判断する占術。

- **タロットカード**
- **ルーン**
- **おみくじ**

など

相術

人の外見や家具の配置など、目に見えるものからその性質を判断する占術。

- **手相、家相**
- **姓名判断**
- **風水**

など

MORE

紫微斗数に関する歴史や記述は、書籍によって食い違いや主張の違いがある。未だベールに包まれている占術だが、それは先人たちが築き上げた教えが口承によって大切に守られてきた証ともいえる。

紫微斗数占いでわかること

生まれた瞬間の星の様子を、命盤で再現する

「命」の占術である紫微斗数は、生年月日と出生時間、そして出生場所により、その人の性格や特性、そして運命を細密に紐解いていくもの。**基本的な性格から、肉体や容姿の特徴、金運、相続運、仕事運、恋愛・結婚運までもを見ていくことができます。**

それぞれの内容をとても細かに読み解けるのが特徴で、例えば金運であれば、宝くじ・ギャンブル運、相続運、得たお金をどのように使うのか、お金は貯まりやすいのか、あるいは散っていきやすいのか……などといったところまで、詳(つまび)らかに見ることができます。あるいは仕事であれば、適性や適職、持って生まれた才能、仕事への取り組み方や、仕事面における性格、才能、出世しやすいのか、地位や名誉を得られるのかなどもわかります。

例えば、脱サラして起業したいと思っている方がいるとします。そういった「自分は、サラリーマンが合っているのか、それとも自営業が合っているのか」といった悩みも、紫微斗数の占術では、深く見ていくことができます。そして、もし自営業の方が合っている生まれならば、いつ商売を始めるのが良いか、儲かる時期はいつなのか、そして晩年は隠居生活を楽しみたいのであれば、いつ頃にお店を閉めれば、優雅に余生を送れるのか……といった時期までも的確にわかるのが、この紫微斗数という占いなのです。

あるいは恋愛・結婚面であれば、その人自身の性質や好み、恋愛相手から見た魅力だけでなく、その人と結婚するような縁がある人の性格や特性、運勢など、相手のことまで読み解くことができます。

鑑定をさせていただいたお客様から、「占っていただいた通りになりました！」というお声をいただいたり、「どうして紫微斗数占いは、こんなにも的確に未来のことがわかるのですか？」とお聞きいただいたりすることがあります。

それは**「小宇宙」である私たち人間が、宇宙に浮かぶ星々の影響を色濃く受けているからだといえます。**

古（いにしえ）の賢人たちは、人間たちが大宇宙の法則から影響を受けていることに気がつき、その法則を理解することで、自分たちの運勢を的確に読み解こうと考えました。そして、星の運航や、時間や暦といった数字などから、占術を編み出したのだといわれています。宇宙の動きを読むことで、それに呼応する人間の運勢を読むのが占いなのです。

紫微斗数占いでは、占星術のように宇宙を運航している実星（実際に存在する星）を用いず、仮の星である「**虚星**（きょせい）」を用います。そうすることで、その人が生まれた瞬間の大宇宙の星の運行を再現することができるといえるのではないでしょうか。

そして**紫微斗数占いで用いる命盤は、大宇宙の星たちの運航図。小宇宙である私たちに影響を与える素晴らしい情報が詰まった地図であると私は思っています**。その地図を読み解くからこそ、進むべき道筋が見えてくるのでしょう。

自分が持って生まれた特性はもちろん、未来に起こることまで先取りしてわかったら、とても楽しいと思いませんか？　紫微斗数占いで未来を知ることは、あなたの人生の計画を立てる上で、とても役に立つことと思います。

さあ、これからその「命盤」という、叡智の詰まった人生地図をつくっていきましょう（命盤のつくり方は128ページから解説）。

紫微斗数でわかること

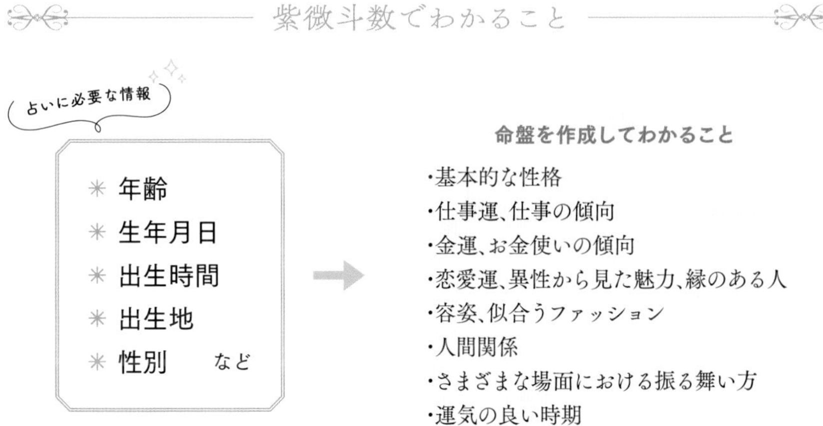

Column1

異なる個性を持つ、「吉星」と「凶星」

穏やかな性質の吉星と、大きなエネルギーを持つ凶星

紫微斗数占いの魅力は、星々の個性的な特徴や運勢を掴みやすく、判断しやすいところにあると思います。

紫微斗数で利用する星は、大きく**「吉星」と「凶星」の２種類に分けることができ、それぞれ特徴があります**。

吉星は、どちらかというと、いわゆる「良い星」になります。吉星が入っている場合、**あなたの持つ魅力や強みを、どんな場所にいても、誰といても、うまく使うことができるでしょう**。特に穏やかな環境において、その能力を遺憾なく発揮できます。

凶星は、どちらかというと「悪い星」となります。人に例えるなら、**個性が強く、少し気難しいところがあるような人**。個人が魅力を発揮することを、いつでも許してくれるわけではありません。そして激動の時代にこそ、その強烈な個性とエネルギーをのびのびと発揮するという性質を持っています。

凶の星はエネルギーが強大ですから、穏やかな社会では、その平和を壊しかねないほどの力を持ちます。凶星が入っている場合は、変化が多く不安定な時にこそ、その強いエネルギーをうまく用いて、荒ぶる神々のように勇ましく世界を創生していくことができます。

そのため、凶星だからといって悲観する必要はまったくありません。逆にいえば、吉星だからといって安心して良いというわけでもありません。大切なのは、自分の星の個性や運勢を知って、それを適材適所で使うということなのではないでしょうか。自分に合わない場所からは勇気を持って抜け出し、自分の生きやすい場所に移動することが、星の特性と運勢に寄り添い、心地よく生きるコツなのだと思います。

CHAPTER

十二宮と37の星から個性を導く

異なるテーマを司る十二宮や個性豊かな37の星々。
紫微斗数占いではこれらを組み合わせることで、個人の性質や運命を紐解きます。
本章にて、各宮が担う役割や星々の性質を学び、
そこから導かれるあなたの個性を詳しく見ていきましょう。

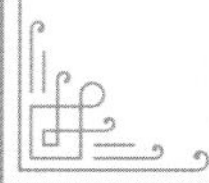

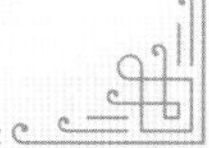

「十二宮」を用いて個性と運命を知る

異なるテーマを司る12の宮

紫微斗数の命盤には、「十二宮」という12個の宮があります。十二宮は、**命宮・兄弟宮・夫妻宮・子女宮・財帛宮・疾厄宮・遷移宮・奴僕宮・田宅宮・福徳宮・父母宮**からなり、配置されます。

この**宮はそれぞれが異なるテーマを司り、各テーマにおいて出る本人の性質・思考・感情・行動、そして周囲の環境などを表します**。例えば兄弟宮は「友達や同僚、世の中の人々と接する場面」において出てくる宮。その人がどのように友人や同僚に接し、思考し、行動するのかなど、宮の象意（意味合い）における、その人自身の持つ性質や運勢が一目でわかるのです。十二宮には十二支が割り当てられ、前述のように、そこに入る星の種類や配列によって特性や運勢を読みます。詳しくは追ってご説明しますが、各宮に入る五行の性質なども複合的に絡み合います。

宮の位置を「宮位」といいますが、この宮位と星の組み合わせが、その人の人生に、まるで絶妙な色彩のように美しい変化を与え、繊細にその性質や運命を導き出していきます。これを読み解いていくことを「宮位判断」といい、これこそが紫微斗数における醍醐味といえるでしょう。

13番目の宮である「身宮」

また、十二宮に加えて「身宮」という宮もあります。命宮は生まれてから一生その特性を持ち続けますが、**身宮は35歳～45歳くらいからその特性が発動する、いわば13番目の宮**（子の刻の前の日の23時～１時生まれと、午の刻の11時～13時の生まれには身宮はありません）。命盤では、十二宮のうちのどれかと重なり、配置されます。身宮が発動すると、命宮とは異なる性質が追加されます。こういった変化も、その人の人生の吉祥禍福を絶妙に表しているといえます。命盤の作成方法は、128ページから詳しく解説します。

※紫微斗数では「三合宮」といわれる命宮・財帛宮・官禄宮の３つの宮と、命宮と正反対の対面にある遷移宮を特に重視する。星同士が、命宮・財帛宮・官禄宮・遷移宮の星の配列により出会うことを「加会」「会照」という。

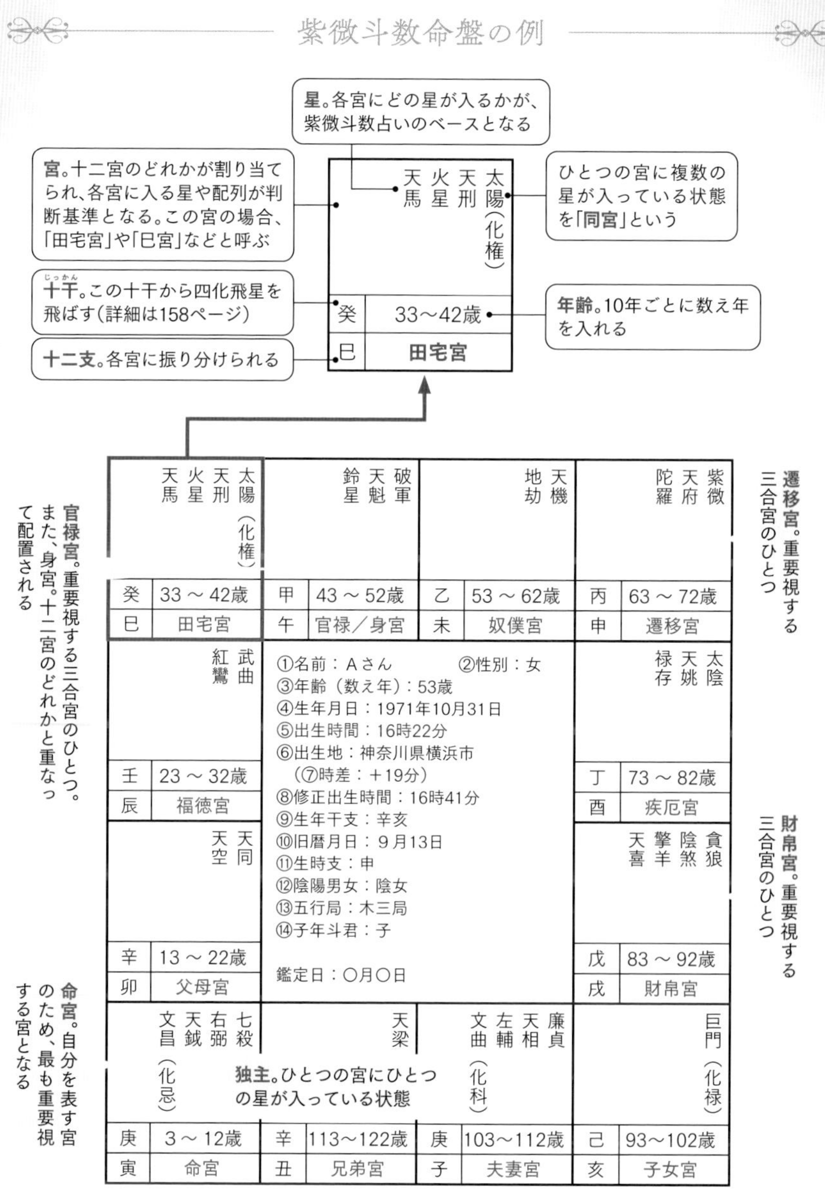

※大限（たいげん）、太歳（たいさい）、斗君（とくん）（144ページ参照）で10年ごと、１年ごと、１カ月ごとの運を見る場合、各宮の配置はもとの命盤とは違うものとなる。そのため、これらと区別してもとの命盤での宮を「生年〇〇宮」と呼ぶこともある。

命宮・兄弟宮・夫妻宮とは

命宮

性格、才能、思想、感情、社会的な運勢、容姿、先天的に弱い体の部位などがわかる宮。その人の深いところの特性が出てくる、最も本質的な部分を表す宮です。表面的な印象ではなく、ある程度深く関わってから出てくるような内面の性質を表しているといえます。

命宮の星が主星の吉星だった場合、整った穏やかな環境下で、その星の本領を発揮しやすくなります。反対に主星の凶星だった場合、激動の時代のほうが、持ち前の力強さを発揮し、経営者などとして成功を収めやすいでしょう。紫微斗数のなかでもその人を表す重要な宮となりますので、まずは命宮にある星を順番に見ると良いでしょう。

兄弟宮

兄弟や友人、同僚との関わり方や運勢、社会の人たちからの印象、人脈運、人気運などを表す宮です。例えば、経営者であればお店に人が集まり繁盛するか、作家であればネットで話題となり本が売れるのか、といったことがわかります。

命宮が良く、起業家として成功を収めていたとしても、兄弟宮に凶星が入っている場合、大限（10年運）・太歳（1年運）・斗君（月運）で占った際に凶星が巡ると、会社が傾く、援助や支持を失うなどの現象が現れる場合も。長く安定して事業を続けたいときは、この兄弟宮を参考に、厚い人脈を持てるか、人々から支持を得られるかも参考にすると良いでしょう。

夫妻宮

配偶者や恋人、共同経営者などのパートナー運を見る宮です。パートナーに示す愛情や2人の関係、パートナーとなる人の性格、容姿、センス、雰囲気、引き寄せられる部分、運勢、財運、家庭運などがわかります。「恋愛がうまくいかない」「どんな人と相性が良いのか」「この人と結婚したい」など、恋愛について占いたいときに参考にすると良いでしょう。

また、結婚や恋愛運を見たいときは、大限・太歳・斗君などに生年夫妻宮（もともとの命盤の場所にあった夫妻宮のこと）が巡ってきた際に、出会いがやってくると判断します。

子女宮・財帛宮・疾厄宮とは

子女宮（しじょきゅう）

子どもの運を表す宮です。子どもの性格や育てやすさ、自分との相性、適性、運勢、仕事の職種、財運、家庭運、パートナー運、また、将来的に生家を継ぐのか、独立するのかといったこともわかります。また、あなた自身の性的な魅力を表す宮となりますので、結婚や恋愛運を見る場合は、子女宮も判断材料にすると良いでしょう。

子女宮に桃花星（とうかせい）（124ページ参照）が入っていると、異性からの人気が高まることが多くなります。さらに、子どもを授かりやすいかなどもわかります。子女宮の配置が良く、大限・太歳・斗君などに生年夫妻宮が巡ると、子どもを授かりやすくなります。

財帛宮（ざいはくきゅう）

お金や財産、利益に関する運を司る宮です。経営者やフリーランスの場合、成功と収入はすべてこの宮で決まるといっても過言ではありません。安定してお金を得られるか、どのような職種や商売が向いているかなどがわかります。会社員と独立起業ではどちらが向いているのかを見たいときは、財帛宮と官禄宮を見比べ、向いているほうの仕事のスタイルを選択すれば成功しやすくなるでしょう。

ただ、大限・太歳・斗君などによって向き不向きが変わります。例えば、20～30代は会社員、30～40代にはフリーランスが向いているなどといった場合もあるので、時期ごとに見るのがおすすめ。

疾厄宮（しつやくきゅう）

病気や人災、怪我や事故の運がわかる宮です。また、霊的な吉凶も見ることができ、喜ばしいものとしては、神の加護を受けやすいかどうか、ラッキーチャンスを得られるかなどもわかります。この運勢も大限・太歳・斗君などによって変化します。

財帛宮が良く、疾厄宮に吉の主星が入ると、まわりの人からの相続や融資、財的な援助が得られることがあります。反対に疾厄宮に凶星が入ると、持病を持つ、お金を損失する、人とのトラブルが多くなるなど、災いが起きやすくなる可能性も。ただ、紫微斗数では、凶はひとつの現象にだけ出てくるため、どこかに難が現れれば、ほかは救われます。

遷移宮・奴僕宮・官禄宮とは

遷移宮（せんいきゅう）

社会における自分の特性や運がわかる宮です。家族や気心の知れた友人たちの前ではなく、社会に一歩出たときの対外的な振る舞いや評価などを表します。また、人との出会いによって利益・名誉・地位を得るのか、人災が起きて損失を被るのかなど、他者との関わりによる運も判断できます。

仕事であれば、営業での外回り、国内外への出張、各店舗への視察、オンラインでの仕事、ノマドワークなどの向き不向き、吉凶がわかります。

さらに、旅行や移動などの運についても遷移宮で判断します。国内外への旅行、飛行機や電車などに乗ってどこかへ移動するときには、参考にしてみましょう。

奴僕宮（ぬぼくきゅう）

自分よりも目下にあたる、後輩や部下、委託先などによってもたらされる運を示します。例えば経営者であれば従業員、何かを教える立場なら生徒との関係性などがわかります。奴僕宮が良いと目下の人に恵まれ、事業の発展や円滑な対人関係に期待でき、部下などからアシストもされやすくなるでしょう。家を建てるときの大工さんなど、何かを依頼したときの担当者についてもわかります。

また紫微斗数では、対面する宮の影響を受けます。奴僕宮は兄弟宮と対面の位置にあるため、社会での人脈や人間関係、人々からの支持や援助に関する運（兄弟宮）も、目下の人の影響を受けることになります。

官禄宮（かんろくきゅう）

仕事に関する個性や運がわかる宮で、仕事の適性と能力、昇進、出世、就職、転職などの運勢がわかります。特に雇われて働く場合に重要となる宮で、組織における人間関係なども表します。試験運もこの宮が司ります。星の配列や状態によって、向いている職種や働き方、得られる成果・地位などが変わるため、ここを見ることで、自分の特性に合った職種や働き方がわかるでしょう。

また、官禄宮は夫妻宮と対面に位置するため、自身のパートナーの仕事に対する影響力も持っています。官禄宮が良い場合、パートナーの仕事運にも良い影響を与えることができます。

田宅宮・福徳宮・父母宮とは

田宅宮（でんたくきゅう）

居住状況や家に関する運がわかる宮です。現在どんな家に住んでいるのか、それは住みやすいか、住みにくいかという状況がわかるほか、家の材料や形、まわりの環境についてや、借家、不動産購入における運なども表します。不動産売買での利益や、家族と家で過ごすときの状態などもわかるでしょう。

そのほか、家族や先祖から受け継ぐ不動産など、相続や資産についても田宅宮で判断します。そのため、家業を営んでいる家庭であれば、誰に継いでもらうと家業が繁栄していくのか、または衰退していくのかなどがわかるでしょう。先祖からの遺産継承などについてもここから読み解けます。

福徳宮（ふくとくきゅう）

メンタルの特性などがわかる宮で、命宮と合わせてその人の本質を表しているといえます。吉星が入っている場合、困難や障害にも負けずに強く生きていけるタイプと判断できます。福徳宮が良いと、心身のバランスをうまくとれるため、心豊かに暮らし、寿命も長くなる傾向にあります。反対に凶星が入っている場合、常に悩みが尽きず、ストレスなどによって心身に影響を及ぼすこともあります。

また、福徳宮は霊的な感性についても表します。僧侶や霊能者、カウンセラーなどスピリチュアル系の仕事についている場合、福徳宮に影響を受けているといえます。大限や太歳も重視しましょう。

父母宮（ふぼきゅう）

両親や祖父母、先祖、あるいは目上の人からの影響・恩恵、関係性、もたらされる運などがわかる宮です。先祖がどのような状態であったか、また、遺伝的な病気についてもわかる場合があります。父母宮に吉星が入っていて宮位も良い場合、両親やそのほかの家族からとても良い影響を受けていると判断できます。財帛宮や官禄宮が悪くても、父母宮と田宅宮が良い場合は、受け継いだ財産や土地を活用して生きられるでしょう。

家または自分より目上の人に関する運がわかるため、先生、先輩、上司の吉凶、国や政府からの影響などもわかります。父母宮が良ければ、目上の人からかわいがられ、サポートを受けやすいでしょう。

判断の要となるのは個性豊かな37の星

星の性質を熟知することが、運勢を読み解く鍵

紫微斗数は、十二宮の「宮位」と、何の星がそこに入り、どんな星の配列になっているか、また、同じ宮の中で、どの星と組み合わさっているか（同宮）、といったことをもとに読んでいきます。

星は、紫微斗数における本人の運とキャラクターを司る重要なポイントとなります。本書で用いるのは、代表的な37星。37星は「甲級主星14星」「甲級副星15星」「乙級副星８星」の３つに区分されます。**甲級主星は、配置された宮に特に大きな影響を与え、占う際のメインとなる星です。甲級副星は、甲級主星に次ぐ影響力を持ちます。乙級副星は甲級主星のサポート役で、小さな彩りを添えるような存在です。**

さらにこれらの星には細かい分類がなされ、14ページでもお話しした「吉星」や「凶星」のほか、「五行の属性」、「北斗星・南斗星・中天星」などの要素によって細分化されます。「五行」は個人の大まかな特性を表します。「北斗星・南斗星・中天星」は、特に運気の影響を受けやすい時期を表すもの。大限（10年運）、太歳（１年運）、斗君（１カ月運）の判断の際、北斗星はその時期の前半に、南斗星はその時期の後半に影響し、中天星はその時期全体の運に作用するといわれています（152ページ参照）。

個性溢れる星たちがどの宮に、どのように入るかで、その人の性質や運勢が導かれます（宮位判断）。例を挙げると、「殺・破・狼」（七殺星・破軍星・貪狼星の頭文字をとってそのように呼ばれます）といい、凶の強い星ばかりが三合宮と遷移宮に入っている人は、事業を興し、大企業にまで発展させるような、凄まじいパワーを持つ人物であることを表します。

星の性質を熟知することが、紫微斗数判断ではとても大切です。25ページからの37星の解説を、「自分の星はどんな性質かな？」と読むことで、ご自身の特性や運勢を、楽しみながら理解することができるでしょう。

37星の区分

甲級主星

人生に及ぼす影響が最も強く、判断のメインとなる星。紫微星、天機星、太陽星、武曲星、天同星、廉貞星、天府星、太陰星、貪狼星、巨門星、天相星、天梁星、七殺星、破軍星の14星からなる。

甲級副星

甲級主星の次に影響力の強い星。文昌星、文曲星、左輔星、右弼星、天魁星、天鉞星、禄存星、擎羊星、陀羅星、火星、鈴星、化禄星、化権星、化科星、化忌星の15星からなる。

乙級副星

甲級主星のサポート役として細かい判断基準を持つ星。天空星、地刧星、天刑星、天姚星、天馬星、陰煞星、紅鸞星、天喜星の8星からなる。

陰陽五行とは何か

陰陽……万物は陰と陽という相反する性質から構成されるという考え

陽。積極的なものが分類される。
天、表、動、太陽、山、男、春など

陰。消極的なものが分類される。
地、裏、静、月、谷、女、秋など

五行……万物は水金土火木という五つの要素から構成されるという考え（それぞれの要素に対する効果は172ページで解説）

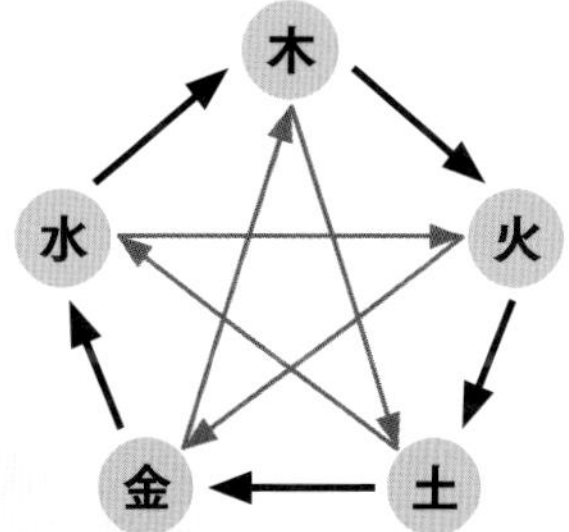

→ 相生（そうじょう）
相手を助けて生み出す関係。調和がとれる。

→ 相克（そうこく）
相手を傷つけ、性質を打ち消し合う関係。

比和
同じ性質の関係。可もなく不可もない。

陰陽と五行の思想を組み合わせた思想を陰陽五行（陰陽五行説）という

星と宮の組み合わせで細密に運勢を読み解く

命宮に入る星の個性は、あなたの個性

先にお話ししたように、紫微斗数占いで用いるのは、14の甲級主星、15の甲級副星、８の乙級副星の計37の星々です。次ページからは早速、これらの星々について解説をしていきます。

人にもさまざまな個性があるように、一つひとつの星たちも、多様な個性や性質を持ちます。その豊かなキャラクターを楽しみ、慈しむことが紫微斗数占いの醍醐味であるといえます。

各星があなたの命宮に入っているとき、その星が持つ個性は、あなたの個性にそのままリンクします。ですから、命宮に入る星には特に着目してみましょう。

そして、「夫妻宮」に出た場合はあなたの恋愛・結婚相手の性質、「子女宮」に入った場合は子どもの性質、遷移宮に入った場合は、あなたの対外的な性質……というように、どの宮にどの星が出るかで意味合いが変わってきます。

例えばリーダーシップを司る紫微星が命宮に出た場合は、あなた自身がそのような人物であることを示しますが、この星が夫妻宮に出た場合は、あなたのパートナーがそのような人物であることを示します。甲級主星に関しては、命宮以外の宮に入った場合、また、太限や流年（太歳・斗君）に入った場合の読み方を各ページの下部に記載していますので、ぜひ参考にしてください。命盤を用意したら、ぜひさまざまな角度から、星たちのメッセージを読み解いてみましょう。

※命宮、兄弟宮、夫妻宮、子女宮、奴僕宮、父母宮の総称を「六親宮」という。

Point ともに宮に入る（同宮）、三合宮に入る（加会）星の種類によっても意味合いは変わってきます。吉星と入ればいつでも特性を発揮しやすく、凶星と入れば不安定な環境下でこそその特性を発揮しやすくなります。また、年齢ごとの宮にも要注目。10年ごとのあなたの資質と運命を読み解くことができます。

37星の吉星・凶星の区分け

吉星	紫微星、天機星、太陽星、武曲星、天同星、天府星、太陰星、天相星、天梁星、文昌星、文曲星、左輔星、右弼星、天魁星、天鉞星、禄存星、化禄星、化権星、化科星、天馬星
凶星	廉貞星、貪狼星、巨門星、七殺星、破軍星、擎羊星、陀羅星、火星、鈴星、化忌星、天空星、地却星、天刑星、天姚星、陰煞星、紅鸞星、天喜星

甲級主星①  北斗星 陰土（己）

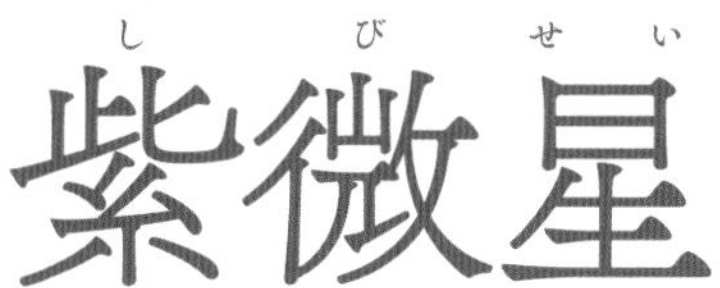

紫微星（しびせい）

Keyword 帝王の星／優雅／組織力／生命力／統率力／創造力／王者／慈愛／孤独／凶星を解厄する力／膨大なエネルギー

特性

人々を幸せに導く帝王の星

紫微星は、北斗星の陰土に属する星で、すべての星におけるトップです。**宇宙のすべてを支配する膨大なエネルギーを持ち合わせ、王として国や社会を支配し、民衆を幸せに導くようなパワーを持ちます。**

紫微星が命宮に入っている場合、このような強い力と威厳、そして大きな野望を持つ人となります。王者さながらの風格を漂わせ、広範囲にそのエネルギーを波及させることから、その人がいるだけでどんな場面も華やぐでしょう。

生まれながらにして「生命と死」について深く学ぶ運命にあり、「生きる」ことに貪欲に、日々パワフルに活動します。優雅で聡明、いつも大勢の中心人物となり、自分の思惑通りに人を動かしたいという願望を持ちます。一方で、**とても慈悲深い一面を持ち、すべての人に対して慈しみの心を持って向き合います。**

強いエネルギーを持っているがゆえに、孤独な王となってしまうことも。その強い力を悪のために使ってしまうと、運勢が下がってしまうので要注意。

各宮に入った場合の意味合い

六親宮	関わりのあるまわりの人たちが、強気な性格である、存在感がある、高い地位や威厳があるなどの意味合いがあります。特に凶星と同宮している場合は、自分勝手な人と関わることが多くなるでしょう。夫妻宮に入る場合は、あなたも、まわりの人も、独占欲が強いことが多くなります。
財帛宮	威厳のある態度で仕事を繁栄させる人。経営者やフリーランスで成功する可能性が高くなります。
疾厄宮	凶星がなければ基本的には健康体。胃腸と消化器系には要注意。
遷移宮	良い人脈に恵まれ、社会で活躍できるでしょう。
官禄宮	会社で人望を集め、良いポジションにつくことができます。
田宅宮	吉星が入れば、不動産運に恵まれます。凶星が入る場合は散財に注意しましょう。
福徳宮	崇高な目標を掲げ、慈悲深い精神を持ちます。

太限・太歳・斗君に入った場合の意味合い

人から注目を集める時期。リーダーとしての役割や威厳のある態度、あるいは決断力が求められます。

甲級主星② 吉星 南斗星 陰木（乙）

天機星（てんきせい）

Keyword 智慧／学問／精神／頭脳明晰／多才多芸／礼儀正しい／運動能力が高い／好奇心／新しいものが好き／参謀の星／友人を大切にする星

特性

優れた知力を持ち、変化を好む

天機星は、南斗星の陰木に属する星です。名前の由来は「天の機密を漏らせるほど、高い知識と技術力を持つ」という意味から。**優れた知力を持ち、あらゆる計画や作戦を立てられることから、「参謀の星」とも呼ばれます**。理想は高く完璧主義の一面を持ち、戦略の実行までに時間がかかることも。その分、仕事の仕上がりは完璧で、対応力にも秀でています。

変化を好む星で、熱しやすく冷めやすい一面を持ちます。一方で思慮深く、人の性質を瞬時に見抜く力があり、友人の一番の理解者でありたいと望みます。自然体で生きていくための知恵を人に授けられる能力があるので、アドバイザーやカウンセラーとして活躍する人も。そのほか、研究、分析、企画、医療、芸術の世界で能力を発揮するでしょう。また、天機星は霊感の強い星といわれ、この星の人は精神世界を重んじます。**エネルギーをまわりに発することのできる紫微星に対し、天機星はエネルギーを受信し、発展させていく力があります**。

各宮に入った場合の意味合い

六親宮	吉星とともに入宮する場合、あなたに関わる人たちが、繊細で聡明であることを示します。ただ、精神的に脆いところもあるかもしれません。夫妻宮にたくさんの吉星とともに入る場合は、相手の浮気心に注意が必要です。
財帛宮	凶星が少なければ、基本的にお金には困りません。吉星が同宮する場合、資産運用に向いています。
疾厄宮	肝臓が弱りやすい性質です。
遷移宮	変化の星なので、出張や移動の多い仕事に向いています。
官禄宮	変化の多い組織や会社が向いています。転職回数は多くなるでしょう。
田宅宮	吉星が入れば、自分の力で不動産を得る運に恵まれます。
福徳宮	自分の好きな分野に夢中になるタイプ。神秘的な世界に惹かれます。

太限・太歳・斗君に入った場合の意味合い

変動や変化が起きる時期。吉星が入る場合は、霊感が強くなったり、高次元の存在からの啓示があることも。

甲級主星③  中天星 陽火（丙）

太陽星（たいようせい）

Keyword 貴の星／万物を照らす星／活気／明るい／豪快／おおらか／慈しみ与える人／努力家／楽天家／慈善家／努力家

✧ 特性 ✧

底抜けに明るく、人々に勇気を与える

太陽星は、中天星の陽火に属する星です。底抜けに明るいエネルギーを持ちます。あまり損得を考えないさっぱりとした性格で、活発でおおらか。**賢い正直者で、家族や友人、仕事仲間を慈しんで無償の愛を注ぎ、勇気を与えるでしょう。**

十二支時刻※において、早朝にあたる寅・卯・辰宮にある場合は、清々しい朝の光のパワーを持ちます。**午前中にあたる巳・午・未宮にある場合は、ギラギラとした強い日差しのパワーを携えるので、特にエネルギーが強くなるでしょう。**吉星が同宮している場合はさらに運が強く、地位や名誉を獲得していきます。目立つ存在ですが、努力家で素直な人柄が好かれるでしょう。

また、十二支時刻の夕方から夜にあたる申・酉・戌・亥・子・丑の宮にある場合、夜の太陽となり、昼間の太陽に比べると、やや控えめで自信のない人が多くなります。文化や教育、福祉、宗教などに関連する仕事では、人に恵む性質を活かし、まわりの人からの協力を得つつ、自分らしく生きていけるでしょう。

※近代以前の中国や日本で用いられていた、1日を約2時間ずつ12等分する時法のこと。各時刻に十二支が割り当てられている。詳しくは62ページにて解説。

各宮に入った場合の意味合い

六親宮	朝から昼の宮に太陽星が入る場合は、温かい人たちに囲まれるでしょう。夕方から夜の宮に、凶星と同宮する場合は、家族内の男性（父・夫・息子など）をあまり頼りにできない状況を示します。
財帛宮	吉星と入る場合は財運に恵まれます。しかし、基本的にどんぶり勘定でお金の管理が甘いので、経営者やフリーランスなどは不向きです。
疾厄宮	頭、心臓、目、甲状腺、大腸、肝臓に注意しましょう。
遷移宮	明るい時間帯の宮で吉星が入る場合、対外的人脈に恵まれます。
官禄宮	人助けの星なので、社会貢献性の高い仕事が適職です。
田宅宮	明るい時間帯の宮で入る場合、相続運に恵まれます。
福徳宮	奉仕の精神が旺盛。明るい時間帯の宮で入ると、朗らかな人柄で好かれます。

太限・太歳・斗君に入った場合の意味合い

寅・卯・辰・巳・午・未宮に入っている場合、仕事がうまくいき、新たな友人との出会いがもたらされます。

甲級主星④　凶星　北斗星　陰金（辛）

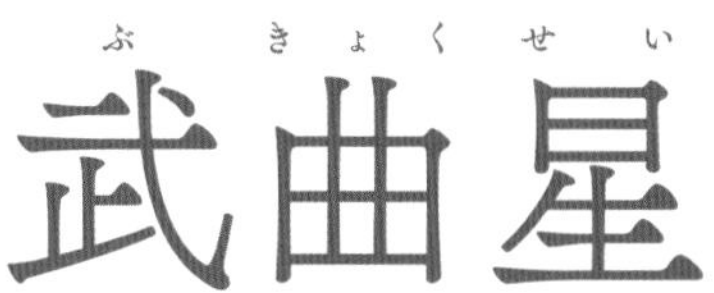

武曲星（ぶきょくせい）

Keyword 福の厚い星／財と利益の星／勇猛／果敢／喜怒哀楽が激しい／有言実行／粘り強い／合理的／法律・数字に強い

特性

現実的で冷静な判断をし、お金に恵まれる

武曲星は、北斗星の陰金に属する星です。お金を司る星で、配列が良い場合には巨万の富を得ることも夢ではありません。起業家や経営者などにもよく見られる星です。気質はとてもさっぱりとしていて、現実的な考え方をします。法律や数字に強く、物事を客観的な視点からとらえることのできる人です。**常に冷静な判断をしていくため、仕事においては効率的に利益を高めていけるでしょう。**

どっしり据わった肝と華やかさを持つ人です。意志強固な、不屈の精神の持ち主。商才があり、変動の多い世の中においても、無一文から会社を創設し、成功させていくような能力があります。

ただ、短気で頑固なところや、利益のためなら冷酷で無慈悲な判断をする一面も。こうした起伏の激しさから、凶星といわれています。孤独な環境に陥ることも。配列が悪いと、お金に関する運気が弱まります。**自分の欲望をコントロールできれば、利益を上げる才能が開花していきます。**

各宮に入った場合の意味合い

六親宮	権力を手にすることで、孤独になることがあるでしょう。また、関わりのある人たちは頑固で冷徹なところがあるかもしれません。ただし、吉星が同宮する場合は、まわりの人から援助を受けられることが多くなります。
財帛宮	吉星と同宮する場合、富を得ます。凶星と同宮する場合、計画性が低く、大きな損失を生む可能性が。
疾厄宮	喘息や鼻血、鼻づまりを引き起こしやすい性質。また、お酒に弱いため、飲みすぎには注意。
遷移宮	海外など故郷から遠く離れた場所での成功が期待できます。
官禄宮	仕事に邁進します。凶星が同宮する場合、取引先とのトラブルが増え、利益は下がります。
田宅宮	不動産運に恵まれるでしょう。官禄宮と財帛宮が良い場合、不動産ビジネスが◎。
福徳宮	何でも即決し、頑固になりやすくなるでしょう。凶星が同宮すると、精神的に落ち着きがなくなります。

太限・太歳・斗君に入った場合の意味合い

吉星と同宮していれば、努力を続けることで成功します。凶星と同宮している場合、金銭トラブルに注意。

甲級主星⑤  吉星 南斗星 陽水（壬）

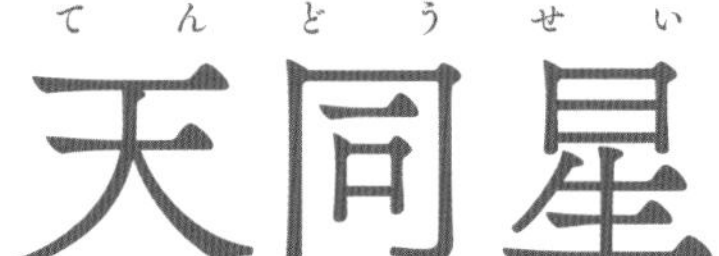

天同星（てんどうせい）

Keyword 女神の星／精神性／芸術性／協調性／社交性／温和／穏やか／ラッキースター／センス／博愛主義者／美しい／可憐

特性

女神のような慈愛の心を持つ高貴な星

天同星は、南斗星の陽水に属する星です。社交性の高い博愛者。**可憐な雰囲気をまとい、女神のような慈愛の心で相手を優しく包み込みます。**災いを回避できる解厄の星で、困難を福に変える力を持ち、困っている人々のために自ら奮闘。尊くありがたい存在の吉星として愛されます。

しかしながら、「破壊から新たなものを創造する」「災いを幸運に変えていく」という性質を持つため、古代中国では天同星の子が生まれると、財を失うなどの災いに見舞われる可能性を考えてしまい、両親はやや複雑な感情になることもあったようです。

芸術性に優れ、クリエイティブな能力に恵まれています。優れた美的センスを活かし、高貴で美しい世界を創造していくでしょう。**吉星と同宮した場合は、恋愛運に恵まれ、その優しさで男女問わずすべての人を虜にしてしまう魅力溢れる人となります。**汚れを知らない、精神性の高い星といえるでしょう。

各宮に入った場合の意味合い

六親宮	穏やかで優しく、進んであなたを助けてくれるような人たちに恵まれるでしょう。父母宮に入った場合、両親が過保護な場合も。
財帛宮	吉星が加会すれば、周囲からの支援やサポートによって財産を得ることができます。
疾厄宮	膀胱、泌尿器、心の疲れに気をつけてください。
遷移宮	対人関係は友好的で穏やか。化禄星や禄存星と天馬星が同宮すると、海外で成功を収めます。
官禄宮	ファッションや芸術分野で花開く運気。仕事相手にも恵まれます。
田宅宮	家族から財産や事業を引き継ぐ可能性は低め。吉星と同宮加会すれば、大器晩成で裕福な生活を送ることができます。
福徳宮	情緒的でゆったりとした美しい世界観を好みます。芸術にも高い関心を寄せるでしょう。

太限・太歳・斗君に入った場合の意味合い

人からサポートを受け、願いを叶えやすくなる時期。凶星と同宮加会していても、受ける影響は小さいでしょう。

甲級主星⑥ 凶星 北斗星 陰火（丁）・陰木（乙）

廉貞星（れんていせい）

Keyword 負けず嫌い／競争／集中力／激しさ／頭脳明晰／天才と鬼人の狭間／才能／仕事人間／勝負師／プライドが高い／優秀／孤独／責任感

特性

優秀で仕事が大好きな負けず嫌い

廉貞星は、北斗星の陰火・陰木に属する星。「仕事が大好き！」という人が多く、目的意識も明確。記憶力と理解力にも優れており、ずば抜けて仕事が早い優秀な人。自分の好きな分野で努力し、幸せを掴みます。ただし、**寝食を忘れて仕事に没頭してしまうことも多く、心身の消耗も激しくなります**。こうした面から紫微斗数のなかでは凶星といわれています。

桃花星（124ページ参照）で、サポートしてくれる異性が現れやすい生まれ。好きな人との恋が成就すると没頭しますが、それは良いことです。**過酷な環境で奮闘することも多い廉貞星にとって、恋愛はあなたの穏やかさを引き出してくれるもの**。仕事以外の楽しさを見つけるとともに、性格の激しい面も中和され、落ち着いた性格になっていきます。廉貞星の女性の場合、夫を支えて家庭を守る専業主婦になる人が多いでしょう。廉貞星の男性の場合、仕事一筋でプライドの高い人ですが、そうした責任感や孤独感から徐々に解放されて生きやすくなります。

各宮に入った場合の意味合い

六親宮	関わりのある人たちとはあまり密着しないさっぱりとした関係性であることが多いでしょう。ただし、凶星が入る場合、ケンカやトラブルが絶えません。
財帛宮	負けず嫌いの星なので、周囲と競い合い、切磋琢磨するなかでお金を得るでしょう。
疾厄宮	過労に要注意。循環器、生殖器、心臓、神経系の病にも気をつけましょう。
遷移宮	吉星とともに入ると、行動範囲を広げていくことで運が開けていきます。
官禄宮	吉星とともに入ると、組織になくてはならない人材となるでしょう。
田宅宮	禄存星や化禄星と同宮加会する場合、両親や親族が所有する不動産が多く、引き継ぐことも。しかし、引き継いだ不動産を売却し、新たな事業資金にするタイプといえます。
福徳宮	仕事が大好きな星なので、目標を定め、力を尽くすときが一番精神的な充足を得られるでしょう。

太限・太歳・斗君に入った場合の意味合い

仕事で認められ、社会的な地位が上がります。生年夫妻宮の位置にあたる場合、恋愛・結婚運が◎。

甲級主星⑦　吉星　南斗星　陽土（戊）

天府星（てんぷせい）

Keyword　優れたバランス感覚／大臣／数字・言語に強い／気配りの人／保守的／度量が広い／安定感／出世／穏やか／鋭い洞察力／真面目

特性

穏やかで知的。慎ましく皆を支える

天府星は、南斗星の陽土に属します。南斗星のトップに君臨し、その高貴さは紫微星と並ぶ、知的で裕福な大臣の星となります。**じっくり着実に物事を進めていけるタイプで、縁の下の力持ちとして、チームのバランスをとる能力に長けています**。穏やかで保守的ですが、鋭い洞察力のある人。吉星が同宮加会すると、良い人脈に恵まれ、組織の長に抜擢されることも多くなります。

天府星の女性は、圧倒的な気配り上手。大人びていて、目上の人からも人気があるでしょう。結婚後は家族を愛し、家族を支えながら慎ましく暮らしていきます。天府星の男性は、ガツガツ働くタイプではありませんが、順調に仕事を進めていきます。穏やかな性格で、真面目で責任感の強い性格から、上司、同僚、部下をうまく結びつけ、頼りになる存在です。いつの間にか出世コースに乗っていることもあります。安定さを持つ星なので、不安定な環境や状況には向いていません。仕事なら独立するよりは、会社員のほうが向いています。

各宮に入った場合の意味合い

六親宮	吉星が加会する場合、家族は冷静でしっかりした人が多く、きちんとした教育を受けてきたことでしょう。安定した財運を持ち、生活力のある人となります。
財帛宮	計画的にお金を貯めていきます。凶星と入る場合は金銭トラブルに注意。
疾厄宮	胃腸、消化器、脾臓に注意。温かい食材をとりましょう。
遷移宮	物事を素早く進める傾向にあります。自宅を仕事場にするよりは、ノマドワーカーや営業など、場所を変えて仕事をする働き方が向いているでしょう。
官禄宮	仕事面で安定し、周囲から信頼されます。
田宅宮	家族からのサポートに期待できます。土地などを受け継ぐこともあります。
福徳宮	保守的で慎重なメンタルを持ちます。感情的になることもないでしょう。

太限・太歳・斗君に入った場合の意味合い

事業や金銭面が一層安定、あるいは発展する時期。吉星と同宮する場合は、降って湧いたような幸運が。

甲級主星⑧　吉星　中天星　陰水（癸）

太陰星（たいいんせい）

Keyword　月／神秘的／精神世界／クリエイター／芸術性／感性豊か／想像力／敏感／繊細／控えめ／貴婦人

特性

神秘と芸術を愛する、儚く美しい星

太陰星は、中天星の陰水に属す星。紫微斗数においては「月」を意味し、吉星となります。繊細で儚く、控えめな性格。**創造性に優れ、神秘や芸術の世界に生きるクリエイター気質です。**とても美しい星で、本人自身も美しい世界観を愛します。音楽、文学、絵画、演劇などが好きな人が多いでしょう。また、哲学や心理学、言語、あるいは神秘の世界などを探求します。

早朝にあたる寅・卯・辰の木の宮や、午前中にあたる巳・午・未の火の宮にある場合は、本来の性質がやや弱まり、感情的な面も出てきやすく、迷いや不安も多い人生となるでしょう。**悩んだときは古くから伝わるものや古典に触れると開運につながります。**自分のルーツである先祖や氏神について学んだり、お墓参りをしたりするのも良いでしょう。それでも大きな不安に襲われたら、自然のなかに身を置いてみてください。自然体の自分を取り戻すことができます。家族との絆や親しい人との関係も、心の支えとなるでしょう。

各宮に入った場合の意味合い

六親宮	申・酉・戌・亥・子・丑宮にある場合、まわりの人との関係が良い状態にあることを示します。また、入っている宮の人（父母宮に入っているなら両親）からの大きな助けがあるでしょう。寅・卯・辰・巳・午・未宮にある場合、母親など女性とのトラブルや衝突を示唆しています。
財帛宮	吉星と同宮している場合は、利益をしっかり出すことができるでしょう。
疾厄宮	腎臓、消化器、腸、目、生殖器、腰のほか、乳腺炎、子宮筋腫、糖尿病などに注意。
遷移宮	故郷から離れた場所で成功します。年上の女性のサポートに期待できます。
官禄宮	芸術関係、マスコミ、文章、音楽、哲学、占術、学術研究などの分野の仕事で活躍します。
田宅宮	申・酉・亥・子宮にあり、吉星が同宮加会し、凶星が同宮しない場合、遺産相続の運があります。
福徳宮	精神世界を愛するでしょう。凶星が入る場合、働き過ぎに要注意。

太限・太歳・斗君に入った場合の意味合い

才能が花開いたり、事業が発展したりする時期となります。学びへのモチベーションもアップします。

甲級主星⑨ 

北斗星 陽木（甲）・陽水（壬）

貪狼星（どんろうせい）

Keyword 社交家／恋愛／快楽／欲望／多趣味／芸達者／自由／わがまま／遊び心／妖艶／美しさ／アウトロー／人生を楽しむ

特性

類いまれなる異性運に恵まれる、恋愛体質

貪狼星は、北斗星の陽水と陽木に属する星です。おしゃれで華やかな雰囲気があり、艶っぽい美男美女が多いでしょう。知的で多趣味、芸達者でユーモア溢れる社交家で、楽しいことが大好き。人を楽しませるサービス精神も旺盛です。常にアンテナを張り巡らせて、最先端の流行をキャッチし続けています。

桃花星ナンバー１でもあり、異性が放っておきません。外見的な美しさだけではなく、努力家で、あくなき探究心を持つ精神性も異性を惹きつけます。ただ**異性運が良すぎるために、恋愛に奔放なところがあるため、紫微斗数では凶星とされています。**複数の人と関係を持つこともあり、常に刺激を求めることから、激動の人生を送っている人も少なくありません。計画性のある星が同宮加会すると、一時の感情に流されにくい性質が出てきます。安定性が芽生え、仕事でも多彩な能力を発揮することができるでしょう。自分で感情をコントロールできるようになると、外見、内面ともにさらに魅力が溢れます。

各宮に入った場合の意味合い

六親宮	父母宮に入る場合、両親は自分の趣味や仕事を優先する人でしょう。しかし、家族のイベントも存分に楽しみます。子女宮に入る場合、マイペースで個性的な子どもが生まれます。兄弟宮に入る場合、兄弟とは希薄な関係であることが多くなりますが、仕事のパートナーとなるとお互いに深く助け合います。
財帛宮	社交術と遊び心が商売に結びつき、基本的には利益を上げられます。
疾厄宮	肝臓や胆嚢に注意。
遷移宮	吉星の同宮加会があると、海外企業との商談がうまくいきます。
官禄宮	人を楽しませる仕事は適職。文化教室や習い事の事業なども向いています。
田宅宮	土地などを受け継いでも守ることは難しいかもしれません。計画性を大切に。
福徳宮	人とのコミュニケーションや趣味が心の潤いとなります。神秘的なことにも深い関心を寄せるでしょう。

太限・太歳・斗君に入った場合の意味合い

セレブな人からの援助に期待できる時期。ただ、桃花星と同宮する場合は、お酒のトラブルに気をつけて。

甲級主星⑩　凶星　北斗星　陰水（癸）

巨門星（こもんせい）

Keyword　一匹狼／知識力／弁論／正直者／懐疑的／真面目／研究家／マニアック／分析力／思想家／理論家

特性

賢く研究熱心。自分を信じる一匹狼

巨門星は、北斗星の陰水に属する星です。学問に精通し、知的。**自分の専門分野や好きなこととなると、何時間でも語り尽くせるほどの深い知識を持ちます。**自分の目で見るものだけを信じ、人一倍、熱心に知識を深めていきます。

物事に対して懐疑的な考えを持ち、群れることを嫌う一匹狼。ストレートな物言いが災いを招くこともあるでしょう。対人関係が苦手で孤立しやすいこともあり、凶星に数えられています。さらに凶星が同宮していると、騙される、利用されるなどの難題が襲い掛かることも。

まわりの人を信頼する明るい気持ちを持つことで、運気が上がっていきます。**懐疑的な心を捨て、フラットな気持ちで周囲を見渡してみると、巨門星の持つ賢さや真面目さを認めてくれる人たちに出会えるでしょう**。また、吉の副星が加会していると、その才能を目上の人から認められて、仕事運が上がっていきます。組織においては多くの人から頼りにされる存在となるでしょう。

各宮に入った場合の意味合い

六親宮	吉星と同宮する場合、独特で変わった人との縁が多くあります。凶星と同宮する場合は凶作用が増幅し、さまざまなトラブルに巻き込まれて金銭的に損をするでしょう。
財帛宮	持ち前の話術を用いてお金を稼ぐ人が多いでしょう。突発的な失言には注意です。
疾厄宮	脾、胃、肺の病気、湿疹、目の病に要注意。
遷移宮	海外との縁がありますが、凶星がある場合は海外でトラブルに巻き込まれることも。
官禄宮	専門的な職種や、巧みな話術を活かした講師や営業マン、アナウンサーなどの仕事が吉。
田宅宮	吉星が同宮する場合、会話が楽しい家庭に。凶星が同宮する場合、暗い場所や低地の住宅に。
福徳宮	凶星が入る場合、こだわりの強さや自責の念、人への不信感に悩まされるでしょう。吉星が入ると、人との会話が幸運の呼び水となります。

太限・太歳・斗君に入った場合の意味合い

吉星が同宮する場合、研究熱心さが活かされて、特にマニアックな分野で大成功しそう。

甲級主星⑪  南斗星 陽水（壬）

天相星（てんそうせい）

Keyword 貴族の星／ナンバー２／エレガント／礼儀正しい／真面目／優しい／フォロー上手／衣食住／優柔不断／道徳的／サービス精神

特性

人との縁を大切にする、優美な貴族

天相星は、南斗星の陽水に属します。紫微星や天府星に仕える貴族の星であり、穏やかで優雅、社交的な人となります。**細かなところにも良く気がつき、サービス精神が豊か。人との縁を大切にします**。権威や名誉ある人の側にいることを好むところもあるため、ナンバー２のポジションで活躍するでしょう。仕事は秘書、高級レストランのウェイター、モデル、服飾関係、サービス業などに向いています。人の役に立つこと、人に褒められることが喜びであり、そのためなら努力を惜しまず活動できる人です。

衣食住に恵まれる星で、凶の副星が同宮加会していなければ、その運勢は一生安定したものになります。美味しいもの、美しいものが好きで、優雅な生活を好む人が多いでしょう。細かいことが気になる性質で、物事をざっくりとした視点でとらえることは苦手。また、本来は人のために動くことを喜ぶ人ですが、頼みを断れずに抱え込み、疲弊することも。ときには自分を優先しましょう。

各宮に入った場合の意味合い

六親宮	まわりにいるのは、教育熱心で真面目なタイプでしょう。基本的に几帳面で与えられた役割はしっかりとこなす人で、特に吉星がある場合はその性質が強くなります。凶星が入る場合、やや優柔不断で気が小さいところがあるかもしれません。
財帛宮	優雅な身のこなしを活かせる、サービス業や営業などが向いています。
疾厄宮	膀胱や泌尿器に注意。凶星の場合、糖尿病にも気をつけましょう。
遷移宮	吉星と同宮する場合、交渉力を活かして海外との取引を成功させます。
官禄宮	特にサービス業で頭角を現すでしょう。
田宅宮	吉星が同宮加会する場合は、先祖からの土地などを受け継ぐ運気を持ちます。
福徳宮	自発的に考えて動くより、人に合わせることを好む性質の持ち主となります。

太限・太歳・斗君に入った場合の意味合い

吉星が同宮する場合、人脈が拡大する時期です。凶星が同宮する場合、精神的に塞がりやすい時期となります。

甲級主星⑫ 吉星 南斗星 陽土（戊）

天梁星（てんりょうせい）

Keyword 理論家／親分肌／面倒見が良い／リーダーシップ／人情家／勉強家／正義感／指導者／行動力／長寿／健康／高い理想を持つ

特性

地位と名誉に恵まれるリーダー

天梁星は、南斗星の陽土に属する星です。吉星で解厄の性質を持ち、同宮加会する凶星を良い方向へ導く力があります。崇高な理想を掲げ、そのために積極的に行動を起こす人。寿命の長い星ともいわれ、体は丈夫で働き者でしょう。

人とディスカッションすることが好きな勉強家。**しっかりとした自分の意見を持っており、それに賛同する人々から高い評価を受けるでしょう**。真面目な性格ゆえ、不正は許せません。強い正義感や批判的精神も持ち合わせているため、会社の悪いところを上司に指摘できるような強さがあり、その姿勢が後輩や部下から慕われる親分肌です。ただ、凶星が入る場合はそうした真面目さが失われ、ずる賢い性質が出てくる人もいます。

地位や名誉に恵まれる運気で、お金を表す吉の主星や副星の加会がある場合は、どんな仕事でもうまくいくでしょう。特に公的機関に関わる仕事が良いとされており、福祉や交通機関、学校教育・社会教育に関わる施設などの経営に適性があります。教師や僧侶などにも向いています。

各宮に入った場合の意味合い

六親宮	夫妻宮に入ると、年上の人と結婚しやすくなります。その宮に入っている人からの助けを得られたり、面倒を見てもらったりすることが多いでしょう。ただし、凶星が同宮する場合、その宮の人から災いやトラブルが降りかかり、損害を受けることが多くなります。
財帛宮	親分肌で大盤振る舞いしがちな星なので、吉星が入っていないと、貯蓄は困難かもしれません。
疾厄宮	胃腸、肺に注意。たばこはおすすめしません。
遷移宮	吉星が入る場合は、海外出張などを楽しめます。反対に凶星が入る場合は海外トラブルの暗示。
官禄宮	吉星が入る場合、教育、福祉、警察、法律の仕事で花開くでしょう。
田宅宮	先祖からの土地、不動産などを譲り受ける運気です。保険など社会的な援助も受けやすい人となります。
福徳宮	人を支え、フォローすることに喜びを見出します。ボランティアなどにも意欲的でしょう。

太限・太歳・斗君に入った場合の意味合い

変化や試練を乗り越えると運が開ける時期。凶星が同宮加会する場合、生命の危機に注意しましょう。

甲級主星⑬  南斗星 陰火（丁）・陰金（辛）

七殺星（しちさつせい）

Keyword 権威の星／独立心旺盛／統率力／創造力／豪快／俊敏／運動神経が良い／正直者／喜怒哀楽／律儀／優秀

◇ 特性 ◇

社会に新しい風を吹かせる統率者

七殺星は、南斗星の陰火と陰金に属する星です。**独立心旺盛で、自分に負荷をかけ、勇ましく人生を切り開いていきます。**官禄宮と遷移宮を司るため、仕事が早く優秀。出張など多くの移動を伴う仕事で良い出会いに恵まれ、ビジネスが発展していくでしょう。

社会に新しい風を吹かせるような創造性豊かな気質を持つので、専門的な分野での経営者などにも向いています。また、権威の星ともいわれていることから、多くの人を統率する能力もあり、組織を統括する管理職も適任です。

喜怒哀楽が激しく、怒ったかと思えば、すぐにご機嫌になったりするような一面が。プライドが高く、人に対する好き嫌いも激しいでしょう。正義感の強さから歯に衣着せぬ物言いをするところもあり、煙たがられることも。しかし、自分の才能を認めてくれる人や困っているときに助けてくれた人に対しては、全力で恩を返していく義理堅い面があります。ユーモアを交えて話せるようにすれば、誰からも親しまれるでしょう。

各宮に入った場合の意味合い

六親宮	凶星と同宮加会する場合、まわりの人たちは、横暴で自分勝手な人たちかもしれません。吉星と同宮加会する場合、その性質が多少軽減され、仕事運の良い人たちとなるでしょう。
財帛宮	ギャンブルや投資には向きません。吉星が入れば損失を取り戻すことができるでしょう。
疾厄宮	肝臓、肺、腸に注意。短気な性格の改善は健康にも結びつくでしょう。
遷移宮	吉星が入る場合は海外で発展し、凶星が入る場合は海外でトラブルに巻き込まれます。
官禄宮	権利関係や研究などが適職。吉星が入る場合は、教育や管理職も向いています。
田宅宮	相続や資産としての不動産購入の運には恵まれない運勢です。
福徳宮	吉星が入る場合、目標を達成するための知恵や人脈が備わります。凶星が入る場合、崇高な目標がある一方で行動は粗雑。そのため、失敗することが増えるでしょう。

太限・太歳・斗君に入った場合の意味合い

吉星と同宮する場合、昇進など地位向上の暗示に。凶星が同宮する場合は不注意によるケガや事故に注意です。

甲級主星⑭　凶星　北斗星　陰水（癸）

破軍星（はぐんせい）

Keyword　個性的／創造性／ロマンチスト／革命児／豪快／カリスマ性／パワフル／衝動的／破天荒／飽き性／経営者／破壊神

特性

斬新なアイデアを持つ時代の革命児

破軍星は、北斗星の陰水に属する星です。個性的な魅力を持つ革命児タイプ。斬新なアイデアを武器に、新しいものを生み出す能力に長けたカリスマです。**時代を読んで新たな世界観を打ち出し、何らかの分野で先駆者となることも多いでしょう**。桃花星に属する星ということもあり、その生き方は、性別問わず多くの人の心を虜にします。ただ、飽き性で、興味がなくなると物事を放り出して破壊的な激しさがあることから、凶星に属します。

組織で働くより経営者に向いていますが、少しでも時代にそぐわないと感じたら、ためらわずに会社を潰してしまうほど。変化の多い人生ですが、本人はこの激動を心から楽しみます。**ゼロから新しいものを生み出すときが、この星の人が最も輝く瞬間です**。経営者、プロデューサー、アスリート、登山家、警察官、自衛隊員、技術者、職人、宗教家などが適職。会社が変わっても同じスタイルの仕事ができるように、専門技術を身につけておくと良いでしょう。

各宮に入った場合の意味合い

六親宮	せっかちでどこか憎めないチャーミングなところがある人に囲まれます。凶星が入る場合、お金の貸し借りには手を出さないほうがベター。
財帛宮	芸術やクリエイティブな仕事によってお金が入る運気ですが、出て行くものも多くなりそうです。
疾厄宮	膀胱、腎臓、尿道系の病に注意。体を温めましょう。
遷移宮	吉星が同宮する場合、生まれた家から遠い土地で運が開け、人脈が広がります。
官禄宮	組織で働くのが良く、特に体を動かす仕事が向いています。
田宅宮	先祖のマイナスの資産をプラスへと転じさせる使命を担います。吉星が同宮する場合、その目標を果たせるでしょう。凶星が同宮する場合、借家での生活を送ります。
福徳宮	いつも気持ちは慌ただしく、落ち着かない性分かもしれません。

太限・太歳・斗君に入った場合の意味合い

転職や引っ越しなどリセットの時期。凶星が同宮すると、離婚など知人との関係を絶つこともあります。

甲級副星①　　南斗星　陽金（庚）

文昌星（もんしょうせい）

Keyword　頭脳明晰／明るい／穏やか／文系／芸術／指導力／エレガント／高貴／センス／移り気／情にもろい／繊細／本番に強い

✧ 特性 ✧

たおやかで頭脳明晰な文学者

文昌星は、南斗星の陽金に属する星です。文曲星と双星（双子の星）として知られ、ともに富と名誉に恵まれます。副星のなかでは特に吉作用が強く、「六吉星」のうちのひとつとして数えられている星です。

明るくたおやかで、やや繊細。穏やかな人柄で、相性の良い吉星が加会すると、より一層その良さが引き立ちます。育ちが良く、振る舞いは優雅で、逆境に弱いタイプ。情にもろく、感情がすぐに移り変わるところもあります。

文学と芸術に長けており、文才があります。**頭が良く、一人ひとりの性質に合わせた対応力があるので、教師や講師などにも向いているでしょう。**

古代中国では、この文昌星と文曲星の２つの星は、「相反する性質を持つ陰陽によって、宇宙の万物をつくり、世界中を繁栄させる力がある」といわれていました。この２つの星のいずれかが命宮に入る場合、ずば抜けて天才的な頭脳を持つといわれます。その能力は、中国の難関試験である科挙（隋〜清時代までに採用されていた、官僚を決めるための試験）をも突破できるといわれていたほど。そのため、**この星の人は、入学試験や資格試験などの試験に強い性質を持つといわれているのです。**

また、副星の双星（文昌星と文曲星、左輔星と右弼星、天魁星と天鉞星、擎羊星と陀羅星、火星と鈴星、天空星と地劫星、天喜星と紅鸞星）が３つ加会すると、良き人脈に恵まれます。

命宮に入っている人はどんな人？

- **感情を作品として昇華させる才能がある**
- **頭が良くて文章力が豊か。あらゆる試験に強い**
- **それぞれの人に合わせた指導力がずば抜けている**

甲級副星②　吉星　北斗星　陰水（癸）

文曲星（もんごくせい）

Keyword　智慧が輝く星／博学多才／理系／聡明／手先が器用／口達者／合理的／几帳面／努力家／臨機応変／現実的／忍耐力

特性

努力で成功を掴む、賢い数学者

文曲星は、北斗星の陰水に属する星です。文昌星と双星になります。六吉星のうちのひとつに数えられている星です。

文昌星と同様に頭の良い星ですが、文系の文昌星とは対照的に、**文曲星は計算や数字に強い性質。理数系の分野で才能を発揮します**。記憶力にも優れており、研究に没頭するタイプです。臨機応変に考えて行動できる合理的な性格。また、几帳面で細かいところがあるため、仕事においては経理や校正などに適性があります。

文昌星が良い家柄に生まれるなど、先天的な環境や才能に恵まれている一方で、文曲星は一般的な家庭の生まれとなることが多く、忍耐強く努力して才能を開花させていきます。正統派の文昌星に比べて、後天的な努力で成功や信頼を勝ち取る文曲星は、「異路の功名」ともいわれ、現実的で合理的な考え方を身につけていくでしょう。**雄弁を司る星でもあるため、その力強い言葉で人を導く力もあります**。

三合宮や福徳宮に入ると、良い性質がより強調されていきます。容姿端麗な人が多く、異性からモテる人も多いでしょう。また、太陰星と同宮すると、「九流の術士」になるといわれ、占術や神秘学に長けた人物となります。ただし、凶の主星や桃花星（貪狼星、廉貞星、破軍星など）と同宮加会すると、途端に感情に流されやすくなります。

命宮に入っている人はどんな人？

- **賢くて数字に強く、理系の分野で才能を発揮する**
- **細かい作業が得意で、経理や校正などの仕事に向いている**
- **忍耐強く努力し、才能を開花させていく**

甲級副星③　吉星　北斗星　陽土（戊）

左輔星（さほせい）

Keyword　桃花星／民衆援助の星／知識／人望／補佐／マッチング能力／人間関係の問題を解決する／精神が安定している／解厄

✧ 特性 ✧

安定した運気を持ち、災いを消し去る

左輔星は、北斗星の陽土に属する星で、右弼星と双星になります。六吉星のうちのひとつに数えられる星です。

物知りで、専門的な知識で問題を解決することのできるため、多くの人からアドバイスを求められたり、頼りにされたりと、常に人に囲まれているでしょう。優秀で博識な友人も多く、わからないことがあればみんなで一緒になって考え、解決していく運気に恵まれています。

人々をより輝かせる才能を持ち、人と人を結びつけるマッチング能力や、人の個性に合わせた采配力に長けています。仕事においては、複雑な人間関係や問題をいとも簡単に解決するでしょう。そのため、人事や人材管理の仕事に適性があります。

左輔星は、その輝きが廟（びょう）（星の光が最も強い）や陥（かん）（星の光が最も弱い）の状態になることが少ない、安定した星です。特に命宮や三合宮に入った場合、より安定感が増します。

そして、**どの十二支の宮においても、厄や災いを良い運勢へ変えられる作用を持つ星です**。例えば、六親宮に武曲星や巨門星といった凶の主星が入っていると、人との間に問題を抱えたり、悪い縁から逃れられなかったりと、人間関係に難が生じることがあります。しかし、左輔星が同宮していれば、縁故を切り離して解厄へと導いてくれるのです。

命宮に入っている人はどんな人？

- **人と人を結びつけるマッチング能力がある**
- **人間関係の問題を解決する良きアドバイザー**
- **運勢や精神が安定しており、仲間にも恵まれる**

甲級副星④　吉星　北斗星　陰水（癸）

右弼星（うひつせい）

Keyword　桃花星／人脈からの幸運／異性からの助力／優秀な部下から慕われる／人に福と幸運を授ける／民衆を引き寄せる

◇ 特性 ◇

自分にも人にも福をもたらす幸運の使者

右弼星は、北斗星の陰水に属する星で、左輔星と双星となります。六吉星のうちのひとつに数えられる星です。さまざまな難を解厄し、幸福をもたらします。

命宮に入っていると、大きな幸せに包まれる人生となるでしょう。あなた自身も人に幸せを授ける役割を持ちます。

とても人間的で、人を大切にし、穏やかな優しさを持っている人。幸福感溢れるオーラに惹きつけられ、寄ってくる人は大勢いるでしょう。魅力溢れる人なので、異性からの人気も高く、何かにつけて助けてもらうことも多いタイプです。

右弼星が命宮や三合宮に入ると、高い計画性を持つ人となります。１人の力ではどうしようもない大きな問題も、仲間たちと協力して解決していくことができるでしょう。特に、命宮などの自分を表す宮に紫微星や天府星がともに入っている場合、優秀な部下や人脈に恵まれる運が倍増します。また、凶の主星が同宮していても、右弼星の力で解厄し、多くの人脈により問題を乗り越えていくことができます。

ただし、**夫妻宮に入る場合は、異性とのトラブルが多くなるので要注意です。**多くの異性から注目を集めるあまり、複数人と関係を持ってしまう可能性が高く、大きな問題に発展することも。夫妻宮に入っていなければそうした問題が起こることはあまりなく、それぞれの異性と適切な距離を保っていける人だといえます。

命宮に入っている人はどんな人？

- **穏やかで優しく、人間味に溢れている**
- **幸せそうな空気感をまとい、相手に福をもたらす**
- **多くの人に囲まれていて、特に異性からの人気が高い**

甲級副星⑤  南斗星 陽火（丙）

天魁星（てんかいせい）

Keyword 桃花星／聡明／富貴／高貴／貴族／品格／尊敬／礼儀正しい／慈悲深い／玉の輿／清楚／優美／清廉潔白／遺産相続

特性

清楚で雅な正統派。金運に恵まれる

天魁星は、南斗星の陽火に属する星で、天鉞星と双星となります。六吉星のうちのひとつに数えられる星です。

天魁星は「天乙貴人（てんおつきじん）」「昼貴人（ひるきじん）」などともいわれ、**目上の人やステータスのある人からの助けにより人気や地位を得て、運気が上がる性質を持ちます。**富貴を司っているため、お金や地位に恵まれる生まれです。

礼儀正しく品格があるので、上司や先輩など目上の人からかわいがられます。特に女性の場合、異性からの人気が高く、多くの援助を受けます。結婚であれば、いわゆる「玉の輿」に乗る人も多いでしょう。親族などから遺産を受け継ぐことも多くなります。

正統派の星で、家柄にも恵まれることが多く、清く正しい道を歩む宿命を持ちます。**清楚で雅やかな雰囲気をまとっているので、組織やブランドなどを象徴するような、イメージキャラクター的な存在となることも多いでしょう。**

吉の主星と一緒になって命宮に入っている場合は、一生を通じて高い身分が保たれ、衣食住に困ることがありません。ただし、凶星と同宮加会すると、個性が潰されてしまうような、繊細な星でもあります。

命宮と身宮に天魁星と天鉞星の双星が入ることを「魁鉞同行（かいえつどうこう）」といい、強運を手にする生まれとなります。さらに魁鉞同行の状態で、命宮と身宮に吉の主星が入ると、地位の高い人に囲まれ優雅な人生を送ることができるでしょう。

命宮に入っている人はどんな人？

- **お金や地位を与えられる生まれ**
- **礼儀正しく、目上の人からかわいがられる**
- **悪事とは無縁のクリーンな人生を歩む**

甲級副星⑥　吉星　南斗星　陰火（丁）

天鉞星（てんえつせい）

Keyword　桃花星／貴人援助／名声／地位／富貴／気品高い／優美／縁談／抜擢／遺産相続／従順／威厳／試験突破／就職に強い

特性

異色のルートで地位や名誉を得る

天鉞星は、南斗星の陰火に属する星で、天魁星と双星になります。六吉星のうちのひとつに数えられる星です。

穏やかで気品があり、従順な性格をしている人。年齢を重ねると、徐々に貫禄と威厳が出てきます。

双星の天魁星が正統派の人生を歩み「天乙貴人」「昼貴人」といわれるのに対し、天鉞星は「天堂貴人（てんどうきじん）」「夜貴人（よるきじん）」といわれます。**地位や名誉を得て尊い存在として扱われることには変わりないのですが、少し変わったかたちでそうした縁に恵まれるケースが多くなります**。例えば、家族以外の人から遺産相続をしたり、特殊な仕事を継承したりと、ひょんなことからのし上がることも多いでしょう。地位や名誉ある仕事との縁もあります。

命宮に同宮加会する場合、試験や面接に強い性質となります。**受験や就職では難関突破して目標達成できる可能性は高く、才能を認められて出世しやすくなるでしょう**。また、命宮に吉の主星と一緒に同宮する場合は、大限に巡ってきたタイミングで、まわりの人にお見合いや人に会う機会をセッティングしてもらうと、素晴らしい恋愛に発展することが多くなります。刺激は少ないかもしれませんが、穏やかな人と巡り合えます。そのほかの宮で吉星が同宮加会する場合、権力のある人からの援助を受けて、福運が良くなります。特に吉の主星と同宮している場合は、より多くの縁に恵まれるでしょう。

命宮に入っている人はどんな人？

- **穏やかで気品のある控えめな性格**
- **変わったルートにより、地位や名誉を得やすい**
- **試験や面接を突破しやすく、出世もしやすい**

甲級副星⑦　吉星　北斗星　陰土（己）

禄存星（ろくぞんせい）

Keyword　恵みの星／お金／裕福／利益／経済観念が高い／計画性／慎重派／豊かな生活／物質運／起業家／経営者／解厄

特性

しっかりとした経済観念を持ち、金運上々

禄存星は、北斗星の陰土に属する星です。**お金を司る星で、命宮に入る場合は特に経済観念がしっかりとしており、お金が回ってくる運に恵まれます。**

命宮に禄存星が入る場合は、両脇の宮に凶星の擎羊星と陀羅星が入るため、孤独になりやすい性質が出てくるでしょう。さらに、兄弟宮と父母宮に凶星が入るため、家族との縁が希薄になるといった凶作用（悪い特性を引き起こすこと）も出てきます。ただし、解厄の性質を持つため、擎羊星と陀羅星以外の凶星からはあまり影響を受けず、幸運を招きやすくなります。慎重派で動きはゆっくりとしていますが、計画性を持ち、目標に向かって着実に近づいていけるでしょう。

数字に強く、商売上手な人です。仕事は遅いほうですが、ひとつずつ丁寧に進めていく性格をしています。**利益の上げ方やお金の回りが良くなる方法が感覚的に身についており、起業家や経営者などに多く見られる星です。**対人関係を円滑に進めていくこともできるので、信用第一の誠実な経営をしていきます。

吉の主星と同宮するとさらに仕事運や財運がアップし、一生お金に困らない裕福な人生が送れるでしょう。特に、同じ性質を持つ利益の星の化禄星と同宮加会すると、よりお金や運に恵まれて人生が発展していきます。

命宮や財帛宮、田宅宮、遷移宮に入ると、よりそうした性質が強調され、運気は発展します。ただし、命宮に入っていたとしても、主星が同宮していなければ、ややお金にうるさく、器の小さな人になる傾向があります。

命宮に入っている人はどんな人？

- **経済観念がしっかりとした裕福な人で、お金の管理が上手**
- **ムダなく、計画的に物事を進めることができる**
- **災いを解消し、福や運をもたらすことができる**

甲級副星⑧　凶星　北斗星　陽火（丙）・陽金（庚）

擎羊星（けいようせい）

Keyword　権力の星／刃物／勇敢な戦士／個性的／喜怒哀楽／トラブル／孤立／豪快／短気／破壊力／人間関係の不和／突発的

特性

強烈なエネルギーを放つ破壊神

擎羊星は、北斗星の陽火と陽金に属する星で、陀羅星と双星となります。六凶星のうちのひとつに数えられる星です。

豪快で短気、激しい性格で、どの宮にあっても強烈な影響力をもたらします。対人関係のトラブルを引き起こしたり、ケガや事故につながる事件に巻き込まれたりすることもあるでしょう。命がけとなるような、危険な仕事につくのは避けたいところです。ただし、命宮で紫微星や天府星などの解厄の星と同宮する場合、そうした過激な性質が中和され、「善」の方向に力を使うことができます。

午宮にあり、天同星、太陰星、七殺星、破軍星、貪狼星と同宮する場合、数々の不幸な出来事を乗り越えて、創業者などとして成功を収めるともいわれています。四墓の地（丑・辰・未・戌宮のこと。63ページ参照）にある場合は運が良くなり、解厄の星と同宮する場合、何かのきっかけで突然人生が発展していくこともあります。戌宮の財帛宮にある場合は、お金を引き寄せる運が強くなりますが、リスクが高くなることも。まわりからの圧力や妨害には気をつけましょう。

また、凶星と同宮加会する場合は、生まれ持った破壊的なエネルギーが大きく作用します。特に家族との揉め事が起きたり、孤立したりすることも。**感情をコントロールし、分別を持ってエネルギーの使いどころを見定め、自分の味方となってくれる人との縁を大切にすると、吉運に転換していくでしょう。**社会において、貢献性の高い地位で活躍することもあります。

命宮に入っている人はどんな人？

- **豪快で短気な性格で、影響力は強大**
- **強烈なエネルギーにより、人との関係性が壊れることが多い**
- **感情をコントロールすると、運気が良い方向へ向かう**

甲級副星⑨  凶星 **北斗星** 陰金（辛）

だらせい

陀羅星

Keyword 粘り強い／こだわりが強い／停滞／執着心／棘のある植物／だらだら／ネチネチ／孤立／家族との縁が希薄／情緒不安定

特性

悪い運気が続かぬよう、執着心を手放して

陀羅星は、北斗星の陰金に属する星で、擎羊星と双星となります。六凶星のうちのひとつに数えられる星です。

擎羊星は突発的にわかりやすい凶作用が出てくるのに対し、陀羅星はなかなか悪運を断ち切れないなど、長期間にわたって凶作用が続く、停滞した状態をもたらします。ただし、悪いことばかりではありません。四墓の地に入っている場合、仕事運の発展が期待できるでしょう。家族との縁は薄い人が多い傾向にありますが、生まれた地を離れ、まわりの人たちからの援助を受けながら発展する運気を持ちます。**自分のことを深く理解し、良い方向へと導いてくれるような人を大切にすると良いでしょう。**

人に対しては好き嫌いが激しく、情緒不安定でマイナス面に向かいやすいタイプ。孤立することもあるので、まわりの人との調和を心掛けると良いでしょう。悪いことが続く運気の星なので、良くない影響をもたらしてくる人には執着せず、すぐに離れたほうがベターです。

陀羅星は執着心の強い星ですが、それは裏を返せば粘り強い性質があるということ。**高い目標を設定し、達成するまで何度でもトライし続けることができるでしょう。**自らの持つ大きな力を「悪」に使うのではなく、「善」の方向に使いましょう。「悪」に力を使い続けていると、運気は下がっていく一方ですが、良い方向に力を使えば、運気が上がっていきます。

命宮に入っている人はどんな人？

- **強烈なエネルギーと個性があり、好き嫌いが激しい**
- **執着心の強さを目的達成のために活かせば成功する**
- **素晴らしい理解者によって運が開ける**

火星（かせい）

Keyword 決断力／行動力／社交的／大胆／気分屋／熱しやすく冷めやすい／短気／落ち着きがない／出張･移動の多い仕事向き

特性

刺激を求める、落ち着きのない星

火星は、南斗星の陽火に属する星で、鈴星と双星となります。六凶星のうちのひとつに数えられる星です。突発的なこと、危険なこと、別れなどを司る凶星となります。

常に刺激を求めるタイプで、社交的なところもあるため、人と会うことが好きな人です。ただし、**気分屋で飽きっぽいところがあり、落ち着きはありません。**気が強く、急激に感情を爆発させてしまうことも。ひとつの場所に留まっていることは苦手なので、出張や移動の多い仕事に向いています。より自分に合う仕事を求めて転職が多くなる人も。

試練も多いかもしれませんが、冷静な判断と行動を繰り返していけば、徐々に凶星の難が解厄されていき、40代以降に大きく運が開けていくでしょう。体を動かす仕事や奉仕的な仕事をすると、感情の爆発も抑えられます。

命宮に入ると、決断力と行動力は抜群に良くなる一方、短気な性格になります。ただ、貪狼星と同宮した場合は、機会があれば社会的に高い地位につけるでしょう。普段から周囲を客観視しておくと、そうしたチャンスに恵まれやすくなります。紫微星や天府星が同宮加会する場合、火星の凶作用が抑えられ、富貴な人生へと導かれます。

寅・卯・巳・午の宮にある場合、より成功を収めやすくなります。女性の場合、仕事をバリバリこなすキャリアウーマンとなるでしょう。結婚をしても専業主婦にはならず、外で働くほうが生活が安定します。

命宮に入っている人はどんな人？

- **ひとつの場所に長くいることは苦手**
- **外の世界に触れているほうがいきいきとする**
- **華やかで気が強く、感情を爆発させやすい**

甲級副星⑪ 

 南斗星 陰火（丁）

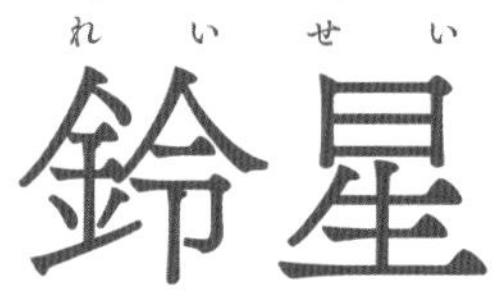

Keyword 臨機応変／トラブル／個性的な容姿／冷淡／落ち込みやすい／孤独を好む／警戒心／心を開きづらい

◇ 特性 ◇

警戒心が強く、孤独を好む星

鈴星は、南斗星の陰火に属する星で、火星と双星となります。六凶星のうちのひとつに数えられる星です。こちらも災いや別れを司る凶星となります。

火星と同様に、短気で落ち着きのない星ですが、鈴星は落ち込みやすい性質を持ちます。警戒心が強く、孤独を好む星であるため、その心の扉を開ける人は極めて少ないでしょう。**まずは身近な人を信じることから始めて、物事を前向きにとらえられるように習慣づけていくと良いでしょう。**

凶星ではありますが、紫微星や天府星など、相性の良い星と同宮加会する場合、運勢は爆発的に良くなります。お金や仕事の運が飛躍的に上がっていくでしょう。特に、貪狼星と同宮加会すると、組織の先頭に立って成功を収めていく人になります。

ただ、七殺星や破軍星など、相性の悪い星と同宮加会する場合、障害の多い人生となります。試練を乗り越えた経験が、あなたの強さとなるでしょう。

女性の場合、吉星と同宮するとお金に恵まれる傾向にあります。命宮で吉星と同宮している場合、結婚後はバリバリ仕事をして稼ぐよりは、専業主婦やパートとして家庭を守る役割になると、凶作用が落ち着きます。

孤立しやすい性質を持っているので、パートナーをつくったり、いろいろな人との関わりを持ったりして、その人たちの意見に耳を傾けることで、運勢が良い方向へ向かっていきます。

命宮に入っている人はどんな人？

- **警戒心が強く、人を信じることが苦手**
- **気分が沈みやすく、孤独を愛する**
- **相性の良い星と同宮加会すると、運勢がぐんと良くなる**

甲級副星⑫  中天星 陰土（己）

化禄星（かろくせい）

Keyword 幸福／お金／利益／愛されキャラ／癒し／穏やか／素直／異性運／善良／純粋無垢／義理堅い／人の輪／天使／楽観的

特性

無垢で素直。みんなに愛される天使の星

化禄星は、中天星の陰土に属する星です。**化権星、化科星、化忌星と合わせて「四化星（しかせい）」と称されています**。四化星は、必ず主星かほかの副星の下につくかたちで同宮し、その星の性質に独自の作用をもたらします。

明るく素直な性格は、まるで天使のよう。周囲からの人気は抜群です。**人を信じて疑わない純粋さが、相手の心を穏やかにします**。多くの人が集まってきますが、持って生まれた運の強さもあり、騙したり、悪事を働いたりするような悪い人は滅多に寄ってきません。命宮に入ると、誰からも愛される人となります。

化禄星は最強の吉星といわれ、人々に幸福や利益を与える福の神とされています。持って生まれたものをまわりの人に与え、感謝の心も忘れません。そのため、「あなたに恩を返したい」と思う人たちが集まって、さらなる仕事や利益につながり、素晴らしい感謝の循環が生まれるでしょう。特に女性は良きパートナーと出会い、素敵な家庭を築いていきます。子どもにも恵まれるでしょう。

解厄の星であるため、同宮加会する凶星の作用を弱め、吉星の作用を強めます。また、財運にも恵まれ、同じ性質を持つ禄存星や武曲星と同宮加会すると、その運勢は倍増。財を意味する宮に入った場合も良く、特に財帛宮や田宅宮に吉の主星とともに同宮すると、莫大な資産を得て人生が繁栄していくでしょう。

ただ、大限や太歳で化忌星が飛んできた（146ページ参照）場合、凶作用を増幅させるため、注意が必要です。

命宮に入っている人はどんな人？

- **人を疑うことを知らない素直さが相手を癒す**
- **誰からも愛され、恋愛・結婚運も良い**
- **最高の福の神、また財禄の神とされている**

甲級副星⑬　吉星　中天星 陽木（甲）

化権星（かけんせい）

Keyword　地位／権力／お金／技術力／威厳／面倒見が良い／お節介／法律／義理堅い／公務員／起業家／組織のトップ

◇ 特性 ◇

地位と権力を持ち、頼られる存在

化権星は、中天星の陽木に属する星で、四化星のひとつ。高い地位や権力を持ち、強い気迫があります。ついた主星にその気迫を与え、その特性をさらに強めてくれるでしょう。少々気の弱い主星についた場合は、その星に自信と気の強さを与えてくれます。

吉星と同宮すると、お金も手に入れられる生まれとなります。同宮する星にもよりますが、公務員などのお堅い組織の人員や起業家として活躍するでしょう。

命宮に入る場合、堂々として威厳のある人となるでしょう。学校や会社などの組織においては、周囲から一目置かれる存在に。**組織などをまとめる能力があって面倒見も良いので、大いに頼られる人となるでしょう。**

ただし、度が過ぎるとお節介になってしまうので注意が必要です。組織の枠からはみ出ようとしている人に対しても目をかけて、煙たがられてしまったりすることも。**組織のトップに立つ場合は「来るもの拒まず、去るもの追わず」の精神を意識すると、うまく回っていくはずです。**まわりの人に頼りたいと思ったときは、命宮に化禄星が入っている人に頼ると良いでしょう。たいていのことはうまく処理してくれる、自分にとって頼もしい存在となります。

また、化権星は入る宮が意味する物事や、同宮する星が意味する物事を、総合的にとりまとめる力があります。例えば、お金を司る財帛宮に入れば、お金に関する運が総合的に上がっていくでしょう。

命宮に入っている人はどんな人？

- **気迫があり、地位、権力、お金を手にする生まれ**
- **面倒見が非常に良く、ときにお節介になってしまうほど**
- **宮や星の司る物事を調和させ、良い方向へ導く**

甲級副星⑭　吉星　中天星　陽水（壬）

化科星（かかせい）

Keyword　知識／試験／学問／芸術／頭脳明晰／名誉／技術力／策略家／上品／エレガント／人脈／礼儀正しい／解厄

特性

上品な雰囲気。圧倒的な知力を誇る

化科星は、中天星の陽水に属する星で、四化星のひとつ。四化星のなかで最も高い学力を誇ります。学ぶことが大好きな学者気質。言語能力も高く、テストや受験にも強いタイプです。**その秀でた知性で、ついた星の知的能力をアップさせます**。

また、学問だけでなく芸術にも長けていて、才能を開花させていくでしょう。技術習得にも向いていて、あらゆる分野で活躍していくことができます。雰囲気は上品でエレガント。礼儀正しい人で、振る舞いや雰囲気に品があります。

副星である化科星は、どの宮や星と一緒になるかが重要となります。化科星は、特に統率力に長けた星に有利となる星で、官僚や大臣となる人の命宮についている場合、めざましい活躍を可能にするでしょう。ただし、基本的にはどの宮に入っても活躍できます。命宮と三合宮に入ると、優秀な人脈が広がり、自分にとっても先方にとっても利益の出る関係となり得ます。

強い解厄の力を持つ星ですので、命宮に凶星が入っている場合でも、化科星のついた星が同宮していれば、凶作用を緩和させます。同宮する星は、武曲星以外すべて吉星となります。さらに、吉星と合わさることで素晴らしいプラスの作用が働きます。その宮の司るテーマを、より品格溢れるものとして輝かせてくれるでしょう。

命宮に入っている人はどんな人？

- **圧倒的な知力を誇り、難関試験もお手のもの**
- **エレガントな雰囲気で、振る舞いが上品**
- **命宮や三合宮に入っていると、仕事で良い人脈に恵まれる**

甲級副星⑮　凶星　中天星　陽水（壬）

化忌星（かきせい）

Keyword　集中力／執着心／追求心／頑固／神経質／狂人／嫉妬／深く狭い分野を極める／精密／発明家／悪魔／膨大なエネルギー

特性

悪魔的なこだわりを見せる執着の星

化忌星は、中天星の陽水に属する星で、四化星のひとつ。「執着の星」といわれ、四化星のなかで唯一の凶星となっています。

膨大なエネルギーを持つ個性派な星といえるでしょう。視野が狭く悲観的で、執拗に細かいことにこだわります。**人と異なる思考や、ひとくせある趣味、歪んだ愛情などを持つ人も多いです**。まわりの人からは敬遠されたり、扱いづらいと思われたりすることもあるかもしれません。

化禄星を天使だとするならば、化忌星のこの人は、悪魔的な魅力を持った人といえます。特に、親六宮、遷移宮、財帛宮に入り、吉星の助けがない場合は、凶作用が働きます。しかし、命宮と官禄宮に入っている場合、ついている星によってはバックアップし、成功へと導きます。

不屈の精神を持つ頑固者で、自分の意見は曲げません。天才か狂人か、紙一重なところが特徴です。異常なほど頭が良かったり、専門技術に長けていたりすることもあるでしょう。**ひとつのことに没頭し、固執してこだわるところは、病的なレベル。その性質を上手に活かせば、誰にも真似できないような成果を生み出すことも可能です**。常識外れの発明や斬新な芸術など、特殊な専門職でトップの地位を確立させていくことも夢ではありません。

対人関係で苦戦することが多く、一般的な仕事では周囲に溶け込むことに苦労するため、自由に仕事のできる環境や、フリーランスに向いているでしょう。

命宮に入っている人はどんな人？

- **誰にも負けない執着心を持ち、エネルギー強大**
- **病的にこだわる性質を活かせば大きく成功**
- **不屈の精神の持ち主。我が強く、対人関係には苦戦**

乙級副星① 凶星 中天星 陰火（丁）

天空星（てんくうせい）

Keyword 精神の虚の星／空想／夢想家／宗教／僧侶／神官／神仏の加護／先祖／自然／不安定／あいまい／散財／気が弱い

特性

現実離れした雰囲気で、精神世界を追究する

天空星は、中天星の陰火に属する星で、地劫星と双星となります。六凶星のうちのひとつに数えられる星です。

「精神の虚の星」ともいわれ、精神世界に興味・関心を持つ人が多い傾向にあります。そのため、現実世界では少し生きづらさを感じるところがあるかもしれません。**神仏の加護を受けやすいため、お墓参りをするなど先祖を大事にし、神が宿っているとされる自然と触れ合うことで、運気が上がります。**

夢想家で、あいまいな言動をすることから、まわりの人からは「掴みどころがない」といわれることも多くあるでしょう。また、紫微斗数での占術においても判断に迷うことが多い、独特な星といえます。

天空星の豊かな感性は、主星と相性が良く、良い宮に入る場合は、例えば公務員のような堅実な組織や仕事に適性があります。そのほか、見えない世界を重んじるところから、僧侶、神主、占術家、民俗学者、芸術家としての才能も。

普段は大人しい性格ですが、自分の好きなことやこだわっているものを生きる糧としているため、それらに関しては執着が強く依存的なところも。現実離れした思考をしていることから財運や仕事運が不安定となり、散財しやすい傾向もあります。好きなものにお金を掛け過ぎないよう、注意が必要です。また、気の弱さから悪い人脈に取り込まれやすいところがあります。運が良い人やしっかりした常識を持っている人が近くにいると、良い運気を招きます。

命宮に入っている人はどんな人？

- 神仏の加護を受けやすく、精神世界への興味や神秘的な思考を持つ
- 現実離れした雰囲気。夢想家で掴みどころがないタイプ
- 自分の好きな分野を追究しながら生きると幸せになる

乙級副星②　凶星　中天星　陽火（丙）

地劫星（ちごうせい）

Keyword　物資の虚の星／利益に貪欲／騙されやすい／神仏の加護／精神世界／神秘的／僧侶／神主／占術家／商売／地道な努力で成功を掴む

特性

人知れず努力することで幸せを掴める

地劫星は、中天星の陽火に属する星で、天空星と双星になります。六凶星のうちのひとつに数えられる星です。

「物質の虚の星」といわれており、自分の利益となるものには貪欲です。子どもの頃に大きなものを損失するような経験をする人が多く、その経験が影響している場合もあります。

「楽をして稼ぎたい」という思いがあり、一獲千金を夢見るところがあるようです。投資や「簡単に稼げる」と謳（うた）う商売に手を出したり、あるいは、何かを犠牲にしてまでも稼ぐことに集中してしまったりすることも。騙されやすい性質があるために、そのようなお金の稼ぎ方を目指しても、うまくはいかないでしょう。**「仕入れたものを売る」などのシンプルな商売に適性がありますので、地道に働けば、無謀な計画による失敗から自分自身を守れるはずです。**

また、天空星と同様に神仏の加護を受けやすい星ですので、現実世界や物質的なものではなく、精神世界や形のないものに価値を見出す仕事のほうが、本質的には向いています。僧侶や神主、占術家などの神秘的な仕事に適性があります。

地劫星は、奉仕的な活動に勤しんだり、人知れず努力を重ねたりしてこそ、良い人生を歩んで幸せになれる星です。道を極めるためには知識や技術を習得することから始める必要もありますが、素直にいろいろなことを学んでいくことで、道が拓けていくでしょう。

命宮に入っている人はどんな人？

- **「楽に稼げる」仕事に興味を持つものの、失敗しやすい**
- **物質を扱うよりも、神秘的なものを扱う仕事に適性がある**
- **欲を捨てて純粋な気持ちになると、神仏からの加護が強まる**

乙級副星③ 凶星 中天星 陽火（丙）

天刑星（てんけいせい）

Keyword 正義感／倫理観／道徳心／モラル／裁判／法律／悪を正す／監査／管理／争い／対立／揉め事／ケンカ／クレーマー

特性

強い正義感を掲げる、孤独な星

天刑星は、中天星の陽火に属する星です。規則に厳しく、常に正しくありたいと願う、強い正義感の持ち主。命宮や官禄宮に入る、または、吉星と同宮すると、さらにその性質が強調されます。その強い正義感を活かせる裁判官や弁護士、検事、警察官、医師などは適職といえるでしょう。

凶星と同宮、または、悪い星の配列になっている場合、その正義感は過激なものとして出てきます。ときには激しいエゴイストやクレーマーのような存在になることも。

すべての人や物事に「正しい規則」を当てはめようとすると、対人関係がぎくしゃくしてしまいます。**世の中にはいろいろな人がいることを理解し、「良い塩梅」を意識することで、その正義感が良い方向へと働いていくでしょう**。また、天刑星が大限や太歳に巡ると、揉め事や裁判の当事者となる可能性があります。有利な状態であれば、解決策としてお金や何かしらの利益を得ることもあるでしょう。そのほか、天刑星が入る宮では争いごとや対立に見舞われることも多くなります。

もともと、天刑星は孤独な星。そのため、コミュニティのなかで孤立することもあるかもしれません。**激しすぎる正義感は適度に抑えてユーモアや可愛らしさを意識し、温和な雰囲気をつくるように心掛けましょう**。それによってあなた自身の欠点がフォローされ、リラックスした関係性を築いていけるはずです。

命宮に入っている人はどんな人？

- **正義感が強く、規律を最優先に世の中の悪を正していく**
- **人とのトラブルを起こしやすく、裁判に発展することもある**
- **孤独な星なので、ユーモアと可愛げを意識すると良い**

乙級副星④　　中天星　陰水（癸）

天姚星（てんようせい）

Keyword　桃花星／おしゃれ／美しい／流行／パリピ／楽しい／芸事の才能がある／多趣味／人間的／華やか／艶やか／最先端／社交的

特性

華やかで器用。恋を楽しむ、モテる星

天姚星は、中天星の陰水に属する星です。大人っぽい色気とあらゆる才能を持ち合わせる、技芸の星となります。器用でさまざまな技術を習得するのに優れた星といえるでしょう。

周囲からの人気は高く、異性からモテる桃花星ともされています。例えるなら舞妓や芸者のような、妖艶で華やかなイメージをまとう星。**会話や雰囲気で恋を楽しむことに長けていて、エスコートはするのもされるのも上手**。一緒にいると相手は楽しい気持ちになるでしょう。一応凶星の種類に入りますが、凶作用よりも吉作用が勝る星となります。

現代でいうと、「パリピ」に属するような、存在感のある人といえます。大勢で集まるパーティーや、賑やかな場に顔を出すことを好みます。常に中心的な存在で、まわりの人から慕われるリーダー。人脈も広いでしょう。**特に、天姚星が命宮に入っていると、一層おしゃれで格好良く艶やか、社交的で趣味も多彩な人となります**。さまざまな流行にも精通し、話題が尽きることはないでしょう。魅力に溢れ、多くの人の心を掴みます。

人を惹きつける魅力を活かして、芸能人、モデル、アナウンサー、アパレル関係、あるいは芸事全般を仕事にすると良いでしょう。また、趣味を仕事にするのもおすすめ。まずは趣味として始め、技術を習得してからスクールや講座などで人を集めて教えるような仕事にも適性があります。

命宮に入っている人はどんな人？

- **異性をリードするのもされるのも上手なモテるタイプ**
- **華やかで艶やか。舞妓のように人を惹きつける**
- **器用で多才。さまざまなスキルの習得に長けている**

乙級副星⑤　吉星　中天星　陽火（丙）

天馬星（てんませい）

Keyword　変化／移動／多忙／旅行／活動的／移り気／落ち着きがない／緻密な計画／変化により運がもたらされる

◇ 特性 ◇

動き回ることで運を掴むが、計画性を大切に

天馬星は、中天星の陽火に属する星。流動的な星で、常に動き回っています。一生を通じて変化が大きい星といえるでしょう。配置される宮が司るテーマには、多くの流動・変化がもたらされます。例えば、「家」などを表す田宅宮に入っている場合は、ほとんど家で過ごすことはなく、常に外を走り回っているような人となります。また、遷移宮に入り、吉の配列となれば、動くことで利益や財を得る「財馬」や、貴の星である紫微星などとセットとなり、名誉を得やすくなる「貴馬」になることがあります。一方、凶星と入ると、争いが起こりやすい「戦馬」や、人災を示す「病馬」などにもなりかねません。いずれにしても、天馬星は同宮する星の変動と変化を司る星となります。

命宮に入っている場合、日々、あちこちへ駆け回るような人となります。**目標に向かってまっしぐらな性格のため、その方向性やプランが合っている場合には、好調にことが進みます**。目標の立て方と精密な計画性を大切にすれば、動きまわることで繁栄がもたらされます。

ただ、計画を立てず闇雲に走り出してしまうと、ただ彷徨（さまよ）うだけとなり、損失が大きくなってしまうことも。**天馬星にとって最も重要なのは、目標を達成するための緻密な計画を立てること**。多少時間がかかったとしても、動き出す前に「どのように行動するか」を細かく考えるクセをつけると、良い運を掴み、人生が発展していくでしょう。

命宮に入っている人はどんな人？

- **常に動き回り、変化を起こす人**
- **緻密な計画性を大切にすることで、良い運を掴む**
- **動くことで利益を得る配列の場合、吉方位取りなどの開運法が◎**

乙級副星⑥ 凶星 中天星 五行なし

陰煞星（いんさつせい）

Keyword 陰湿／邪魔／邪悪／嫉妬／羨望／腹黒い／繊細／ナイーブ／疑心暗鬼／不安／魔力／霊感／小さなことが気になる

特性

嫉妬心の強い星。自分の不安を解消して

陰煞星は、中天星で、五行の属性はありません。

ドラマや少女漫画などで、主人公に嫉妬した人が意地悪をするシーンを思い浮かべてみてください。陰煞星はその人のように陰険な性質を持ち、「とるにたらないような害」を司る星といわれています。陰煞星が入る宮では、陰湿な邪魔や障害が出てくるのです。

命宮に入る場合、腹黒い人に邪魔されたり、自分が腹黒くなったりすることがあります。しかし、それは何かにとわられ神経質になり、恐れや疑心を抱いているから。**「まわりから邪魔されている」と考えるのではなく、自分の不安感を解消していくようにしましょう**。そうすれば、人間の邪悪な気持ちによって引き起こされるトラブルに巻き込まれるといった障害を回避できます。

魔力や霊感、妖怪といった意味も持つので、霊感の強い人は多いでしょう。田宅宮に入っていると、家に霊的な存在が潜む可能性も。また、財帛宮にこの星が入っている場合、一般的な仕事では邪魔が入りやすくなるかもしれませんが、**僧侶、占術家、スピリチュアリストなどのように、目に見えない世界に関わる仕事につけば、その才能を発揮することができます**。

凶作用の強い星ですが、凶星はひとつの物事に凶作用が働くと、そのほかの物事には凶作用が及びません。ですから心配しすぎず、どこかに不利益が出てたとしても、「厄払いができた！」と考えて、前向きに。

命宮に入っている人はどんな人？

- 繊細でナイーブ。細かいことが気になりすぎてしまう性格
- 嫉妬心が強く、人のことをマイナスにとらえやすくなることも
- 霊感があるため、目に見えない世界のことを学べば強みに変わる

乙級副星⑦ 吉星 中天星 陰水（癸）

紅鸞星（こうらんせい）

Keyword 桃花星／恋愛の星／婚姻の星／異性運／落ち着きがある／魅力的／艶やか／大人っぽい／妖艶／自分磨き／美容／芸術／散財

特性

容姿端麗で交際上手の華やかな星

紅鸞星は、中天星の陰水に属する星です。天喜星と双星になります。

美しい容姿の持ち主で、妖艶な雰囲気が漂う人でしょう。**異性から高い人気があり、毎日異なる人とのデートを楽しむといったこともあるかもしれません**。また、そうした誘いが仕事につながることもあります。多くの人を引き寄せる、縁が豊かな星。特に命宮に入った場合は、そうした性質が強くなります。

美容にこだわりがあり、自分磨きには余念がありません。桃花星の性質があることからお金にも恵まれますが、使い道には要注意。その大半は交際費や化粧品など、自分磨きのための費用として流れてしまい、自分の手元に残るお金はわずかとなってしまいます。貯金をしたいなら、冷静に計画を立てましょう。

ただし、「財の星」といわれる禄存星や化禄星と同宮加会した場合には、お金の運用がうまくなり、入ってくるお金も大きくなります。特にサービス業に適性がありますが、美容、アパレル、アクセサリー、飲食といった分野でも活躍できる人です。

鑑定をしていて「出会いの時期はいつですか？」と聞かれたときには、この星の位置を見ることが多くなります。**この星が大限・太歳・斗君に巡ったときは、良きパートナーと巡り合ったり、プロポーズされたりといった運に恵まれやすくなる、と判断できるでしょう**。美しい桃花星は、その時期のその人を彩り、魅力を添えてくれるので、異性からのお声がけも多くなるのです。

命宮に入っている人はどんな人？

- **容姿端麗で美しく、異性からの誘いが多い**
- **華やかなことが好きなので、お金はあるだけ使ってしまうタイプ**
- **人付き合いが上手。多くの人を引き寄せる豊かな縁の持ち主**

乙級副星⑧ 

中天星 陽水（壬）

天喜星（てんきせい）

Keyword　桃花星／恋愛／結婚／容姿端麗／かわいい／純粋／明るい／自由奔放／清楚／話術／賑やか／華やか／おもしろい／頭の回転が速い

特性

可愛らしく純粋で、話術が巧み

天喜星は、中天星の陽水に属する星です。紅鸞星と双星になります。

紅鸞星が大人っぽく妖艶な雰囲気があるのに比べ、**可愛らしく、純粋な雰囲気のある人です**。華やかで明るく、自由奔放な性格をしていて、頭の回転が速く、話術に優れています。

吉の主星と同宮すると、素晴らしい対人関係や地位、名誉、お金に恵まれますが、散財しやすい傾向にあります。文昌星や文曲星など、吉の副星と同宮すると、上品で雅やかな雰囲気をまといます。さらに会話の内容が幅広くておもしろい人となり、異性からの人気もグッと上がります。

生年夫妻宮に入ると、容姿が美しく、優しいパートナーとの出会いがあるでしょう。女性の場合、パートナーとなる人は、人付き合いがうまく、スマートな人。ただし、生年夫妻宮に財を表す星が同宮加会していないと、パートナーのお金は外での交際費に流れがちです。家計はしっかり管理しましょう。

男性の場合、パートナーとなる人は、容姿端麗な人。ただし、その美貌を保つための美容や洋服などのお金が流れがちになるため、気をつけましょう。

また、紅鸞星と同様に、大限・太歳・斗君に巡ると、出会いのチャンスがもたらされる時期ととらえられます。特に、**夫妻宮や田宅宮に巡ると結婚やそれにつながるパートナーとの出会いがあります**。ただし、既婚者の場合、天喜星が巡る時期には、浮気や不倫など、心が揺れ動くような事態が発生する可能性が。

命宮に入っている人はどんな人？

- **可愛らしい容姿と魅力的な会話で異性を惹きつける人**
- **いろいろな運に恵まれる一方、お金が出ていきやすく散財しがち**
- **華やかで自由奔放。頭の回転が速い**

判断の基本となる星と十二支の組み合わせ

十二支と星の組み合わせから、個性を読み解く

日本でも古くから用いられている十二支は、紫微斗数占いでも重要な意味を担います。「十二時辰」といい、1日を12等分し、それぞれに十二支を当てはめる技法があり、大きく分けると、**朝から昼を表す「寅・卯・辰・巳・午・未」と、夕方から夜を表す「申・酉・戌・亥・子・丑」**に分けられます。各星がこのうちどちらの時間帯に属しているかで、その意味合いが変わってきます。

同時に陰陽五行も重要な存在となります。陰陽五行とは23ページで解説したとおり、宇宙のすべてのものは水・金・土・火・木の5つの要素から成り立っているという考え方。季節もこの要素と対応していると考えられ、**春は木、夏は火、秋は金、冬は水**（土は季節の変わり目である立春、立夏、立秋、立冬の前18日間）に割り当てられました。この五行も命盤において、星々の性質に影響を及ぼします。なお、十二支と五行も対応しており、寅・卯・辰は春の木、巳・午・未は夏の火、申・酉・戌は秋の金、亥・子・丑は冬の水となります。

紫微斗数占いは、その命盤上で、どの宮にどの星が入っているのか、そして、十二支や陰陽五行といった要素がどのように絡み合っているのかを見て読み解くもの。**星たちの個性は、入る宮や、十二支、五行との組み合わせにより、強力に発揮されることもあれば、反対に抑圧されることもあります。**

64〜123ページでは、紫微斗数占いの命盤作成の法則にしたがった、十二支と甲級主星14の組み合わせ、120パターンを紹介しています。十二支と星の組み合わせだけですべてを判断することはできませんが、この2つの組み合わせはとても重要な鍵を握るものとなります。この組み合わせにより、基本的な性質や仕事、恋愛の傾向などが導かれます。

ご自分の特性を知りたい場合は、命宮の組み合わせを見てみましょう。夫妻宮であればパートナーの特性を、父母宮であれば親御さんの特性を見られます。

※掲載順は、25〜38ページで紹介した星の順です。十二支は日本で馴染みの深い「子、丑、寅……」の順ではなく、「子と午」、「丑と未」、「寅と申」、「卯と酉」、「辰と戌」、「巳と亥」というペアごとに掲載しています（四柱推命の「冲」の関係に該当するもの）。

十二支と主星の組み合わせの例

十二支と星の組み合わせにより個性や性質を、五行の組み合わせによりその強さを判断する

朝〜昼　　**夏の火**

天梁星（陽土） ◎ 陰火 巳　官禄宮	七殺星（陰火・陰金） ○ 陽火 午　奴僕宮	△ 陰土 未　遷移宮	廉貞星（陰火・陰木） ◎ 陽金 申　疾厄宮
紫微星（陰土） 天相星（陽水） △ 陽土 辰　田宅宮	◎ 寅・巳・申・亥宮を「四生（ししょう）の地（四馬地）」という ○ 子・卯・午・酉宮を「四旺（しおう）の地」という △ 丑・辰・未・戌宮を「四墓（しぼ）の地」という 辰の紫微星×天相星		○ 陰金 酉　財帛宮
天機星（陰木） 巨門星（陰水） ○ 陰木 卯　福徳宮／身宮	丑の太陽星×太陰星	戌の破軍星独主	破軍星（陰水） △ 陽土 戌　子女宮
貪狼星（陽木・陽水） ◎ 陽木 寅　父母宮	太陽星（陽火） 太陰星（陰水） △ 陰土 丑　命宮	武曲星（陰金） 天府星（陽土） ○ 陽水 子　兄弟宮	天同星（陽水） ◎ 陰水 亥　夫妻宮

春の木　　秋の金　　亥の天同星独主

冬の水　　**夕方〜夜**

※上記の場合、例えば、自分自身の特性を知りたい場合は（命宮）、77ページの「丑の太陽星×太陰星」を、パートナーとなる人の特性を知りたい場合は（夫妻宮）、93ページの「亥の天同星独主」を確認します。

子の紫微星独主

優雅さのなかに高い理想を持つ野心家

性格

旺水の冬の宮に陰土の帝王が座っています。優雅でのんびりとした性格ですが、高い理想を持つ野心的な部分も。信仰心が強く、洞察力や人間の観察力に優れていて、神秘学、哲学、占術、宗教学などを好む傾向にあります。人へのアドバイスを得意とする一方、自分の意見を押しつけない控えめなところも。

恋愛

20代までは熱烈に恋愛をし、挫折しやすい傾向も。晩婚で幸せを掴むでしょう。男性の場合、惹かれるのは、華やかで活動的、喜怒哀楽を素直に表現し、しっかりとした意見を持った人です。女性の場合、たくましく威厳があり、スポーツが得意な明るいさっぱりとした気質の男性に憧れを抱きます。

仕事

学ぶことが好きなので、僧侶、神官、占術家、研究者、芸術家など、特殊な知識や専門技術を用いる仕事につく傾向にあります。吉星がある場合、これらの仕事で発展しやすくなり、まわりからの助けも多くなります。凶星が多いと、高い理想を掲げますが、決断力にはやや乏しくなりがちです。

容姿

成長の過程で、魅力的な所作を身につけていきます。女性の場合は清楚で控えめでありながら、まわりの目を引くタイプです。自分の世界観を持ち、不思議な雰囲気をまとっています。女性も男性も食べることが好きで、見た目も福々しい人が多めです。

健康

食道、気管、腸、膀胱、泌尿器、陰部、腎臓に弱さが出ることが多いので、適度な運動を心掛けるようにし、痔や浮腫に注意しましょう。

午の紫微星独主

まわりから一目置かれる王様タイプ

性格

旺火の夏の宮に陰土の王様が座っています。優雅な雰囲気のなかにもエネルギーが溢れています。威厳があって対人能力も高いので、いつも人に囲まれています。地位と名誉を手に入れる人も多いでしょう。紫微星を補佐する吉の副星が多く（特に左輔星や右弼星）、星の系列に入っていれば、面倒見も良いタイプ。

恋愛

恋愛や結婚は一途。好むのは華やかで勝ち気、仕事のできるタイプですが、控えめで堅実なパートナーを選ぶと家庭が落ち着きます。20代の恋愛は成就しづらく、30歳を過ぎてからの結婚のほうがうまくいく傾向が。凶の副星が入ると、配偶者を労われないところがあるので、その点に気をつければ仲良く暮らせます。

仕事

紫微星の「まわりから一目置かれる風格と威厳」がよく表れた人で、人の上に立つ仕事が適しています。対人関係のバランス感覚に長けていて、いろいろな性格の人に対応できるタイプなので、複雑な組織でも上手に渡っていけるでしょう。教師、宗教家、研究者などの職種や分野に適性があります。

容姿

顔は丸型で、体型はふくよかな人が多いでしょう。女性も男性も上品な振る舞いの人が多くなります。桃花星が同宮していると、カリスマ性のある魅力的な雰囲気を持ち、社交性も高まります。

健康

胃腸、心臓、肺、目に弱さが出やすくなります。また、下半身の骨の疾患に注意。血液の量、流れ、質に関する病気にも気をつけましょう。

丑の紫微星×破軍星

カリスマ性と知性を兼ね備えたクリエイター

性格

冬の土用の宮に陰土の王と陰水の兵士が座っています。カリスマ性と、総合的な知力をバランス良く持ち合わせます。クリエイティブな能力が高く、柔軟な発想を、安定した知識力で現実に落とし込むことが得意。一方、持久力がなく、短慮な側面があるので、改善することでさらなる飛躍が。

恋愛

男女ともに異性からモテますが、理想を追い求めすぎるところがあります。男性の場合はよそ見をしないこと、女性の場合は相手の欠点を責めないようにすることを心掛ければ、恋愛が結婚まで発展するでしょう。ほかの副星が入っていない場合、面倒見の良いパートナーを得ると、結婚生活は順調に進みます。

仕事

知力が高く、相手の良いところを見抜く頭脳の持ち主。部下や後輩の本質に合った配置転換を行い、力のある組織をつくっていくことなども得意です。左輔星と右弼星が命宮を挟む場合や同宮する場合は、政界で成功する可能性も。吉の副星が多く同宮する場合、さらに思考力の高い指導者になりやすいでしょう。

容姿

筋肉質あるいは痩せ型に近い体型で、声が低く、威厳や迫力があります。身のこなしは優雅。さまざまなパーティーや集まりに行くことが好きで、新しい流行を次々に取り入れるタイプです。

健康

内分泌器が強くありません。活動的な側面がある一方で腰から下が弱く、四肢のケガをしやすいかも。胃炎、疝気、尿道炎、胆石、膀胱炎には注意しましょう。

未の紫微星×破軍星

強固な意志とユーモアのある強運者

性格

夏の土用の宮に陰土の王と、探検家が座っています。強固に意志を貫く面と、ユーモラスな顔の両面を持ちます。遊び心のある発想には定評があるでしょう。家庭運も良く、先輩や上司にも恵まれやすいタイプ。先祖の加護も受ける強運の持ち主です。急な変化にも順応できる柔軟性を持っています。

恋愛

お互いに趣味が多いカップルになるでしょう。凶星が同宮していなければ、相手を尊重し、譲る姿勢でいることでお互いの理解を深め合えます。夫婦の場合、共働きのほうが2人のバランスが取れて末長く結婚生活が続くでしょう。また、子どもがいるとより結びつきが強くなります。男の子に恵まれる可能性が高め。

仕事

独特の人生観や包容力があるので、人から頼られることが多いタイプ。吉星が同宮していると、財運と事業運に恵まれます。破軍星の短気なところを紫微星が抑えるため、感情的にならず冷静さを保ち、仕事での成功が望めます。凶星が同宮していると、宗教や哲学などの研究者となる人が多いでしょう。

容姿

威厳と個性的な魅力を持ちます。ほかの星が多く同宮していなければ、筋肉質でよく体を動かすタイプで、太らない体型を維持できます。髪色は黒でウェーブがかっている人が多いでしょう。彫りが深い顔立ちで、原色が似合います。

健康

心臓がやや弱く、胃炎や消化不良、痔病、浮腫みなどを引き起こしやすい面が。栄養が偏りやすい食事に気をつけて、バランス良く食べると良いでしょう。

寅の紫微星×天府星

温厚で奥手。安全第一の保守派

性格

春の草原に陰土の王と、陽土の宰相が座す組み合わせとなります。保守的で温厚な性格のため、安全を第一に考えて物事を進めるタイプです。ただ、20代半ばまでは世間的な駆け引きや小回りが利きません。25歳を過ぎると、社会に馴染むそつのない振る舞い方を学び、社会運が上がります。

恋愛

奥手な部分があり、相手からのアプローチを待つ受け身のタイプであるため、片想いで終わることも多いでしょう。結婚後は夫婦２人、穏やかな関係を築きます。女性の場合、事業家、警察官、学術専門職の男性と、男性の場合、家庭的で対人関係を築くのが上手な女性と巡り合うことが多いでしょう。

仕事

安定思考で真面目にコツコツ仕事ができるので、大企業に勤めることで安定を得られます。管理職や人事が向いているでしょう。そのほか、外資系の総務や、ライター、大学教授、研究職、専門職などにも適性があります。地道な働き方が向いており、経営者やフリーランスはあまり適していません。

容姿

女性の場合は、背が高めで細すぎず太すぎず、バランスの取れた体型です。白や水色などが似合う清楚な雰囲気を持ちます。男性の場合は、筋肉質ですが、生活習慣によって太りやすくなります。フォーマルスタイルの似合う上品な人です。

健康

血液、骨、下半身などが弱いタイプ。特に腎臓が弱いので、適度な運動、良質な睡眠、バランスの取れた食事を心掛け、体が冷えないようにしましょう。

申の紫微星×天府星

真面目で聡明な堅実家

性格

秋の金の玉座に陰土の王と、陽土の宰相が２人並んで座す組み合わせです。真面目で聡明、多くの才能を持ちます。保守的なので、コツコツ積み上げるように物事を成し遂げていきます。着実にエリートコースに乗って進むような生き方が特性を発揮しやすく、荒野を開墾するような野性的な生き方は向いていません。

恋愛

女性の場合、「かわいいお嫁さん」に憧れている人が多く、自分の意見をとおすより男性を立てるタイプです。凶星がなければ専業主婦でもうまくいきます。パートナーは自分の社会運を上げてくれる人でしょう。男性の場合、夫妻宮に仕事に関する吉星があると、パートナーは公務員や会社勤めの堅実タイプとなります。

仕事

吉星の副星が多く同宮している場合、目上の人を立てることができ、自身も優秀な部下に恵まれるため、仕事は順調でしょう。安定思考なので、経営者やフリーランスより、会社員を選択する人が多いでしょう。ムダを嫌う性格なので、銀行員、会計士、弁護士、一般企業の社員、チェーン店の店長などに適性があります。

容姿

20代までは中肉中背ですが、年齢を重ねると体が丸みを帯びて貫禄がつきます。女性の場合、個性的なファッションアイテムを選んで楽しむことが好きです。男性の場合、髪型や髭、帽子などでアクセントをつけることが好きなタイプです。

健康

膀胱、尿道、腎臓など排出器官や、心臓、子宮が弱くなりがち。また、じめじめと湿った場所が苦手です。

卯の紫微星×貪狼星

たくさんの人から愛される恋愛体質

性格	旺春の野の宮に陰土の王と、陽木あるいは陽水の桃花星が座しています。真っ直ぐで素直な性格です。好きなものがたくさんあり、知見広く人生を楽しむ姿勢が、生きる筋道をつくっていきます。ただし、恋愛体質で一度沼にはまってしまうとなかなか抜け出せません。生活や仕事に支障をきたすことが多くなる点に注意しましょう。
恋愛	いろいろな人と恋を楽しむタイプです。知的な吉星が多ければ、相手の性格を熟知し、相手からは「一緒にいてこんなに楽しい人はいない」と思われることが多いでしょう。たくさんの異性から好かれますが、心が惹かれるのは昔からの幼馴染や友人です。長い付き合いで慣れ親しんだ人との関係こそ大切にします。
仕事	好きなことを仕事にしたいと願うタイプですが、お金の管理が苦手で、やや貯金はしづらいかも。公務員や大企業の会社員として勤めるほうが、うまくいくでしょう。異性の押しに弱い点があるため、職場では異性関係をはじめとする人間関係に気をつければ、誰とでも良い関係を築くことができ、出世します。
容姿	きめ細やかできれいな肌の持ち主が多く、白い肌に赤い唇がチャームポイントです。独特の威厳があります。女性の場合、背は低めでちょこちょこと歩く、かわいらしい人です。ピンクやフリルなどを好んで身につけます。
健康	貧血気味な体質。性欲は強めの傾向があります。食べ過ぎ、お酒の飲み過ぎから起こる生活習慣病には気をつけましょう。

酉の紫微星×貪狼星

かわいがられやすい、世渡り上手

性格	旺秋の座に陰土の王と陽木あるいは陽水の美の星が座っています。芸術や料理などに秀でている器用な人。素直で要領も良いため、目上の人からかわいがられるでしょう。経済力があり、地位の高い両親から良い影響を受ける傾向が。小さな頃から、自分の好きなことを仕事にすることを願い、学びを現実へと取り入れ、夢に近づきます。
恋愛	賢くてお金の管理も抜かりない人で、恋愛も仕事も両立できる器用さを見せます。異性としての魅力が強い人に惹かれやすいタイプですが、最終的にパートナーとなる人は、長い付き合いがあり、何でも自分に合わせてくれるような人。家庭も仕事も大切にし、凶星がなければ、末永く関係が続きます。
仕事	器用で要領も良く、組織では優秀な上司にかわいがられて出世しやすいタイプといえるでしょう。田宅宮に吉星が多いと、土地や家屋を先祖から継承し、そこで商売をすることが多くなりますが、財運はやや不安定で、ムダな出費や赤字が多くなる傾向が。会社員のほうが向いているといえます。
容姿	女性の場合、ややぽっちゃりとした体型の人が多め。肌がきれいでかわいらしい印象です。男性の場合、20代まではやせ型ですが、年齢を重ねるごとにやや太りやすく、貫禄が出てくるタイプです。童顔で若く見られることが多いでしょう。
健康	骨や循環器が弱いです。視力の低下や下半身の疾患、生理不順、栄養の偏りには気をつけましょう。中年以降は太りやすいため、食べすぎ飲み過ぎに注意です。

辰の紫微星×天相星

誰にでも優しく、徳の高い人

性格

春の土用の宮に陰土の王と、陽水の優雅な貴族が座っています。真面目で、まわりには社会的な地位が高い人も多く、良い刺激を受けて夢を現実のものにするタイプでしょう。ただし、自分の気持ちを素直に表現するのがうまくありません。ここだけは譲れないといった頑固な部分もありますが、迷いやすい性格でもあります。

恋愛

誰にでも優しいことから誤解されがちですが、心に想いを秘める一途なタイプです。色っぽい美形が好きで、性格よりもビジュアル重視。高嶺の花のような存在に、憧れを抱くことも多いです。不倫関係のように入り組んだ恋愛関係になることも多いでしょう。女性の場合、年上の人と結婚するとうまくいきます。

仕事

野心的で企画力に優れ、徳も高い人。人の良さが邪魔をして、自分の力をフルに発揮することができず、悩むこともあります。地位の高い人や有能な上司のもとで出世をするタイプなので、まわりの優秀な人に引っ張ってもらえるようなポジションにつくと良いでしょう。基本的に、衣食住には困ることはありません。

容姿

食べることも鍛えることも好きなので、しっかりと筋肉がある体型です。あっさりとした顔立ちですが、全体的に威厳を感じさせる雰囲気。男性の場合、髪型や髭などにこだわりを持ち、洋服は動きやすいカジュアルなものを好みます。

健康

消化器や心臓に弱さが出がち。泌尿器や循環器が弱い人も多く、特に痛風には気をつけたいところ。ストレスが溜まらない環境づくりも心掛けましょう。

戌の紫微星×天相星

自分より人を大切にする慈愛の人

性格

秋の土用の宮に陰土の王と、陽水の貴族が座っています。自分よりも周囲の人を大切にするタイプのため、社会的なチャンスを得るのは年齢を重ねてから。自らを律し、協調性を持って人と向き合うことができます。そんな奥ゆかしさを理解してくれる人と深く関わることで、さまざまな場面において地位が向上します。

恋愛

人の気持ちを思うあまり、自分の本心を前に出せないタイプ。好きな人に対しても、自分の気持ちをなかなか伝えられないシャイな部分があります。好みは魅力的な容姿を持つ人や社会的な立場が高い人、またはコミュニケーション能力の高い人。相手の趣味や友人を大切にすると、愛情が深まっていきます。

仕事

会社員のほうが運気は安定し、40歳を過ぎるとさらに仕事運が上がります。秘書や人材関連、ブライダル、福祉、美術、設計に関連する仕事、官僚、あるいは優しい人柄や感性を活かし、カウンセラーや福祉関連でも本領発揮できるでしょう。人と関わる仕事につくことで、多くの幸せに恵まれる人となります。

容姿

丸顔で顔のパーツは小ぶり、肌の色は白いほうで、清楚な雰囲気があります。20代までは中肉中背で、晩年はやや肉がつきやすくなるタイプ。おしゃれが好きで、派手な色よりは落ち着いた色合いを好む傾向にあります。

健康

弱い部位は、腎臓、膀胱、消化器。栄養バランスの良い食事を心掛け、胃炎などには気をつけましょう。

巳の紫微星×七殺星

豪快で人脈も広く、慕われるリーダー

性格

初春の火の宮の陰土の王と、陰火・陰金の戦士の組み合わせの生まれです。豪快な性格で、先輩や上司に恵まれやすい運の持ち主。柔軟な性格で、後輩や部下からも人気があります。その人脈の広さから、ひと際目立つ存在となります。ただし、好き嫌いが激しい一面があり、地位や名誉に対する執着が強い傾向にあります。

恋愛

恋愛に対しても、豪快に勇ましく臨むでしょう。自らが決定権を握り、リーダーシップをとることを好む性格のため、パートナーは、自我が強いタイプよりは控えめなタイプの方が合っているでしょう。素直で大人しく、穏やかな性格の人が交際・結婚相手になると、関係が長続きします。

仕事

幼少期から人の上に立つポジションが多く、野心的な性格。言葉に説得力があり、人望を得ます。吉星が多く同宮すれば、スピーディに行動し、人脈を駆使して素晴らしい組織をつくっていくことができるでしょう。経営者やフリーランスなどのスタイルでは、部下やまわりの人に支えられ、会社や事業が発展していくでしょう。

容姿

運動が好きなタイプなので、筋肉質で整った体型をしていますが、年齢を重ねると太りやすく、貫禄のある体型になっていきます。小顔で目に特徴があります。常に流行を取り入れて、個性的な洋服や小物を好むでしょう。

健康

腎臓や肝臓が体の弱い部位です。凶星がついている場合は、腎炎、肝炎、神経痛、発疹、蕁麻疹、目の病気にかかりやすい体質となります。

亥の紫微星×七殺星

反骨精神旺盛。タフな野心家

性格

初冬の水の宮の陰土の王と、陰火・陰金の戦士の組み合わせの生まれです。20代までは苦労が多くても、家を出て生まれた場所から遠くに行くことで運気が上がりやすくなります。反骨精神は旺盛。勇気と向上心もあり、タフな行動力が強み。生き方に魅力があり、人と話すことが大好きな性格のため、人脈によって社会運がアップ。

恋愛

熱しやすく冷めやすい性格なので、多くの人と交際を重ねていくでしょう。基本的には自分に合わせてほしいと思っているため、心を許し、甘えられるような相手に好感を持ちます。無邪気で子どもっぽい一面があるため、思慮深く、包容力のある相手とうまくいくでしょう。わがままな人を選ぶと苦労します。

仕事

野心が強く、権威を得るために頭をフル回転させて活躍します。同僚や目下の運が特に良く、良い采配で物事を進められるでしょう。地位や名誉を得た後も謙虚な姿勢でいれば、より大きな発展が期待できます。優れた企画力を発揮できるような仕事が適職。吉星の副星が多く同宮すれば、政治、官僚、商業なども。

容姿

いわゆる「細マッチョ」で優美な体型の人が多いでしょう。しかし、40歳を過ぎて運動を辞めてしまうと、太りやすくなるので注意が必要です。はっきりとして整った顔立ちが特徴で、女性の場合は中性的な雰囲気を持ち合わせている人が多いでしょう。

健康

お酒を飲む人は肝臓や腎臓のろ過機能が弱くなりやすいので、飲みすぎ注意です。目や内分泌器などの部位、肥満による病気や血液疾患にも気をつけましょう。

子の天機星独主

賢く器用。謙虚な人柄で慕われる

性格

旺冬の水の宮に陰木の知者が座っています。知的なキレ者で、人の本質を見抜く性質を持っています。謙虚で自慢などを一切しない性格であることから、目上の人にはかわいがられ、また友人からの人気も高いでしょう。運動能力も高く、アウトドアで活動的な人が多くなります。吉星が多く同宮していると、記憶力が高い人となります。

恋愛

ボキャブラリーが豊富で、会話のセンスによって異性を惹きつけます。相手の性質をしっかり把握し、計画的に距離を詰めていくので、気づけばあなたの魅力の虜になっている人は多いはず。愛に溢れる誠実な人なので、恋愛成就したあとも相手を大切にし、関係性を守るために力を尽くします。

仕事

何でもそつなくこなせる人で、手先も器用です。ナンバー2の座で能力を発揮するタイプ。専門職や職人、マスコミ業界、芸術や文化事業などに適性があります。仕事ぶりは真面目で熱心に取り組むため、周囲からの評価も上々。吉星が同宮していて、政府機関や商社の仕事についている場合、特に出世運は高くなります。

容姿

やせ型の人が多く機敏な動きを見せるでしょう。顔に特徴的なパーツをひとつ持っています。女性は可憐で繊細、儚げな雰囲気をまとっています。シンプルな色の洋服を好んで身につけるでしょう。

健康

皮膚、大腸、歯、目に注意。不規則な睡眠による不眠症状が見られます。また、偏食があり、やや疲れやすい体質でしょう。

午の天機星独主

周囲から頼られるアドバイザー

性格

旺夏の火の宮に陰木の参謀が座っています。夢想家で理想が高いものの、真面目で正直な人柄。自分の好きなことを追求し、その知識を人に伝えることも楽しみます。まわりからはアドバイザー的な立ち位置として信頼され、相談を持ち掛けられるような存在です。男性的な父と女性的な母に育てられることが多い傾向があります。

恋愛

恋愛に関してはとても慎重。自ら積極的にアプローチするよりも、相手からのアプローチによって結ばれることが多くなります。長く付き合った人と結婚するパターンが多いでしょう。相性が良いパートナーは、頼りになる人。周囲から信頼されるあなたと人生観や価値観が合うので、良好な関係を保てます。

仕事

研究や学術、技術職、設計、企画など、頭脳労働的な仕事に適性があります。柔和な性格のため、人間関係もうまく築くことができます。職場に女性が多かったり、あるいはお客さんに女性が多かったりする仕事では、特に成功しやすいでしょう。また、吉星が同宮している場合、お金と名誉を得やすくなります。

容姿

やせ型の人が多いですが、中年を過ぎると太る人も多くなり、やせ型かぽっちゃり型の二極化となります。やや早口でよくしゃべるタイプです。目はやや細めですが、それぞれのパーツは大きく、明るい笑顔が印象的な人となります。

健康

皮膚が弱い方が多く、アトピーや皮膚炎、または敏感肌でかぶれることも。そのほか、腎臓、膀胱、尿道などにも疾患が出やすくなります。

丑の天機星独主

細かなことに気がつく多才な人

性格
冬の土用の宮に陰木の技術者が座っています。母親から事細かに注意されて育つことが多く、自身も些細なことが気になる性格です。頭脳明晰で、誰にでも優しさを持って接することができますが、苦痛な状態を我慢できず、余裕がなくなると感情的になりやすい面も。多彩な才能をうまく発揮できれば、あらゆる場面で活躍します。

恋愛
お互いの自由を尊重できるような関係を望み、開放的な恋愛をするタイプ。女性の場合は気が強い人を好む傾向があります。男性の場合、惹かれるのは、優しさの中に感情的な部分も持ち合わせているような人となります。男女ともに、自分の育った環境と異なる育ちの人に惹かれやすいところがあります。

仕事
揺るがないポジションを獲得し、地位や名声を得ることでお金が入ってくるタイプです。技術を必要とする職種、または、1人で営む事業や個人商店などに適性があります。会社員であれば、専門職につくと本領発揮できるでしょう。強い責任感を持てば、さらに仕事運は向上します。

容姿
やせ型の人が多く、行動や話し方はやや速いところがあります。顔つきは彫りが深めですが、目は一重の人が多いでしょう。清潔感溢れる服装を好み、ファッションセンスにも恵まれています。

健康
神経質な性質なので、不眠になりやすいかもしれません。また、車など速い乗り物はケガにつながりやすいため注意しましょう。肺、喉、腸が弱い傾向にあります。

未の天機星独主

頭脳明晰で気分屋な夢追い人

性格
夏の土用の宮に陰木の夢想家が座っています。頭脳明晰ですが優柔不断なところがあり、物事を決めるのに時間がかかることも。一旦動き出したら行動は速いタイプです。優しさがある一方、自分の素を出せる人に対しては短気になりやすいでしょう。安定した環境なら穏やかに過ごせます。社会性のある人からの助言が鍵に。

恋愛
男女とも、面倒見の良い人と縁があります。ただ、パートナーとなる人の聞き分けが良すぎるがゆえに、甘えがちに。その姿勢が仕事でも出てしまうと、飛躍が困難となり、年齢を重ねた後に困ることも。お互いに支え合い、切磋琢磨できるような関係を目指せば、2人の関係もそのほかのことも良好に。

仕事
繊細な性質なので、一人でできる専門職が最も向いていますが、まわりの人と共同で店を営むのも良いでしょう。会社員の場合、優秀な上司の下につくと、その従順さから可愛がられ、信頼されます。営業などの厳しいノルマがあるような仕事には不向き。自分のペースで行える仕事を選ぶと良いでしょう。

容姿
全体的に体のパーツが細長いやせ型で、不思議でミステリアスな雰囲気を醸します。顔の彫りがやや深く、繊細そうな顔つきをしています。20代までは顔が青白い傾向が。

健康
胃腸があまり強くありません。よく噛んでゆっくり食べる癖付けをすると良いでしょう。神経系や脳にも注意。

寅の天機星 × 太陰星

美しいものを愛する芸術家肌

性格	早春の宮に座す陰木の知的な参謀の星と、夢見る芸術家の星の組み合わせです。穏和な性格で、芸術を愛し、文学に秀でた才能を持ちます。頭が良く、判断力も鋭敏で有能な人。やや神経質なところがありますが､美しいものを見ると癒される性質です。気分が落ち込むときは美しいものからパワーを得て。
恋愛	ロマンチストな一面があり、相手に対して夢見がちなところがあります。女性の場合、気の弱い部分と強い部分の両面を持ち合わせていますが、基本的にとても優しく、尽くすタイプでしょう。男性の場合、相手が望むものは何でも与え、心から愛します。社会的な地位は相手の女性のほうが高い場合も。
仕事	熱意を持って仕事に取り組むため、厚く信頼されるでしょう。細かな作業が得意な点を活かした仕事が向いています。芸術を愛するので、芸術家やデザイナー、ライターなども向いています。ほか、会計士、交通関係、外交なども適職。上司運はやや乏しい運気ですが、真面目に職務をこなせば報われていきます。
容姿	女性らしい、美しい容姿の人が多いでしょう。背は低めで、色白、丸顔の人が多め。洋服や小物はフェミニンなデザインのものを好み、物を大事にする性格です。行動は速く、俊敏に動きます。
健康	目、生殖器などが体の弱い部位です。神経を使いすぎると疲れやすく、胃腸炎や不眠になりやすいタイプなので、ストレスを溜めないように心掛けましょう。

申の天機星 × 太陰星

自分の世界観を持つ、温和な1人好き

性格	初秋の鋼の上に座す陰木の聡明な知者と、陰水の多感な夢想の星との組み合わせとなります。温和で対人関係を大切にする性格です。心の動きや行動に機敏さを持ち合わせます。芸術性が高く、文化的な知識もあり、音楽・美術・文章など表現活動に意欲的。1人で調べ物や創作に夢中になっている時間に幸せを感じます。
恋愛	自分の世界を持っているタイプで、恋人には自身の理想を求めます。相手となる人は、あなたのことを深く理解し、メンタル面でカバーをしてくれるでしょう。夢想家で多情な部分もあるため、あなたがほかの異性とのトラブルを起こさない限りは良い関係が続き、時間をかけて結婚に結びつくことも。
仕事	公務員や官僚といったお堅い組織の職員、または学術研究などに適性があります。副星の吉星が多い場合、周囲の人に助けられながら、才能を遺憾なく発揮し、仕事を進めることができます。控えめでまわりの人をうまく立てられるため、組織向き。人の性格を見抜く才能があり、秘書や補佐役としても手腕を発揮します。
容姿	背はあまり高くなく、バランスのとれた体型です。顔は若々しく、可愛らしい印象。目は小さめですが、ぱっちりとした二重、または、たれ目で穏やかな雰囲気です。洋服は、控えめでふんわりとした色のものを好みます。
健康	肝臓が弱め。また、ストレスの影響は胃腸に出やすくなります。また、女性の場合、婦人科系の病などにも気をつけたいところです。

卯の天機星×巨門星

学問を愛する雄弁な人

性格

春の緑の宮に座す陰木の軍師の星と、陰水の熱弁家の組み合わせとなります。言葉が流暢で、想像力に富み、学問や研究を愛します。巨門星は主張が強く頑固な部分がありますが、天機星と組むことでそれらの性質が抑えられ、対人面でもソフトな対応ができます。ポジティブな性格で、人脈も広いでしょう。

恋愛

幼少期の父親との関係が、自身の恋愛観に大きな影響を与えます。女性の場合、好きになる人は優柔不断な一面が。素直に気持ちを伝えて話し合うと、問題を解決できるでしょう。男性の場合、自信が持てないことから恋愛に積極的になれず、チャンスを逃してしまうことも。一歩踏み出す心が大事です。

仕事

真面目な人柄。マニアックな知識と緻密な計算力によってスムーズに仕事をこなします。常に誠実に業務に取り組むため、周囲からの信頼も厚いでしょう。特に、高い知識や特殊な技術を要するような事業の創設に適しています。起こした事業にはコツコツ取り組み、発展させていくでしょう。

容姿

やせ型で、キビキビとした歩き方に特徴があります。背は高めの人が多い傾向が。顔は面長で、目鼻立ちには品があり、さっぱりとした顔立ち。知的な雰囲気があり、夢中でしゃべっているときと、寡黙なときとのテンションの差が激しい人。

健康

皮膚・気管支・喉・咽頭・泌尿器が体の弱い部位となります。小さなことに過敏になると、不眠症状を引き起こしてしまうので、おおらかに。

酉の天機星×巨門星

頭の回転が速く、観察力のあるインテリ

性格

旺秋の宝石の宮にいる陰木の賢者と、陰水の鋭い批評家の組み合わせとなります。頭の回転が速く、物事の細かいことにも気がつきます。すべてを知識として吸収し、実生活に応用していく賢さがあります。人と群れることは好まず、単独行動が多め。読書や映画鑑賞、勉強などをする時間に喜びを感じます。

恋愛

女性は、自分に尽くしてくれる良きパートナーに恵まれます。相手は自分を深く信頼してくれる、愛情深く純粋な人。お互いの長所が呼応しあい、相乗効果によってさらに関係性が良くなっていきます。男性の場合、伴侶となる人は、優しさに溢れ、体力や気力にやや乏しい、繊細な心の持ち主となる傾向が。

仕事

頭脳明晰で知識欲旺盛。難関資格を活かした職種や、特殊な技術を要する専門職などが向いています。学ぶことに貪欲で、得た知識を駆使することを好む有能な人。公務員、教師、研究職につけば、スムーズにキャリアアップするでしょう。弁舌の才があるため、話す仕事にも適しています。

容姿

背が高く、細見のスラッとした体型で、年齢を重ねてもやせ型の人が多いでしょう。鼻が高く、目は切れ長。ファッションにはそれほど興味がなく、シンプルなデザインの洋服を着ています。歩くスピードは速め。

健康

腎臓と胃腸が弱い傾向。体力はあるほうではなく、ストレス耐性も低め。過ごす環境に体調が左右されやすい人が多いでしょう。

辰の天機星×天梁星

聡明で正義感の強い人気者

性格

春の土用の山の宮に座る陰木のアドバイザーと、陽土の先生の星の組み合わせです。聡明な性格で、語る言葉は威厳を感じさせます。常に弱者の味方であろうとする正義感の持ち主。頼れる存在ですが、繊細に配慮する心も持ち合わせています。人脈が広く、さまざまな情報が集まってくるタイプです。

恋愛

恋愛は「いつでも2人で」という考えが強く、何をするにもパートナーと一緒にいたがる密着型。ただ、理想が高く、なかなか相手を決められないことから、晩婚となる人が多いでしょう。お互いに仕事を持ち、結婚と社会生活を両立することで2人のバランスがうまくとれます。

仕事

物事の処理が適切で素早く、まわりを引っ張っていく強さも備わっています。人気運がある人なので、目上の人、目下の人、どちらからも人望を集めるでしょう。教師や大学教授、慈善事業などは適職。また、文章に関する仕事や、海外と取り引きする仕事も向いています。

容姿

やや筋肉質で、標準的な体型をしています。動くことが好きで、歩くスピードは速いでしょう。顔はやや長細い輪郭、または、顎がほっそりとした人が多い傾向が。原色など明るい色を好んでファッションに取り入れるタイプです。

健康

胃腸や消化器が弱りやすいため、暴飲暴食には気をつけたいところ。天機星、天梁星ともに長寿の星なので、長生きが期待できます。

戌の天機星×天梁星

周囲から一目置かれる有言実行の人

性格

秋の土用の山の宮に、陰木の知性の星と、陽土の威厳ある頭領の星が入る組み合わせです。この2星が同宮している人は、知的で行動力がある、有言実行の人。豪快な性格で意志が強く、何事も最後まで成し遂げます。その生き方やセンスに憧れる人は多く、周囲から一目置かれる存在となるでしょう。

恋愛

恋愛に対してはあまり器用ではありませんが、恋に落ちると、相手のために努力を惜しみません。女性の場合、良きパートナーに出会う可能性が高く、男性の場合は繊細な女性と縁があります。結婚後はお互いに仕事を持ち、干渉し合わずに生活することが、長く関係を続ける秘訣に。

仕事

企画力があり、研究、学問、教育、文学、技術に関連する仕事に向いています。また、宗教や占術、仏師、神社・仏閣の建築などの分野で才能を発揮する人も多いでしょう。自分のことを良く理解してくれる周囲の人を大切にしながら、障壁にも諦めずに進んでいけば、仕事で大成します。

容姿

体を鍛えることが好きで、筋肉質。余分な脂肪や体重が増えることを嫌うため、年齢を重ねてもトレーニングを続ける人が多いでしょう。

健康

胃腸、骨、皮膚、筋肉などの部分がやや脆弱。ストレスを溜めないようにすること、よく寝ることを心掛けましょう。

巳の天機星独主

優しくて柔軟性もある組織人

性格

初夏の火の宮に座す陰木の知恵の星となります。几帳面で優しく、柔軟性のある性格の持ち主なので、対人関係は良好。計画的に物事を実行し、ムダなく利益を得ることができるでしょう。人脈も広く、まわりに良いアドバイスができる人ですから、自分と同じように周囲の利益も考えることで、より人生が繁栄します。

恋愛

優しい性格なので異性からの人気は高いものの、理想が高く、1人に絞れない優柔不断な一面も。パートナー選びを慎重に行えば､長く関係を続けていくことができるでしょう。相手の変化によく気づく、面倒見の良いタイプなので、結婚生活は安定します。2人で試練を乗り越えられる、深い絆を育んでいけるでしょう。

仕事

組織人として力を発揮するタイプです。教師などの公務員や会社員になると、組織の発展に努める良い人材となり、まわりと調和しながら良い関係を築いていけます。技能の習得も速いので、いろいろな知識と技術を身につけて開業することもできます。哲学、宗教、占術、芸術に関連する仕事に適性が。

容姿

やせ型の人が多く、小顔で目は細長い人が多いです。温和で柔らかな雰囲気を持ち合わせています。行動は素早く、スピード感があるでしょう。

健康

腎臓、目、首から上の部位が弱めです。糖尿病、皮膚炎、発疹、蕁麻疹などを引き起こしやすいところも。

亥の天機星独主

すべての人を思いやる博愛精神の持ち主

性格

初冬の水の宮に座す陰木の機知を持った人類を愛する人です。頭が良く、さまざまな変化に柔軟に対応。手先も器用でバランス感覚に優れ、社会的に認められるポジションに立つ運勢の持ち主ですが、優柔不断な一面も持ち合わせています。社会的弱者や心の弱い人に対しても、優しく接することができる人類博愛者。

恋愛

恋愛になると大の甘えん坊。嫉妬深く、執着心も強いものの、プライドが高いため、相手にはその気持ちをひた隠しにするタイプです。安心できる関係が築けた相手には、自分の本心を出せるでしょう。自分を深く理解し、認めてくれる人が好みで、また、そのような人と相性が良好。絆を深め合える仲になります。

仕事

適職は、企画、運営、マスコミ関係、ライター、芸術家、宗教家、占術家、手先を使う技術分野など。仕事運は長い時間をかけてコツコツと成熟。20代までは苦労が多いかもしれませんが、考え方をフラットにし、素直にまわりのアドバイスを聞けば運が開けます。人柄が良いので、周囲からサポートされやすいでしょう。

容姿

細身で、背が高い人が多め。髭、髪型、洋服などにこだわりがあり、何かしらのジンクスを守って継続することも。また、行動や歩き方は速めです。細面の人が多い傾向。女性は清潔感があり、男性は中性的で繊細な雰囲気を持っています。

健康

肝、腎、腸、皮膚、骨、泌尿器、胸、生殖器などが体の弱い部位となり、ストレスを溜めると不眠症などになりやすくなります。

子の太陽星独主

優しく謙虚な、お話上手

性格

真冬の水の宮に座す、恵深き明るい生命の光の星となります。幼少期の環境の影響で、自信が持てないことも。そのため、明るく優しい面もありますが、ややエネルギーに欠ける部分があります。しかし、元来気前が良く責任感も強いため、40代以降は自信を取り戻し、持ち前の朗らかさを発揮していきます。

恋愛

恋愛や結婚におけるパートナーとなるのは、男女ともに容姿端麗で、芸術を愛し、穏やかな人でしょう。周囲から盛大に祝福されるカップルとなります。ただし、相手の人が良すぎるため、関係が長くなると、あなた自身がわがままになる傾向が。お互いのルールをつくっておくと、良い関係性が持続します。

仕事

話上手で言葉に力があるので、教師・教育者・司会者・アナウンサー・弁護士・通訳・落語家など、その力を活かした仕事が向いています。周囲の人を大切にするタイプなので、人気もあるでしょう。ただ、20代まではやや体力不足な面が。40代以降は仕事において頭角を現し、名誉を得ます。ずる賢い人には要注意です。

容姿

背はやや低く、目は二重でぱっちりしている人が多め。髪はくせ毛の人が多いでしょう。女性の場合、20代まではやせ型ですが、40代以降はぽっちゃりしてきます。男性の場合、筋肉質な人が多いです。

健康

幼い頃は体が弱く、あまり活発なほうではありません。呼吸器・鼻・目・心臓が弱いタイプ。便秘をしやすいため、野菜や果物を毎日摂取することを心掛けましょう。

午の太陽星独主

自信と威厳に満ち、スピーチに力が

性格

夏旺の季節の宮に座す、陽火の光の王となります。明るくエネルギーに溢れる人ですが、幼い頃に大きな病気にかかったり、家庭環境の問題などを体験したりすることも。過酷な経験をする分、肝は据わります。自信と誇りを持ち、意見をはっきりいうタイプ。人を良い方向へと導くのが得意で、たくさんの人を助けます。

恋愛

「好きな人を守りたい」という気持ちは人一倍強く、自分の持てるものをすべて与えてでも愛し抜こうとします。相手は容姿端麗ですが、精神面がやや繊細な傾向が。夫妻宮が良い配置であれば、恋愛が結婚につながりやすく、いつまでも仲良く暮らせます。2人の子宝に恵まれやすいでしょう。

仕事

多くの人を前にした演説が得意で、仲裁する力もあります。高い話術を活かせる、営業マンなどは適職。旅行関連の仕事についても良いでしょう。一般事務などへの適性は低め。文昌星や禄存星が同宮していると、会社員の場合、昇進しやすく、経営者やフリーランスの場合、仕事に恵まれるでしょう。

容姿

背は高いほうではありませんが、堂々と歩く姿に威厳があります。目は一重ですが、大きめ。明るく爽やかな印象があり、年齢よりも若く見られることが多いでしょう。

健康

循環器、鼻、目、腸、骨に弱さが出やすくなります。特に幼少期は体力がなく、高熱を出すことも多いでしょう。

丑の太陽星 × 太陰星

思いやりがあって真面目な勉強家

性格
冬の地の宮に座す、陰水の月と陽火の太陽の組み合わせとなります。人に対する優しさを持つ一方、気分の上下は激しく、二面性があります。気前は良いタイプですが、計画性はあまりなく、金欠になることもあります。神秘学や占術を学び、研究に没頭すると、一層本質が輝くでしょう。

恋愛
女性の場合はかなり年上の人と、男性の場合はかなり年下の人と相性が良いでしょう。相手やまわりの人に、惜しみなく自分の愛を注ぎます。ただ、周囲からの干渉によって結婚生活が波立つことがあり、例えば、相手の両親との同居などには向かない性質です。二人でいると、良い夫婦生活が持続。

仕事
仕事は真面目にコツコツ取り組むタイプで、厚く信頼されます。大きな会社に勤務するか、あるいは公的機関からの助力が多い自営業で、技術と知識を活かして働くことが向いています。会社員の場合、人事部や教育係などで活躍。また、秘書、広告業、法律関係、病院などにも適性があるでしょう。

容姿
目は大きくぱっちりとしていて、女性らしい美しさがあります。男性の場合、中性的で優雅な雰囲気を持っているでしょう。細身で背はそれほど高くなく、ゆったりとした行動や立ち振る舞いが特徴。

健康
内分泌器や目、血液に弱さが出がち。特に血圧の高さ、貧血などに気をつけましょう。食べ物の偏りをなくすと、体全体のバランスが保たれます。

未の太陽星 × 太陰星

パートナー運に恵まれた、多様な顔を持つ人

性格
夏の土用の大地の宮に座す、陽火の明るい太陽と、陰水の神秘的な月の組み合わせ。基本的には明るいタイプですが、気の弱い面も合わせ持っています。人のお世話焼きが好きですが、そちらにかまけて自分のことが疎かになることも。丁寧に計画を立て、バランス良く行動すると、良い結果に結びつきます。

恋愛
女性はパートナー運が良く、恋愛・結婚によって人生が輝きます。精神的なつながりを大切にし、穏やかな関係性を築くでしょう。特に年上の男性から人気があり、晩婚のほうがうまくいくタイプ。年齢が離れている、育った環境が違うなど、相手と大きく異なる点があると、さらに結婚生活は幸多きものに。

仕事
決められたことを正確にこなしていく仕事に向いており、教師、法律家、会社員は適職。特に人事は最適です。反対に、ノルマのある営業や、精神的に厳しい仕事には不向きな性質。社会におけるポジションが上がってくると、自然に財運も上がりますので、誠実に仕事に臨みましょう。

容姿
家族、社会、恋人などに見せる顔はそれぞれ異なり、複雑な面を持っています。顔は楕円形で目は大きめ、三日月眉、可愛らしい口元です。メイクをすると印象がガラッと変わり、大人っぽい雰囲気に。

健康
肺などの呼吸器系、目、血液、循環器が弱点になりがち。たばこやお酒などの嗜好品を好むタイプですが、ほどほどに。栄養バランスの良い食事を心掛けましょう。

寅の太陽星×巨門星

まわりに手を差し伸べる慈悲深さ

性格

初春の木の宮に座す陽火の朝の太陽と、陰水の論考の星との組み合わせです。太陽星の温かい火が、巨門星の冷たい水の陰の心を明るく灯すこの人は、知識が深く、とても穏やかな性格。まわりに優しく手を差し伸べることができ、言葉や行動に余裕があります。学ぶことが好きな人で、人々にその知識を分け与えます。

恋愛

女性の場合、かなり年上のパートナーを選んだほうがうまくいきます。結婚相手となるのは、仕事運が良く、穏やかな人。いつまでも気持ちの良い関係を続けていけるでしょう。男性の場合、パートナーとなる人は、仕事のできる、聡明で美しい人。周囲へのフォローも上手な人なので、あなたの支えとなります。

仕事

勉強熱心で、情熱を持って仕事に取り組める人です。ただ、ややエネルギー不足な面があるため、大きなパワーが必要となる事業の立ち上げなどには不向きで、公務員や会社員として組織に勤めることに向いています。家業を継ぐ、または、雇われ社長となるのは、さらに性に合っているといえます。

容姿

体を動かすことが好きな筋肉質の人で、背が低く、太りづらい体質。目が大きく、目元はとても印象的。特に男性の場合、眉毛はキリッとした太めのタイプでしょう。洋服は原色を好む人が多くなります。

健康

腎臓、膀胱、皮膚、目、耳、脳、循環器などが弱め。食が細くなるとエネルギー不足で疲れやすくなります。糖尿病には気をつけましょう。

申の太陽星×巨門星

評論が得意。精密な頭脳の持ち主

性格

金の塊の宮に座す陽火の夕暮れの太陽と、陰水の論評の星の組み合わせとなります。神秘学や宗教、占術を愛する性質を持ちます。理論的に話すことが得意で、研究も好き。精密な頭脳で、さまざまな対象を比較検討し、多角的に物事を考えます。多くの人から慕われますが、人の良さゆえに騙されやすい一面も。

恋愛

とても一途な性格です。辛いことがあっても相手に合わせるため、1人の人と長く交際し、結婚するパターンが多いでしょう。ただ、尽くしすぎは相手を甘やかすことにつながり、あなた自身も後々大変な思いをすることに。ときには相手に任せることを意識すると、良い関係性を築いていけます。

仕事

じっくり着実に仕事を進める、勤勉なタイプ。ただ、部下や後輩の運があまり良くないので、振り回されやすくなる可能性も。組織力のある会社に入るか、優秀な上司の下につくと、そうした悪運から守られ、良いポジションにつけます。女性の場合、自分のペースでできるワークスタイルを確立して。

容姿

やせ型の人が多いでしょう。顔のパーツは小ぶりで、中央に集結している求心顔が特徴。色白で、髪はブラウンに染めている人が多め。行動は遅いタイプですが、几帳面でまわりに配慮できる優しい雰囲気を身にまとっています。

健康

呼吸器、皮膚、腎臓などが弱く、手足に傷がつきやすい傾向が。標準よりも栄養を多く摂取し、体力をつけましょう。睡眠も大切に。

卯の太陽星×天梁星

活発で人が好きなムードメーカー

性格
旺春の木の宮に座す朝の太陽と、陽土の智慧と才賢の星との組み合わせとなります。この2星がタッグを組むと、活動的な面が強くなります。やや落ち着きがない傾向も。好奇心旺盛で、さまざまなことに興味を持ち、学問や活動に勤しみます。人も好きなので、人との会話のなかから情報や知識を獲得するでしょう。

恋愛
恋人となる人は、面倒見が良い一方、口うるさい部分もあるかもしれません。けんかをすることも多くなりますが、お互いを深く思いやっているため、すぐに仲直りします。入籍後はそういったことも減っていきます。子ども運が良いので、家業を営んでいる場合は家を任せられるような優秀な子に育つでしょう。

仕事
人が好きなので、職場では相談役やムードメーカー的なポジションにいることが多くなります。挑戦意欲も強く、高い目標を掲げて突き進みます。エネルギッシュなその姿勢で、高い評価を得るでしょう。感性や知識を活かした仕事に向いていて、広告関係、文章に関する仕事は適職。医療従事者も向いています。

容姿
よくしゃべり、よく行動します。女性の場合、ボーイッシュな服装を好みます。男性の場合、ジェスチャーが大きく、豪快。目が特徴的で、筋肉質。くせのある髪質の人が多いでしょう。

健康
胃腸、呼吸器、内分泌器、心臓が弱りやすいです。嗜好品や甘いものなどを摂り過ぎると、胃腸が悪くなり便秘になりやすくなるので、気をつけましょう。

酉の太陽星×天梁星

熱心に学びを深める、穏やかな勉強家

性格
秋の宝石の宮に座す陽火の夕日の太陽と、陽土の人情と忠義の星との組み合わせになります。素直で温和な性格です。学問を愛し、熱心に勉強を続けます。1人で学ぶことが好きなタイプですが、グループや組織においても、まわりの人の智恵や情報をうまく引き出して、自分の知識を深めていきます。

恋愛
20代までは恋愛に奥手なところがありますが、社会に出ると、さまざまな人間関係によって鍛えられ、自信がついていきます。やがてしっかり者のパートナーと出会い、結婚することでより安定した人生に。感情をストレートに表現する傾向にあるので、言葉遣いに気をつけるとさらに関係は良くなります。

仕事
ややエネルギーに欠けますが、仕事熱心で、会社や上司からの助けを得て成功します。公務員・会社員・アパレル・飲食業・書家・教育関係・学者などは特に向いています。智の星が多く同宮する場合は、一生をかけてひとつの分野を研究し、極めていくことに幸せを感じる人となります。

容姿
やせ型の人が多め。顔は楕円形で、やや顎が出ている人も多い傾向が。顔のパーツは小さめですが、目鼻立ちはくっきりしています。グラデーションなどを好み、ソフトな色の洋服をよく着ているでしょう。

健康
目、胃腸、喉、脳、心臓に弱さが出がち。また、貧血気味な体質なので、鉄分を多くとるように心掛けましょう。

辰の太陽星独主

人を助けることに使命感を燃やす

性格

春の山の宮に座す陽火のエネルギーの強い人となります。まわりの人たちから良い影響を受けながら育つ、情熱的で明るく、正直な人でしょう。家族や友人を大切にし、物事を前向きにとらえます。その朗らかさで多くの人から愛されるでしょう。「人を助ける」ことに使命を感じ、熱心に社会活動を行います。

恋愛

活動的でセンスの良い、情緒的な人と結ばれます。晩婚のほうがうまくいくタイプ。女性は年上、男性は年下と結婚するとバランスの良い関係を築いていけるでしょう。お互いの関係に向き合わず、ルーズなところが増えると、関係が崩れやすくなります。2回目の結婚では、前の人より合う人と結ばれるタイプ。

仕事

まわりの環境に影響を受けやすいため、関わる人によって運気が左右されます。最も適しているのは公務員でしょう。一般企業であれば、人事や経理などが向いています。出張や異動、転職が多い傾向にあります。目上の人との運に恵まれており、自然体でいれば、良い仕事が巡ってくるでしょう。

容姿

基本的に筋肉質でバランスの良い体型をしています。女性の場合、手足は丸みを帯びています。目鼻立ちははっきりとして大きめ。可愛らしく、中性的な顔立ちです。洋服は可憐なデザインやパステルカラーなどのものが好みでしょう。

健康

腎臓、生殖器、目、血液系に注意。小さなことでイライラしてしまうこともあるので、寛容に。女性は生理不順や重い生理痛のケアもしましょう。

戌の太陽星独主

逆境に強い、タフなヒーロー

性格

秋の山の宮に座す陽火の温かい光の星となります。育った家庭との縁は希薄な場合もあり、20代までは苦労が多い人生かもしれません。聡明で情熱があり、友人を大切にする性格を活かし、前向きにチャレンジすることで、ヒーロー的なポジションを獲得していきます。多くの人から応援されるチャーミングな人。

恋愛

純粋に相手に愛情を捧げるタイプです。器が大きく、全身全霊をかけて相手を守り抜きます。あなたの大きな愛情を、全身で受け止めてくれる相手を選ぶと良いでしょう。マッチングアプリや結婚相談所などよりは、人からの紹介や偶然の出会いなどに良いご縁があるでしょう。

仕事

変化の激しい不安定な時代にこそ活躍する、逆境に強いタイプです。苦労は多くなりますが、たゆまぬ努力で偉大な実績をつくり上げていきます。公務員、講師、占術家などのほか、専門技術を要する仕事や宗教学に関連する仕事も向いています。仕事では、異性が良きパートナーとなります。

容姿

背はあまり高くないほうで、下半身にしっかりとした筋肉がついています。健康的で明るく、活動的な人でしょう。目は細長いタイプ。髪はパーマやウェーブがかっています。洋服はカジュアルで個性的なものが好みの人が多いでしょう。

健康

心臓、目、首から上の部位が病気にかかりやすくなるので注意を。お酒やたばこは控えめにして、季節の野菜や果物をしっかり食べるようにしましょう。

巳の太陽星独主

初夏の太陽のような爽やかな強さを持つ

性格

初夏の火の宮に座す、陽火の輝く太陽星となります。初夏の太陽のように眩しく、爽やかな勢いのある人。女性の場合、結婚後も家庭をうまく切り盛りしながら、負けじと出世していくような強さを持ちます。男性は粘り強い性格を持ち、着実に実績を積み上げます。信頼を得て高いポジションに抜擢されるでしょう。

恋愛

恋愛結婚で早婚となる人が多いでしょう。女性の場合、パートナーとなる人は優しいものの、優柔不断な面も。結婚後は嫁姑問題などがこじれやすくなるかもしれません。専業主婦になるより、外で仕事をしたほうが結婚生活の安定につながります。男性の場合、相手は少々気が弱く、女性らしい人となる傾向が。

仕事

努力家で、アグレッシブに仕事をします。その熱心さが周囲から認められ、高い評価を得ます。官僚、公務員、教師、ライター、新聞記者、ニュースキャスターなどに適性があるほか、派遣事業や文化事業などにも向いているでしょう。女性と多く接する仕事で、一層成功を収めやすくなります。

容姿

20代までは細い体型の人が多め。年齢を重ねるにつれ、ふくよかになってきます。顔は目が大きく、ほかのパーツは小ぶりです。男性の場合、鍛えることが好きで、スポーティーな洋服を好みます。

健康

脳、目と首から上、血液、循環器、関節、腰、皮膚に注意。体力はあるほうですが、週に1日以上はしっかりとした休息をとるようにしましょう。

亥の太陽星独主

根気強さで大成するまっすぐな人

性格

初冬の水の宮に座す夜の太陽となります。まっすぐで根気があります。言葉や態度がストレート過ぎるところがあり、やや誤解されやすい一面もありますが、内面は素直で情熱的。熱しやすく冷めやすいところもあるため、継続して努力できるようになると、運気が向上していきます。

恋愛

パートナーとなる人は、美しい容姿の持ち主であることが多いでしょう。自然と恋愛から結婚へと進展し、仲の良い夫婦となります。さまざまな障害が起きても、二人で乗り越えながら末永く関係を続けていくことができるでしょう。共働きのほうが経済面ではもちろん、精神面でも安定します。

仕事

細かい作業が得意で、とても精密な仕事をする人。ガッツもあるので、根気がいるような仕事を選ぶと、地道に努力し、大成するでしょう。科学技術に関する仕事や、芸術家、教師、雑誌編集者・記者などのマスコミは適職。一般企業であれば、人事や経理などの仕事に適性があります。

容姿

筋肉質ではありますが、太りやすい体質をしています。眉が濃く目が大きいため、目元がぱっと目立つでしょう。人懐こく、誰もが話し掛けやすい雰囲気があり、気どらない印象を与えます。

健康

腎臓、泌尿器、皮膚が脆弱かもしれません。感覚過敏なところがあり、ストレスに弱いので、過労や不眠症に注意。バランスの良い食事と休息を意識して。

子の武曲星×天府星

まわりの人を大切にする管理職気質

性格

真冬の水の宮に座す、陰金の兵士と、陽土の大臣を組み合わせた星の生まれです。意志が固く、不屈の精神を持っていることから孤立しやすい武曲星の性質を、聡明で穏やかな天府星が中和してくれています。そのためこの組み合わせの人は、家族やまわりの人を大切にする心を持ち、多くの人から慕われるでしょう。

恋愛

モテる人で、さまざまな人から誘われるでしょう。パートナーとなる人は、斬新でユニークな性格の人。一緒にいると楽しいひと時を過ごせます。お金やスケジュールの管理は相手に任せず、あなたがしたほうが良さそう。結婚は、女性の場合は、かなり年上の人、男性の場合は、かなり年下の人とうまくいきそうです。

仕事

仕事のスキルは高く、特に、組織においては管理職が向いているでしょう。仕事を適切にまわりの人に振り分けて、処理していくことができます。ただ、実は会社員より、フリーランスのほうがその適性を活かせるタイプ。人脈が広く、協力してくれる人が多いため、政治家や実業家などにも向いています。

容姿

体を動かすことは好きなタイプですが、太りやすい体質。ぽっちゃりしている人も多いでしょう。また、ダイエットをしてもリバウンドしやすい傾向が。行動は俊敏です。男性の場合、眉が濃く、目が大きい人が多いでしょう。

健康

脳、喉、気管支、心臓、肺、神経系などが弱め。神経が過敏になると不眠になりやすいため、寝る前にゆっくり湯船に浸かってリラックスしましょう。

午の武曲星×天府星

知的で対人スキルも高い仕事人間

性格

真夏の火の宮に座す、陰金の金蔵を守る兵士と、陽土の大臣の組み合わせ。おおらかな父親と神経質な母親に育てられることが多いでしょう。頭が良く、対人関係もそつなくこなせる人。女性は勝ち気なところがある半面、石橋を叩いて渡る慎重派です。男性は、ハキハキとした気持ちの良い性格の持ち主です。

恋愛

早婚の場合、お互いが成熟するにつれ、相手との隔たりを感じやすくなります。一方、お互いに成長した段階での結婚の場合、相手との間に強い絆が生まれますので、長い期間付き合って晩婚、というパターンが最も良いでしょう。また共働きのほうが、お互いが自分の世界を持てるため、良い関係性を築いていけます。

仕事

いわゆる仕事人間で、膨大な業務も精力的にテキパキとこなしていきます。組織においてはナンバー2のポジションで本領発揮。金融業や商業が特に向いていて、銀行員、会計士、弁護士、税理士などの仕事に適性があります。ただ、会社員よりは経営者やフリーランスに向いているでしょう。

容姿

背はあまり高くなく、筋肉質ですが太りやすい体質です。アウトドアなタイプのため、小麦色の肌を持つ、健康的なイメージの人が多くなります。顔は楕円形で、眉が太く、目と口が大きめ。髪質は剛毛で、歩くスピードが速いです。

健康

気管支、心臓、肺、神経系、循環器、血管などが弱点。また、動きが俊敏なため、不注意によるケガには注意しましょう。

丑の武曲星×貪狼星

豪快で優しく、文化芸術を愛する人

性格

冬の土の宮にある陰金の武将と、陽木あるいは陽水の多種多彩な気質を持つ星が組み合わさった生まれです。豪快で気が強く、楽しいことが大好きな性格です。人には優しく、自分には厳しい一面を持ちます。美味しいものや美しい芸術・文化を好みます。吸収した知識を応用し、新しい価値観を生み出していける人です。

恋愛

モテるタイプ。早婚ではなく、さまざまな人と恋愛を経験し、落ち着いてから結婚するほうが安定するでしょう。惹かれがちなのは、純粋で元気な人。自分の意見をはっきりいえる人との相性が良いでしょう。ただ、どちらかというと相手のほうが気が強く、お互いの自我がぶつかり合ってしまうことも。

仕事

仕事熱心な人。優しい気質の持ち主なので、まわりの人との関係構築も得意です。家業を継ぐ、または何かの縁で会社を任され、幹部として社を支えるといった仕事運を持っています。銀行員や工場長、飲食チェーンの店長などに適性があります。また、会社の経理部などにも向いています。

容姿

背はあまり高くなく、筋肉質です。若い頃は顎が細身の人が多く、年齢を重ねるに伴い、丸みのある顎となり、余裕ある顔つきへと変化していく傾向が。洋服はシンプルな色合いを好み、流行ものやブランド品を身につけるのが好きでしょう。

健康

喉、循環器、血管、呼吸器などが弱め。高血圧または低血圧に注意しましょう。食べ過ぎや飲み過ぎにも気をつけて。

未の武曲星×貪狼星

剛柔を合わせ持つ、まとめ役

性格

夏の土用の宮にある陰金の武将と、陽木あるいは陽水の華やかな技術の星が組み合わさった生まれです。マイペースな一方、フットワークが軽く、広い人脈があるタイプです。常にスキルアップを意識して、さまざまな知識や技術を吸収し、自身の人生を発展させていきます。多くの人を導く器のある人です。

恋愛

剛性な部分と柔軟な部分が共存していることが魅力。モテるタイプで、恋多き人生となります。結婚相手となる人は、知的で大人びた、気遣いのできる人でしょう。女性の場合、相手はあなたの欠けている部分を補ってくれます。男性の場合、相手は賢く家庭を切り盛りするタイプの人です。

仕事

仕事ぶりは真面目で、豊富な知識と高い技術を持ちます。組織のなかでは人をとりまとめるポジションにつきます。行事や飲み会などの企画を任されることも多いでしょう。威厳と遊び心の両面を使い分けることができるため、上司からは気に入られ、後輩や部下からは慕われます。人事や人材育成などに向いています。

容姿

20代まではやせ型で、可愛らしいデザインの洋服を着こなすような、華やかな雰囲気のある人。年齢を重ねると貫禄が出てきますが、ボディラインなどは若い頃と変わらず、大人の魅力が溢れる人となるでしょう。

健康

目、肺、循環器、肝臓、腎臓、生殖器などに弱さが出やすくなります。不摂生になりやすいため、お酒は控えめにして、旬の食材をとって滋養強壮を。

寅の武曲星×天相星

強気さとしなやかさが共存する、中間管理職

性格

初春の宮に座す陰金の武官と、陽水の貴族の星が組み合わさった生まれとなります。細かいことは気にしない思い切りの良い性格と、柔軟でしなやかな性格が共存しています。組織のなかでの立ち回りがうまく、中間管理職として活躍します。プライドが高い面と、我慢強い面を持つ、バランスのとれた性格の持ち主です。

恋愛

大恋愛の末に結婚する人が多いでしょう。パートナーとなる人は美貌の持ち主。たくさんのライバルを蹴散らして射止めるでしょう。ただ、結婚後はすれ違いが生じることもありますので、小さな変化にも向き合って、こまめにすり合わせていくことで、長く良い関係を築いていきましょう。

仕事

無骨で真面目なところと、まわりの人との関わり方に長けていることから、組織では上司に厚く信頼されるでしょう。また、経営者やフリーランスとしても、まわりの人と協力しながら事業を大きくさせていけるタイプです。特に金融機関、商社、代理店、または企画や販売などで最大限の能力を発揮するでしょう。

容姿

筋肉質で美しい体型をしています。丸顔で眉が濃く、目は大きくて目力があります。インパクトのある個性的な容姿をしている人が多いでしょう。にこやかで知的な振る舞いをしますが、どこか威厳も感じさせます。

健康

心臓、胃腸、呼吸器などが弱いタイプ。浮腫みやすい体質で、内分泌疾患になる人も多くいます。仕事のしすぎで体を壊す場合もあるので、十分に休息をとりましょう。

申の武曲星×天相星

高い対人スキルを誇る、愛嬌がある人

性格

初秋の金の宮に座す陰金の武の剛毅な星と、陽水のエレガントな知の星が組み合わさった生まれです。とても賢い人で、愛嬌も良いタイプ。対人関係スキルが高く、甘え上手なところもあるので、年配者から好かれるでしょう。1人でいることも好きですが、みんなといるほうが安心して過ごせるような性質。

恋愛

恋をすると自分から動くタイプですが、実は恋愛はあまり得意ではなく、不器用なところがあります。せっかちで決断力がある反面、人に合わせられる一面も。その両面をバランス良く使い分けることで、2人の関係のバランスをとることができます。好きになる人は、口うるさいところがあるかもしれません。

仕事

仕事が速く、何でも器用にこなせる人。マネジメント能力があるので、組織づくりに向いており、また自身もそれに対して強い意欲を持ちます。兼業したり、いくつかの会社を経営したりするなど、複数の仕事を掛け持ち、うまく回していく人も多いでしょう。金融業や外資系、商業系に適性があります。

容姿

スポーツが好きで、引き締まった体型をしています。筋肉質ですが、年齢を重ねると筋肉量がガクッと減少し、太りやすくなることも。適度な運動を心掛けると、体調が良くなります。個性的でインパクトの強い顔立ちの人が多め。

健康

喉、気管支、肺、心臓、関節、内分泌器が弱くなりがち。浮腫みやすい体質です。運動と仕事のしすぎに気をつけて、休息を心掛けると健康を保てるでしょう。

卯の武曲星 × 七殺星

激しい闘志を燃やすファイター

性格
春の木の宮に座る陰金の金庫を守る武将と、陰火と陰金の俊敏な将軍が組み合わさった星の生まれです。とにかく行動力と闘志に溢れた人。自我が強く負けず嫌いなため、大きな障害があるほど燃え上がり、成功を掴みます。まわりの人からは過度に好かれるか、過度に敬遠されてしまうか、評価は二分するタイプ。

恋愛
激しい性格の持ち主ですが、意外にも恋愛や結婚に対しては穏やか。恋愛相手とは安定した関係を築きます。パートナーとなる人は、人との関わり方が上手な人。あなたの強い個性をよく理解し、良い面を最大限に引き出してくれるほか、あなたが持つ強さゆえの孤独を癒してくれる存在となるでしょう。

仕事
休みなく働くタイプです。営業力がありますので、顧客からの人気を得てトップの成績を収める、といったことも珍しくないでしょう。特に不動産の営業で活躍します。また、経営者にも向いていますが、命宮に吉の副星が同宮している場合は、会社員として組織を仕切るようなポジションが向いています。

容姿
童顔で目力が強く、シャープな輪郭をしています。感情が顔に出やすいタイプ。せっかちで行動や歩き方は素早いでしょう。ブランド品や、高価な洋服または小物を身につけることを好みます。

健康
目、耳、腎臓、大腸、生殖器、泌尿器、血液などが弱点。冷え性であることが多いので、薬膳など体が温まる食事を心掛けましょう。

武曲星

酉の武曲星 × 七殺星

障害も果敢に乗り越えるパワフルさ

性格
旺秋の金の宮に座す陰金の金庫を守る騎士と、陰火と陰金の隊長が組み合わさった星の生まれです。行動力があり、障害も果敢に乗り越えて突き進んでいくでしょう。物事を正しく迅速に判断する賢さもあります。生活リズムは不規則なタイプ。仕事も遊びも全力で楽しみ、夢中になるあまり時間を忘れることも。

恋愛
パートナーとなるのは、あなたとは真逆のタイプの、大人しく、常識を重んじるような人となることが多いでしょう。お互いの欠点や弱点を支え合う2人となります。特に男性の場合は、パートナーがいるほうが仕事も私生活も安定していきます。性格的にも角がとれ、ますます魅力を増していくでしょう。

仕事
情と利益の間で葛藤しつつ、常にそのときの自分の最大限のパワーを費やす人です。自分ですべての仕事を仕切ることのできる経営者やフリーランスに向いていて、商業や専門職に適性があります。会社員の場合、研究部や開発部、営業部など、1人で行動し、仕事を進められるような仕事が向いています。

容姿
体を動かすことが好きな、優れた運動神経の持ち主。筋肉質でスレンダー。声は大きく、よく通ります。洋服は原色、または白や黒などを用いたシンプルなデザインのものを好みます。

健康
肺、気管支、腎臓、神経系、呼吸器などが弱いことが多く、喘息がある場合も。少食などにより栄養が偏ると活動力が減退するので、きちんと食事を。

辰の武曲星独主

たゆまぬ努力を重ねる成功者

性格
春の山の宮に座す陰金の武将の星の生まれです。向上意欲が旺盛で、自分のスキルアップのために努力を重ねることができる人。優れた金銭感覚の持ち主で、計画性もあるので、物事を成功へと導いていけるでしょう。性格はさっぱりしていますが、せっかちなところも。物事の進みが遅いとイライラしやすくなります。

恋愛
好みのタイプは、独立心旺盛な行動力のある人。お互いの自我がぶつかることもありますが、相手の意見を優先させることができれば、尊敬し合える関係を築いていけるでしょう。ただ、問題をお金で解決しようとすると相手の気持ちを逆なでしてしまうことも。純粋な気持ちで感情を受け止めることを心掛けてみて。

仕事
真面目で粘り強く任務に当たるので、目上の人からの評価は高いでしょう。ただ目標とするレベルが高すぎるがゆえ、それについていけないと感じる同僚や部下から、支持を得られないことも。周囲への気配りを大切にしてください。吉の副星があれば、金融業、工業、生産業などの分野で活躍します。管理職にも適性が。

容姿
目がぱっちりと大きい、美しい輪郭の持ち主。その容姿から異性にモテるタイプで、大勢のなかにいても、一際目を引く存在です。自分の魅力を良く理解し、自分に合うファッションを選ぶことができます。

健康
目、耳、喉、気管支、肺、皮膚などに注意。また、お酒やたばこなど、嗜好品を多く摂取する傾向があるので、気をつけましょう。

戌の武曲星独主

地頭の良さと、粘り強さで難問も解決

性格
秋の山の宮に座す陰金の武将となります。数字に強く、計画性もあります。地頭が良いので、あらゆる問題に対して粘り強く解決策を模索し、対処することができるでしょう。短気な面もありますが、年齢を重ねるごとに、勇ましさと冷静さを兼ね備えた性格に。40代以降に才能が開花し、社会運が向上していきます。

恋愛
惹かれるのは、活動的でしっかりとした意見を持つ人。あなたも自分の軸がある人なので、お互いに譲り合うことを意識しましょう。晩婚のほうが安定した結婚生活を送れます。お金に関する感覚がしっかりとしているため、財布の管理は自分で行うほうが良いでしょう。仕事は別々で、共働きのほうがうまくいきます。

仕事
合理的で頭が良く、粘り強い一方、豪快な一面も持ち合わせています。根気強く業務に勤しみ、きちんと利益を出せる人です。会社員よりも経営者やフリーランスのほうが才能を発揮できるでしょう。吉の副星があると、金融業、工業、生産業などの分野で40代以降に活躍します。管理職なども向いています。

容姿
体を動かすことがストレス発散方法のため、筋肉質で締まった体型をしています。年齢を重ねると太りやすくなることも。目は大きめで、大人びた雰囲気があります。大勢のなかにいても目立つ、堂々とした振る舞いをしている人が多いです。

健康
食道、胃腸、呼吸器、消化器系の病に注意。早食い気質があるため、ゆっくりよく噛んで食べることを心掛けるようにしましょう。

巳の武曲星×破軍星

豊かな発想が魅力の「不思議ちゃん」

性格

初夏の火の宮に座す陰金の騎士と、陰水の騎馬隊の隊長が組み合わさった星の生まれです。斬新な発想で、一から何かを生み出すことのできるクリエイター気質。ただ、短気なところがあり、何事もすぐ諦めてしまいがちなので、ときには根気を大切に。ジェットコースターのように上がり下がりの激しい人生を送るタイプ。

恋愛

発想豊かな「不思議ちゃん」気質で、その掴めなさからモテるタイプです。ただ、求める条件が多く、なかなか決めきれないところも。最終的には、対人関係スキルが高く、容姿の整った人を結婚相手に選ぶことが多くなります。お互い相手の良さを尊敬し、欠けたところを補い合えるような夫婦となるでしょう。

仕事

周囲の人の長所を伸ばしていくことで、組織全体を大きく成長させることのできる力があります。吉の副星が多く同宮する場合、優秀な部下に恵まれます。この優秀な部下たちに仕事をどんどん任せることで、あなた自身も良い仕事ができるでしょう。短気な面を抑え、人脈を大切にすれば、経営者としても成功します。

容姿

背は高めで、中肉中背の体型です。丸顔で、キリっとした眉に、大きい目をしています。髪は天然パーマ、または、個性的なパーマをかけることを好む傾向があります。

健康

基本的には健康体ですが、腸、胃、脾臓、胸、腰などが弱りやすいでしょう。凶星が同宮していなければ、小さな病気は治りやすいといえます。

亥の武曲星×破軍星

社会のルールにとらわれない自由人

性格

初冬の水の宮に座す陰金の黄金の軍曹と、陰水の隊長が組み合わさった星の生まれです。社会的なルールからは外れた生き方を望む、根っからの自由人。その自由な生き方に自信があるので、ちょっとした障害などは気にも留めません。決断力もあります。勇ましく突き進む姿が、多くの人からの支持を得るでしょう。

恋愛

独自の人生観が人を惹きつけます。異性の友人も多く、恋愛運は良いタイプといえます。ただ、個性的な性格をしているため、それを受け入れられるだけの大きな器を持った相手が合うようです。一度付き合うと長いタイプ。あなたが飽きても、相手が離してくれないということも多いでしょう。

仕事

面倒見の良い性格なので、特に部下から慕われ、その人望が仕事に活きます。短気で飽きっぽいところもありますが、人との縁を大事にすることで仕事運が向上しますから、そういった面のコントロールを。会社員であれば会計士や看護師、インストラクターなどの専門職が適職。実業家としても成功できるでしょう。

容姿

スポーツやダンスなど体を動かすことが好きで、引き締まったスタイルをしています。目鼻立ちがはっきりとしていて、華やかな雰囲気のある人。洋服は個性的なデザインのものを好みます。行動は俊敏で、歩くペースも速め。

健康

目、鼻、胸、腎臓、胃腸、脾臓、神経系などが弱くなりがち。基本的には健康体ですが、仕事のしすぎで生活が不規則になると、体を壊しやすくなるので要注意。

子の天同星×太陰星

優しく、使命感の強い芸術家肌

性格
旺冬の水宮に座す陽水の救済の少女と、陰水の女教皇が組み合わさった星です。人を救済することに使命感を持つような優しさと、目に見えない世界を愛する、芸術的で豊かな感性の持ち主。温和な性格で、まわりの人を大切にするため人気があります。結果的に、高いステータスを手にすることができるでしょう。

恋愛
好きなタイプは、知的でセンスが良く、理論的な思考を持つ人。自分と人生観が似ている人をパートナーとして選ぶ傾向にあり、結婚後も、ともに勉強したり、趣味を楽しんだりしながら、お互いに好きなことを追求できる夫婦となるでしょう。やがて、2人独自の世界が形成されていきます。

仕事
知的で穏やか。ひとつの会社に長く勤め、自然と出世していくタイプです。仕事によって世界観や人脈が豊かになっていきます。確かな知識や技術を身につけることで、お金が後からついてくるでしょう。大学教授や教師、芸術家、芸能人、モデルなどに向いています。また、海外または語学に関する仕事も良いでしょう。

容姿
背はあまり高くなく、細身の体型です。色白で、目はつぶらな一重の人が多いでしょう。優しく、柔らかな雰囲気をしています。女性は声が高く、可愛らしい色合いの洋服を好みます。男性は繊細で中性的な雰囲気をまとう、美形です。

健康
目、呼吸器、肝臓、循環器、内分泌器などが弱め。食が細く、偏食気味の人が多いため、食事の量と質に気をつけると良いでしょう。

午の天同星×太陰星

芸術的で繊細なロマンチスト

性格
旺夏の火宮に座す陽水の平和を好む少女と、陰水の精神性の高い聖女が組み合わさった星です。自然や芸術、文学などを愛し、その世界に没頭することに癒しを感じるロマンチスト。細かいことが気になり、多くの人がいる環境や騒音、複雑な人間関係にはストレスを感じるかも。同じ環境に長くいることが心の安定に。

恋愛
ロマンチックな性格です。恋愛相手には、自分と同じように高い精神性を持ち、芸術や文学好きであることを求めます。同じ趣味や職場など、共通のものを通じてパートナーと巡り会うことが多いでしょう。好きなものを共有できる相手と結婚すれば、絆を一層深めていくことができます。

仕事
自分が好きなものに携わり、それを深く研究できるような環境で最も才能を発揮できます。厳しいノルマのあるような仕事はあまり向いていません。適職は教授・教師や趣味・習い事の講師、通訳者、翻訳家、司書、学芸員、芸術家など。農場や果樹園などの経営者としても活躍できます。

容姿
背はあまり高くなく、やせ型で色白、可憐な雰囲気のある人です。顔は卵形で、パーツは小さめですが、童顔で若々しく見えます。女性は、パステルカラーや花柄があしらわれているような、フェミニンな洋服が好みでしょう。

健康
目、喉、気管支、循環器、神経系などが弱いです。貧血や栄養が偏りやすい性質があります。また、精神的な不安があると不眠になりやすいでしょう。

丑の天同星×巨門星

明るく清らかな奉仕の人

性格

冬の土宮に座す陽水の芸術的な少女と、陰水の暗を司る知謀と論舌の星が組み合わさった星の生まれです。明るく清らかで奉仕的な性格ですが、さまざまな側面から物事を見つめることのできる人。対人関係が複雑になりやすいため、自分の個性を尊重してくれる人を大事にすると運勢がアップし、才能が開花します。

恋愛

異性にモテるタイプですが、優柔不断なので、相手を選ぶことに苦戦することも。また、結婚した後にも良い人が現れて悩んだりするなど、異性関係では気をつけなければならないことが多いかもしれません。情緒的で優しい人を選ぶ傾向が強く、自分を心から大切にしてくれる人とであれば、良い関係を築けます。

仕事

集中力や記憶力に優れ、幅広い知識を持つため、そういった強みを活かせる仕事が適職。複数の仕事を掛け持ちする人も多いでしょう。1人で作業に没頭できる仕事に向いているので、ライター、研究員、音楽家、芸術家などに適性があります。また、不動産管理、教育関連、公務員も向いています。家業を継ぐのも◎。

容姿

やせ型で、愛らしい顔立ちのため、実年齢より若く見られるタイプ。行動的でよくしゃべるときもあれば、内向的になり、寡黙なときも。いつも身ぎれいな格好をすることを心掛けていて、淡い色の洋服を好むタイプです。

健康

腎臓、泌尿器、生殖器が弱い性質。栄養バランスが偏ることが多いので、バランスの良い食事を心掛けましょう。

天同星

未の天同星×巨門星

優雅に人生を楽しむ温和な人

性格

夏の土用の熱い土宮に、陽水の純粋なる少女の星と、陰水の研究家が組み合わさった星の生まれです。優しく穏和な性格で、優雅な雰囲気をまといます。物事をはっきりと言い過ぎてしまう、あるいはうまく意見を伝えられず、誤解されることも。自分を理解してくれる人たちを大切にすると、運勢が向上します。

恋愛

すぐに人を好きになりやすい恋愛体質。優柔不断な面があるので、複数の人の間で揺れることもあるでしょう。パートナーとなる人は、知識が豊富で優しい半面、精神面での弱さを持つ人の場合が多くなりがち。2人で支え合えるような関係性を築くことで、結婚後も心穏やかな生活を送れるでしょう。

仕事

優雅に日常生活を楽しむことが好きなタイプなので、きついノルマのある仕事や、人との連携をメインとするような仕事には向いていないかもしれません。家業を継いだり、親しい人から会社を引き継いだりする「継承」の仕事運を持ちます。また、教師やライター、パソコン関係の仕事、経理部や事務職などが適職。

容姿

細身で色白の人が多いでしょう。輪郭は楕円形で、目は細めですが、まつ毛が長く、上品な顔立ちをしています。年齢よりも若く見られることの多い童顔でしょう。よくしゃべるときと、寡黙なときの2つの顔を持ちます。

健康

肺、気管支、大腸、子宮、卵巣、膀胱などに弱さが出やすくなります。あまり体力のあるほうではなく、偏食気味なことから栄養失調や貧血になりやすいので、気をつけましょう。

寅の天同星×天梁星

面倒見の良い大器晩成型

性格

初春の木の宮に、陽水の穏やかな少女と、陽土の力強い教師が組み合わさった星の生まれです。若いときは苦労を経験するかもしれませんが、年齢を重ねるにつれて運気が上がっていく大器晩成型。自分の理想を追い求め、やがて社会で活躍するでしょう。面倒見が良いため、周囲の人から好かれます。

恋愛

頭の良い人がタイプでしょう。パートナーとはさまざまなことを議論したり、話し合ったりすることを好みますが、あなたのほうが相手に譲ってあげることが多くなります。2人とも理想が高く経済力にはやや欠ける面があるので、計画性を持ち、2人で一緒に知識や財力をつけていくことで、ともに人生が向上します。

仕事

後輩や部下を可愛がり、組織力を高めていけるリーダーとしての素質を持ちます。仕事における能力も高く、話も上手なので、あらゆる仕事をうまく回していけるでしょう。教師、弁護士、裁判官、編集者、司会者、イベント運営者などは適職。また、技術職や交通・旅行、運送業などに関連がある仕事も良いでしょう。

容姿

やせ型ですが、骨ばった体格をしている人が多いです。丸顔で色白、声が低く、度量を感じさせるしゃべり方をします。女性の場合、髪はストレートにしている場合が多いでしょう。洋服は淡い色でシンプルなデザインのものを好みます。

健康

胸、消化器系、血液が弱くなりがち。冷え性気味で胃炎にかかりやすい体質ですが、基本的には健康です。凶星が同宮していなければ、病気は治りやすいです。

申の天同星×天梁星

安心感を与える穏やかな相談役

性格

初秋の金の宮に、陽水の優美な少女と、陽土の熟練した老師が組み合わさった星の生まれです。穏やかで優しい性格から、その場にいるだけでまわりに安心感を与える存在。親身になって人の相談に乗るタイプなので、自然と周囲に人が集まってきます。どんなときも冷静さを失わない強さも持ち合わせています。

恋愛

好きな人には尽くすタイプです。パートナーとなる人は、知的で文化的なことを好む人でしょう。2人で議論を繰り広げることもありますが、そのなかでお互いのことを深く知っていき、より良い関係性を構築していきます。晩婚となる人が多い傾向。結婚後は、仲むつまじく連れ添う夫婦となるでしょう。

仕事

仕事は真面目に取り組み、ひとつの職場に長く安定して勤めることができます。いつの間にか、組織で重要な意見を求められるような立場にいるでしょう。人と関わる仕事、好きなことに関わる仕事で花開きます。教師、保険の相談員、各種調査員、宝石鑑定士、文化事業や情報処理関連、海外事業などの仕事が適職。

容姿

背は低めか平均的、色白でぽっちゃりとした体型の人が多いでしょう。顔は卵形で、中性的な雰囲気がまといます。女性の場合、髪はストレートにしていることが多く、洋服は淡い色で、手触りの良い素材を選ぶ傾向にあります。

健康

心臓、胃腸、神経系などの部位が弱く、胃炎になりやすい体質です。ただ、凶星が同宮していなければ健康運は良く、あまり病気をしないで過ごせるほうです。

卯の天同星独主

知的で情緒的。徳の高い人気者

性格

春の木の宮に、陽水の礼儀正しい清楚な少女が座す星の組み合わせです。知的で情緒的、穏やかな性質です。芸術や文化を好み、その研究や制作に没頭するでしょう。徳の高さから人望は厚く、たくさんの人たちから支持を得ます。多くの友人たちと、自分の知識や技術を共有して楽しみます。

恋愛

人気者なので恋のチャンスも多いでしょう。頼りがいのある人と巡り合える運気の持ち主で、共通の趣味などから恋心が芽生える場合も。結婚して子どもを授かると、教育熱心な親となります。縁があるのは、あらゆることに達観し、あなたの悩みや迷いをうまくカバーをしてくれるような人でしょう。

仕事

頭脳労働や美しい容姿を活かした仕事が向いています。ステータスのある友人や知り合いが多く、その影響で仕事が回ってきたり、援助を受けたりすることもあります。劇団員やモデルなど芸能関連の仕事に適性があり、会社員としては企画、調査、人事などに向いています。ブライダルや広告関連の仕事も良いでしょう。

容姿

美しい顔立ちをした笑顔が素敵な人が多く、上品で華やかな雰囲気をまといます。マナーが身についていて、歩き方や立ち振る舞いは優美。エレガントな印象なので、社会的に地位のある人から好かれます。細身でどんな洋服もスマートに着こなします。

健康

目、肺、気管支、内分泌器、生殖器が弱くなりがち。湯船に浸かり体を温めると、体の循環が改善され、冷え性などが緩和されます。

酉の天同星独主

みんなに愛される、心優しい芸術家

性格

秋の金の宮に、陽水の泉の女神が座す星の生まれです。情緒的で文学や芸術、音楽を愛し、またそれらの分野で秀でた才能を持ちます。家族や友人に対して気配りのできる優しい性格で、みんなから愛される存在。女性らしい雰囲気のある人で、男性の場合は中性的な雰囲気をまといます。

恋愛

優しい性格から誰からも好かれる人気者です。候補は数多くいるものの、なかなか1人に絞れない優柔不断な面も。自分に合ったパートナーを見つけると、その人に尽くし、愛情を育んでいきます。障害や課題も2人で乗り越えていけるでしょう。子どもを授かるととても可愛がり、温かな家庭を築いていきます。

仕事

頭脳労働が得意なタイプ。仕事においてはこだわりの強さを見せます。大好きな芸術に関わる仕事では、一層活躍することができるでしょう。教師、設計士、イラストレーター、芸術家、音楽家、俳優、モデルなどの仕事に向いています。また、専門技術職や服飾に関する仕事も良いでしょう。

容姿

色白で輪郭は楕円形で、整った顔立ちをしています。女性は、魅力的に見せる格好やメイクの研究に余念がない、とてもおしゃれな人。男性は、細身でスマートな体型をしている人が多い傾向。「輝いている自分が好き」という人が多いです。

健康

肺、気管支、消化器、腸、内分泌器に注意。貧血や血液の疾患を起こしやすいタイプです。栄養が偏ると、心身の疲れもとれにくくなるので気をつけましょう。

辰の天同星独主

穏やかで真面目。異性にモテる人

性格

春の土用の山の宮に、陽水の渓谷水龍の女神が座っています。穏やかで少し気は弱いほうですが、自分の好きなことには一直線で頑固なところも。文学や芸術を愛し、それらを生活に取り入れながら生きていきます。著名人や知識人との交流もあり、そういった人たちから助けられ、自らの立場も向上させていきます。

恋愛

たくさんの異性から声をかけられるような、モテる人。相手に選ぶのは、几帳面で繊細、優しく面倒見の良い人となります。結婚後は夫婦で精神的、経済的に助け合いながら良い家庭を築きましょう。子どもが好きで、１人または２人を授かることが多く、大切に育てていきます。

仕事

真面目で几帳面。公務員や教師などに向いています。文化事業や、専門技術が必要な仕事にも適性があります。家業を継ぐ人も多いでしょう。組織のなかでは後輩の育成に長けています。上司、同僚、部下とバランス良く協力的し合うことで、大きな成果を挙げられるでしょう。

容姿

顔は卵形で肌は色白。背は低いほうで、優しく柔らかい雰囲気を持ちます。女性の場合、服装はガーリー。また、アニメなどが好きで、好きなキャラクターに関する洋服を自分でつくるなど、趣味と服装につながりがあるでしょう。

健康

骨、腎臓、膀胱、心臓、循環器が弱めです。女性特有の疾患や敏感肌にも注意しましょう。朝に弱いため、睡眠時間をたくさんとって。

戌の天同星独主

相手の気持ちを大切にする癒やし系

性格

秋の土用の山の宮に、陽水の滝の龍の女神が座っています。柔らかい雰囲気をまとった優しい人で、いろいろな人から慕われます。相手の気持ちを大切にする人なので、そんなあなたに多くの人が癒やされるでしょう。美術や歌、ダンス、文学などを好み、日々腕前を磨いていきます。

恋愛

アプローチされることは多い人ですが、なかなか合う人が見つからず、恋愛や結婚は遅咲きとなる傾向が。理想の相手を見つけると長く付き合い、同じ趣味や精神的なつながりによって絆を深めていきます。結婚後は共働きで家庭を守りますが、お金の管理は２人とも苦手なタイプかもしれません。

仕事

多くの仕事を経験する傾向にあります。仕事に対して強い責任感を持ち、それゆえ抱え込んでしまうことも。体力面は強いタイプではないので、自分のペースでゆっくり着実にこなしていきましょう。適職は、専門技術職、公的な仕事、受け継いだ家業の経営、知り合いから譲り受けたお店の経営など。

容姿

顔は小さく、美しい容姿の持ち主です。背は高くありませんが、手足がスラッとしています。色白で、歩き方や立ち振る舞いは、ゆっくりで上品。帽子やアクセサリーなどの小物を好み、よく身につけます。

健康

循環器、心臓、腎臓、泌尿器、皮膚が弱いタイプ。冷え性や敏感肌の体質で、皮膚炎を引き起こしやすくなります。散歩など毎日少しずつの運動を心掛けて。

巳の天同星独主

興味あることに没頭する勉強好き

性格
初春の火の宮に、陽水の天女が座っています。学ぶことが好きで、あらゆる分野の知見を深めていくでしょう。マイペースで穏やかですが、はつらつさも持ち合わせています。享楽的な一面もあり、好きなことには没頭しますが、何事も中間のレベルを維持するタイプ。まわりから助けられる人です。

恋愛
職場か、趣味・学びの場での出会いに期待できます。受け身なので、相手のアプローチによって進むことが多いでしょう。結婚相手の候補が現れたら、金銭感覚をしっかり確認しておきましょう。責任感のある人と結婚すれば、穏やかな結婚生活を送ることができます。良くしゃべる人と縁が。

仕事
家業を継いだり、起業したりする人が多くなるでしょう。尊敬する人がいる会社や組織で働くのはおすすめです。公務員、会社員、ライター、大学教授などに適性があります。また、サービス業、芸能関係の仕事、アパレル業、美術・芸術・音楽関係の仕事にも向いています。投資家には不向きなタイプ。

容姿
20代まではやせ型で、手足が長くスラッとしています。肌は色白で目が大きく、明るい雰囲気。行動や立ち振る舞いが上品で、目上の人に好かれます。華やかな印象の洋服を好んで身につけます。

健康
呼吸器、肺、気管支、歯、目、肝臓に注意。環境によっては神経が過敏になったり、喘息を発症しやすくなったりすることも。

亥の天同星独主

人魚姫のように控えめな性格

性格
初冬の水の宮に、陽水の海の人魚が座っています。とても穏やかで、人の後をついていくような謙虚な性格です。善良で行いや考え方に品があるので、多くの人に好かれ、助けられます。社会的に有利な立場の人が家族や友人にいることも多く、その人の知識や意志を受け継ぐでしょう。

恋愛
精神的なつながりを大切にします。不器用な人を好きになる傾向にあるため、お互いの欠点を補い合える関係性を築くと良いでしょう。結婚後はパートナーや家族に奉仕する精神を持ち、愛情溢れる家庭を築いていきます。義理の両親など、周囲の人も大切にすることで、2人の関係もより良くなります。

仕事
若い頃にたくさんの仕事を経験し、その後は父母やパートナーの家業を受け継ぐという運気の持ち主。また、知識や技術を必要とする事業を、目上の人から受け継ぐこともあります。会社員やライター、芸術家などのほか、文化事業、サービス業、教育に関連する分野に向いています。

容姿
骨格がしっかりとしていて、明るい雰囲気をまとっています。肌は色白です。落ち着いた行動ができる人で、まわりを惹きつけるような容姿や話し方が魅力。人の多い場所でもすぐに見つけられる存在感の持ち主。

健康
首から上、心臓、目、循環器、呼吸器、肺、気管支などが弱め。また、冷え性なので、体を冷やさないよう、温活を。

子の廉貞星×天相星

一見クールでも実はユーモア溢れる人

性格

真冬の水の宮に、陰火あるいは陰木の素早い狩人と、陽水の優雅な貴族が一緒に座っています。ぶっきらぼうで、愛想があるタイプではないので誤解されることもありますが、頭が良く、実は会話をするととても楽しい人。クールですがユーモア溢れる人で、その魅力的な人柄が人を引き寄せます。

恋愛

色っぽく、恋愛体質。あなたの魅力に引き寄せられる人は多く、さまざまな人からアプローチされるでしょう。20代まではいろいろなタイプの人と付き合って自分に合う人を探し、遅めの結婚によって安定した家庭を築きます。パートナーになりやすいのは、現実的な考えを持ちつつ、多趣味で裕福なしっかり者です。

仕事

とても有能で仕事ができる人。大企業や政府機関などで働くと、ますます仕事運が向上します。政治家、官僚、銀行員、医者などの職種は適職。また、科学技術を使う仕事や、営業などとしても活躍できます。財運が良いため、独立・起業の道に進んでも成功しやすいでしょう。

容姿

筋肉質で中肉中背の体型をしています。目は細めですが目力があり、自信に溢れた瞳の持ち主です。顔は丸型で声は低いほうでしょう。親しい人の前ではよく笑い、よくしゃべります。個性的な洋服や小物が好きで、よく似合います。

健康

肝臓、手足、腕、指、胃腸、目、神経系などが弱め。働き過ぎてしまう人なので、休息は意識して多めにとるようにすると良いでしょう。

午の廉貞星×天相星

勤勉で優秀、礼儀正しいエリート

性格

真夏の火の宮に、陰火あるいは陰木の素早い参謀と、陽水の高貴な公爵が一緒に座った、冷静で知性豊かな人です。2つの星により、凶星の欠点が無毒化され、礼儀正しくて気も利く、スマートな性質の持ち主となります。ただし、擎羊星が同宮していると、裁判や揉め事などのトラブルが起こりやすくなるでしょう。

恋愛

上品さと知性で多くの人からモテます。若い頃はたくさんの恋を楽しむでしょう。あなた自身の好みは、色気があって頭が良く、社交的な人。まわりから羨まれるような人に好意を持つタイプです。結婚後は共働きで、共通の趣味を持つと、幸せいっぱいな生活を送れるでしょう。

仕事

仕事はかなりできるタイプです。真面目で勤勉、強い野心を持ちます。休日も返上して働くような熱心さで、国内外を飛び回り、広いフィールドで仕事をするでしょう。適職は、外交や通訳、政治家、起業家、弁護士、判事、警察など。また、海外との取り引きにも縁があります。

容姿

目は細長いアーモンドアイで目力があり、強い意思を感じさせます。女性の場合、ボーイッシュな人が多く、男性の場合は筋肉質で中肉中背。洋服はモノトーン、あるいは原色など個性の強いものが好み。

健康

消化器、皮膚、腎臓、肝臓、下腹部に弱さが出がち。手足のケガにも気をつけましょう。睡眠不足になると偏頭痛になる人もいるので、しっかり睡眠を。

丑の廉貞星×七殺星

高潔な理想を追い求めるリアリスト

性格
冬の土用の地に、陰火と陰木の知謀のリアリストの星と、高潔な理想を掲げる冒険家の星が並んで座っています。現実的ではありますが意志強固で信念が強く、一度決めたことは命懸けで最後までやり通します。障害に出くわすこともありますが、本気で取り組むことで、実現へと近づいていきます。

恋愛
多趣味で世の中の流行を掴むのも得意なので、いろいろな人から好かれるでしょう。お互いに意見を譲り合い、多少の自己犠牲の精神を持てば、穏やかな関係を築けます。結婚後は共働きになると、単身赴任や出張の多さからなかなか家庭に帰れないこともあるので、良い関係を維持する努力を。

仕事
追い込まれると強いタイプ。精神的にプレッシャーを感じるような仕事ほど、闘志に燃え、熱く取り組むことができます。そのため、外科医や歯科医などの開業医、警察、軍隊、IT、専門技術職、金属関係の製造業などに適しているでしょう。自身が単調と感じるような仕事には不向きです。

容姿
アスリートのように体を鍛えることが好きです。女性の場合は、筋肉質で中肉中背。男性の場合は、細マッチョな体型をしています。顔は可愛らしいベビーフェイスで、実年齢よりも若く見られることが多いでしょう。

健康
肝臓、腎臓、内分泌器、神経質、腹下にある臓器が弱いです。鍛えているために体力があり、病気にはなりにくいですが、ケガや感染症などには注意しましょう。

未の廉貞星×七殺星

独立心旺盛。文化を愛する風流な人

性格
夏の土用の地に、陰火と陰木の知的なニヒリストの星と、独立心旺盛な戦士の星が並んで座っています。好き嫌いが激しい性格で、気に入った人に対しては、自己奉仕を惜しみません。しかし、一度嫌うと見捨ててしまうような激しさも持ち合わせます。文化文芸を愛し、風流なところもあります。

恋愛
尽くすタイプの人と縁がありますが、あなた自身の面倒見が良過ぎるがために、相手は徐々に甘えがちに。ほど良い一定の距離を保ち、関係を続けていくようにしましょう。結婚後もお互い仕事を続けたり、分担して家事育児をしたりすることで、バランスがとれ、良い関係性を継続させられます。

仕事
組織に属すより、起業家や経営者としてお金を回していくほうが性に合っています。あるいは弁護士、IT関連の技術者、医師などの仕事が向いています。一般的な企業に就職すると、運気の流れが悪くなってしまう可能性が。不安定な気質が出てきて運勢が下がりやすくなるので、注意しましょう。

容姿
筋肉質でスラッとした体型をしています。顔は卵形で、年齢よりもかなり若く見られる童顔。眉毛がキリッとしていて、女性は中性的な雰囲気を持ちます。目は切れ長ですが、目力があります。洋服は原色でシンプルなデザインを好みます。

健康
腰から下の臓器や、目、内分泌器、消化器、皮膚が弱くなりがち。体をよく動かす人ですので、手足のケガにも注意しましょう。

寅の廉貞星独主

賢く、行動にムダがない戦略家

性格

初春の木の宮に、陰火と陰木のクールな策略家が座っています。社会性は高く、独特な視点で人や物事を観察、理解することに長けています。頭が良く回り、瞬時に自分のなすべきことを認識するので行動にムダがありません。ユーモアもあるので人の心を掴みます。自信過剰なところには要注意。

恋愛

自分より年下の賢い人を好きになることが多いでしょう。意志が強く、負けず嫌いで頭の良いあなたは、相手と意見の違いからぶつかってしまうこともあります。そうした争いは、年齢を重ねるにつれ緩和されていくでしょう。感情をぶつけるのではなく、冷静になって話し合うようにし、お互いの理解を深めて。

仕事

数字に強く、現実的な考え方ができるため、仕事の能力は極めて高いでしょう。仕事に私情を挟むこともなく、淡々と業務をこなして成果を出します。そつなく人間関係もこなすので、営業職などでも優秀な成績を収めるでしょう。政治家、官僚、軍隊、金融関係、総務・経理・人事・管理職などが適職。

容姿

筋肉質で中肉中背です。眉が太く、目力があります。口は大きめで、大勢の前でも物怖じせずに話せるタイプです。ずば抜けた反射神経を持ち、行動は機敏です。堂々とした歩き方をしています。洋服はシンプルかつ、ひとくせあるものが好きでしょう。

健康

肝臓、消化器、胃腸、目、耳などが弱い部位。嗜好品に依存するタイプで、それにより健康を害すこともあります。手足のケガにも注意しましょう。

申の廉貞星独主

好きなことにとことんハマる性質

性格

初秋の金の宮に、陰火と陰木のクールな戦略家が座っています。知的活動を好み、さまざまな情報を集めることを楽しみます。社交的ですが、人に対する好き嫌いは激しいタイプ。好きな人には寛容ですが、嫌いな人とは口も利かないような強情さがあります。何かにハマると没頭します。

恋愛

情熱的に相手に尽くすタイプですが、同じように恋愛にのめり込む人と付き合うと、ぶつかり合うことも多くなります。お互いに仕事や趣味などを持ち、一定の距離を保つようにすれば結婚生活も穏やかなものとなるでしょう。晩婚で幸せな結婚生活を掴むタイプ。相手は華やかで元気のある人が多くなります。

仕事

頭が良く、合理的なため、スピーディに仕事をこなしていく優秀な人。全体像をとらえることに長けているので、管理職も適任。職種でいうと、官僚、警察、公務員、会計士に適性があります。営業、総務、経理、人事も適職。キャリアを積み重ねるごとに、会社での地位が確実に上がっていきます。

容姿

目に特徴のある、魅力的な容姿を持つ人が多いでしょう。目は二重で大きめ、白目と黒目の比率がきれいです。うりざね顔で色白、美肌の持ち主。髪は黒く、ストレートにしている人が多いでしょう。

健康

神経系、内分泌器、肝臓系、胃腸系の病に注意。嗜好品を好む一方、食事が少なめになりやすいため、栄養の偏りには注意しましょう。

卯の廉貞星×破軍星

強いエネルギーに溢れる創造主

性格
春の旺木の宮に、陰火と陰木の冷静な実業家と、陰水の革命家が一緒に座っています。理想が高く野心的な人で、ゼロから新しいものを創造する、強いエネルギーに溢れています。崇高な目的を達成するために、リスクをとることもいとわず果敢に挑戦していくような、攻めの人生を歩む人です。

恋愛
利益や数字を重んじる現実的な考えをしていて、個性が強いあなた。そんな自分に似た人を好きになります。ただし、お互いの性質がぶつかり合い、関係性にヒビが入ることも。ドラマティックな恋愛を経験しやすいタイプですが、結婚相手は自分とは正反対の穏やかな人を選ぶと、安定した生活を送れます。

仕事
性格の激しさゆえ、まわりの人と軋轢が生じたり、足を引っ張られたりすることもあり、組織のなかでは苦労が多いでしょう。ただし、それを乗り越えると良いポジションにつくことができます。経営者やフリーランスの場合、財源が乏しく、経営が不安定になりやすくなります。

容姿
エネルギー溢れる内面とは裏腹に、外見は優美でたおやか。やせ型で、目は一重ですが大きいほう。髪はウェーブやパーマがかかっていて、ブラウンに染めることを好みます。流行ものやブランド品が好きなタイプです。

健康
心臓、肝臓、胃腸、胸、呼吸器などが弱め。貧血も起こしやすい体質です。手足の指のケガにも注意しましょう。睡眠や食生活の乱れに気をつけて。

酉の廉貞星×破軍星

緻密な計算が得意な革命家

性格
秋の旺金の宮に、陰火と陰木のやり手の官僚と、陰水の開拓者が一緒に座っています。精密な計算が得意。現実的ではありますが、斬新な変化を起こす機会を虎視眈々と狙う、革命家さながらの気質の持ち主です。スケールは壮大で、社会に大きな影響を与えるような夢を思い描き、追い求めます。

恋愛
現実的ではあるものの、人生を自由に謳歌している人が好みで、実際にそうした人との縁も多くあるでしょう。とてもモテるタイプで、若い頃は刺激的な恋愛をすることも多くなります。結婚相手は、冷静で感情の穏やかな人を選ぶと、お互いの性質がマッチするでしょう。晩婚のほうが良い縁に恵まれる傾向。

仕事
クリエイティブで優秀な頭脳を持っていますが、組織のナンバー2のポジションにつくことで、その個性を発揮できます。経理、人事、営業、企画などのほか、公務員も向いています。ただ、経営者やフリーランスとなる場合は、経理部門はほかの人に任せることで、成功しやすくなります。

容姿
やせ型で背はあまり高くありません。丸顔で、鼻は高めで細く、大きい目がチャームポイント。髪はくせ毛で、ロングヘアの人が多いでしょう。歩き方は颯爽としていて、どこか威厳のある雰囲気をまとっています。

健康
呼吸器、胃、胸、神経系などが弱りやすい性質。手足のケガにも注意しましょう。偏食気味なので、栄養バランスの良い食事を心掛けてください。

辰の廉貞星×天府星

穏やかさと鋭い視点で慕われる

性格

春の土用の宮に座す陰火と陰木の冷静な智慧者と、陽土の穏和な大臣が一緒に座っています。真面目で穏やかな性格ですが、鋭い視点と専門的な能力も持ち合わせます。そのため、まわりの人から尊敬されることも多いでしょう。あらゆる才能を持つ人材によって助けられ、成功を収めます。

恋愛

個性的でクリエイティブな人を好みます。恋愛においてはさまざまな障壁に見舞われることもあり、刺激的な経験をすることも。結婚は遅いほうが安定した生活となります。お互いのやりたいことや世界観を大事にすることが、末永く良い関係を続けていく秘訣となるでしょう。

仕事

仕事ぶりは真面目ですが、思い込みの強さや好き嫌いの激しさには注意しましょう。仕事運は遅咲きの運勢となりますが、有能な目上の人との関係性を大切にすると、運が開けていきます。政治家、官僚、教師ほか、学校運営や財務管理、出版業などの仕事が適職です。

容姿

背はやや高めで、丸みのある体型をしています。丸顔で、鼻は横に広い、もしくは丸い形の人が多め。口はやや大きめでしょう。洋服は、シンプルで清楚な感じのものを好むタイプです。

健康

目、手足、神経系、肝臓、血液、胃腸などがもろくなりがち。精神的に圧迫される環境にいると、不眠になりやすいため注意しましょう。

戌の廉貞星×天府星

財運に恵まれる、謙虚な知性の塊

性格

秋の土用の宮に座す陰火と陰木のクールな秀才と、陽土の知的な宰相が一緒に座っています。好奇心が強く、さまざまなことを広く深く学ぶ知性の塊。いざというときには、その豊富な知識でまわりの人を助けられる人ですが、謙虚な人柄で、その賢さをまわりにひけらかすことはありません。裕福な家庭に育つ人が多くなります。

恋愛

感情表現豊かな人。安定した関係性より、刺激的な恋愛に縁があるタイプです。好きになりやすいのは、常識にとらわれない人。遅めの結婚のほうが、パートナーとお互いの欠点を補い合える良い関係を築いていけそうです。好みのタイプよりは、穏やかな人を選ぶと、安定した結婚生活を送れるでしょう。

仕事

財源には恵まれやすく、その資金を活かして計画的に行えば、経営者やフリーランスとしてもうまくいくでしょう。優秀な部下や経理の専門家を雇うと、その安定感は盤石なものとなります。また、政府やその関連会社で飛躍する運気の持ち主。商業、学校運営、公務員などにも適性があります。

容姿

活動的で筋肉質ですが、年齢を重ねるとやや太りやすくなります。顔は丸顔で優しい目をしています。童顔なので、実年齢よりも若く見られるでしょう。洋服は、華やかで上品なものを好みます。

健康

肝臓、胃腸、神経系、皮膚、目、血液系の病に注意。頭を使いすぎると不眠になるので、リラックスできるハーブティーなどを取り入れると良いでしょう。

巳の廉貞星×貪狼星

積極的に人生を楽しむ天才肌

性格

初夏の火の宮に座す陰火と陰木の冷淡なスペシャリストと、陽木と陽水の魅力ある文化人が一緒に座っています。明確な理想と願望を持ち、積極的に人生を楽しむことに長けた天才肌です。若いうちは人の好き嫌いが激しめですが、40代以降は対人関係が広がり、社会的な人気を得ます。幅広い知識があり、手先も器用。

恋愛

20代までは多くの恋愛を経験し、人生を謳歌します。パートナーとなるのは、穏やかで財運がある人。謙虚で賢い人と遅めの結婚をした場合、仲むつまじく、楽しい結婚生活を送れるでしょう。2人の間に共通の趣味があると、生活に彩りが出て、いつまでも新鮮な気持ちで向き合えます。

仕事

仕事には人生を懸けて熱心に取り組みます。特に、器用な面を活かした専門職で、人気や名誉を手にするでしょう。人脈を広げることでさらに仕事は発展します。向いている職業は、警察、医師（特に外科、歯科）、芸能人など。ほか、法律関連や金融機関、商業、重工業などにも適性があります。

容姿

女性の場合、中性的な顔や雰囲気をまとい、甘すぎないのが魅力的な見た目です。洋服なども大人っぽく、ドレッシーなものが好みでしょう。自分の好きな親しい人に対しては、よく笑い、よくしゃべる、明るいタイプです。

健康

目、耳、肝臓、胃、手足と指先、脳、神経系などが弱い部位です。お酒など嗜好品のとり過ぎには注意しましょう。

亥の廉貞星×貪狼星

冷静さと享楽的な面が溶け合う性質

性格

初冬の水の宮に座す陰火と陰木のドライなリアリストと、陽木と陽水の爛漫な享楽家が一緒に座っています。冷静な面と、楽しみや快楽を追求する面、この2つが溶け合った性質。自分が楽しいと思えることを冷静に追求し、その分野におけるマニアに成長します。また、それを親しい人と共有することも楽しみます。

恋愛

好みのタイプは、優雅で知的、謙虚な人で、そのような人と巡り合う縁があります。お互いの性格の違いが欠点を補い合い、成長できる2人となります。若い頃はたくさんの恋愛を経験し、落ち着いたころに晩婚で結婚すると良いでしょう。共通の趣味などがあると、絆が深まり、いつまでも楽しく暮らせます。

仕事

「趣味は仕事」をモットーに、楽しみながら仕事に没頭するタイプです。人に対する好き嫌いがありますが、持ち前のユーモアセンスで組織のなかでも活躍。医師、警察、インテリアコーディネーター、美容家などのほか、法律関連、企画、飲食業、特技を活かしたお店の経営にも適性があるでしょう。

容姿

男女ともに眉はキリッとしていて、魅力的な容姿をしています。女性は目が二重でぱっちりしていて、ふっくらとした真っ赤な唇です。男性は目は爽やかな印象で、華やかな雰囲気をまとっています。洋服は流行を取り入れ、洗練されたアイテムを好みます。

健康

腎臓、肝臓、胃、目、鼻、顔面、手足と指、神経系、などが弱い傾向があります。暴飲暴食には気をつけましょう。

丑の天府星独主

優雅でおおらか。高い教養を備える

性格
冬の土用の土の宮に陽土の保守的で堅実な大臣が座っています。堅実的な性質ですが、細かいことにはとらわれない優雅さ、おおらかさも持ち合わせています。ハイレベルな教養を備え、安定した環境のなかで生きていく人が多いでしょう。上流階級の家族や友人に恵まれ、裕福な環境で育つ場合が多い傾向が。

恋愛
あまり細かいことにはとらわれず、優雅な雰囲気で恋愛に臨みます。惹かれるのは、クリエイティブで実務能力の高い人。結婚後はパートナーの意見を尊重し、心地良い家庭生活を築いていきます。男性の場合は恐妻家になりやすく、家庭の権限をすべてパートナーに任せるようなところも。

仕事
真面目な態度が権力者に気に入られ、出世していくタイプ。同僚や部下にも温厚に接し、適性を伸ばす能力があり、高い人気を集めます。まわりの人たちからの期待に応えようと奮闘する健気なところも。政治家、官僚、公務員、会計士、農家などに適性があります。不動産関係、商業、金融業なども適職。

容姿
中肉中背の体型。顔は丸く、40歳を過ぎると太りやすくなります。優しい印象を与える目元の持ち主です。清楚で落ち着いた色や形の洋服が好みで、特に触り心地の良い生地のものが好きでしょう。ブランド品も好きで、長く、大切に使います。

健康
目、血圧、心臓、肝臓、腎臓、泌尿器、胃腸、皮膚が脆弱になりがち。40代以降は適度な運動を心掛け、生活習慣病に気をつけましょう。

未の天府星独主

世の真理を知る、穏やかな性質

性格
夏の土用の宮に座す、陽土の大公となります。性格は穏やかでゆったりしている人が多いでしょう。愛情深く、家族や恋人など、自分が心を寄せる存在が、心の支えとなります。変化を恐れ、安定を好むタイプで、そのための努力は惜しみません。世の理をよく知っていて、広い視野で物事を見ます。

恋愛
意外にも恋愛になると安定感はなくなります。特に20代までは刺激的な世界に夢中になり、障壁があるほど燃えるタイプ。健気に尽くし、2人で問題を乗り越えようと努力します。結婚後も自分を抑えて相手に合わせてバランスをとります。あなたの采配次第で素晴らしい結婚生活を送れるでしょう。

仕事
大きな山の上からざっくりとまわりを見渡すような、やや大雑把な性質がありますが、実はそれが管理職に向いています。組織では二番手につくことで、その本領を発揮しやすくなります。取締役や経理、人事などの仕事が向いています。また、銀行マン、学校の校長・教頭、大学教授、公務員などにも適性が。

容姿
女性はグラマーで魅力的な容姿をしていて、穏やかで優しい目をしています。髪は黒髪の人が多く、ミディアムからショートくらいの長さが多め。洋服は清楚で可憐な色合いのものが好きでしょう。男性は貫禄のある中肉中背タイプです。

健康
胃腸、筋肉、歯、神経系、肝臓、腎臓、泌尿器、目、耳などに弱さが出やすい体質。毎日少しずつ体を動かすと、健康体を維持しやすいでしょう。

卯の天府星独主

穏やかで愛情深い勤勉な人

性格
旺春の木の宮に、陽土の穏やかな宰相が座っています。温厚さのなかにも、信念を貫こうとする強さや頑固な面があります。幼少期を過ごす環境には障害があることが多く、その分、力強く生きる術を身につけていく賢い人。優しい性質で、周囲の友人を大切にし、大事な人にはとことん尽くします。

恋愛
愛情深く、相手を大切にします。対人スキルが高いので恋愛のチャンスも多いでしょう。縁があるのは、社会的地位が高く、カリスマ性のある人。その人は物知りなので一緒にいると楽しめますが、独占欲の強いところがある場合も。結婚後はあなたの「工夫する力」が活かされ、2人で障壁を乗り越えます。

仕事
仕事熱心で勤勉な性格です。丁寧な仕事ぶりと高い対人関係スキルにより、上司から気に入られます。国家的な仕事や大企業の仕事に適性があり、政治家、官僚、会計士などに向いているでしょう。管理職や人事、教育係、経理なども適職。ナンバー2のポジションで最も能力を発揮できます。

容姿
20代までは中肉中背で、年齢を重ねると太りやすく貫禄が出てきます。顔は楕円形で、眉と目はさっぱりとした印象。品のある顔つきです。髪はストレートが多く、洋服は落ち着いた色を好み、長く使えて実用性のあるブランド品を好みます。

健康
胃腸、食道、十二指腸、目、内分泌器、脳、心臓、循環器などが弱いです。早食い、または食べ過ぎに注意しましょう。

酉の天府星独主

人を許す器の広さで人望を集める

性格
旺秋の金の宮に、陽土の穏和な公爵が座っています。家庭環境には恵まれやすく、優しく謙虚な母親から良い影響を受けることが多いでしょう。人の欠点を許せる大きな器があり、目上の人に対しては従順で、同僚や目下の人とも良い関係を築く人気者。人望の厚さで、社会的に優位なポジションにつけます。

恋愛
経済力や社会的地位のあるパートナーに恵まれますが、大きな障害が2人に襲い掛かる場合も。それを突破できるだけの力量があなたにはありますから、自分を信じて忍耐強く取り組めば、どんな困難も乗り越えていけるでしょう。障害に屈さず、願いを叶えられる2人となります。

仕事
温和で人付き合いが上手。組織でありがたがられるでしょう。トップの人間を支えるナンバー2のポジションで才能をフルに発揮できます。政治家、官僚、秘書などのほか、法律関連、医療従事者、教育に関する職種は適職。会社員・公務員の場合は、管理職や人事、経理、関西での仕事につくと大成。

容姿
20代までは筋肉質でシャープな肉体美を持ちますが、年齢を重ねると貫禄のあるふくよかな容姿に。丸顔で黒目が大きく、顔全体にインパクトがあります。キビキビとした振る舞いのなかに品があり、エレガントな身のこなしをするでしょう。

健康
目、心臓、循環器、血圧、脳、内分泌器、肝臓が弱め。お酒や辛いもの、脂っこいものは控えめにしましょう。

巳の天府星独主

耐性が強く、威厳のある人

性格
初夏の火の宮にいる、陽土の聡明な大臣となります。政治家のように堂々とした弁論を繰り広げる、威厳ある振る舞いや言葉が特徴の人。どこか大雑把で穏やかなところもあるため、会社では中間管理職が適任のタイプ。地位や名誉に対する願望も強く、社会的に安定した立場を着実に築いていくでしょう。

恋愛
辛いことへの耐性が備わっている強い人です。幼少期に両親とのすれ違いを経験する場合も多く、その欠乏感から相手に愛情を求めるケースも。夫妻宮に凶星がなければ、パートナーとなる人は責任感があり、家庭を守ってくれるようなタイプです。2人で支え合っていけるでしょう。

仕事
両親との確執などにより、家業を継ぐとうまくいかないことがあります。また、経営する立場でも財政的に苦戦することが多く、会社員として働くほうが大成するタイプです。特に政府や大企業の次席などのポジションにつくと、能力をフル活用できるでしょう。政治家、官僚、職人などが適職。

容姿
20代までは筋肉のある優美な体型です。年齢を重ねるごとに貫禄が生まれ、一目置かれる容姿となります。女性は、貴婦人のような品格を備えた雰囲気をまといます。洋服や小物もエレガントで、上品なブランド品などを好むでしょう。

健康
腎臓、肝臓、膀胱、泌尿器、尿道、排泄器官、目、神経系が弱いタイプ。冷たいものは控え、温かい飲み物などを積極的にとりましょう。

亥の天府星独主

おおらかで威厳がある努力家

性格
初冬の水の宮にいる、陽土の優美な貴公子となる星です。自身の努力で安定した道を築きます。やがて高い地位や立場を確立し、生涯、豊かな経済力や人脈に恵まれるでしょう。振る舞いや発言は堂々とし、威厳を感じさせますが、おおらかで人の欠点を許せる優しいところがあり、その温厚さで人気を集めます。

恋愛
自分とは正反対の人を好きになります。惹かれるのは、クリエイター気質で、たゆまぬ挑戦をする人。恋愛をすると相手に夢中になり、深い愛情を捧げます。また、相手の良さも引き出していけるでしょう。安定思考と忍耐強さがあり、細かいことは気にしないあなたの性質により、穏やかな結婚生活を営めます。

仕事
仕事に実直に向き合うタイプです。細かいことは気にしない前向きな性格のため、問題が起こったときにも、粘り強く対処していくでしょう。政治家、銀行員、公務員、農家、会計士などは適職。また、金融機関や不動産、法律関連、フランチャイズの仕事でも、トップの補佐などとして活躍します。

容姿
丸顔、色白、品の良い顔立ちです。礼儀作法もしっかりとしていて、凛とした気品を漂わせます。特に女性は家柄の良いお嬢様らしい優雅さをまといます。洋服は、長く着られるものやブランド品など質の良いものが似合います。

健康
膀胱、肺、腎臓、肝臓、泌尿器、神経系、耳、鼻が弱い箇所。体が冷えやすいので、冷たい飲み物などは避けて、体が温まる料理や飲み物を意識的にとって。

卯の太陰星独主

控えめで感性豊かなロマンチスト

性格
旺春の木の宮に座す陰水の女教皇の星です。細かな作業が得意で、感性が豊かな大人しい性格の持ち主。夢のような世界に憧れを抱くロマンチストな面を持ち、その理想を叶えるためにコツコツと努力を重ねます。幼少期から母親との関係に悩むこともあり、早くに家を出て独立する人も多いでしょう。

恋愛
多くの恋愛を経験しますが、晩婚になる可能性が高いでしょう。パートナーには感情を共有できる相手を選ぶ傾向があります。ただ、2人とも現実的ではないため、理想と現実の差に落胆することも。年齢を重ねると、理想と現実の違いを理解して相手を許容できるようになり、良い関係性を築けます。

仕事
細部まで深く注意をして仕事に取り組みます。その丁寧さを評価され、抜擢されるようなことも多いでしょう。人と連携しながら進める仕事よりは、1人で作業ができる技術職などに向いています。適職は、慈善事業、福祉、医療、教育、科学技術、設計、出版、芸術、法律、広告関連など。

容姿
背は低めで、卵形の顔をしています。目は二重で大きく、まつ毛が長いため、可憐で女性らしい容姿といえます。行動はゆったりとしていて、優美な雰囲気を漂わせます。洋服はワンピースなど、乙女心をくすぐるようなものを好みます。

健康
呼吸器、肺、腸、腎臓、泌尿器、膀胱、尿道、性器、神経系、肝臓に弱さが出やすいタイプ。食が細いため、栄養バランス良く食べましょう。

酉の太陰星独主

高い精神性を持つ、純粋な人

性格
旺金の金の宮に座す陰水の聖女となります。精神性が高く、純粋でロマンチックな性格です。好きなことはとことん追求し、その道の専門家になる人が多いでしょう。聡明で優しいところも魅力です。裕福な家庭で両親から可愛がられ、良い影響を受けながら育つことが多い運勢の持ち主。

恋愛
優しく、繊細な人を好きになります。ただ、2人だけの世界に入り込むあまり、行動範囲や視野が狭くなってしまうことが。会社に勤める、趣味の場に出向くなどして、意識的に社会と関わるようにしましょう。結婚は晩婚のほうが、お互いの良さを発揮し、助け合いながら人生を歩むことができます。

仕事
仕事熱心で勤勉な性格。厳しいノルマに追われるような仕事、肉体的な負荷が大きい仕事より、自分のペースで取り組める仕事に向いています。政界、行政、監査役、法律、財務、医療・福祉の研究職などは適職。会社のなかでは秘書や人事なども向いています。先祖代々続く祖業を継ぐ人も多いでしょう。

容姿
女性らしい楕円形の顔と色白の肌が特徴的です。男性の場合も中性的で大人しい優雅な雰囲気を持っています。行動はのんびりとしているでしょう。洋服は淡い色のものや、リボンや花柄をあしらった可愛らしいものを好みます。

健康
弱いのは、肺、呼吸器、気管、腎臓、肝臓、泌尿器、下腹部の臓器、喉、目。体が冷えやすいため、温かい飲み物を飲んで寝ると、穏やかな睡眠につけるはず。

辰の太陰星独主

安定志向のピュアなしっかり者

性格

春の土用の土の宮に座す陰水の聡明な研究者の星となります。何事も自力で解決しようと奮闘するしっかり者。純粋な人柄で、安定志向を持ちます。穏やかで気配りもでき、お金の管理も得意。幼少期の家庭環境にはやや苦戦し、両親と合わないと感じるようなケースもあります。

恋愛

ぐいぐい引っ張っていく人に甘えたいという思いを持ち、聡明で正義感がある人を好きになります。女性の場合、年上の人と結婚すると幸せを掴みます。男性の場合は年下の人と結婚するほうが運がアップ。男女とも相手に理想を求めるところもありますが、相手の包容力と根気強さに助けられます。

仕事

集中力があり、頭を使う細かい作業を得意とします。肉体労働や厳しいノルマを課される仕事には不向きな性質。公務員、イラストレーター、マスコミ、編集者などは適職です。そのほか、人事や経理、管理職、医療・福祉、教育、法律などに関連する仕事も良いでしょう。

容姿

背はそれほど高くなく、色白です。顔は楕円形で若々しさがあり、目は大きい、または、ぱっちりとしています。男性は、中性的でやせ型の人が多いですが、年齢を重ねると太りやすくなります。女性は可愛らしい洋服や小物を好むタイプ。

健康

脳組織、心臓、腎臓、肝臓、泌尿器、生殖器などが弱め。過敏性の疾患には気をつけましょう。旬の食材を使った料理を食べると、体が活性化します。

戌の太陰星独主

自分磨きや学びに余念がない

性格

秋の土用の土の宮に座す陰水の繊細な芸術家となります。しっかりしていて自信もあり、自分磨きに余念がないタイプです。学ぶことも好きで、記憶力に長けています。穏やかな性質ですが、繊細で少々神経質な面も。幼少期は、仲の良い両親から良い影響を受けるケースが多くなります。

恋愛

相手からのアプローチを待つ受け身なタイプ。ただ異性運が良いので、好きな人と恋愛成就することも多いでしょう。結婚は遅めのほうが幸せを掴みやすくなります。女性は年齢の離れた年上、男性は年齢の離れた年下と結婚する運気が上がります。縁があるのは、優しく面倒見の良い、しっかり者の人。

仕事

肉体より、頭脳を使う仕事のほうが向いています。繊細で几帳面な性格のため、特殊技術を必要とするような業務は得意。職業でいうと、エンジニア、弁護士、教師、作家、編集者、郵便局員、古本屋の店主などに適性があります。また、監査役や福祉事業なども良いでしょう。

容姿

女性の場合、背は小さく、ぽっちゃりとした体型の人が多いでしょう。とても可愛らしいタイプで、丸顔で色白、黒目が大きく、柔らかな表情をしています。男性の場合、キュートな洋服が似合う中性的な童顔で、アイドルのような見た目。

健康

弱い部位は、脳、循環器、神経系、肝臓、腎臓。貧血になりやすいため、食べ物の量や質をコントロールしながら、偏りなく食べることが大切です。

巳の太陰星独主

障害も強く乗り越える学者タイプ

性格　初夏の火の宮に座す陰水の秀麗な哲学者となります。家庭環境に問題を抱え、早くに親元を離れる人も多いでしょう。両親との縁が希薄だとしても、社会で関わる人との縁が、良い運気へと導いてくれます。努力家で文学や哲学などの学問を極めます。好きな世界を追求し、障害も乗り越えていきます。

恋愛　恋愛体質でモテる人です。繊細で上品な印象のなかに哀愁も漂っており、それが異性の気を惹くでしょう。ただ、優柔不断なところがあり、また好きな人や恋人が友人と重なるような運気の持ち主。相手に夢を見すぎることなく、トラブルにならないよう気をつけましょう。結婚は遅いほうが幸せを掴みます。

仕事　勤勉で、細かい仕事も丁寧にこなします。ノルマのある仕事や、肉体的に過酷な仕事よりも、頭脳労働で才能を発揮。また、組織の一員として働くほうが性に合っているでしょう。貿易、設計、代理店、金融、一般企業の監査･人事、教育、医療、福祉、法律関連で、特に仕事運に恵まれます。

容姿　背は低めで、20代まではやせ型です。年齢を重ねると、ぽっちゃりとした貫禄が出てきます。色白で丸顔、目は大きく黒目がち、優しいまなざしをしています。背は低めで、指先は細く機敏に動き、楽器の演奏などが得意です。

健康　頭部、心臓、腎臓、脾臓、胃腸、皮膚が弱め。また、女性特有の疾患にも注意が必要です。寝る前のヘビーな食事にも気をつけましょう。

亥の太陰星独主

仕事運に恵まれた容姿端麗な人

性格　初冬の水の宮に座す陰水の秀麗で優美なデザイナーの星となります。可愛いものが好きで容姿端麗。読書を好み、広い知識を身につけます。多くの資格を取得する人も多いでしょう。社会的に高い地位の家系に生まれることが多く、特に、女性は吉運です。父母との関係も良好なタイプ。

恋愛　数多の恋愛を経験するタイプ。情の深い人を好きになります。遅めの結婚、または、女性であればかなり年上の相手との結婚で運気が上がります。自分と似たタイプの穏やかな人を選ぶと、お互いに助け合える夫婦となります。さまざまな問題をともに解決しながら、仲良く暮らしていけるでしょう。

仕事　仕事運はとても良好で、目上、目下、同僚に限らず、多くの人から協力が上手く受けられる運勢です。精密な仕事ぶりから組織で一目置かれ、良いポジションにつけるようになるでしょう。政界、貿易、金融、福祉、医療、教育、公務員、文化事業、芸術家などが適職。家業を継ぐのも吉。

容姿　女性は、ほっそりとした色白の美人が多いでしょう。髪は黒髪でストレートロング、目はぱっちりとしています。男性は、彫りの深い美形が多いでしょう。洋服は、清楚でシンプルな、質の良いものを好みます。

健康　心臓、腎臓、胃腸、脾臓、泌尿器などが弱い箇所。消化不良になりやすい点に気をつけましょう。体が冷えやすいので、温かい料理を積極的に食べると◎。

子の貪狼星独主

器用で人脈も広い商売上手

性格
旺冬の水の宮に陽木と陽水の風流な享楽家が座っています。さまざまな技術や知識を身につけた多芸多才な人。人脈も広く、多くの分野に興味関心を持ち、情報を吸収していきます。得た情報を自分のためにうまく使える器用な面を持ちます。気前良く、商売上手でもあるので、お金のまわりが良いでしょう。

恋愛
自分と性格が似ていて、趣味や波長が合う人と縁があります。共通の趣味を持ったり、同じ分野の学びを深めたりすることで楽しい時間を共有できそう。結婚後は一緒に店の経営をする人も。仕事と遊びの境界線があまりない夫婦となりますが、そんな部分が奏効して人脈が広がり、豊かな縁に恵まれます。

仕事
手先が器用で、多くの技術と知識に恵まれる人。1人で技術職の会社を営み、人脈を駆使して顧客を獲得していくという道が、最も安定するでしょう。ほか、文化事業に関する会社の経営や、芸術家、美容師、料理家、機械の操縦士、警察、警備員なども適職。会社員の場合は管理職や人事に向いています。

容姿
ふくよかで貫禄のある体型をしています。丸顔で、丸い鼻をしている人が多いでしょう。洋服は華やかなデザインのものを好み、自分に合うものを取り入れて着こなします。歩き方はゆったりとしていますが、身のこなしに威厳があります。

健康
心臓、耳、目、気管、食道、腸、骨、脊髄などが弱め。神経痛になりやすい点に注意しましょう。暴飲暴食は控えましょう。

午の貪狼星独主

大きな野望を掲げる、恋多き人

性格
旺夏の火の宮に、陽木と陽水の多芸多才な陽気さが座す星です。楽しいことが大好きで、その遊び心がいつのまにか仕事につながっていくことも。強いエネルギーの持ち主で、大きな野望を掲げ、その実現のためには努力を惜しみません。また、多くの異性から慕われ、それが仕事の原動力となります。

恋愛
恋多き人生を歩みます。さまざまな異性と深く関わり、愛情を伝え合うことで、人間の光と影を知っていくでしょう。そうした探求が落ち着いた頃に穏やかな人と結婚すると、良い関係性を築けます。晩婚のほうがよりうまくいくタイプ。パートナーとなりやすいのは、対人スキルが高く、賢い人。

仕事
さまざまな知識を持ち、手先も器用なので、どんな仕事でも自らの工夫によって能率良くこなしていくことができます。夢中になって利益を生み出していくでしょう。職業でいうと、警察、ホテルマンなどは特に向いています。ほか、飲食業、装飾関連、芸能関連、広告業、金融関連の仕事も適職。

容姿
品と威厳のある魅力的な容姿をしています。ややぽっちゃりしているところが妖艶な雰囲気を醸し出すタイプ。女性は丸顔で目はぱっちり、まつ毛が長く、可愛らしい顔つきをしています。男性はシャープな目つきをしていて、表情に艶やかさがあります。

健康
耳、喉、食道、肺、胃、骨、神経、脾臓、泌尿器が弱い部位。嗜好品を多く摂取する傾向があるので、控えめにしましょう。

寅の貪狼星独主

強いパワーで目標を叶えるハンター

性格
初春の木の宮にいる、陽木と陽水の華やかな多芸の星となります。欲望が強く、強引なところがありますが、その大きなエネルギーを社会に役立つことに使えれば、人気を得て成功を収められるでしょう。対人関係は円滑に進められるほうですが、過激な一面を持つ場合もあるので注意です。

恋愛
モテるがゆえに、恋愛で羽目を外しすぎてしまうところも。一歩引いた行動を意識すると、情熱的ではありながらも、穏やかな関係性を育むことができます。縁があるのは、現実的で冷静な人。あなたの強い欲望やエネルギーを良い方向へ導いてくれます。晩婚のほうが幸せになれるでしょう。

仕事
自身の目標達成のため、かなりハードに働くタイプ。狙った獲物は逃さず、最後には必ずゴールに到達するでしょう。その粘り強さは、特に営業職で大いに活かされます。また、管理職や趣味の店の経営にも向いています。そのほか、サービス業、飲食業、工業、建築業、警備業にも適性があるでしょう。

容姿
20代まではやせ型で筋肉質ですが、年齢を重ねるごとに太りやすい体質となります。女性は目が大きく、可愛らしい顔つきをしています。男性は、美男子が多く、目に特徴があります。男女とも、個性的な格好も、シックな格好も好みます。

健康
肝臓、胃、腸が弱くなりがち。代謝性疾患や栄養不足などに陥りやすくなります。ハードワークで、食事や睡眠を疎かにしやすい点に注意しましょう。

申の貪狼星独主

人を引き寄せる運気を持つ人

性格
初秋の金の宮にいる、陽木と陽水の美しい桃花の星となります。器用で頭が良いため、特に目上の人たちから可愛がられるでしょう。幼い頃から、母親との関係性に悩む場合も。自分の精神のバランスをとるのに苦戦することもありますが、まわりの人から良い影響を受けながら、自身を成長させていきます。

恋愛
若い頃からモテますが、年齢を重ね、成熟したころに結婚するほうが幸せになれるタイプです。縁があるのは、冷静で現実的な考えを持つ人。お互いに性格的な激しさを持つところもありますが、パートナーのほうが穏やかでマイナスを嫌う性質が強いため、平穏を維持できるでしょう。

仕事
夢中で追求したことが仕事につながります。前向きな姿勢で懸命に働くため、良い成果を収めることができるでしょう。また、人を引き寄せる力を持ち、人がお金を運んでくれるような運気の持ち主。管理職や営業職のほか、芸術家、アパレル関係、飲食業、サービス業、装飾、金融機関などが◎。

容姿
女性は、目に特徴のある美人が多いでしょう。まつ毛が長く、目はぱっちりとして、視線に色気があります。高い鼻とふっくらとした唇を持っています。男性は、筋肉質でありながら、スレンダーな体型をしています。

健康
目、耳、胃腸、肝臓、手足と指、神経系、生殖器、内分泌器が弱め。食べすぎや早食いに注意すると良いでしょう。

辰の貪狼星独主

強い恋愛運、結婚運に恵まれる

性格
春の土用の宮の陽木と陽水の艶やかな文芸の星となります。目標を定め、常にそのゴールを意識しながらコツコツ努力することができる真面目な人です。楽しみながら勉強し、多くの知識や技術を習得していくでしょう。風流なものを好み、芸術、音楽、文化、神秘学、占術にも興味を持ちます。

恋愛
パートナー運や結婚運に非常に恵まれています。社会的な地位が高い人と結婚するか、理想が高く相手を選べずに晩婚になるか、どちらかのパターンとなるでしょう。前者は、相手に尽くすタイプで、自分の理想とする家庭をつくるために奮闘します。後者は、多くの恋をした後、自分らしく生きることを助けてくれる人と出会います。

仕事
仕事も遊びもフルスロットルで、積極的に人生を楽しみます。趣味や、自分が興味のあることを仕事にできる人。コミュニケーションスキルが高いため、商売などでも成功しやすいでしょう。警察、警備員、芸術家、音楽家、美容師・メイクアップアーティストなどの美容家、YouTuberなどに適性が。

容姿
ジムなどで体を鍛えることが好きで、グラマーで美しい肉づきをしています。丸顔で目はぱっちりとした、可愛らしい雰囲気。洋服は、最先端の流行を取り入れたコーディネートを得意とし、コスメなどに対する深い知識があります。

健康
脳、心臓、循環器、呼吸器、食道が弱め。高血圧または低血圧の体質で、頭痛を引き起こしやすいでしょう。糖尿病にも気をつけましょう。

戌の貪狼星独主

好きなことに一直線のタフな人

性格
秋の土用の金の宮の陽木と陽水の美しく魅惑的な芸術家の星となります。好きなものは明確で、自分が望むもの以外にはあまり関心を持ちませんが、欲しいものは何がなんでも手にしようとする執念を見せます。あらゆることをスピーディに習得する器用さがあります。幼少期の父母との関係性は良いタイプ。

恋愛
理想はかなり高いタイプで、地位や名誉を持つ人が好み。理想が高いだけあり、それに見合う自分を目指し、自分磨きにも余念はありません。トレンドやお出かけの情報にも詳しく、相手に楽しいデートを提供するでしょう。結婚は、晩婚であれば理想的な相手と結ばれる運気。

仕事
接客業など、人を相手にする仕事に適性があります。頭が良く、精神力もタフ。営業などでは頭をフル回転させて交渉し、ノルマをものともせず、素晴らしい成績を収めるタイプです。ほか、警察、公務員、販売員などに向いています。また、サービス業や飲食業も良いでしょう。

容姿
筋肉質で優美な体型、異性を惹きつける魅惑的な容姿です。目が大きく、鼻筋が通っていて、若々しい雰囲気を持ちます。行動は俊敏で、歩き方に風格があります。年齢を重ねると、恰幅が良くなり、貫禄が出てきます。

健康
脳、目、首から上の部位、肺、循環器、呼吸器などが弱い箇所となります。高血圧になりやすいので、仕事のしすぎに注意し、多めの睡眠や休息を心掛けて。

子の巨門星独主

理解力や記憶力に優れ、多才

性格

旺冬の水の宮の、陰水の分析能力に長けた研究者の星となります。才能豊かで、特に理解力・分析力・記憶力が抜群に高い人。実直で真面目な性格をしていますが、ストレートな言葉遣いが誤解を生み、対人関係は苦手なところも。幼少期の父母との関係性は良いほうで、のびのびと育っています。

恋愛

美形が好きな理想の高いタイプで、それに応えるように、まわりには容姿端麗な人が集まってくる運を持っています。女性は、優しく繊細な人に惹かれます。男性は、清楚で可憐な人が好みのタイプ。結婚後も華やかな人がたくさん集まってくるため、よそ見をしないように気をつけましょう。

仕事

真面目でこだわりが強いため、対人関係で損をしやすいタイプ。ただ、20代までは困難も多いものの、40代以降は能力の高さを認められ、花開くでしょう。外交、教育、通訳、翻訳、外資系、語学、特殊技術に関連する仕事に向いています。また、政府機関や大企業での勤務が性に合っています。

容姿

背が高く、やせ型でスラッとした体型です。女性は真面目な雰囲気の人が多く、男性は中性的でソフトな見た目の人が多いでしょう。自分の専門分野などについてはよくしゃべりますが、相手の話はあまり聞かないことも。洋服は質素です。

健康

皮膚、喉、気管支、食道、胃腸、肝臓、腎臓、泌尿器が弱め。体を冷やしやすいので、温かいハーブティーなどを飲む習慣を。

午の巨門星独主

知的でコンピュータが得意

性格

旺夏の火の宮の、陰水の頭脳明晰な弁論家の星です。学ぶことが好きで頭脳明晰。思ったことをストレートに伝えてしまうところがあり、一見、対人関係はあまり得意なタイプではありませんが、深く関わることで、あなたの良さが相手に伝わります。凶星が多く同宮すると、悪い人も寄ってきやすくなります。

恋愛

モテるタイプ。女性の場合、惹かれるのは、どこか手を差し伸べたくなるようなナイーブな男性。一方、男性は、人形のような完全無欠の美貌の持ち主がまわりに集まってきます。男女とも理想の人と結婚できますが、長く関わるとお互いの欠点が見えてきて疲弊することも。晩婚のほうが幸せになれるタイプ。

仕事

技術の高さと知識の深さから目上の人やお客さんに可愛がられます。特にコンピュータ関係の分野に適性があるでしょう。ただ、対人関係の不得意さから、同僚に足を引っ張られることもあるので要注意。法律、外交、営業、執筆、学問、通訳、翻訳、教育、医療、宗教、哲学、機械関連の仕事が適職。

容姿

やせ型の人が多く、顔の輪郭は三角形か細い楕円形です。優しい目元で、口はやや大きい傾向。黒髪のストレートで、髪質は太めです。洋服はあまりこだわらず、清潔感のある質素なものを好みます。白や黒、青など、控えめな色が好き。

健康

喉、気管支、食道、肺、胃腸、泌尿器、膀胱が弱め。たばこは苦手な人が多いでしょう。栄養のバランスがとれた、体を冷やさない食事を心掛けましょう。

辰の巨門星独主

可憐で清楚な1人好き

性格
春の土用の土の宮に、陰水の知識豊富な賢者が座す星です。賢く、臨機応変に環境に順応できる力を秘めた人。社会的に良いポジションにつくこともできるでしょう。集団より、1人で行動するのが好きなタイプです。幼少期に両親との間で問題を抱えるケースも多くなります。

恋愛
縁があるのは、細やかな愛情を持った繊細な人。あなた自身も実際にそのような人を好みます。あなたの欠点をカバーしてくれるような優しい人がパートナーとなりますが、相手の少々神経質なところも理解するようにしましょう。早い結婚は、自分の理想が得られずに挫折してしまうパターンも。

仕事
専門的な知識や技術に長けているので、そのような能力を存分に発揮でき、1人で取り組めるような仕事が向いています。勤勉で責任感が強いため、経営者やフリーランスより、組織で特性を発揮できるでしょう。公務員、学者、教師、講師、研究者、医師、評論家、通訳、翻訳、執筆仕事などは適職。

容姿
細い体型の人が多く、女性は可憐で清楚、ベビーカラーが似合う可愛らしい雰囲気。男性は、柔和で穏やかな表情や雰囲気のある人となります。一見おっとりしているようにも思えますが、親しくなるとよくしゃべり、そのギャップで周囲を驚かすことも。

健康
目、歯、喉、気管支、肺、腎臓、骨、生殖器などが弱め。糖尿病にもなりやすい体質をしています。車の運転による事故にも気をつけましょう。

戌の巨門星独主

賢く探究心旺盛な知識人

性格
秋の土用の土の宮に、陰水の知識人が座る星です。知的で好奇心が強く、専門的な分野を深く学びます。記憶力が良く、語学も得意。基本的には集団でいるより、1人で読書などを楽しむことを好みます。幼少期の父との関係性は良い場合が多く、大人になってからも目上の男性に可愛がられます。

恋愛
相手から寄ってくることが多い、モテる人。ただ、自分のペースに合わせてくれる相手となんとなく結婚し、失敗するパターンも。晩婚であれば落ち着いた関係を築くことができるでしょう。タイプなのは、繊細な感情を持ち、文章や芸術の才能が滲み出るような人です。

仕事
多くの仕事、または会社を転々とすることが多くなります。確かな知識と技術があるため、転職には困らないでしょう。組織内では、目上の男性を引き立てて出世することが多くなります。教師、ツアープランナー、ライター、デザイナー、芸術家、音楽家、建築設計、健康・美容関連の仕事が最適。

容姿
細身で背はあまり高くない人が多いかもしれません。清楚で可愛らしい容姿の人が多め。色白で、顔は細目の楕円形、優しい目元をしています。洋服は、上品なものを好みます。青、ネイビーなど、落ち着いた色みが好み。

健康
歯、喉、気管支、肺、骨、腸、下腹部の臓器、皮膚に弱さが出やすくなります。オーガニックの旬の食材や、温かい料理を食べると良いでしょう。

巳の巨門星独主

記憶力に優れた博学な優等生

性格
初夏の火の宮に、陰水の知恵者が座る星となります。知的で記憶力が良く、博学な人。幼少期は、父母との関係や家庭環境に悩むケースもあります。多くの苦労を強いられたとしても、努力することで40代以降の運気が大きく上がります。ストレートな物言いで失敗しないよう、細心の注意を。

恋愛
恋愛経験は多いほうで、さまざまな人との恋愛を楽しむでしょう。晩婚のほうが、お互いに支え合いながら温かな家庭を築いていけるでしょう。好きになる人は感情的で神経質な人。その不安定さに振り回されることも多いでしょう。ただ、実際に恋人となる人は容姿端麗で、周囲から羨ましがれます。

仕事
努力家で、地道な努力もいとわない優等生タイプです。優れた記憶力や知能を活かし、活躍。創造性もあるので、服飾デザイナー、広告デザイナー、イラストレーター、ライター、マスコミ、アナウンサーなどの仕事が向いています。また、コンピュータ関連の専門職なども適職。

容姿
運動が好きでスポーツを趣味としているため、筋肉質で、20代までは中肉中背です。色白で目力があり、大勢のなかにいても目立つ容姿の持ち主。洋服は明るい原色を好みます。

健康
歯、喉、気管支、肺、皮膚、下腹部の臓器、内分泌器、腎臓が弱くなりがち。特に20代では偏った食生活になりやすいため、注意しましょう。

亥の巨門星独主

目上の人から可愛がられる性質

性格
初冬の水の宮に、陰水の知性的な雄弁家が座る星となります。目上の人から可愛がられる気質の持ち主で、知的で弁論を好む朗らかなタイプです。まわりの人とうまく関係性を構築するでしょう。海外の人脈にも恵まれます。両親の仲が良い家庭に育つことが多いタイプです。

恋愛
モテる人で、たくさんの恋愛を経験するなかで、自分に合う相手や、自分の恋愛に対する価値観を知っていきます。パートナーとなる人は、容姿端麗で謙虚、奉仕的な優しさを持っているでしょう。異性からの人気は高いあなたですので、異性関係にルーズになり、結婚生活が冷え込まないよう注意。

仕事
真面目に仕事し、経験を積みながら必要な知識やスキルを身につけていきます。周囲とも上手に付き合うことができるでしょう。家業を継ぐ運がありますが、会社員になる場合は、大企業や政府機関などが向いています。ほか、公務員や芸術家、装飾、博物館、出版、デザインに関連する仕事も適職。

容姿
運動が好きなタイプで、筋肉質です。明るく、庶民的で親しみやすい顔立ちをしています。顔のパーツはやや大きめで、よくしゃべるタイプです。洋服は明るい色や、カジュアルなものを好み、清潔感があります。歩くスピードは速いです。

健康
歯、気管支、肺、皮膚、骨、脊髄、泌尿器、生殖器が弱い部位。手足の指に傷を負いやすいので注意を。食生活と睡眠に気をつけると体調管理がうまくいきます。

丑の天相星独主

品格があり、人を立てるバランサー

性格
冬の土用の土の宮に、陽水の優雅な貴族が座る星となります。品格があり、年長者を重んじ、人を立てられる性格。社交の場や華やかな場所を好み、地位・名誉を得ることに喜びを感じます。対立している人同士の仲裁役となるなど、対人関係のバランスをとることにも長けた、礼儀正しい人です。

恋愛
女性は清楚な雰囲気で、多くの人から求愛されるでしょう。恋多き人生ですが、さまざまな恋愛を経験し、自分の人生観をよく理解してから結婚するほうが安定します。知識が豊富な人をパートナーに迎え、相手を支えて活躍の後押しをする妻となるでしょう。男性は、パートナーを大切にする優しい夫になります。

仕事
社会の流れや人脈を広げることを得意としていて、商才があります。財運に恵まれているので、経営者としての成功も期待できます。そのほか、共同経営をする、家族経営の会社に参画する、また、パートナーの秘書などとして一緒に働くのも良いでしょう。経理、財務、医療、美容、服飾、芸能関係も適職。

容姿
背はあまり高くありませんが、スマートな体型で優美な雰囲気を漂わせます。女性は、服装や髪型、コスメにこだわりを持つでしょう。特に洋服は、生地の産地にもこだわり、自身で仕立てたりするほどおしゃれな人が多い傾向。

健康
肩、心臓、循環器、脊髄、腰などが弱いタイプ。頭痛、神経痛、ストレス性の胃炎、アレルギーなどを引き起こしやすいため、注意しましょう。

未の天相星独主

GIVERの精神が強いおしゃれさん

性格
夏の土用の土の宮に、陽水の優美な公爵が座る星です。優しい人柄で、困っている仲間のためなら労力を惜しみません。その奉仕的な性質で人気を集め、良い人脈に恵まれて人生が発展していきます。社会的地位の高い人から好かれ、良いポジションにつくでしょう。美しいものが好きで、おしゃれな人も多い傾向。

恋愛
とてもモテるタイプで、たくさんの恋愛を経験します。結婚後はパートナーの支えとなる存在になりますが、ほかの異性から声をかけられることも多いので、よそ見をしないように自制心が必要となります。結婚相手は、堅実で穏やかな人を選ぶと、お互いに協力し合って温かな家庭を築いていくことができるでしょう。

仕事
洞察力と知性に恵まれ、組織のなかでどの人についていけば良いのかを、冷静に判断できます。性質的に、ナンバー2のポジションが合っています。器の大きい目上の人についていくと躍進していけるでしょう。秘書、公務員、美容家、スタイリストなどの仕事に適性があります。芸能関連やアパレル関係も向いています。

容姿
流行や人気ブランドを熟知し、自分に合う洋服を選び、着こなすタイプです。女性は、品の良い雰囲気のものや、レース、刺繍などのデザインを好みます。男性は、フォーマルなスーツがスレンダーな体型に合い、素敵に着こなします。

健康
耳、鼻、肩、胸、肺、胃腸、血液循環、脊髄、腰、大腸、子宮、卵巣、膀胱などが弱め。偏食気味なので、バランスの良い食事を心がけて。

卯の天相星独主

身内を大切にし、深い愛情を注ぐ

性格
旺春の木の宮に、陽水の社交的な貴公子が座る星です。幼少期の両親との関係性は良いケースが多いでしょう。目上の人から可愛がられる気質の持ち主。社会的な奉仕の精神があり、組織においては重要な役職について仲間を支えるでしょう。また、特に身内の人を大切にし、家族には献身的に深い愛情を注ぎます。

恋愛
20代までは多くの恋愛を経験します。最終的に選ぶパートナーは、個性が強く自分に自信があり、お金を稼ぐことに長けた裕福な人となりそう。女性の場合、相手はややワンマンで、頼りがいのある人となる可能性が高いです。男性の場合、相手はフリーランスなどの仕事で成功し、家庭も両立させる有能な人となります。

仕事
頼まれた仕事は着実にこなし、勤勉で有能。まわりから頼られることも多いですが、嫌な顔ひとつせずに引き受けるため、上司から厚く信頼され、キャリアを重ねるごとに良いポジションに上がっていくでしょう。公務員や医療・教育関連の事務職に向いています。また、一般企業の総務、経理、営業事務にも適性が。

容姿
スレンダーで色白、目のぱっちりとした人が多い傾向。品が良く、着心地の良い洋服を好み、トレンドアイテムも上手に取り入れて着こなします。小物やアクセサリーなどのコレクションも多く、華やかな美しさがある人です。

健康
肝臓、胃、胸、手足、指、脳神経、神経系、血液循環、脊椎、腰などの病に注意。栄養バランスの良い食生活と運動に気をつければ、基本的に健康を保てます。

酉の天相星独主

自らの努力で人生を切り開く遅咲きの人

性格
旺秋の金の宮に、陽水の優雅な貴婦人が座る星です。幼少期は家族との関係性に悩んだり、報われないと感じたりすることも多いかもしれません。けれど、自らの努力により40代以降に大きく人生が発展。一緒にいる人により運勢が左右されるため、まわりの人との関わり方や人脈はとても重要な鍵となります。

恋愛
女性は、かなり年齢の離れた、地位や経済力のある人と結婚する場合が多くなります。結婚後は自分の家族や相手の家族までもを支える、尽くす妻となるでしょう。子どもは最初に女の子を授かる可能性が高く、優秀な子に育ちます。男性は、裕福で育ちの良い人と結婚するケースが多いでしょう。

仕事
勤勉で会社に大きく貢献するタイプなので、目上の人から抜擢され、重要なポジションにつくことができるでしょう。まわりの人によって運気が変わる傾向にあるため、一緒に仕事をする人との相性は重要です。公務員、代理店の社員、医療事務に適性があります。また、アパレルや装飾関連などの仕事にも向いています。

容姿
背はあまり高くありませんが、スレンダーな体型をしています。優しい目元をしていて、笑顔が魅力的な人です。洋服やアクセサリー、小物、家具などにこだわりがあり、品の良いものに囲まれて生活をしています。

健康
脳、胸、胃、肝臓、手足、指、神経系が弱め。環境が悪いと自律神経が乱れ、不眠になりやすいため、寝る前にハーブティーを飲むなどリラックスできる時間を。

巳の天相星独主

まわりの人を輝かせようと奮闘する人格者

性格

初夏の火の宮に、陽水の優美な品格を携える星です。家族やまわりの人を大切にし、どうやったら周囲の人が輝けるか？　という発想で物事を見つめます。その姿勢が信頼を集め、その人脈によって人生が発展。几帳面で記憶力も良く、目上の人には奉仕し、同僚とは仲が良く、目下の人には援助を惜しまない道徳的な人。

恋愛

20代まではさまざまな恋愛を楽しみます。結婚相手となる人は、自分よりも年齢、地位、経済力などが上の人でしょう。女性は、祖業を継いだ人と結婚し、その仕事を手伝うなどの役割を担うことも。相手の家族にも愛情を持って接するため、大いに好かれます。男性は家柄の良い人の婿となり、その家業を継ぐことも。

仕事

対人関係は良好で発想力も豊か。自分で仕事を進められる独立起業の道やフリーランスに向いています。凶星がなければ、政界、商業・生産業・工業などの経営、教育関連の仕事が良いでしょう。また、会社員の場合は、人事や事務職などに向いています。合理的に仕事をこなすので、評価されるでしょう。

容姿

背は低めで細身です。眉は濃いほうで、目は大きく彫りが深いです。鼻はほっそりとしています。洋服は、エレガントでひとくせあるものを着こなします。アイテム使いなどで流行を取り入れる、おしゃれな人が多くなります。

健康

目、心臓、肺、呼吸器、循環器、大腸などが弱い部位。血圧系の病や頭痛も引き起こしやすいため、辛いものや塩分は控えめにして、水分を多くとりましょう。

亥の天相星独主

人との交流によって人生が発展

性格

初冬の水の宮に、陽水の美しい貴女が座す星です。家柄に恵まれるケースが多いでしょう。家族や友人を大切にする温和な性格で、忍耐強い一面も。また、計画性もあり、困っている人を助けることも多いでしょう。自ずとたくさんの人が寄ってきて、温かな交流がたくさん生まれます。社交の場も楽しみます。

恋愛

惹かれるのは、高い地位や経済力があり、器の大きな人。容姿などよりも社会的なステータスを重視し、パートナーを選ぶ傾向にあります。若い頃はたくさんの人と恋愛し、そのなかから自分の理想の人を見定めていきます。結婚後はパートナーを支えて、出世や発展に寄与していくでしょう。

仕事

目上の人の援助によって仕事の幅が広がります。対人関係も円滑で、それによって良い人脈を得られます。吉星が同宮していれば政治家や実業家として活躍できる可能性が。また、商業、不動産業、医師、美容師、エステティシャンなどに適性があります。会社員の場合は、総務、人事、事務などの部署が向いています。

容姿

やせ型で背はあまり高くなく、優美な身のこなしをする人です。顔は卵形で色白、整った目鼻立ちをしています。女性の場合、ジュエリーや小物、ブランド品を好みます。また、新作コスメで自分に合ったメイクをすることなども得意。

健康

頭、目、気管支、心臓、肺、循環器、大腸などの病に注意。睡眠不足や偏食によって頭痛や血圧の疾患を引き起こしやすくなるので注意しましょう。

子の天梁星独主

真面目で純朴。器の大きなヒーロー

性格
旺冬の水の宮に、陽土の熟練した老師が座す星です。温和で雄弁。知識豊富で、さっぱりした気質を持ちます。純粋でまっすぐ、ヒーローのような眩しい存在で、弱き者を助けます。そのため、うまく立ち回ろうとする人には疎まれてしまうことも。器の大きく、敵も味方も混在する対人関係のなかでも悠々と生きます。

恋愛
真面目で素朴な性格で、パートナーを大切にします。好きになるのは、頭が良く、どこか陰のあるような相手。あなた自身は細かいことを気にしない性格なので、相手の欠点を補い、お互いに助け合える存在となります。女性は専業主婦となる人が多いため、家事や育児を分担してくれるパートナーを選ぶと良いでしょう。

仕事
情熱を持って打ち込み、社会から喜ばれるような仕事をします。お金よりも名誉を重んじるタイプ。横のつながりをうまく活用する力、部下を育て上げる力に長けています。医療・薬品・福祉関連、慈善事業、教育事業、法律関連の仕事に適性があるほか、社員教育や人事にも向いています。

容姿
女性は、筋肉質で背はあまり高くなく、中性的な容姿をしたボーイッシュな人が多くなります。男性は細くて、柔らかい容姿をしていますが、口を開くと雄弁に話すタイプです。洋服はシンプルさのなかに個性が映えるものを選びます。

健康
基本的には健康ですが、肩、胸、心臓、胃、循環器、脊髄、骨、脾臓、腰、手足、指などが弱りやすいので気をつけましょう。

午の天梁星独主

カラッと明るく、仕事ができる人

性格
旺夏の季節に、陽土の雄弁な教育者が座す星です。仕事ができるタイプで、後輩や部下にも優しく、まわりから高い評価を得るでしょう。さっぱりとした明るい性格で、困っている人を放っておけません。細かいところには気がつきにくく、やや大雑把。幼少期に父母との関係性に悩み、成人しても愛情を欲するケースも。

恋愛
女性は、パートナーを尊敬し尽くす性格で、生活や精神面まで献身的に支えるタイプです。男性は、知的で陰のある相手に惹かれるとともに、力強く相手を支えたいという思いを抱き、約束も守ります。男女とも結婚後は、細かい気配りをするくせをつけると、いつまでも恋人同士のような関係性を保てるでしょう。

仕事
仕事のできる優秀な人ですが、自分の理想を追い求めるため、目上の人と衝突をしたりする場合も。ただ、基本的にはカラッとした明るい性格なので、職場での人気も高いでしょう。親分肌なので、特に同僚や部下から信頼されます。教育、慈善事業、福祉、医療、法律関連、事務、営業などが適職。

容姿
スポーツを楽しむ人が多く、筋肉質の人が多い傾向。背は低く、細身の体型の人が多くなります。顔は丸顔で小さめ、目は大きく、鼻筋が通った笑顔が素敵な人。洋服は、シンプルで機能的なものを好みます。

健康
胃腸、消化器、皮膚、胆嚢、筋肉、骨、心臓、血液、脊髄、腰などが弱め。嗜好品を多くとり過ぎないようにすると良いでしょう。

丑の天梁星独主

自分に厳しく、人に優しい献身家

性格

冬の土用の宮に、陽土の明るい弁論家が座っています。明るく、面倒見の良い性格です。知的好奇心が旺盛で、勉強熱心。何かを学ぶことに喜びを感じます。政治、経済、時事問題から遊びまで、幅広い知識を身につけ、話題も豊富でしょう。また、人の話を聞いたり、論議したりすることも楽しみます。

恋愛

好みの相手は、自分と同じく知的好奇心の強い人。ただ、相手となる人はあなた自身よりやや陰があり、孤独な面を持つ傾向があります。そういったところに庇護欲をくすぐられ、母性、父性を働かせて相手をサポートするでしょう。結婚後もその姿勢は変わらず、男女ともに相手を支え、才能や能力を引き出します。

仕事

奉仕の精神を持つ温和な人柄。自分には厳しく、他人に優しい性格です。人の相談には親身に乗るでしょう。貿易関連や外国語を使う仕事、通訳、翻訳家、塾講師、教員、研究者、弁護士、判事、検事、営業職などの職種が合っています。もし凶星がある場合、修行を経て僧侶や神官になる人も。

容姿

やせ型で、細身の体型となります。女性は中性的な容姿で、ショートカットが良く似合うタイプ。ボーイッシュなスタイルや、カジュアルで動きやすく、機能性の高いコーディネートを好みます。男性は、筋肉質で、運動が好きな活動的なタイプ。

健康

胃腸、消化器、脾臓、心臓、腎臓などが体の弱い部位となります。食生活が偏りやすいので、バランス良く、腹八分目を心掛けると良いでしょう。

未の天梁星独主

あらゆる困難も学びに変えていく

性格

夏の土用の宮に、陽土の温和な先生が座す星です。困っている人を良い方向へ導くことを使命として感じています。まわりの人の相談に乗ることも多いでしょう。幼い頃、家庭で悩みを抱えるケースもありますが、あらゆる困難を学びに変え、物事を解決する知恵や方法を身につけていける人。哲学や宗教的な知識も豊富。

恋愛

幼少期の父母との関係が影響し、愛情が偏ってしまうことが多い傾向。簡単に恋をするタイプではなく、生涯を通じ、好きになる相手は多くないでしょう。一度好きになった人に対しては、その人の立場に立ちながら、懸命に良い方向へと導きます。結婚後は共働きが多く、家事も分担しながら良い家庭を築きます。

仕事

信念を持って自分の信じる道を進みます。組織に属するよりもフリーランスが性に合っています。あなたの才能を認めている人が、社会的に良いポジションへと押し出すかたちで発展していくでしょう。教師、作家、雑誌編集者、新聞記者、IT関連の仕事に適性があります。

容姿

スポーツが好きで、筋肉質で細身。骨ばった体型の人が多い傾向です。小顔で、目は大きめですが切れ長のタイプ。髪はショートにしている人が多いでしょう。洋服は動きやすく機能的で、シンプルなものを選びます。

健康

脳、心臓、循環器、骨、筋肉、脊髄、腰、手足の関節、皮膚などが弱くなりがち。高血圧になりやすいため、気をつけましょう。

巳の天梁星独主

可愛らしい容姿の遅咲きの人

性格

初夏の宮に、陽土の理論的な講師が座す星です。幼い頃に父親との関係性に問題を抱え、それが後々まで影響する場合も。若い頃は障害を感じたとしても、それを乗り越えていくことで、40代以降に大きく人生が開けていくでしょう。人脈を大切にし、年長の有識者の話を良く聞くようにすると、さらに人生が向上。

恋愛

好みのタイプは、専門知識や技術を持っているような、一芸に秀でた人。ただ、最終的なパートナーとなる人は、繊細で愛情面において敏感な人でしょう。その人は恋愛に不器用で、積極的または消極的のどちらかのよう。結婚においては、相手の精神的な不安定さとも上手に付き合い、穏やかな家庭を築けるでしょう。

仕事

会社員の場合、技術職、機械操縦士、教師、事務職などの仕事が向いています。代々続く家業を受け継ぐ場合、事業内容が時代にそぐわないことも。時流に合う事業内容へと変化をもたらすことで、老木に生える若葉のように、事業が伸びていきます。文化事業、占術家、僧侶、神主などの職につくこともあります。

容姿

筋肉質で中肉中背、年齢を重ねるとやや太りやすくなります。ベビーフェイスで若く見える人が多いでしょう。女性は可愛らしく、清楚な顔立ちをしています。目は白目と黒目のバランスがきれいで、優しい目をしているでしょう。

健康

肺、気管支、喉、胃腸、皮膚、骨、胸などが弱いです。喘息気味なところもあるため、休息を多めにとると良いでしょう。

亥の天梁星独主

大きな器で人を支え、導いていく

性格

初冬の宮に、陽土の博学の学者が座す星です。探究心が深く、学問を愛し、多くの知識を身につけます。幼少期に父母との関係性で苦戦することも多く、若い頃には苦労が多いですが、40代以降に人生が発展。哲学や宗教、精神世界などにも興味を持ち、僧侶や神主として人を善の道へと導く社会奉仕の人となります。

恋愛

真面目で、相手の欠点を受け止める大きな器を持ちます。魅力を感じるのは、少々ネガティブで繊細な部分があるようなタイプ。「自分が支えなければいけない」という責任感が、いつしか恋愛感情に発展するケースもあるでしょう。結婚後は共働きで、パートナーも家計も支える存在となっていきます。

仕事

真面目で強い責任感を持ちます。人を良い方向へ導く先生のような性質の持ち主なので、教師など教育関連の仕事や、何かを教えるような仕事に従事する人が多いでしょう。修行を経て僧侶や神主などの道を目指す人もいます。また、哲学の研究や翻訳家、通訳などの仕事にも適性があります。

容姿

筋肉質で中肉中背の人が多いでしょう。輪郭は楕円形で、整った眉に落ち着いた目元をしています。穏やかで優しい顔つきです。服装はシンプルで着やすいもの、手触りの良い生地が好み。女性は、髪が短く、中性的な人が多いでしょう。

健康

基本的には健康体ですが、喉、食道、気管支、肺、胃腸、皮膚、骨が弱りやすい部分となります。

子の七殺星独主

感情豊かで熱いリーダータイプ

性格

旺冬の水の宮に、陰火と陰金の剛毅な武将が座す星です。独立心が旺盛で負けず嫌い。喜怒哀楽が激しい性格です。子どものように怒って泣いていたかと思えば、次の瞬間には機嫌良くニコニコとしていることもあり、まわりの人を振り回すことも。地位や名誉を得ることで、自然とお金がついてくる運勢の持ち主。

恋愛

好きになるのは優雅で気品のある人。ただ、パートナーの運勢が社会的に上昇しにくい場合があるので、あなたがパートナーをリードしていくこととなるでしょう。あなたの社会的な地位や名誉が上がったときに、一緒に喜んでくれるような人を選ぶと、お互いに支え合える、素晴らしい結婚生活を送れます。

仕事

七殺星は挫折を経験しやすい生まれとなりますが、若いうちに挫折を経験しておくことで、その後再起して発展していきます。経営者やフリーランスの場合、技術職、営業職、人事、医療従事者、看護師、警察などの仕事に適しています。会社員の場合、人材派遣、教育・情報に関連する仕事で能力を発揮できるでしょう。

容姿

スポーツが好きで、体を鍛えることが趣味の人も多いでしょう。筋肉質でやせ型の人が多い傾向。輪郭は細長い楕円形で、目力があります。洋服は白、黒、紺、青など落ち着いた色を好みます。

健康

目、耳、心臓、腎臓、生殖器、神経系などが弱くなりがち。旬の魚介類や野菜などを多くとると良いでしょう。

午の七殺星独主

束縛を嫌い、自由を愛する熱血漢

性格

旺夏の火の宮に、陰火と陰金の無敵の兵士が座す星です。無邪気で素直。ヒーローのような存在に憧れを抱き、自身もそのような存在であることを目指します。自由を愛し、縛られることを嫌う性分ですが、兵士の星の生まれなので、尊敬できるリーダーには従順に行動する性質も持ち合わせています。

恋愛

タイプなのは、博識で、人に合わせることのできる柔軟な性格の持ち主。パートナーとなる人は、優しい半面、社会的な力や経済力がなかなか向上しないかもしれません。あなたが強い使命感を持って相手のサポートに力を尽くすことで、相手の運気がどんどん上がり、ともに幸せを掴むことができるでしょう。

仕事

縛られることが嫌いなので、定時勤務で土日休みといった規則的なリズムより、一気に働き、休めるときに休むといった、変則的なリズムでの働き方が向いているでしょう。警察、医師、専門技術職、農林水産業などに適性があります。会社員であれば管理職、家業であれば人事・管理職などでも力を発揮できます。

容姿

体を動かすことやスポーツが好きな人が多く、筋肉質で中肉中背の体型をしています。色白で輪郭は卵形、しっかりとした眉、目に特徴があるベビーフェイスです。洋服は落ち着いた色やかたちのものを好む人が多いでしょう。

健康

目、心臓、循環器、泌尿器、腎臓、肝臓、神経系などが弱くなりがち。血圧の疾患になりやすいため、栄養バランスの良い食事を心掛けましょう。

寅の七殺星独主

孤高を愛するパイオニア

性格
初春の木の宮に、陰火と陰金の先駆者が座す星です。好奇心が強く、さまざまなものやことを自分で見聞きし、探究していくことを好みます。自立心旺盛な一匹狼で、孤高を愛します。ややアウトローなところも。独自の発想を持つので、そこから社会的に新しいことを生み出し、先駆者となる人も多いでしょう。

恋愛
外に出ることが好きなアウトドア気質。経済力のある人や身分の高い人との出会いも多いでしょう。ただ、あなたの無邪気な探究心を理解してくれる人はなかなかいないと感じ、心から好きになれる人は少ないかもしれません。一度結びつきが強くなった人とは長く関わる傾向にあります。結婚は晩婚のほうが良いタイプ。

仕事
一度仕事にのめり込むと、寝食を忘れて没頭します。生涯を通じてさまざまな職業を経験する人も多く、環境や仕事内容が変わっても、臨機応変に対応できるでしょう。吉星があれば、教師やライターが適職となります。会社員の場合、人事、管理職、医療に関連する仕事が向いています。特殊技術を要する職人も◎。

容姿
色白で輪郭は楕円形、目に特徴のある童顔です。やや飽きっぽいところがあり、洋服は流行ものや人の目を引く斬新なデザインのものをコロコロと変えて楽しむところがあるでしょう。

健康
目、耳、心臓、腎臓、泌尿器、神経系、内分泌器が弱い部位となります。魚介類や野菜多めの食事を心掛けると良いでしょう。

申の七殺星独主

人生を冒険ととらえるチャレンジャー

性格
初秋の金の宮に、陰火と陰金の勇敢なチャレンジャーが座す星です。あなたにとって、人生は冒険。情熱を燃やし、さまざまな事柄に果敢にチャレンジしていくでしょう。常識を壊して新たな世界を打ち出そうとするので、評価は二分。応援してくれる革新派なファンと、慣習を重んじて嫌悪するアンチとに分かれます。

恋愛
好むのは、クールで品性のある人。わかりやすいタイプより、頭脳明晰で何を考えているのかわからないようなミステリアスな人に惹かれます。長く深く関わる人は多くありませんが、性格の深い部分が合う人とはずっと一緒にいる傾向があります。結婚をしてもその一途な姿勢は変わらないでしょう。

仕事
仕事が早く、変化が起きても的確な判断と対処ができるでしょう。トラブルや問題が起きたときにこそ、それを乗り越え成果を出していきます。経営者やフリーランスとして、IT、教育関係、技術関連などの仕事に携わると◎。家業を継ぐ運勢も持ちます。会社員の場合は、企画、人事、営業などに適性があります。

容姿
色白で輪郭は卵形。目つきが鋭く、動作は速いタイプ。鼻は丸いか、かぎ鼻の人が多いでしょう。声が大きく、良く通ります。大勢のなかにいてもすぐに見つけられるような、強い存在感の持ち主です。

健康
目、耳、心臓、腎臓、肝臓、泌尿器、生殖器が弱め。ハードワークにより睡眠時間を削ると、体調を崩しやすいので注意しましょう。

辰の七殺星独主

挫折経験を糧にする叩き上げ気質

性格
春の土用の土の宮に、陰火と陰金の勇敢な将軍が座す星です。根っからの叩き上げ気質で、気の強い性格。若い頃は苦労することもありますが、実績を積み重ねることで、40代以降に人生が花開くでしょう。また、若いうちに挫折を経験することで、持ち直してからの運勢は順調に向上します。ただし、投資には注意。

恋愛
出会いも多く、多くの人から声を掛けられる運勢の持ち主。本人は独創的で型にはまらない性格をしているため、恋愛関係に発展する人は少ないでしょう。とはいえ、恋愛観は真面目。結婚後はお互いに束縛することもなく、仕事に関する衝突などがない限り、夫婦で生涯をともにしていけるでしょう。

仕事
コツコツ地道に努力し、知識や技術を習得します。挫折を経験したとしても、40代以降で華々しい立場に抜擢され、大きく飛躍するでしょう。経営者やフリーランスならIT系などの技術職が適職。また、警察や営業職、スポーツ関連の仕事も向いています。吉星が同宮していれば教育や執筆、文芸関連の仕事にも適性が。

容姿
さっぱりとした眉に特徴のある目をした、ベビーフェイスの人が多い傾向。喜怒哀楽が激しく、表情が顔に出やすいでしょう。体を動かすのが好きな人が多く、洋服はシンプルで機能的なものを選びます。

健康
目、耳、腎臓、肝臓、泌尿器、神経系、生殖器などが弱め。休憩を多めにとってストレスを溜めないようにし、睡眠不足に陥らないようにしましょう。

戌の七殺星独主

困難があるほど燃える性分

性格
初秋の土用の土の宮に、陰火と陰金の勇猛な軍人が座す星です。幼少期は父母と合わずに苦労をすることもあるかもしれません。問題解決に積極的な生まれで、困難があるほど意欲が湧いてきます。問題を解決するたびに力をつけ、優しさと強さを増していきます。40代以降から人生が発展していくでしょう。

恋愛
縁があるのは、勇ましく、合理的で規則を重んじる人。しかし、あなた自身も自我や正義感が強いため、相手と衝突してしまうことも。お互いの大切にしていることを共有し、理解するよう努めることが重要です。相互に尊重し合うことで、結婚後も仲の良い夫婦関係を続けていけるでしょう。

仕事
挫折を経験する星の生まれとなりますが、それは人生で大きく羽ばたいていくための試練と考えましょう。吉星が同宮していれば、教育、執筆、文芸関連の仕事、または知識や技術を駆使する仕事に適性があります。また、軍隊、警察、スポーツ関連の仕事も適職。経営者やフリーランスなら情報を扱う仕事がおすすめです。

容姿
スポーツや体を動かすことが好き。目力のある幼げな顔立ちで、年齢を重ねても若く見られるでしょう。せっかちで行動が機敏なため、車の運転などで渋滞に巻き込まれた場合は回り道をしてでも早くたどり着きたいと思うタイプ。

健康
目、手足、指、内分泌器、神経系、腎臓、肝臓、大腸、子宮、卵巣、膀胱が弱い箇所となります。魚介類、野菜、フルーツを多めにとり、良く体を動かすと健康が保てるでしょう。

子の破軍星独主

タフな精神力でどんな願いも叶えられる

性格
旺冬の水の宮に、陰水の奇抜な先駆者が座しています。革命家気質で、組織に入ると必ず変化を起こしてしまうほどの影響力を持ちます。あなたに憧れ、慕う人も多いでしょう。波乱万丈な人生ですが、そのアップダウンに耐えられるタフな精神力の持ち主。同宮する吉星の力をうまく使えば、どんな願いも叶えられます。

恋愛
恋愛体質で、異性が放っておかない魅力の持ち主。数々の華やかな恋愛経験に恵まれるでしょう。結婚すると良好な関係を築き、生涯をともに過ごせる運を持ちます。ただ、夫妻宮に化忌星が同宮する場合、相手のお金に関する問題が発覚し、関係にヒビが入ることも。晩婚や事実婚であれば、その問題は軽く済みそう。

仕事
官禄宮の働きにより、仕事でつまずいても、それを補うように別の仕事が回ってくる運を持っています。そのため、さまざまな技術を身につけておくと、うまく世渡りしていけるでしょう。公共事業、娯楽業、文化事業などに関連する仕事が適職で、会社員であれば営業に向いています。投資では失敗しやすい性質。

容姿
中肉中背で骨ばった体格をしています。インパクトのある顔立ちに、個性的な髪型をしていて、自分の世界を持っています。洋服は原色を用いた斬新なデザインのものが好み。人目を惹きつける人で、流行のきっかけをつくることも。

健康
胸、胃腸、脾臓、盲腸、生殖器が弱め。寝食を忘れて仕事をするところもあります。栄養失調や睡眠不足に気をつけ、十分な食事や睡眠を心掛けましょう。

午の破軍星独主

型破りな性格の革命家

性格
旺夏の火の宮に、陰水の斬新な革命家が座す星となります。型破りな性格の革命家の生まれ。関わる人や組織の凝り固まった観念・慣習を破壊し、生まれ変わらせます。その影響力の大きさから怯えられることも多く、紫微斗数においても凶星の代表格。それだけ強いエネルギーを持つ生まれととらえることができるでしょう。

恋愛
型破りな性格で、自由な恋愛観を持ち、縛られることを嫌います。結婚相手には経済力を求める一面も持つでしょう。ただ、仮にお金のない人と結婚しても、あなたの持つ「革命の力」が自分自身に発揮され、自らの才能が開花し、一生家族を養っていけるような経済力を身につけることができます。

仕事
革命家の星を持つので、既存事業の再生プロジェクトなど、古いものを新しいものに変えていく仕事は天職。また、さまざまな才能の持ち主なので、自身の才能に合う仕事を複数持つことで、運気が上がっていくでしょう。会社員よりは経営者やフリーランスのほうが向いています。広告、営業、飲食業、技術職なども◎。

容姿
スポーツが好きで、やせ型で鍛えている人が多くいます。目に特徴があり、丸い鼻を持ちます。髪型に何かしらの特徴を持たせたい人。男性でも髪を伸ばしてパーマなどをかけている人が多いです。洋服は動きやすいカジュアルなものを好みます。

健康
胸、心臓、胃腸、血液、循環器、骨、皮膚などが弱め。睡眠不足になると心臓に負担がかかりやすくなるため、休息をしっかりとり、多めに水分補給しましょう。

寅の破軍星独主

仕事を愛し、人生を捧げる働き者

性格
初春の木の宮に、陰水の叩き上げの武将が座す星です。子どもの頃から「何をして生きたいか」を真剣に考え、早くに家を出て働く人も多いでしょう。短気で気の強いところがありますが、良い出会いに恵まれて発展していくタイプ。また、仕事を愛し、多くの人や社会に奉仕しながら、生涯元気に働くでしょう。

恋愛
特に若い頃は、多くの異性からモテるでしょう。恋愛相手への理想は高く、学歴や経済力を重視し、社会的な地位が高い人を選ぶ傾向にあります。結婚相手となる人は、あなたのことを良く理解し、手のひらでうまく転がすような人。それに上手に乗って相手を喜ばせることで、長く良い関係を続けていけるでしょう。

仕事
非常に仕事熱心で、人生の大半を仕事に費やすほど。兼業・副業などによってたくさんの仕事をし、収入の柱が複数になる人も多いでしょう。後輩や部下の面倒見が良く、厚い人望を集めます。調理師、芸術家、ライターなどのほか、サービス業、営業、飲食業、技術職などの職種に向いています。

容姿
中肉中背で丸顔、目は大きく、眉は濃い人が多め。個性的な髪型の人が多いでしょう。洋服も原色などを用いた個性的なデザインを好む人が多く、大勢のなかにいてもよく目立つような特徴的な人といえるでしょう。

健康
脳、目、鼻、胸、心臓、胃腸、内分泌器、循環器系が弱め。栄養価の高い食事や良質な睡眠を心がけ、日頃から心身のケアを。

申の破軍星独主

マルチな才能を持つ一匹狼

性格
初秋の金の宮に、陰水の部隊を率いる優秀な軍人が座す星です。人生に困難を感じるほど燃えるタイプ。あらゆる才能の持ち主なので、それを一つひとつ丁寧に磨いていくと良いでしょう。一匹狼気質で、人に対する好き嫌いが激しい一面も。まわりの人から影響を受けやすいので、良き理解者を見つけると安定します。

恋愛
魅力溢れる人なので、多くのアプローチを受けるでしょう。理想は高く、求める条件を満たさない人とは友人止まりの関係に。社会的に地位の高い理想の人と結婚する運がありますが、相手の仕事が忙しく、なかなか2人の時間をとれないことがあります。自分の趣味や仕事を充実させると、良い関係性を築けるでしょう。

仕事
兼業するなどして、たくさんの仕事をするタイプです。ひとつの仕事につまずいても、すぐにほかの仕事に恵まれるような、巡りの良いワークスタイルを送るでしょう。経営者やフリーランスの場合、技術職や情報産業などが最適。また、文化事業やアパレル、飲食業などにも向いています。ただし、投資には不向きです。

容姿
顔は丸顔や楕円形で整った顔立ちをしています。大勢のなかにいても目立つ、美しい容姿の持ち主。個性的な髪型や服装を好む人が多いでしょう。女性はロングヘアの人が多い傾向にあります。

健康
脳、胸、心臓、甲状腺、胃腸、内分泌器、血管、循環器などが弱め。適度な運動を心掛けて、ストレスはこまめに解消するようにしましょう。

辰の破軍星独主

周囲の人を大切にする穏やかな人

性格

春の土用の土の宮に、陰水の才能豊かな芸術家が座す星です。破軍星は、基本的に不安定で激しい性格の生まれとなりますが、家庭環境などで苦労することが多いぶん、そうした性質が抑えられ、家族や友人を大切にする穏やかな性格となります。化禄星が同宮すると、財運や仕事運に非常に恵まれるでしょう。

恋愛

自分が好きになった人からアプローチを受け、交際が始まることが多いでしょう。好みのタイプは、頭が良く優秀で、異性に人気のある人。結婚相手となる人は、あなたの不器用なところを支えてくれるような人です。共働きで家事を分担すると、幸せな結婚生活を送れるでしょう。

仕事

人見知りで不器用なところもありますが、安定感のある性格なので、次第に周囲とも打ち解けていきます。温和でコツコツと努力できるタイプなので、まわりからも好かれて順調に昇進し、結果的に同じ職場に長く勤めることも多くなるでしょう。芸術または技術に関連する仕事のほか、飲食業などのサービス業が適職。

容姿

やせ型で背が高く、スラッとした体型の人が多いでしょう。輪郭は楕円形で、目はきれいなアーモンドアイです。女性の場合、髪は長い人が多いでしょう。洋服は自分に合う個性的なデザインのものが好み。仕事は早いですが、ほかの行動は遅め。

健康

目、胸、心臓、胃腸、皮膚、骨などが弱点。体を動かす仕事の場合、手足のケガに注意しましょう。

戌の破軍星独主

美しいルックスと温和な性格の持ち主

性格

秋の土用の土の宮に、陰水の善良な腕の良い特殊専門技術者が座っています。人見知りで、集団に馴染むのに苦労する性格ですが、温厚な性格と人目を引く容姿・雰囲気により、男女問わず人気を集めます。子どもの頃は困難に見舞われる場合もありますが、そういった経験を活かし、中年期以降に大きく羽ばたきます。

恋愛

魅力的な容姿の持ち主なので、異性からの人気は抜群。自分から積極的に動くほうではないので、相手からのアプローチを受けて交際に至ることが多いでしょう。結婚相手として縁があるのは、有能で社会的な地位が高い人。結婚後は意見の相違もありますが、共通の趣味などを楽しむことで良い関係性が保たれます。

仕事

一生懸命働く人。その誠実さが仲間たちに好まれ、有益な情報などがもたらされることも多いでしょう。シャイですが、本来は人が好きなので、慣れていくうちに、組織のなかで温和な知識人としてのポジションを築くでしょう。技術、コンピュータ関係、芸術系、営業、サービス業、飲食業、アパレル関係などが適職。

容姿

くせ毛や超ロングなど、髪の毛、髪型に特徴のある人が多め。スポーツが好きで、筋肉質のやせ型の体型となります。目が大きく卵形の輪郭。美しく魅力的な容姿を持ち、異性を惹きつけます。指や手足も、長くきれいな人が多いでしょう。

健康

胃腸、脾臓、皮膚、骨、歯、胸、心臓、循環器、目、鼻、脳などが体の弱い部位となります。季節の旬の野菜や果物をとることで、健康運がアップ。

Column2

入っていたらうれしい、「モテる星」と「知的な星」

モテる星ランキング

紫微斗数の発祥である中国では、「色情」を「桃花」といい、紫微斗数占いにおいては、異性にモテる星を「桃花星」と呼んでいます。桃花星をランキングにすると、**1位：貪狼星、2位：廉貞星、3位：破軍星となります**。

1位の貪狼星は、容姿、話術、恋愛偏差値のすべてにおいて高いレベルを誇る星です。誰もが羨む美しい容姿が、高い人気を集めるでしょう。

2位の廉貞星は、王様・女王様気質。並外れたスピードで仕事をこなしていきますが、私生活では少し抜けているところも。そんなギャップがたまらないという人が多いのではないでしょうか。

3位の破軍星は、一度ハマったら抜け出せない沼タイプ。個性的な発想力で、「人たらし」なところがあり、男女問わず人気の高い人です。

知的な星ランキング

異論もあるかもしれませんが、私の独断と偏見により「知的な星」を選びました。**1位：紫微星・天府星、2位：天機星、3位：太陰星です**。

紫微星・天府星は人を見抜く力があるという点で1位にしました。紫微星は、人生の良い部分も悪い部分も熟知し、人の心を読むことに長けています。天府星には、組織のトップに君臨し、何が必要か、そして重要なのかを見抜き、実践的に行動できるような頭の良さがあります。

2位の天機星は、飛び抜けて勉強のできるタイプです。専門分野の研究ではこの星に敵（かな）う人はいません。

3位の太陰星は、たくさんの本を読み、知識を吸収してきたタイプです。そして、多くの知識を駆使して芸術作品に昇華することもできます。

CHAPTER

命盤のつくり方

命盤作成は、紫微斗数占いの基本となるもの。
人生の地図である命盤をつくることで、
あなたの運命を読み解くことができるのです。
本章では、命盤づくりをマスターできるよう、丁寧にその方法を解説していきます。

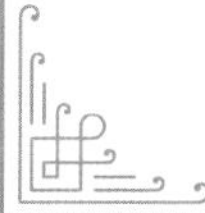

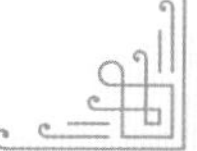

「命盤」の基本的な考え方

命盤を活用して運勢を読み解いていく

命盤づくりは、紫微斗数占いのすべてのベースとなるものです。本章ではいよいよ、その作成方法をマスターしていきましょう。作成に移る前に、命盤の基本的な概念をご説明します。

紫微斗数の命盤は、「地盤(ちばん)（生年盤）」・「人盤(じんばん)（活盤）」・「天盤(てんばん)（飛星盤）」の順で読んでいきます。

「地盤」は通常の紫微斗数命盤のこと。その人の出生の情報に基づいて作成した命盤を活用し、性質や運命を見ます。まずは**「命宮」の星の状態から全体の運勢を読み、次に「三合宮（命宮・財帛宮・官禄宮）」と命宮の対面にある「遷移宮」から、その人の社会運・仕事運・お金の運など、人生の基盤となる運勢を読み解いていきます**。

そして、命宮で見た性格・特性、運勢を踏まえて、「兄弟宮」では友人や同僚との関係性を、「夫妻宮」では恋愛・結婚に関する性質や運を、「子女宮」では子どもの運や自身の性的な魅力を、「疾厄宮」では病気や災いに関する運を、「奴僕宮」では目下の人との運を、「田宅宮」では住居や資産運を、「福徳宮」では精神的な事項を見ていくなどします。自分や相手の悩みを司る宮を中心に、十二宮を読んでいくのです。これを総合的に「地盤（生まれた瞬間の星）を読む」と表現し、これが紫微斗数の命盤解釈の基礎となります。

次のステップである「人盤」は「活盤」ともいわれます。これはまるで人が成長するように、**流動的に変化していく運の流れを見るもの**。命盤をスライドさせて（通常の宮＝生年宮の位置からずらして）、10年ごとの運（大限）、１年ごとの運（太歳）、１カ月ごとの運（斗君）を見ていきます。また、例えば、結婚相手の性質や運気などを見たいとき、自分の紫微斗数盤の夫妻宮を彼に見立てて判断する技法などもあります。このように、地盤をずらして未来予測をしたり、特定の人の運勢などを見たりする方法を総合的に「人盤」の技法と呼びます。

この活盤は高度な技法なので、はじめて紫微斗数を知る方には少々難しいかもしれません。でも私はできれば皆様に、本場の紫微斗数の伝統の技を少しでも多く伝えたいと思っています。

例えば楽器の演奏をする場合は、「なるべく名器の楽器を手に入れなさい」といわれたりするでしょう。ですから初めて紫微斗数を知る方に対しても、高度な技術を安易に省くのではなく、できるだけわかりやすく伝えられたらと思っています。そうすることでこの世界をもっと堪能することができるのではないでしょうか。

そして最後が、「天盤」。これは「四化飛星（しかひせい）」といって、**地盤の十干から、「四化」と呼ばれる化禄星・化権星・化科星・化忌星の４つを飛ばし、どの宮に入るかを判断していく「飛星」という技法です**（158ページから解説）。

吉星が宮に入っている場合でも、凶の四化がつく場合は良い星の意味が悪い星の意味へと変化することもあります。逆に凶の星が入っている不利な宮でも、吉の四化が入っていれば、応援が得られるなどの良い効果が出てくるときもあります。このように飛星ができるようになると、より的確に運勢を読み解くことができるのです。

本書では、「紫微斗数をはじめて学ぶ方が無理なく理解できるような内容にしたい」という想いから、基礎となる「地盤」の星の運勢の解釈と、星同士の組み合わせによる性格・特性に重点を置いて、運勢の解説をしています。また、ご縁のあるパートナーの性質や運勢、今後自分が生きていくうえで起こり得ることを「人盤」にて見ていきます。

そしてちょっと欲張って、まだ日本の紫微斗数の書籍ではあまり公開されていない、飛星派※の「相性の見方」を、「天盤」の四化飛星の奥義的な技法に基づいて解説したいと思っています。はじめて紫微斗数を学ぶ方にはちょっと難しい部分もあるかもしれませんが、この「天盤」の四化飛星は吉凶を非常に明確に表すものですから、本書でマスターしていただき、後の人生で役立てていただきたいなと思っています。

本来の高レベルな紫微斗数は、「天盤」の解釈まで学ぶと非常に細かく未来予測ができるもの。驚くほどに自分の未来のことが手に取るようにわかる占いですから、ぜひ身につけることをおすすめします。

※紫微斗数占いの流派のひとつ。

命盤のつくり方①
中央データを書き込む

紫微斗数占術を行うためには、命盤の存在が必須となります。自分でつくることができるよう、ここから命盤の作成方法をマスターしていきましょう。**命盤の作成には、「中央データを書く」→「宮を定める」→「星を配置する」という大きな流れがあります**。本節では最初のステップとなる、中央データの書き方を解説します。

まずは作成するにあたり、166ページを拡大コピーするなどして、命盤の用紙を準備してください。

1.中央データに自分の情報を書き込んでいく

用紙を見ると、中央に名前や生年月日などの情報を記入する欄、そのまわりに太線で囲まれた12個の枠組みがあります。この情報を記入する欄が「中央データ」、12個の枠組みが「宮」となります。そして、それぞれの宮に星を配置していくことで、あなたの特性や運勢がわかるというわけです。

まずはこの中央データに必要事項を書き込んでいきましょう。詳しい割り出し方は、129ページを参照してください。中央データは、①〜⑨→⑫→⑩→⑪の順に記入していくとわかりやすいため、本書ではその順に解説をしていきます。

図版ではAさんの例を使用します。Aさんの生年月日は1971年10月31日、出生時間は16時22分、出生地は神奈川県横浜市、性別は女性です。特に気をつけるべき点は、次の点です。

③年齢（数え年）

数え年とは、満年齢（現在の西暦から生まれた年の西暦を引く）＋１歳のこと。2023年現在、Aさんの数え年は53歳となります。

中央データの記入例

十二宮

<table>
<tr><td>巳　　宮</td><td>牛　　宮</td><td>未　　宮</td><td>申　　宮</td></tr>
<tr><td>辰　　宮</td><td colspan="2" rowspan="2">中央データ
①名前：Aさん　②性別：男・(女)
③年齢（数え年）：53歳
④生年月日：1971年10月31日
⑤出生時間：16時22分
⑥出生地：神奈川県横浜市（⑦時差：＋19分）
⑧修正出生時間：16時41分
⑨生年干支：辛亥
⑩旧暦月日：9月13日
⑪生時支：申
⑫陰陽男女：陰女
⑬五行局：
⑭子年斗君：

鑑定日：　月　　日</td><td>酉　　宮</td></tr>
<tr><td>卯　　宮</td><td>戌　　宮</td></tr>
<tr><td>寅　　宮</td><td>丑　　宮</td><td>子　　宮</td><td>亥　　宮</td></tr>
</table>

⑦時差・⑧修正出生時間

168～169ページを開くと、地域別の時差が書かれています。Aさんの出生地は神奈川県横浜市のため、「+19分」。時差には「+19」と記入します。そしてこの**時差を、生まれた時間に反映すると16時41分（実際に生まれた16時22分+19分）となり、Aさんの修正出生時間となります。**

⑨生年干支

181～270ページの「旧暦」を参考にしてください。Aさんは1971年生まれのため、該当するのは202ページ。**西暦の隣に記載してある干支が生年干支**となるため、Aさんの場合、「辛亥」が生年干支となります。

⑫陰陽男女

167ページを参考にしましょう。Aさんの**生年干支は「辛亥」だったので、「辛(または亥)」の行を見ると陰陽は「陰」**。そしてAさんは女性であるため、**「陰」と「女」を組み合わせて「陰女」**となります。

⑩旧暦月日

202ページの旧暦を再度参考にします。自分の生まれた西暦のページを開いたら、表から自分の誕生日のマスを探しましょう。「10月31日」であれば、「10・31」のマスです。その**マスからそれぞれ一番左の列と一番上の行に進んでいきます**。左に進むと「九月」、上に進むと「十三」とあるため、Aさんは旧暦「9月13日」生まれとなります。このとき、「閏月」に気をつけましょう。旧暦は西暦に比べて1年の期間が短く、そのズレを調整するために閏月が設定されています。「閏五月」のように、月の前に「閏」がついている月が閏月です。**閏月生まれで、旧暦15日までの生まれの人は前月、旧暦16日以降の生まれの人は翌月生まれ**となります（180ページ参照）。

⑪生時支

修正出生時間をもとに割り出します。169ページの**生時支表から、修正出生時間が該当する欄を探します**。Aさんの場合、修正出生時間は「15時～17時」に該当するので、「申」時ということがわかります。

中央データの算出方法

③年齢（数え年）の算出方法

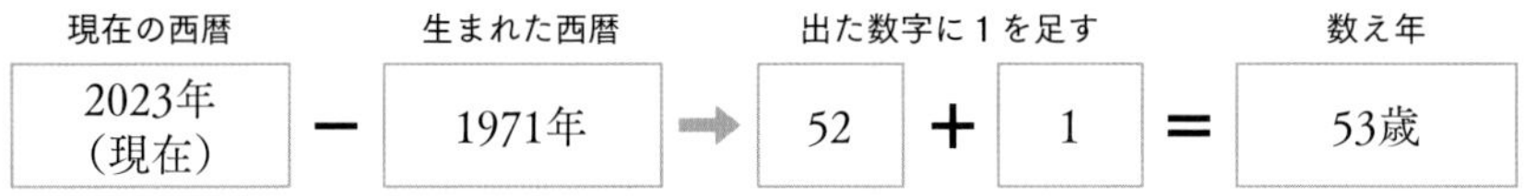

⑦時差・⑧修正出生時間の算出方法

①168～169ページの「時差表」を参照し、該当する時差を探す → ②出生時間に時差を足す

神奈川県	
川崎	＋19分
横浜	＋19分
横須賀	＋19分

出生時間：16時22分＋19分

修正出生時間：16時41分

⑨生年干支の算出方法

181～270ページの「旧暦」を参照し、該当する西暦の隣を見る

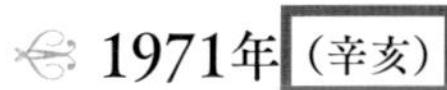
1971年（辛亥）

農暦	初一	初二	初三	初四	初五	初六	初七	初八

⑫陰陽男女の算出方法

167ページの「十干十二支陰陽五行表」を参照し、生年干（または生年支）の該当する欄を見る

	読み	陰陽
庚	かのえ	陽
辛	かのと	陰

⑩旧暦月日の算出方法

①181～270ページの「旧暦」を参照し、生まれた年のページから誕生日のマスを探す
②誕生日のマスを起点にして表側と表頭に進む
③行きついた月日が旧暦となる

1971年（辛亥）

農暦	初一	初二	初三	初四	初五	初六	初七	初八	初九	初十	十一	十二	十三	十四
九月	10・19	10・20	10・21	10・22	10・23	10・24	10・25	10・26	10・27	10・28	10・29	10・30	10・31	11・1

⑪生時支の算出方法

169ページの「生時支表」を参照し、自分の修正出生時間が該当する欄を見る

修正出生時間	生時支
23時～1時	子時
15時～17時	申時

命盤のつくり方②
宮を定める

2.命宮・身宮を算出する

宮への記入は、命宮と身宮を算出することから始めます。2章でも紹介しましたが、**「命宮」は生まれてから一生変わらない、その人の特性を表す宮で、「身宮」は35～45歳くらいの時期からその特性が発動する13番目の宮のことです。**

170ページの「命宮・身宮表」を見ると、一番左の列に十二支が、一番上の行に生まれ月が並んでいます。ここに、中央データに書き込んだ**旧暦月日と生時支を当てはめていきます。**Aさんの場合、生時支は「申」、旧暦の生まれ月は「9月」のため、それぞれの申の行と9月の列が交差するマスを見ます。すると、命宮は「寅」、身宮は「午」ということがわかりました。

次に命盤の用紙を見ると、宮のなかはさらに線で区切られており、左下には十二支、右下に「宮」という文字が書かれています。十二支は一番下、右から2番目の宮から時計回りに、子・丑・寅……と入っています。

先ほど割り出したように、**寅宮の「宮」と書かれた枠内に「命」と記入し、午宮には「／身」と記入します。**「／」を記入するのは、後で十二宮が入るためです。

3.十二宮を定める

続いて、十二宮を定めます。命宮を書き込んだ宮から反時計回りに、兄弟宮→夫妻宮→子女宮→財帛宮→疾厄宮→遷移宮→奴僕宮→官禄宮→田宅宮→福徳宮→父母宮の順番で記入していきます。順番は必ず守ってください。

十二宮と身宮の算出方法

命宮・身宮表の見方

生時支と旧暦の生まれ月が交差するマスを見る

生時支	生月(旧暦) / 命宮・身宮	1月	2月	3月	4月	5月	6月	7月	8月	9月
申	命宮	午	未	申	酉	戌	亥	子	丑	寅
	身宮	戌	亥	子	丑	寅	卯	辰	巳	午

十二宮と身宮の記入例

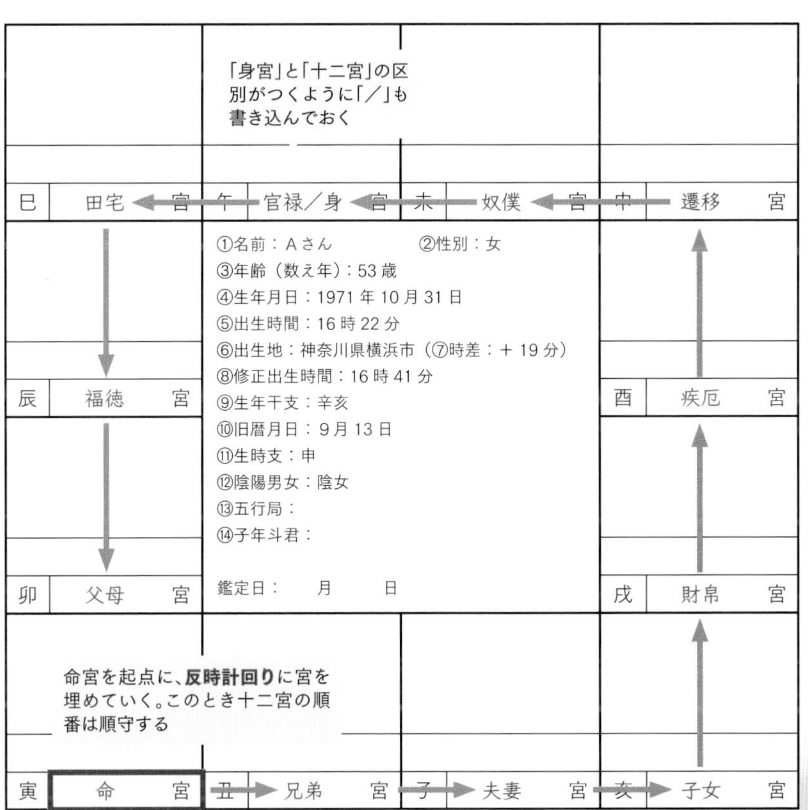

4. 十干を配置する

十二宮を記入できたら、十干を配置していきます。十干とは、五行の要素(木・火・土・金・水)を、それぞれ陰陽（兄と弟）に分けた10個の要素のことです。

171ページの「十二宮十干算出表」を見てみましょう。**一番左の列に十二支が並んでおり、これは十二宮を表しているものです。一番上の行に十干が並んでいるため、ここから自分の生年干を探していきます。**Aさんの場合、生年干は「辛」ですから、該当する「丙・辛」の列を見ていきます。すると、寅宮は「庚」、卯宮は「辛」、辰宮は「壬」……となっていることがわかりました。これを用紙に記入していきましょう。記入する位置は、十二支が記載されている枠の上にある、小さな枠内です。

十二宮に十干を配置していくため、十干は2つの被りが発生しますが、これで問題ありません。

5. 五行局を定める

十干を配置したら、次に五行局を定めていきます。

172ページの「五行局算出表」を見てみましょう。**一番左の列に十二支が、一番上の行に十干が並んでいます。ここに命宮の干支を当てはめます。**

ここで命盤を確認しましょう。命宮を探して見てみると、すでに割り振られていた十二支と、上記で配置した十干が記載されているはずです。Aさんの場合、命宮の十二支は「寅」、十干は「庚」となっているため、これを表に当てはめます。「寅・卯」の行と、「庚・辛」の列が交差するマス、つまり、Aさんの五行局は「木三局」です。この五行局は、中央データの五行局の欄に書き込みましょう。

次からは、いよいよ各宮に入る星を定め、配置していきましょう。

十干と五行局の算出・記入方法

十二宮十干算出表の見方

該当する生年干の列を見る

十二宮＼生年干		乙・庚	丙・辛
寅		戊	庚
卯		己	辛
辰		庚	壬
巳		辛	癸
午		壬	甲
未		癸	乙
申		甲	丙
酉		乙	丁
戌		丙	戊
亥		丁	己
子		戊	庚
丑		己	辛

五行局算出表の見方

命宮支と命宮干が交差するマスを見る

命宮支＼命宮干	甲・乙	庚・辛
子・丑	四局	土五局
寅・卯	二局	木三局
辰・巳	火六局	金四局
午・未	四局	土五局
申・酉	二局	木三局
戌・亥	火六局	金四局

記入例

<table>
<tr><td>癸
巳　田宅宮</td><td>甲
午　官禄／身宮</td><td>乙
未　奴僕宮</td><td>丙
申　遷移宮</td></tr>
<tr><td>壬
辰　福徳宮</td><td colspan="2" rowspan="2">①名前：Aさん　②性別：女
③年齢（数え年）：53歳
④生年月日：1971年10月31日
⑤出生時間：16時22分
⑥出生地：神奈川県横浜市
（⑦時差：＋19分）
⑧修正出生時間：16時41分
⑨生年干支：辛亥
⑩旧暦月日：9月13日
⑪生時支：申
⑫陰陽男女：陰女
⑬五行局：木三局
⑭子年斗君：

鑑定日：　月　日</td><td>丁
酉　疾厄宮</td></tr>
<tr><td>辛
卯　父母宮</td><td>戊
戌　財帛宮</td></tr>
<tr><td>庚
寅　命宮</td><td>辛
丑　兄弟宮</td><td>庚
子　夫妻宮</td><td>己
亥　子女宮</td></tr>
</table>

寅宮を起点に、時計回りで埋めていくとわかりやすい

命盤のつくり方③
各宮に入る星を定める

6.紫微星を配置する

ここからは紫微斗数の核ともなる部分です。星々が入る宮を定め、配置していきます。まずは37星のトップとなる紫微星を配置しましょう。

173ページの「紫微星算出表」を見ると、**一番左の列に生日（旧暦）、一番上の行に五行局が並んでいます。ここに自分の旧暦の生まれ日と、五行局を当てはめます**。Ａさんの場合、旧暦「９月13日」生まれ、五行局は「木三局」。「13日」行と「木」列が交差するマスを見ると、「申」になっています。これは申宮のことを指しており、「申宮に紫微星が入る」ことを意味しているのです。

このとき、星の名前は宮内の大きなスペースに書き込みます。特段、書き方にルールはありませんが、右端から縦書きで記入していきます。別の星が同じ宮に入る（同宮）こともあるため、スペースを開けておくと良いでしょう。

7.紫微星系主星を配置する

続いて、紫微星系主星を配置していきます。174ページの「紫微星系主星算出表」を見ると、**一番左の列に十二支が並んでいます。ここから紫微星が入っている宮を探します**。Ａさんの場合、紫微星は申宮にあるため、申の行を見ていきます。申の隣にある「未」のマスから一番上へ進むと、「天機星」とあります。これは「未宮に天機星が入る」という意味です。続く「巳」のマスから上にたどると、「太陽星」とあります。このように、すべての行をたどって、天府星までの６つの星を入れていきましょう。

紫微星と紫微星系主星の算出方法

紫微星算出表の見方

旧暦の生まれ日と五行局が交差するマスを見る。

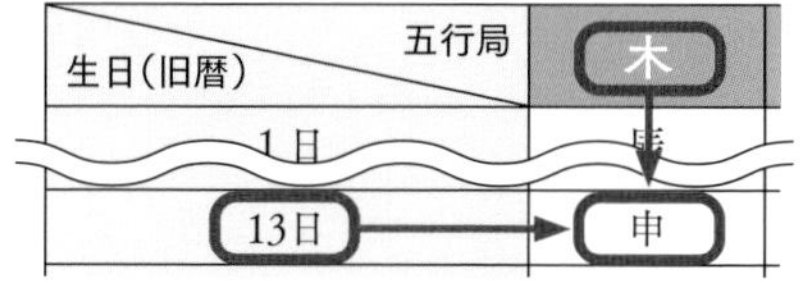

紫微星系主星算出表の見方

紫微星が入っている宮の行から、一番上のマスに進んでいく。「未」からたどった先が「天機星」なら、未宮に天機星を入れる。

紫微星系主星／紫微星がある宮	天機星	太陽星	武曲星	天同星	廉貞星	天府星
子	亥	酉	申	未	辰	辰
申	未	巳	辰	卯	子	申

記入例

星は枠内の右端から縦書きで書いていくと良い

<table>
<tr><td>太陽
癸
巳　田宅宮</td><td>甲
午　官禄／身宮</td><td>天機
乙
未　奴僕宮</td><td>紫微　天府
丙
申　遷移宮</td></tr>
<tr><td>武曲
壬
辰　福徳宮</td><td colspan="2" rowspan="2">①名前：Aさん　②性別：女
③年齢（数え年）：53歳
④生年月日：1971年10月31日
⑤出生時間：16時22分
⑥出生地：神奈川県横浜市
（⑦時差：＋19分）
⑧修正出生時間：16時41分
⑨生年干支：辛亥
⑩旧暦月日：9月13日
⑪生時支：申
⑫陰陽男女：陰女
⑬五行局：木三局
⑭子年斗君：

鑑定日：　月　日</td><td>丁
酉　疾厄宮</td></tr>
<tr><td>天同
辛
卯　父母宮</td><td>戊
戌　財帛宮</td></tr>
<tr><td>庚
寅　命宮</td><td>辛
丑　兄弟宮</td><td>廉貞
庚
子　夫妻宮</td><td>己
亥　子女宮</td></tr>
</table>

8.天府星系主星を配置する

紫微星系主星をそれぞれの宮に入れたら、次は天府星系主星を各宮に入れていきます。

174ページの「天府星系主星算出表」を見てみましょう。**一番左の列に十二支が並んでいます。これは、先ほど配置した「天府星」の宮が起点となっており、その後は「紫微星系主星」の算出方法と手順は同じです**。Aさんの場合、天府星は申宮に入っているため、申の行を見ていきます。申の隣にある「酉」のマスから一番上の行へとたどっていくと、「太陰星」と書いてあることがわかります。これは「酉宮に太陰星が入る」ことを意味するため、酉宮には太陰星と書きましょう。その次のマスからも、「戌の貪狼星」→「亥の巨門星」→「子の天相星」→「丑の天梁星」→「寅の七殺星」→「午の破軍星」と、ラストの破軍星まで入れたら14の甲級主星は終わりです。

ちなみに、**同じ宮に複数の星が入る場合は、すでにある星の左隣に記入していきましょう**。星を上下で並べて記入すると、四化星の記入が難しくなってしまいます（141ページ参照）。

9.月系星を配置する

甲級主星をすべて入れたら、月系星を導いていきましょう。

175ページの「月系星算出表」を見てみましょう。**一番左の列に月が並んでいるため、自分の旧暦の月を当てはめて、その行を見ていきます**。Aさんの場合、旧暦「9月13日」生まれのため、9月の行をたどっていくと、9月の右隣に「酉」とあります。この酉のマスから一番上の行に進むと、「天姚星」となっています。これは「酉の天姚星」という意味となり、「酉宮に天姚星が入る」ことを意味します。その後も同じようにしていき、「巳の天刑星」→「子の左輔星」→「寅の右弼星」→「戌の陰煞星」と、5つの星を入れることができれば終わりです。

天府星系主星と月系星の算出・記入方法

天府星系主星算出表の見方

天府星系主星／天府星がある宮	太陰星	貪狼星	巨門星	天相星	天梁星
申	酉	戌	亥	子	丑

天府星が入っている宮の十二支の行をたどる

月系星算出表

月系星／生月（旧暦）	天姚星	天刑星	左輔星	右弼星	陰煞星
9月	酉	巳	子	寅	戌

旧暦の生まれ月の行をたどる

記入例

<table>
<tr><td>太陽 天刑
癸
巳　田宅宮</td><td>破軍
甲
午　官禄／身宮</td><td>天機
乙
未　奴僕宮</td><td>紫微 天府
丙
申　遷移宮</td></tr>
<tr><td>武曲
壬
辰　福徳宮</td><td colspan="2" rowspan="2">①名前：Aさん　②性別：女
③年齢（数え年）：53歳
④生年月日：1971年10月31日
⑤出生時間：16時22分
⑥出生地：神奈川県横浜市
（⑦時差：＋19分）
⑧修正出生時間：16時41分
⑨生年干支：辛亥
⑩旧暦月日：9月13日
⑪生時支：申
⑫陰陽男女：陰女
⑬五行局：木三局
⑭子年斗君：
鑑定日：　月　日</td><td>太陰 天姚
丁
酉　疾厄宮</td></tr>
<tr><td>天同
辛
卯　父母宮</td><td>貪狼 陰煞
戊
戌　財帛宮</td></tr>
<tr><td>七殺 右弼
庚
寅　命宮</td><td>天梁
辛
丑　兄弟宮</td><td>廉貞 天相 左輔
庚
子　夫妻宮</td><td>巨門
己
亥　子女宮</td></tr>
</table>

ひとつの宮に星が複数入る場合は、左隣に書いていく（星名の下には記入しないでおく）

10. 年干星を配置する

続いて「年干系星」と「四化星」を入れていきます。

まずは年干系星です。175ページの「年干系星算出表」を見ると、**一番左の列に十干が並んでいます。ここに自分の生年干を当てはめて、その行を見ていきます**。Aさんの場合、生年干は「辛」のため、その行をたどっていくと、辛の右隣に「酉」とあります。この酉のマスから一番上の行に進むと、「禄存星」となっています。これは「酉の禄存星」という意味で、「酉宮に禄存星が入る」ことを意味します。その後も、「戌の擎羊星」→「申の陀羅星」→「午の天魁星」→「寅の天鉞星」と、5つの星を入れたら終わりです。

11. 四化星を配置する

次に、四化星を入れていきます。四化星の場合、「宮に入れる」というよりは、「主星につく」といったほうがわかりやすい表現となります。どういうことなのか、見ていきましょう。

表は変わらず、175ページの「年干系星算出表」です。先ほどと同様、一番左の列から「辛」を見つけ、右へたどっていきます。先ほど見た寅の右隣のマスには「巨門星」とあります。そして、この巨門星のマスから一番上の行に進んでいくと、「化禄星」と書いてあります。これは、「巨門星に化禄星がつく」という意味です。

ここで命盤に戻ります。すでに配置した巨門星を、自分の命盤から探しましょう。Aさんの場合、亥宮に巨門星があります。この巨門星の下にかっこ書きで「化禄星」と記入します。**四化星は主星について、その主星に意味を加える役割をするため、このような書き方をするのです**。その後も、「太陽星に化権星」、「文曲星に化科星」、「文昌星に化忌星」がつくことがわかりますので、同様に記入しましょう。

ただし、「文昌星」と「文曲星」に関しては、142ページの「時系星を配置する」プロセスで宮に入れます。文昌星と文曲星を配置した後、それぞれの下にかっこ書きで化科星と化忌星を記入してください。

年干系星の算出方法

年干系星算出表の見方

生年干の行から、表頭へたどる。「酉」からたどった先が「禄存星」なら、酉宮に禄存星を入れる。四化星の場合、「巨門星」からたどった先が「化禄星」なら、巨門星に化禄星をつける。

年干系星／生年干	禄存星	擎羊星	陀羅星	天魁星	天鉞星	化禄星	化権星	化科星	化忌星
辛	酉	戌	申	午	寅	巨門星	太陽星	文曲星	文昌星

表頭の星をそれぞれの宮に入れる（禄存星〜天鉞星）　　表頭の星をそれぞれの星につける（化禄星〜化忌星）

記入例

化科星と化忌星は、次のページで文昌星と文曲星を宮に入れてから配置しましょう。

<table>
<tr><td>太陽（化権）
天刑

癸
巳　田宅宮</td><td>破軍
天魁

甲
午　官禄／身宮</td><td>天機

乙
未　奴僕宮</td><td>紫微
天府
陀羅

丙
申　遷移宮</td></tr>
<tr><td>武曲

壬
辰　福徳宮</td><td colspan="2" rowspan="2">①名前：Aさん　②性別：女
③年齢（数え年）：53歳
④生年月日：1971年10月31日
⑤出生時間：16時22分
⑥出生地：神奈川県横浜市
（⑦時差：＋19分）
⑧修正出生時間：16時41分
⑨生年干支：辛亥
⑩旧暦月日：9月13日
⑪生時支：申
⑫陰陽男女：陰女
⑬五行局：木三局
⑭子年斗君：

鑑定日：　月　日</td><td>太陰
天姚
禄存

丁
酉　疾厄宮</td></tr>
<tr><td>天同

辛
卯　父母宮</td><td>貪狼
陰煞
擎羊

戊
戌　財帛宮</td></tr>
<tr><td>七殺
右弼
天鉞

庚
寅　命宮</td><td>天梁

辛
丑　兄弟宮</td><td>廉貞
天相
左輔

庚
子　夫妻宮</td><td>巨門（化禄）

己
亥　子女宮</td></tr>
</table>

12. 時系星を配置する

年干系星を命盤に入れたら、次は時系星を入れていきます。

176ページの「時系星算出表」を見ると、**一番左の列に十二支が並んでいます。ここから自分の生時支を探します**。Aさんの場合、生時支は「申」のため、申の行を見ていきます。申の右隣にある寅のマスから上に進むと「文昌星」とあります。これは「寅の文昌星」を意味するため、寅宮に文昌星と書き入れましょう。その後も同様に、「子宮に文曲星」→「卯宮に天空星」→「未宮に地劫星」を入れていきます。140ページで説明した四化星が、すべてつけられていなかった場合は、ここで忘れずにつけておきましょう。

続く火星と鈴星は少し複雑です。

表は変わらず、176ページの「時系星算出表」で、申の行を見ていきますが、このとき、**「生年支」によって見るべきマスが変わります**。Aさんの場合、生年支は「亥」ですから、該当する「卯・未・亥」の列と、申の行が交差するマスを見ます。すると、「巳の火星」「午の鈴星」となるので、それぞれの宮に星を書き入れましょう。

13. 年支系星を配置する

最後に、年支系星を入れていきます。

176ページの**「年支系星算出表」を見ると、一番左の列に十二支が並んでいます。ここから自分の生年支を探します**。Aさんの場合、生年支は「亥」のため、亥の行を見ていきます。亥の右隣にある巳のマスから上に進むと、「天馬星」とあります。これは「巳の天馬星」を意味するため、巳宮に天馬星と書き入れましょう。次からも同様に、「辰の紅鸞星」→「戌の天喜星」と入れていきます。

これで37星すべての星を、入るべき宮へと導くことができました。

時系星と年干系星の算出方法

時系星算出表の見方

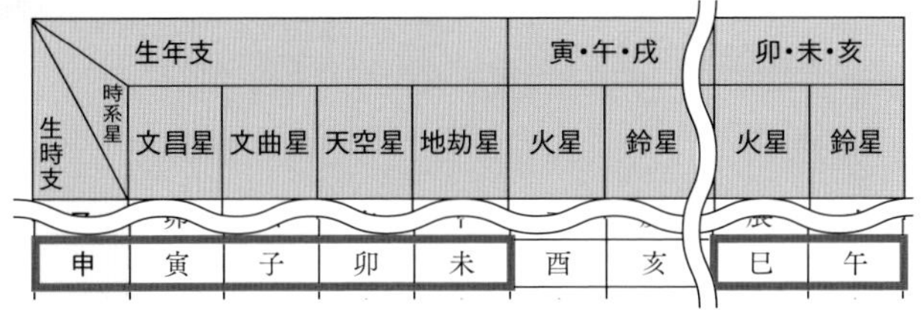

生年支／時系星／生時支	文昌星	文曲星	天空星	地劫星	寅・午・戌 火星	寅・午・戌 鈴星	卯・未・亥 火星	卯・未・亥 鈴星
申	寅	子	卯	未	酉	亥	巳	午

生時支の行をたどる。火星と鈴星の場合、生時支と生年支が交差するマスを見る

年支系星算出表の見方

年支系星／生年支	天馬星	紅鸞星	天喜星
亥	巳	辰	戌

生年支の行をたどる

記入例

<table>
<tr><td>太陽(化権) 天刑 火星 天馬
癸
巳 田宅宮</td><td>破軍 天魁 鈴星
甲
午 官禄／身宮</td><td>天機 地劫
乙
未 奴僕宮</td><td>紫微 天府 陀羅
丙
申 遷移宮</td></tr>
<tr><td>武曲 紅鸞
壬
辰 福徳宮</td><td colspan="2" rowspan="2">①名前：Aさん　②性別：男・女
③年齢（数え年）：53歳
④生年月日：1971年10月31日
⑤出生時間：16時22分
⑥出生地：神奈川県横浜市
（⑦時差：＋19分）
⑧修正出生時間：16時41分
⑨生年干支：辛亥
⑩旧暦月日：9月13日
⑪生時支：申
⑫陰陽男女：陰女
⑬五行局：木三局
⑭子年斗君：
鑑定日：　月　日
化科星を忘れずにつける</td><td>太陰 天姚 禄存
丁
酉 疾厄宮</td></tr>
<tr><td>天同 天空
辛
卯 父母宮</td><td>貪狼 陰煞 擎羊 天喜
戊
戌 財帛宮</td></tr>
<tr><td>七殺 右弼 天鉞 文昌(化忌)
庚
寅 命宮</td><td>天梁
辛
丑 兄弟宮</td><td>廉貞 天相 左輔 文曲(化科)
庚
子 夫妻宮</td><td>巨門(化禄)
己
亥 子女宮</td></tr>
</table>

化忌星を忘れずにつける

人盤のつくり方 期間ごとの運を見る

1.大限を配し、10年ごとの運気を見る

ここまでで、命盤の基礎的な作成方法をご紹介してきました。ここからは、126ページでご紹介した「人盤」に当たる技法を用いて、特定の期間の運気を見ていきましょう。**紫微斗数には「大限」「太歳」「斗君」があり、それぞれ10年、1年、1カ月ごとの運気を見ることができます。**

まずは大限について、143ページのAさんの命盤を見ながら解説をします。143ページの命盤にて、まだひとつ、十干の隣の枠が空いていることにお気づきでしょうか。ここに大限の10年ごとの年齢を入れることで命盤は完成するといえます。その入れ方をこれから説明します。

巻末資料の178ページの「大限早見表」を見てください。一番左の列には五行局があり、左端から2番目の列には陰陽男女があります。

Aさんの五行局は「木三局」、陰陽男女は「陰女」ですから、それに該当する欄を基準に表を見ていきます。木三局・陰女の欄をそのまま横に見ていくと、「3～12歳」とあり、そのマスから垂直に上に見ていくと、「命宮」と書いてあります。そのため、命盤の「命宮」の上の空欄に大限「3～12歳」と書きます。

次に「113～122歳」の上を見ると「兄弟宮」となります。その後も横に同じように見ていくと、「夫妻宮は103～112歳」、「子女宮は93～102歳」、「財帛宮は83～92歳」、「疾厄宮は73～82歳」、「遷移宮は63～72歳」、「奴僕宮は53～62歳」、「官禄宮は43～52歳」、「田宅宮は33～42歳」、「福徳宮は23～32歳」、「父母宮は13～22歳」となります。すべての宮に大限の年齢を書き込んでいきましょう。

該当する年齢の宮を読むことで、10年ごとの運勢を把握することができます。未来予測をすることも、過去を思い返しながら見ることもできるでしょう。

具体的な事例は、150ページからのBさんの命盤にて詳しく解説していきます。

大限の出し方

大限早見表の見方

五行局と陰陽男女が当てはまる行から、表頭へたどる。「3～12歳」からたどった先が「命宮」なら、3～12歳の間は命宮がその期間の運勢を表す「大限宮（たいげんきゅう）」となる。

五行局 ＼ 陰陽男女 ＼ 大限宮		命宮	兄弟宮	夫妻宮	子女宮	財帛宮	疾厄宮	遷移宮	奴僕宮	官禄宮	田宅宮	福徳宮	父母宮
	女												
木三局	陽男 陰女	3～12歳	113～122歳	103～112歳	93～102歳	83～92歳	73～82歳	63～72歳	53～62歳	43～52歳	33～42歳	23～32歳	13～22歳
	陰男	3～	13～	23～	33～	43～	53～	63～	73～	83～	93～	103～	113～

大限宮の記入例

命盤の最後の空欄に年齢を書き入れていく

大限を見るときは、該当する宮のことを「**大限宮**」という

<table>
<tr><td>太陽（化権）
天刑
火星
天馬
癸　33～42歳
巳　田宅宮</td><td>破軍
天魁
鈴星
甲　43～52歳
午　官禄／身宮</td><td>天機
地劫
乙　53～62歳
未　奴僕宮</td><td>紫微
天府
陀羅
丙　63～72歳
申　遷移宮</td></tr>
<tr><td>武曲
紅鸞
壬　23～32歳
辰　福徳宮</td><td colspan="2" rowspan="2">①名前：Aさん　②性別：女
③年齢（数え年）：53歳
④生年月日：1971年10月31日
⑤出生時間：16時22分
⑥出生地：神奈川県横浜市
（⑦時差：＋19分）
⑧修正出生時間：16時41分
⑨生年干支：辛亥
⑩旧暦月日：9月13日
⑪生時支：申
⑫陰陽男女：陰女
⑬五行局：木三局
⑭子年斗君：

鑑定日：　月　日</td><td>太陰
天姚
禄存
丁　73～82歳
酉　疾厄宮</td></tr>
<tr><td>天同
天空
辛　13～22歳
卯　父母宮</td><td>貪狼
陰煞
擎羊
天喜
戊　83～92歳
戌　財帛宮</td></tr>
<tr><td>七殺
右弼
天鉞
文昌（化忌）
庚　3～12歳
寅　命宮</td><td>天梁
辛　113～122歳
丑　兄弟宮</td><td>廉貞
天相
左輔
文曲（化科）
庚　103～112歳
子　夫妻宮</td><td>巨門（化禄）
己　93～102歳
亥　子女宮</td></tr>
</table>

2.太歳を配し、1年ごとの運気を見る

続いては**「太歳」という1年運**の見方をご紹介します。Aさんの紫微斗数盤を見てみましょう。各宮の左下に十二支が書いてあり、この欄が、流年で巡ってくるその年の十二支を表します。その年の十二支を調べる場合は、旧暦ページを参考にしましょう。例えば2022年の運気を見る場合、253ページの上部に「壬寅」と書いてあります。2022年は寅年ということですから、寅宮を見ることとなります。

注意したいのが、**紫微斗数の命盤には旧暦で運勢が表れるため、運勢を見たい年を、新暦に直す作業が必要だということです。**2022年の旧暦（253ページ）を開いてみましょう。旧暦の1月は一番左の列の「正月」、旧暦の1日は一番上の行の「初一」です。これを新暦に直すには、「正月」と「初一」が交差するマスを見ます。交差するマスは「2・1」となっているため、「2月1日」です。同様に、2022年の最後の日は「十二月」と「三十」が交差するマスで、「1月21日」となります。紫微斗数における2022年の1年間の区切りは、「2022年2月1日～2023年1月21日となり、この期間のAさんの運勢が「庚寅の命宮」に表れるということです。

そして、この**宮干の「庚」から四化星を命盤内の星に飛星させることで、2022年に起きた、吉凶のそれぞれの出来事が見えてきます。**Aさんの命盤の「庚寅の命宮」には、七殺星・右弼星・天鉞星・化忌星つきの文昌星が入っています。対面の「丙申の遷移宮」には紫微星・天府星・陀羅星、「甲午の官禄宮」には破軍星・天魁星・鈴星、「戊戌の財帛宮」には、貪狼星・陰煞星・擎羊星が入ります。この凶星の七殺星と破軍星と貪狼星が加会する星の系列を「殺・破・狼」と呼びます。この星の配置は変動運が強く、安定したいときには不安定な運を呼び凶となりますが、新しいことをしたいときには、飛び出すための強いエネルギーをくれます。

実際にAさんはこの年の8月18日（旧暦の7月）、ある出版社から大作の本のオファーを受けました。その企画はAさんにとっては新しい試みでしたが、ひるむことなく挑戦できたのは、「殺・破・狼」の太歳の年運が、新しい変化を受け入れる運勢だったからだといえます。

太歳の出し方

<table>
<tr>
<td>太陽（化権）
天刑
火星
天馬
癸　33～42歳
巳　田宅宮</td>
<td>破軍
天魁
鈴星
甲　43～52歳
午　官禄／身宮</td>
<td>天機
地劫
乙　53～62歳
未　奴僕宮</td>
<td>紫微
天府
陀羅
丙　63～72歳
申　遷移宮</td>
</tr>
<tr>
<td>武曲
紅鸞
壬　23～32歳
辰　福徳宮</td>
<td colspan="2" rowspan="2">①名前：Aさん　②性別：女
③年齢（数え年）：53 歳
④生年月日：1971 年 10 月 31 日
⑤出生時間：16 時 22 分
⑥出生地：神奈川県横浜市
（⑦時差：＋ 19 分）
⑧修正出生時間：16 時 41 分
⑨生年干支：辛亥
⑩旧暦月日：9 月 13 日
⑪生時支：申
⑫陰陽男女：陰女
⑬五行局：木三局
⑭子年斗君：

鑑定日：　月　日</td>
<td>太陰
天姚
禄存
丁　73～82歳
酉　疾厄宮</td>
</tr>
<tr>
<td>天同
天空
辛　13～22歳
卯　父母宮</td>
<td>貪狼
陰煞
擎羊
天喜
戊　83～92歳
戌　財帛宮</td>
</tr>
<tr>
<td>七殺
右弼
天鉞
文昌（化忌）
庚　3～12歳
寅　命宮</td>
<td>天梁
辛　113～122歳
丑　兄弟宮</td>
<td>廉貞
天相
左輔
文曲（化科）
庚　113～112歳
子　夫妻宮</td>
<td>巨門（化禄）
己　93～102歳
亥　子女宮</td>
</tr>
</table>

占いたい年の十二支の宮が、その年を表す（ただしその1年は旧暦を表している）

例えば2023年は卯年のため、卯宮が2023年（旧暦）を表している

命宮に化忌星が入っているAさんは、本来は警戒心が強く、石橋を叩いて渡るタイプ。新しいことには慎重に臨みます。そんなAさんが夏に受けた依頼に興味を持ち、執筆活動へと飛び出せたのは、「**殺・破・狼**」の太歳の年運が新しい変化を受け入れる運勢だったからだといえるでしょう。
例えば、「天梁星が入っている辛丑の兄弟宮」や、「天同星と天空星の入る辛卯の父母宮」のときにこのお話が来たら、Aさんは、残念ながら慎重になってしまい、この刺激的なオファーを受けることもなかったかもしれません。続く148ページの「斗君」では、Aさんに出版のオファーが来た月は、どんな星が入っていたのかを見てみましょう。

3.斗君を配し、1カ月ごとの運気を見る

1カ月で区切った運勢のことを「斗君」といいます。斗君を調べるためには「子年斗君」を調べる必要があるので、まず179ページの「子年斗君表」を見てみましょう。Aさんの生まれた時刻は「申」なので一番左の列から申、旧暦の生まれ月は9月なので一番上の行から9月を見つけ、クロスするところを見ると、「子」となっており、Aさんの斗君は「子」だということがわかります。空欄のまま残っていた、中央データのに「子」を書き入れましょう。これでAさんの命盤は完成しました。

斗君表で見つけた十二支を「子年」として、その十二支の宮に置きます(Aさんは「子年」を「子宮」に置くこととなり、子年と宮が一致しますが、例えば十二支が「卯」だった人は、卯宮に「子年」を置きます)。そして、**例えば寅年を見たいときは、そこから時計回りに、「子・丑・寅……」と寅年まで数え、行き着いた宮が寅年の1月1日(旧暦)の運勢を表すこととなります。**Aさんの場合、「寅宮」が寅年の1月1日となりますが、例えば「戌宮」に子年を置いた場合は「子宮」が寅年の1月1日を、あるいは「巳宮」に子年を置いた場合は「未宮」が寅年の1月1日を表します。

今回見たいのはAさんに出版依頼が来た2022年8月18日(木)を含む1カ月なので、まずは日付を旧暦に変換します。253ページの2022年の暦では、8月18日は旧暦の「7月21日」になっていますから、7月の運勢を見ましょう。

Aさんの場合、寅宮が2022年の旧暦1月を表していることが先ほどわかりましたね。そこから時計回りで、見たい月に到達するまで、ひと月につき、一宮進めていきます。すると「寅の命宮が、旧暦の1月」→「卯の父母宮が、旧暦の2月」→「辰の福徳宮が、旧暦の3月」→「巳の田宅宮が、旧暦の4月」→「午の官禄宮が、旧暦の5月」→「未の奴僕宮が、旧暦の6月」→「申の遷移宮が、7月」となり、この申の遷移宮の運勢を見れば良いことがわかります。

斗君の出し方

申の遷移宮には、紫微星・天府星・陀羅星が同宮。紫微斗数の最大の吉星である、王様と宰相(総理大臣)2つの星が座しています。この申の宮が、2022年の旧暦の7月の運勢では、斗君の命宮となります。リーダーシップをとる2星が入っており、意欲的に仕事をする運気だったのでしょう。そして、子の生年夫妻宮が斗君の官禄宮に該当※。この宮には、廉貞星・天相星・左輔星・文曲星が入り、智の星である化科星がついた良い状態といえます。そういった運気のなかで、出版のオファーが舞い込んだのだと考えられます。

太陽(化権) 天刑 火星 天馬 癸 33〜42歳 巳 田宅宮	**破軍** 天魁 鈴星 甲 43〜52歳 午 官禄／身宮	天機 地劫 乙 53〜62歳 未 奴僕宮	紫微 天府 陀羅 丙 63〜72歳 申 遷移宮
武曲 紅鸞 壬 23〜32歳 辰 福徳宮	①名前：Aさん　②性別：女 ③年齢（数え年）：53歳 ④生年月日：1971年10月31日 ⑤出生時間：16時22分 ⑥出生地：神奈川県横浜市 （⑦時差：＋19分） ⑧修正出生時間：16時41分 ⑨生年干支：辛亥 ⑩旧暦月日：9月13日 ⑪生時支：申 ⑫陰陽男女：陰女 ⑬五行局：木三局 ⑭子年斗君：子 鑑定日：　月　日		太陰 天姚 禄存 丁 73〜82歳 酉 疾厄宮
天同 天空 辛 13〜22歳 卯 父母宮			**貪狼** 陰煞 擎羊 天喜 戊 83〜92歳 戌 財帛宮
七殺 右弼 天鉞 文昌(化忌) 庚 3〜12歳 寅 命宮	天梁 辛 113〜122歳 丑 兄弟宮	廉貞 天相 左輔 文曲(化科) 庚 113〜112歳 子 夫妻宮	巨門(化禄) 己 93〜102歳 亥 子女宮

※斗君の各宮は、斗君命宮を基準に出していきます。上記の場合、遷移宮(申宮)が旧暦7月の斗君命宮となるので、そこから通常の場合と同様に、反時計回りに兄弟宮、夫妻宮、子女宮……の順で配置すると、生年夫妻宮が、斗君の官禄宮となります。

例題①
男性Bさんの運勢を読む

三合宮を中心にBさんの性質を読み解く

ここからは、Bさんという男性（数えで41歳）を例に、紫微斗数の占い方を詳しく見ていきましょう。

命盤を判断するときはまず、命宮がどの十二支の宮に配置され、どの主星とどの副星が入っているかを見ていきます。この命宮に入る星によって、だいたいの星の配列のつながりが決まってきますので、この確認はとても重要なものとなります。

次に、命宮を踏まえたうえで、命宮を含む三合宮（命宮・財帛宮・官禄宮）と、対面の遷移宮の４つの宮を見て、星々がお互いにその意味合いに影響を与え合い、混ざり合って複雑な個性を織り成す様子を見ます（会照）。Bさんの星の入り方は下記のようになっています。

・命宮：寅宮にある。武曲星（化忌）・天相星が入る。
・遷移宮：申宮にある。破軍星・左輔星（化科）・文曲星・天馬星が入る。
・財帛宮（身宮）：戌宮にある。廉貞星・天府星・陀羅星が入る。
・官禄宮：午宮にある。紫微星（化権）右弼星・陰煞星・文昌星が入る。

身宮は、35～40歳位から出てくる「人生後半に発動する、もうひとつの命宮」となります。

命宮の武曲星・天相星の２星の組み合わせは、財の星と、社交の星の組み合わせ。権力志向の強い凶星である武曲星を、優雅な天相星が上手くフォローして、穏やかで社交的な性質を作り出します。そのため、**Bさんは幅広い企業創設や事業を継続させる才能を持っており、財帛宮・官禄宮の吉星によってその性質が支えられていることがわかります。**

ただこの方は、命宮の武曲星に化忌星がつき、寅の宮干の壬から飛ばした化忌星がまた、命宮の武曲星につくという、命宮ダブル化忌星の配置となっていま

Bさんの命盤から読み解く特性と運勢

数え年で41歳のBさんの、この10年間の運勢を表す「**大限命宮**」。計画性が高く、目上の人からの援助もある。また、火星が入っていることにより、激務に追われるなど強いエネルギーを要する事柄が起きる

命宮に文昌星と文曲星、左輔星と右弼星の２組の双星が会照しているため、まわりの人からの援助を受けやすいといえる

<table>
<tr>
<td>天機
天姚
天鉞
火星
紅鸞

乙　34～43歳
巳　田宅宮</td>
<td>**紫微**（化権）
右弼
陰煞
文昌

丙　44～53歳
午　官禄宮</td>
<td>天空
鈴星

丁　54～63歳
未　奴僕宮</td>
<td>破軍
左輔（化科）
文曲
天馬

戊　64～73歳
申　遷移宮</td>
</tr>
<tr>
<td>七殺

甲　24～33歳
辰　福徳宮</td>
<td colspan="2" rowspan="2">①名前：Bさん　②性別：男
③年齢（数え年）：41歳
④生年月日：1982年6月14日
⑤出生時間：９時０分
⑥出生地：愛媛県松山市
（⑦時差：－９分）
⑧修正出生時間：８時51分
⑨生年干支：壬戌
⑩旧暦月日：５月23日（閏４月23日）
⑪生時支：辰
⑫陰陽男女：陽男
⑬五行局：金四局
⑭子年斗君：子

鑑定日：　月　日</td>
<td>己　74～83歳
酉　疾厄宮</td>
</tr>
<tr>
<td>太陽
天梁（化禄）
地劫
天魁

癸　14～23歳
卯　父母宮</td>
<td>**廉貞**
天府
陀羅

戌　財帛／身宮</td>
</tr>
<tr>
<td>武曲（**化忌**）
天相

壬　4～13歳
寅　命宮</td>
<td>天同
巨門
天刑

癸　114～123歳
丑　兄弟宮</td>
<td>貪狼
擎羊

壬　104～113歳
子　夫妻宮</td>
<td>太陰
禄存
天喜

辛　94～103歳
亥　子女宮</td>
</tr>
</table>

官禄宮に紫微星、財帛宮に廉貞星、天府星などの吉星が入っていることから、経営者としての能力をパワーアップさせている

寅の武曲星×天相星。権力志向の強い武曲星を天相星がフォローし、とても社交的で経営者としての能力がある人となる

化忌星を飛ばす方法は、「年干系星算出表」を参照。命宮干である「壬」と「化忌星」の交差するマスを見る。すると、地盤と同じ武曲星につく。これは一般的な職業には向かないことを意味する。特殊な仕事などにつくと、持ち前の強いエネルギーにより偉業を達成することも

す。（175ページ「年干系星算出表」の四化の表で確認できます）。

この配置は、一般社会的な商売や事業が向かない傾向にあります。実際にBさんは、医大・大学院を卒業して大学病院に勤務した後、父親の代から開業している耳鼻科医院を継ぎ、その病院を大きくして利益を上げてこられた、経営手腕のある方です。

命宮にある化忌星は、悪い星の代表的な書かれ方をしている場合もありますが、そういうわけではありません。特殊な分野に秀でた優秀な方々が多くなる傾向にあります。

ただ、活動場所を間違えて、無理して自分に合わない一般的な仕事をすると、化忌星の悪い象意が出てしまい、運勢が下がってしまいます。**生きる場所を上手く選んでいけば、そのマグマのような追求のエネルギーで、ほかの人ではなし得ないような偉業を達成することもできるでしょう**。

Bさんの命盤の特徴は、命宮に会照する星に、吉の副星が多くついている点です。副の吉星の双星である、文昌星・文曲星と左輔星・右弼星が、この星の配列にすべて入っています。**これは、良い人脈を持った目下の人や同僚が彼を支えて盛り立ててくれる配置となります**。Bさんが仕事を拡大できたのは、この良い人脈などのありがたい存在のお陰ともいえるのではないでしょうか。

大限・太歳・斗君から、Bさんの特定の時期の運勢を読む

続いて、Bさんの命盤を用いて、大限・太歳・斗君を見ていきましょう。

まずは大限（10年運）から。Bさんの現在の数え年は、2022年時点で41歳となります。つまり、巳宮の生年田宅宮の34～43歳の後半にいるということ。

紫微斗数の大限では、**北斗星は前半５年にその効力を発揮し、南斗星は後半５年にその効力を発揮します。中天星は、その大限の10年間にわたって効力が持続します**。巳の宮には、天機星（南斗星）・天姚星（中天星）・天鉞星（南斗星）・火星（南斗星）・紅鸞星（中天星）が入っています。ほとんどすべてが南斗星となり、一部は中天星となります。41歳のBさんは34～43歳の大限の後半にいますから、この時点では、南斗星の甲級主星である天機星が一番強い影響をもたらしているといえます。

天機星は知識と精密な計算が得意な、計画性のある星となります。また貴人からの援助の星、天鉞星が入っていますので、吉作用を上手く活かせるといえますね。その他の星も火星以外はほぼ良い星となります。

火星は少し強すぎるエネルギーを持っています。**毎日たくさんの患者さんと向き合う病院という環境では、激しいエネルギーも日常的に出てくるのでしょう**。そういったところに、火星の作用が出ていると考えられます。

Ｂさんの2022年の太歳（１年運）の見方についても説明します。2022年は壬寅年となりますので、生年命盤の寅の宮が2022年のＢさんの運命を表しています。寅の宮の武曲星と三合加会の星の配列を見ながら判断していくと良いでしょう。

最後に、Ｂさんの斗君（１カ月運）を見る方法を解説します。斗君を調べたいときは、まず見たい月を旧暦に直します。見たい日が2022年10月９日（日）だとすると、253ページの暦で、旧暦に変換した場合、９月14日。2022年10月９日は、旧暦では九月となります。

そして、179ページの「子年斗君表」から、Ｂさんの生まれ時間の十二支の「辰」と旧暦の誕生月の「５月※」がクロスしているところを見ると、子年斗君は「子」だということがわかります。

「子宮」に「子年」を置いて寅年まで数えると、2022年の寅年の旧暦の１月１日は、寅宮になることがわかります。そして寅宮に「１月」をおいて、卯「２月」→辰「３月」→巳「４月」→午「５月」→未「６月」→申「７月」→酉「８月」→戌「９月」まで数えますと、今月の10月の斗君（月運）は、戌の生年財帛宮とその三合加会する宮に入る星の系列で見ることができます。

※213ページより、Ｂさんは閏四月生まれで16日より後半の23日生まれです。閏月の定義によって翌月の生まれとなるために５月生まれとなります。

例題②
女性Cさんの運勢を読む

３合宮を中心にCさんの生い立ちや性質を見る

続いては女性Cさんの事例を用いて、命盤を解説していきます。Cさんの配置は下記の通りです。

・命宮：丑宮にある。太陽星・太陰星（化権星）・天姚星・天魁星が入る。
・遷移宮：未宮にある。天鉞星が入る。
・福徳宮（身宮）：卯宮にある。天機星（化忌星）・巨門星・紅鸞星・火星が入る

Cさんの命宮である丑宮には、太陽星と太陰星が入り、太陰星には化権星が付いています。丑の宮は、季節では冬の土用の冷たい土、あるいは夜明け前の夜の宮となります。陽火に属する太陽にとっては、ややその特性を発揮しづらく、エネルギーを失いやすい宮といえます。逆に陰水の気を持つ太陰星は、冬の夜の宮で、月の本性をフルに発揮します。また、太陰星には、化権星という権力や立場を得やすい四化星がついていますから、**Cさんは太陰星の女性らしく控えめな賢い方で、家庭などでは母として権力を握るような強さを秘めた人だということがわかります**。また、太陽のエネルギーにより、男性を支えることもできるでしょう。

また命宮の副星は、天姚星と天魁星。天姚星は「技芸の星」と呼ばれ、さまざまな芸術や技術の世界を極める星であるとともに、妖艶で異性にモテる星とされています。天魁星は「貴人援助の星」といわれますので、目上の方との運に恵まれるでしょう。

さらに命宮の対面の遷移宮には、縁に恵まれやすい天鉞星も入っていることから、Cさんは、妖艶で女性らしく、目上の人や親などとの縁に恵まれた生まれだといえるでしょう。実際にCさんは、製造業の会社を繁栄させている裕福な父と母のもとに、四人兄弟の末っ子として生まれた、お嬢様育ちの方。兄弟宮には武曲星・天府星・地劫星が入り、２人の兄が親の自営業を継ぎ、長女の姉は高校教

Cさんの命盤から読み解く特性と運勢

命宮に天魁星、対宮の遷移宮に天鉞星が入り、双星がそろっている状態に。これにより、女性としての魅力にあふれ、両親や上司など目上の人の運に恵まれる人といえる

<table>
<tr>
<td>天梁
禄存
文曲
丁　84〜93歳
巳　官禄宮</td>
<td>七殺
擎羊
戊　74〜83歳
午　奴僕宮</td>
<td>天鉞
己　64〜73歳
未　遷移宮</td>
<td>廉貞
庚　54〜63歳
申　疾厄宮</td>
</tr>
<tr>
<td>紫微
天相
左輔
陀羅
丙　94〜103歳
辰　田宅宮</td>
<td colspan="2" rowspan="2">①名前：Cさん　②性別：女
③年齢（数え年）：75歳
④生年月日：1948年2月11日
⑤出生時間：2時18分
⑥出生地：神奈川県横浜市
（⑦時差：＋19分）
⑧修正出生時間：2時37分
⑨生年干支：戊子
⑩旧暦月日：1月2日
⑪生時支：丑
⑫陰陽男女：陽女
⑬五行局：金四局
⑭子年斗君：丑

鑑定日：　月　日</td>
<td>天刑
文昌
天喜
辛　44〜53歳
酉　財帛宮</td>
</tr>
<tr>
<td>天機（化忌）
巨門
紅鸞
火星
乙　104〜113歳
卯　身／福徳宮</td>
<td>破軍
右弼（化科）
天空
壬　34〜43歳
戌　子女宮</td>
</tr>
<tr>
<td>貪狼（化禄）
陰煞
天馬
甲　114〜123歳
寅　父母宮</td>
<td>太陽
太陰（化権）
天姚
天魁
乙　4〜13歳
丑　命宮</td>
<td>武曲
天府
地劫
甲　14〜23歳
子　兄弟宮</td>
<td>天同
鈴星
癸　24〜33歳
亥　夫妻宮</td>
</tr>
</table>

卯宮の天機星に化忌星がついていると、精神面で弱いところが出てくる。なかなか素の自分を出せないことも

丑宮は冬の夜明け前を意味する。そのため、陽火に属する太陽星は能力を発揮しにくく、陰水に属する太陰星の能力が全面に出る。家庭的で控えめな一方で、家族のなかでは圧倒的な存在感がある人だといえる

Cさんが結婚した24歳のときの大限命宮。天同星が入っていることから、相手は結婚向きな優しい人だということが伺える。しかし、凶星の鈴星が同宮していることから、強いエネルギーを持った人だともいえる

師の道を選ぶ中、彼女は高校を卒業後、事務職に就職して、仕事関係の縁で知り合った貿易商をしている沖縄県生まれの男性と結婚しました。そして東京に家を持ち、専業主婦として暮らしています。

Cさんの命盤のウイークポイントは、**福徳宮の天機星に化忌星がついていることでしょうか。やや精神的に弱いところがあり、幼少期は個性の強い兄や姉に囲まれ、とても大人しい性格の子どもであったそうです**。

やや神経が細やかな方なので、家のなかで手芸や絵を楽しみ、精神的な趣味に没頭する生活が、彼女の心を癒しています。旦那様も油絵を描く方で、2人で共通の趣味を持ち、安定した生活を送ることができていますが、これは田宅宮の紫微星・天相星・左輔星・陀羅星の賑やかで華やかな家庭運が示しています。

大限・太歳・斗君から、Cさんの特定の時期の運勢を読む

続いて、Cさんの特定の時期の運勢を見ていきましょう。

Cさんが結婚されたのは、**数え年の24歳の夫妻宮の大限のときだったとのこと。夫妻宮には、天同星という最高に優しいパートナーを示す星が入っています**。だだ、副星の凶星である鈴星も一緒に入っていますので、個性もかなり強い旦那様とのこと。有能な方で、仕事は非常にできる人だということでした。

次に、Cさんの2022年の太歳（年運）を見て、運勢を振り返っていきましょう。太歳は、その年の十二支を命盤の十二支のなかから探します。2022年は寅年なので、寅宮（生年父母宮）が太歳命宮となります。

2022年の運勢は、寅宮に、華やかな趣味と生活を楽しむ知恵を持った貪狼星と、お金や人脈の豊かさの星である化禄星がついているため、大変福々しい年となった模様。ただ、天馬星の影響で、少々忙しかったかもしれません。そして凶の副星である陰煞星がついていますので、小さな棘のような害があったことでしょう。対人関係においてはやや気苦労が多い年だったといえます。

また、生年奴僕宮であり、太歳財帛宮の午の宮に七殺星と擎羊星が入っているため※、年下の方の対人関係による利益損失や金銭問題に注意が必要だったことでしょう。

最後に、2022年10月12日の斗君（月運）も見てみましょう。まずはCさんの子年斗君を、179ページの「子年斗君表」で見つけます。Cさんの生まれた時間である十二支の丑を一番左の列から、一番上の行からCさんの旧暦の生まれ月、1月を見つけ、クロスするところを見ると、「丑」がCさんの子年斗君だということがわかります。

253ページより10月12日を旧暦に直すと、「9月17日」となります。旧暦の「9月」の運勢を見るには、まずCさんの命盤の丑の宮に子年を置いて、時計回りに寅年まで数えます。「丑宮は子年の1月1日」→「寅宮は丑年の1月1日」→「卯宮は寅年の1月1日」となります。

卯宮に寅年の「1月」を置いて、辰「2月」→巳「3月」→午「4月」→未「5月」→申「6月」→酉「7月」→戌「8月」→亥「9月」まで数えると、10月（旧暦9月）の斗君（月運）は、亥の生年夫妻宮に出ることがわかります。生年夫妻宮（亥宮）を斗君の命宮とした、三合宮に加会する星の系列を見ましょう。

斗君命宮には、天同星・鈴星が入り、斗君遷移宮には天梁星・禄存星・文曲星が入ります。また、斗君財帛宮には天鉞星、斗君官禄宮には天機星（化忌星）・巨門星・紅鸞星・火星が入ります。命宮には穏やかな天同星が入り、そのほかの宮も、斗君官禄宮以外は良い配置といえるでしょう。

Cさん自身は外での仕事をしていないので、何かしらの難が斗君官禄宮に出るとしたら、旦那様のこととなります。2022年10月（旧暦9月）の斗君夫妻宮は、酉の生年財帛宮となり、天刑星・文昌星・天喜星が入っています。その月は、言葉やコミュニケーションの行き違いなどで、言い争いならないように注意したい月だったといえるでしょう。その他のお金や外でのレジャーは楽しめたはずです。

※太歳の各宮は、太歳命宮を基準に出していきます。Cさんの場合、父母宮（寅宮）が太歳命宮となるので、そこから通常の場合と同様に、反時計回りに兄弟宮、夫妻宮、子女宮……の順で配置します。斗君も同様の手順で、斗君命宮をもとに配置します。

化禄星と化忌星を飛ばして相性を見る

化星を飛ばし、お互いにもたらす影響を見る

紫微斗数占いでは、自分と相手の命盤を活用し、相性を占うこともできます。

方法は、一方の命盤から四化星を飛ばし（飛星）、その星が相手のどの宮の星につくかを見るというもの。特に化禄星と化忌星が重要で、化禄星が入れば、お互いにその宮の意味合いにプラスの影響がもたらされ、反対に化忌星が入れば、お互いにその宮の意味合いにマイナスの影響がもたらされます。

175ページ「年干系星算出表」を用い、自分の命盤の命宮干から化禄星と化忌星がつく星を割り出したら、相手の命盤にそれを反映します。例えば夫の命宮干にて化禄星が天同星につくことが割り出せたら、夫ではなく、妻の命盤上で天同星に化禄星をつけます（詳しい手順は159ページで解説）。

一方の**命宮干から飛ばした化禄星が、夫妻宮に入るカップルがいたとしましょう。２人の命盤の性格にもよりますが、一緒にいると良いパートナーシップを築いていくことが可能となります**。また、財帛宮に化禄星を飛ばしてくれる相手と一緒にいれば、とても裕福になり、お互いにお金に困らなくなります。

反対に**化忌星が入る宮は、その宮の意味合いに執着してバランスがとりづらくなり、マイナスの要素が出やすくなります**。例えば女性側が男性のお金の宮に化忌星を飛ばしている２人の関係は、男性の方が贅沢になったり、逆にお金にケチになったりして、女性が苦労するなどの現象が出ている事例もあります。

こうした相性は恋愛だけでなく、友人や仕事のパートナーとも見ていくことができます。例えば夫妻宮に化忌星を飛ばしてくる相手と仕事を密にしていたら、離婚をしてしまった事例などもありました。どのような障害が発生するかは、２人の運や性質などにより違ってきます。ただ、必要以上に怯える必要はありません。障害が出やすい関係性であることを知れたのなら、それを避けるように動いていけば良いのです。

化禄星・化忌星が入った場合

化禄星が入る➡2人にとってプラスの影響がある
例：パートナーの化禄星が財帛宮に入ると、裕福でお金に困らなくなる

化忌星が入る➡2人にとってマイナスの影響がある
例：パートナーの化忌星が夫妻宮に入ると、離婚や離別をしやすくなる

飛星の方法

①一方の命盤を見て命宮干を確認する

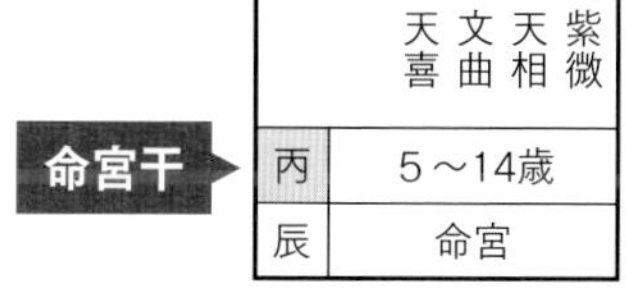

②175ページの「年干系星算出表」を見る
③一番左の列にある命宮干と、一番上の行の化禄星・化忌星が交差するマス（星）を確認する。クロスしたところの星が、化禄星、化忌星がつく星となる

年干系星 ＼ 生年干	禄存星	擎羊星	陀羅星	天魁星	天鉞星	化禄星	化権星	化科星	化忌星
[illegible]	卯	辰	寅	子	申	天機星	天梁星	紫微星	太陰星
丙	巳	午	辰	亥	酉	天同星	天機星	文昌星	廉貞星

④一方の命宮干より化禄星・化忌星がつく星がわかったら、それをその人ではなく、相手の命盤に反映する（例えば、夫の命宮干によって、化禄星が天同星、化忌星が廉貞星につくことが割り出せたら、妻の命盤上で、天同星に化禄星を、廉貞星に化忌星をつける）
⑤もう一方も同じようにする
⑥お互いから飛ばした星がどの宮に入るかを見て判断する

	天同（化禄）
壬	93～102歳
申	田宅宮

一方の命宮干から化禄星が天同星につくことがわかったら、もう一方の命盤の天同星に化禄星をつける（上記の場合は田宅宮に関する運勢を読み解く）

	廉貞（化忌）
己	3～12歳
巳	命宮

一方の命宮干から化忌星が廉貞星につくことがわかったら、もう一方の命盤の廉貞星に化忌星をつける（上記の場合は命宮に関する運勢を読み解く）

飛星の概要を掴めたところで、Dさん（夫）とEさん（妻）夫妻の事例から、四化飛星による相性判断の仕方を見ていきます。

まず、右ページで、Dさんの命盤を見てください。Dさんの命宮は辰宮となり、宮干は丙となります。175ページ「年干系星算出表」で一番左の列から「丙」を見つけ、一番上の行にある化禄星と化忌星の欄と結ぶと、化禄星は天同星に、化忌星は廉貞星に飛ぶことがわかります。その2つの星をEさんの命盤に飛ばしましょう。Eさんの命盤上で天同星を探すと田宅宮に入っていますから、そこに化禄星をつけます。

化禄星が入った宮は、その意味合いがお互いにとってプラスに作用するのでしたね。このことから**Eさんは、Dさんという旦那様と結婚したことで温かな家庭を築いて繁栄させ、多くの財産も手にできたことが読みとれます。**

一方、夫の命宮干から飛ばした、化忌星のついた廉貞星は、Eさんの命盤では命宮に入ります（Eさんの命盤では廉貞星は命宮に入っているため)。相性の飛星によって命宮に化忌星が入った場合は、その方といると性格が細かくなったり、作法や生活の仕方に執着したりと、やや堅苦しい生き方になるといえます。

実際にEさんは、家に夫の会社の人たちが多く訪れるために、たくさんの料理でもてなすなど、気を遣うことのの多い日々を過ごしていたようです。またEさんは、子どもたちを厳格にしつけていたようで、規則正しい生活や礼儀にこだわる化忌星の作用は、そこにもあったといえるでしょう。

次に、Eさんの命盤から、Dさんの命盤へと四化星を飛ばしてみましょう。Eさんの命盤の命宮干は、己となります。175ページの「年干系星算出表」で、化禄星は武曲星に、化忌星は文曲星につくことがわかります。

Dさんの命盤では、武曲星は財帛宮にありますから、化禄星は財帛宮に入ることとなります。**Dさんは、Eさんといたことで、仕事の利益が大きく増えたようで、大変良い相性であるといえます。**

一方、Eさんの命宮干から飛ばした化忌星がついた文曲星は、Dさんの命盤の命宮に入ります。命宮に化忌星が入る場合は、その性質をより細かく、こだわりを強くさせます。そのためDさんも、家族に厳しく家のしきたりを決めて守らせていたようです。お互いの命宮に化忌星を飛ばすこのご夫婦は、2人でいることで、生活様式や決まりごとに忠実に従うような、やや偏りがちな思考・性質に変わりやすくなるといえるでしょう。

Dさんと Eさんの天盤からわかる2人の相性

夫・Dさんの天盤

天梁 天鉞 丁 巳　父母宮	七殺 左輔 戊 午　福徳宮	 己 未　田宅宮	廉貞 右弼 庚 申　官禄宮
紫微 天相 文曲(化忌) 天喜 丙 辰　命宮	細かいこだわりが出てくる		 辛 酉　奴僕宮
天機 巨門 天姚 天魁 火星 乙 卯　兄弟宮		楽に稼げるようになり、お金に困らなくなる	破軍 陰煞 文昌 鈴星 紅鸞 壬 戌　遷移宮
貪狼 甲 寅　夫妻宮	太陽 太陰 擎羊 乙 丑　子女宮	武曲(化禄) 天府 禄存 甲 子　財帛宮	天同 天馬 天刑 陀羅 天空 地劫 天馬 癸 亥　疾厄宮

妻・Eさんの天盤

廉貞(化忌) 貪狼 天姚 文曲 己 巳　命宮	巨門 右弼 陰煞 庚 午　父母宮	天相 天鉞 天喜 辛 未　福徳宮／身宮	天同(化禄) 天梁 左輔 天馬 壬 申　田宅宮
太陰 鈴星 戊 辰　兄弟宮	相手に口出しするなど性格が細かくなる	財産が手に入り、家庭が安定する	武曲 七殺 文昌 癸 酉　官禄宮
天府 擎羊 丁 卯　夫妻宮			太陽 天空 甲 戌　奴僕宮
禄存 火星 丙 寅　子女宮	紫微 破軍 天刑 陀羅 天魁 紅鸞 丁 丑　財帛宮	天機 地劫 丙 子　疾厄宮	 乙 亥　遷移宮

各宮に化禄星が入った場合の意味合い

命宮	性格が素直で穏やかな優しい人となる。まわりの人からの援助を受けやすくなる。幸せな出来事が身のまわりで起こる。
兄弟宮	頼れる友人が増えたり人脈が広がったりする。親切で優しい人たちに囲まれ、困難に陥った際に救ってくれる協力者が多くなる。
夫妻宮	お互いの欠点を補い合える最高のパートナーとなる。まわりに人が集まるようになり、お互いに異性にモテるようになる。
子女宮	賢く優秀で温厚な性格の子どもに恵まれる。そして、自分も子煩悩な親となり、人としての魅力がアップする。
財帛宮	楽にお金を稼ぐことができるようになる。裕福になり心に余裕ができ、さらに利益を出すためのアドバイスにも恵まれる。
疾厄宮	持病がある場合、その持病が良くなるような知識や情報を得られるようになる。病気をしたときに看病をし合える関係になる。
遷移宮	外に出ると、素晴らしい人脈や良い仕事の話、吉運に恵まれるようになる。外から２人のまわりに人が集まってくるようになる。
奴僕宮	２人が一緒にいると、目下の人の運が上がり、仕事における対人関係が良くなる。良い仕事ができるようになる。
官禄宮	良い仕事が舞い込むようになる。才能を発揮できるような、自分に合った仕事に出会うことができる。
田宅宮	順調に貯蓄が増えて、良い家を持てるようになる。家が繁栄して子孫が多く生まれ、賑やかな家庭を築くことができる。
福徳宮	化禄星を飛ばしてくる相手がカウンセラーのような存在となり、精神が安定して、心が朗らかになる。
父母宮	目上運が上がり、それによって仕事が増えて人脈が広がり、利益が上がることになる。

十二宮に化忌星が入った場合の相性と受ける影響

各宮に化忌星が入った場合の意味合い

命宮	疑り深く、慎重になり、ケチになる。2人の生活を安定させようと努力するあまり、こだわりが増えて関係が少し窮屈になる。
兄弟宮	2人の付き合いや結婚に関して、お互いの兄弟や友人にしつこく干渉される。身内のなかに気の合わない人が現れる。
夫妻宮	化忌星が入った人の人気運が下がる。その一方で、不快に思う異性から好かれたり、悪縁ができたりする。
子女宮	子どもに関する問題で苦労する。しかし、それを2人できちんと話し合って乗り越えれば、課題解決となる。
財帛宮	化忌星が入った人のお金遣いが荒くなり、お金に関するトラブルが起こる。計画的にお金を使うことで課題クリア。
疾厄宮	体調不良や情緒不安定に陥りやすくなる。精神力を鍛え、困難と向き合い、問題を克服する努力をすれば、課題をクリアできる。
遷移宮	外部の対人関係に問題が生じる。出掛けた先で悪縁を引き寄せやすくなるため、気をつけて人と接するようにすると良い。
奴僕宮	後輩や部下がトラブルを起こすなどして、仕事に詰まることがある。知恵を絞ってその人と向き合えば克服できる。
官禄宮	激務になる、取引先とトラブルを起こすなど、仕事において何かしらの課題が出てくるようになる。
田宅宮	家庭のなかに問題が生じる。また、家を購入する際、気をつけなければ条件の悪い家を買ってしまうなどの問題が起きる。
福徳宮	精神的に弱い部分を炙り出すような関係になり、自分を深く見つめる時間が多くなる。欠けている部分に気がつくと、お互いに良い関係となれる。
父母宮	お互いの両親や目上の人から干渉される。2人でよく話し合い、干渉してくる人との問題を解決すると良い。

Column3

運勢を良くするために大切なこと

自然や良い「気」のなかで自分を取り戻す

占いの仕事をしていると、よく「どうしたら、運勢が良くなりますか？」という質問をいただくことがあります。紫微斗数の命盤では、そのとき、その瞬間の運勢の上がり下がりを読み取ることはできます。しかし、この未来予測を超えた「運勢が良くなる方法」を、きっと誰もが知りたいのでしょう。

人の運勢が悪くなっているときは、思考回路もネガティブに陥り、それによって悪循環に陥ることが多くなります。ですから、その**思考を切り替え、自分にとって良い考え方に修正することが重要**なのだと思います。「運気が悪いな」と感じたら、紫微斗数の命盤を見て、運勢の良いときに考えていたことや行っていたことを実践・継続してみましょう。すると、運気が良いモードに切り替えていくことができると思います。

そしておすすめしたいのが、**自然のなかに身を置くこと、神社仏閣など、神様のところへお参りし、良い運をもらってくることです**。人間は自然のなかに行くと、本来のニュートラルな自分に戻ります。そして、神社仏閣という場所は、古くから信仰を集めてきたご神体が鎮座するところです。山や川を神とする自然信仰の場合もあれば、古事記や日本書紀に出てくる神さまを祭っている神社もあります。このような場所は、人々の信仰心や希望が込められた神聖な所ですから、赴けばその高い「気」に包まれて、人は運勢が上がっていく状態になるのではないかと思います。

ぜひ、氏神様や、波長が合うと感じる神々に会いに行き、あなたの本来の状態に戻してくださいね。

巻末資料

巻末特典として、紫微斗数命盤の作成に必要な資料を載せています。
ぜひ、命盤の作成に役立ててください。

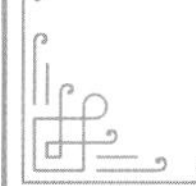
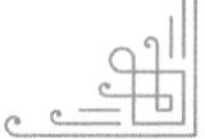

紫微斗数命盤

<table>
<tr><td>巳　宮</td><td>牛　宮</td><td>未　宮</td><td>申　宮</td></tr>
<tr><td>辰　宮</td><td colspan="2" rowspan="2">名前：　性別：男　・　女
年齢（数え年）：　歳
生年月日：　年　月　日
出生時間：　時　分
出生地：　（時差：　分）
修正出生時間：　時　分

生年干支：
旧暦月日：　月　日
生時支：
陰陽男女：
五行局：
子年斗君：

鑑定日：　月　日</td><td>酉　宮</td></tr>
<tr><td>卯　宮</td><td>戌　宮</td></tr>
<tr><td>寅　宮</td><td>丑　宮</td><td>子　宮</td><td>亥　宮</td></tr>
</table>

十干十二支陰陽五行表

十干十二支 ＼ 陰陽五行		読み	陰陽	五行
十干	甲	きのえ	陽	木
	乙	きのと	陰	木
	丙	ひのえ	陽	火
	丁	ひのと	陰	火
	戊	つちのえ	陽	土
	己	つちのと	陰	土
	庚	かのえ	陽	金
	辛	かのと	陰	金
	壬	みずのえ	陽	水
	癸	みずのと	陰	水
十二支	子	ね	陽	水
	丑	うし	陰	土
	寅	とら	陽	木
	卯	う	陰	木
	辰	たつ	陽	土
	巳	み	陰	火
	午	うま	陽	火
	未	ひつじ	陰	土
	申	さる	陽	金
	酉	とり	陰	金
	戌	いぬ	陽	土
	亥	い	陰	水

時差表

北海道		**茨城県**		長岡	+16分	**滋賀県**	
根室	+42分	日立	+23分	柏崎	+15分	長浜	+7分
釧路	+38分	水戸	+22分	**長野県**		彦根	+7分
網走	+37分	土浦	+21分	長野	+13分	大津	+4分
帯広	+33分	下館	+20分	諏訪	+13分	**三重県**	
旭川	+29分	**栃木県**		塩尻	+12分	桑名	+7分
稚内	+27分	黒磯	+20分	松本	+12分	四日市	+7分
札幌	+25分	宇都宮	+20分	飯田	+11分	伊勢	+7分
函館	+23分	日光	+19分	**山梨県**		津	+6分
青森県		足利	+18分	大月	+16分	亀山	+5分
八戸	+26分	**群馬県**		山梨	+15分	熊野	+4分
三沢	+26分	館林	+18分	甲府	+14分	**京都府**	
青森	+23分	桐生	+18分	韮崎	+13分	宇治	+3分
弘前	+22分	前橋	+17分	**静岡県**		京都	+3分
岩手県		高崎	+16分	熱海	+16分	亀岡	+2分
釜石	+28分	**千葉県**		伊東	+16分	舞鶴	+1分
陸前高田	+27分	銚子	+23分	清水	+14分	宮津	+1分
盛岡	+25分	勝浦	+21分	静岡	+14分	福知山	+1分
花巻	+25分	千葉	+21分	浜松	+11分	**大阪府**	
秋田県		船橋	+20分	**愛知県**		東大阪	+3分
横手	+22分	館山	+20分	豊橋	+10分	枚方	+3分
大館	+22分	**埼玉県**		岡崎	+9分	大阪	+2分
秋田	+21分	春日部	+19分	豊田	+9分	泉南	+1分
本荘	+20分	さいたま	+19分	名古屋	+8分	**奈良県**	
能代	+20分	所沢	+18分	**岐阜県**		奈良	+3分
宮城県		秩父	+17分	岐阜	+7分	大和高田	+3分
気仙沼	+26分	**東京都**		大垣	+6分	生駒	+3分
石巻	+25分	23区内	+19分	**富山県**		**兵庫県**	
仙台	+24分	府中	+18分	黒部	+10分	尼崎	+2分
山形県		立川	+18分	富山	+9分	西宮	+2分
山形	+21分	八王子	+17分	高岡	+8分	神戸	+1分
新庄	+21分	青梅	+17分	**石川県**		明石	±0分
米沢	+21分	**神奈川県**		輪島	+8分	姫路	−1分
鶴岡	+19分	川崎	+19分	金沢	+6分	**鳥取県**	
酒田	+19分	横浜	+19分	小松	+6分	鳥取	−3分
福島県		横須賀	+19分	加賀	+5分	倉吉	−4分
いわき	+24分	平塚	+18分	**福井県**		米子	−6分
福島	+22分	小田原	+17分	福井	+5分	**島根県**	
郡山	+22分	**新潟県**		敦賀	+4分	松江	−8分
会津若松	+20分	新潟	+16分	小浜	+3分	出雲	−9分

浜田	－12分	防府	－14分	八幡浜	－10分	熊本	－17分
益田	－12分	山口	－14分	**福岡県**		本渡	－19分
岡山県		宇部	－15分	豊前	－15分	**佐賀県**	
備前	－３分	下関	－16分	北九州	－17分	佐賀	－19分
津山	－３分	**香川県**		福岡	－18分	唐津	－20分
岡山	－４分	高松	－４分	**大分県**		**長崎県**	
倉敷	－５分	坂出	－５分	佐伯	－12分	島原	－19分
広島県		丸亀	－５分	大分	－13分	長崎	－20分
福山	－６分	**高知県**		別府	－14分	佐世保	－21分
尾道	－７分	室戸	－４分	宇佐	－15分	**鹿児島県**	
三原	－７分	高知	－６分	**宮崎県**		鹿屋	－16分
竹原	－８分	中村	－８分	延岡	－13分	鹿児島	－18分
広島	－10分	**愛媛県**		宮崎	－14分	阿久津	－19分
山口県		伊予三島	－６分	都城	－15分	**沖縄県**	
岩国	－11分	今治	－８分	**熊本県**		那覇	－29分
徳山	－13分	松山	－９分	阿蘇	－16分	石垣	－43分

生時支表

修正出生時間	生時支
23時～１時	子時
１時～３時	丑時
３時～５時	寅時
５時～７時	卯時
７時～９時	辰時
９時～11時	巳時
11時～13時	午時
13時～15時	未時
15時～17時	申時
17時～19時	酉時
19時～21時	戌時
21時～23時	亥時

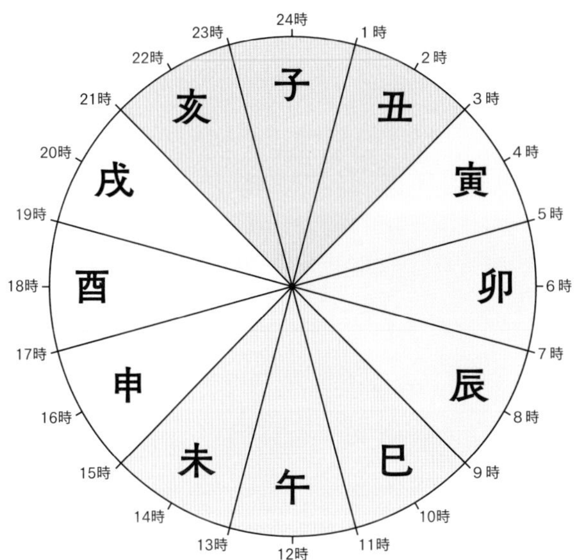

命宮・身宮表

生時支	生月（旧暦）／命宮・身宮	1月	2月	3月	4月	5月	6月	7月	8月	9月	10月	11月	12月
子	**命宮・身宮**	寅	卯	辰	巳	午	未	申	酉	戌	亥	子	丑
丑	**命宮**	丑	寅	卯	辰	巳	午	未	申	酉	戌	亥	子
	身宮	卯	辰	巳	午	未	申	酉	戌	亥	子	丑	寅
寅	**命宮**	子	丑	寅	卯	辰	巳	午	未	申	酉	戌	亥
	身宮	辰	巳	午	未	申	酉	戌	亥	子	丑	寅	卯
卯	**命宮**	亥	子	丑	寅	卯	辰	巳	午	未	申	酉	戌
	身宮	巳	午	未	申	酉	戌	亥	子	丑	寅	卯	辰
辰	**命宮**	戌	亥	子	丑	寅	卯	辰	巳	午	未	申	酉
	身宮	午	未	申	酉	戌	亥	子	丑	寅	卯	辰	巳
巳	**命宮**	酉	戌	亥	子	丑	寅	卯	辰	巳	午	未	申
	身宮	未	申	酉	戌	亥	子	丑	寅	卯	辰	巳	午
午	**命宮・身宮**	申	酉	戌	亥	子	丑	寅	卯	辰	巳	午	未
未	**命宮**	未	申	酉	戌	亥	子	丑	寅	卯	辰	巳	午
	身宮	酉	戌	亥	子	丑	寅	卯	辰	巳	午	未	申
申	**命宮**	午	未	申	酉	戌	亥	子	丑	寅	卯	辰	巳
	身宮	戌	亥	子	丑	寅	卯	辰	巳	午	未	申	酉
酉	**命宮**	巳	午	未	申	酉	戌	亥	子	丑	寅	卯	辰
	身宮	亥	子	丑	寅	卯	辰	巳	午	未	申	酉	戌
戌	**命宮**	辰	巳	午	未	申	酉	戌	亥	子	丑	寅	卯
	身宮	子	丑	寅	卯	辰	巳	午	未	申	酉	戌	亥
亥	**命宮**	卯	辰	巳	午	未	申	酉	戌	亥	子	丑	寅
	身宮	丑	寅	卯	辰	巳	午	未	申	酉	戌	亥	子

十二宮十干算出表

十二宮＼生年干	甲・己	乙・庚	丙・辛	丁・壬	戊・癸
寅	丙	戊	庚	壬	甲
卯	丁	己	辛	癸	乙
辰	戊	庚	壬	甲	丙
巳	己	辛	癸	乙	丁
午	庚	壬	甲	丙	戊
未	辛	癸	乙	丁	己
申	壬	甲	丙	戊	庚
酉	癸	乙	丁	己	辛
戌	甲	丙	戊	庚	壬
亥	乙	丁	己	辛	癸
子	丙	戊	庚	壬	甲
丑	丁	己	辛	癸	乙

五行局算出表

命宮干 ＼ 命宮支	甲・乙	丙・丁	戊・己	庚・辛	壬・癸
子・丑	金四局	水二局	火六局	土五局	木三局
寅・卯	水二局	火六局	土五局	木三局	金四局
辰・巳	火六局	土五局	木三局	金四局	水二局
午・未	金四局	水二局	火六局	土五局	木三局
申・酉	水二局	火六局	土五局	木三局	金四局
戌・亥	火六局	土五局	木三局	金四局	水二局

相生相克の関係

相生

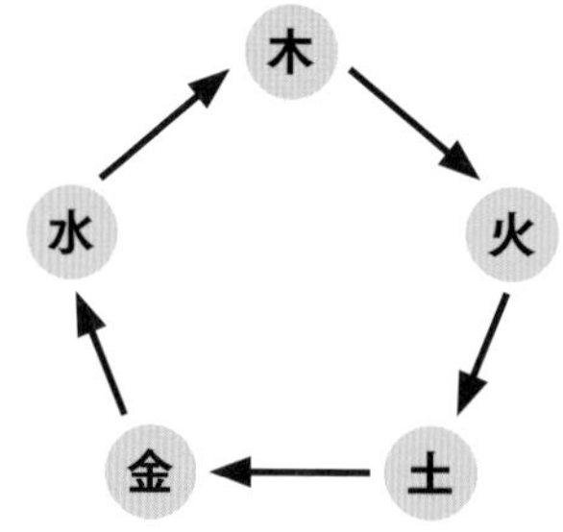

相克

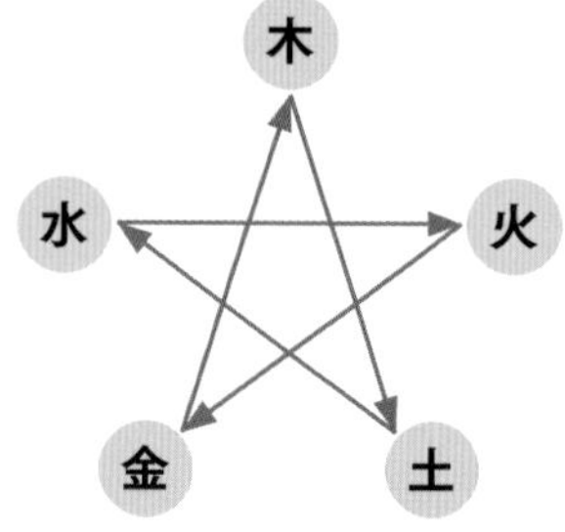

相生	意味
木→火	木をこすると燃えて火になる
火→土	火が木を燃やして灰(土)ができる
土→金	土の中から鉱物(金)が採れる
金→水	鉱物が冷えると水滴ができる(諸説あり)
水→木	水は木々を生長させる

相克	意味
木→土	木々は根から土の養分を吸い取るなど
土→水	土は水を吸収して流れを止めるなど
水→火	水は火を消す
火→金	火は金属を溶かす
金→木	金属(斧など)は木を切る

紫微星算出表

生日(旧暦) ＼ 五行局	木	火	土	金	水
1日	辰	酉	午	亥	丑
2日	丑	午	亥	辰	寅
3日	寅	亥	辰	丑	寅
4日	巳	辰	丑	寅	卯
5日	寅	丑	寅	子	卯
6日	卯	寅	未	巳	辰
7日	午	戌	子	寅	辰
8日	卯	未	巳	卯	巳
9日	辰	子	寅	丑	巳
10日	未	巳	卯	午	午
11日	辰	寅	申	卯	午
12日	巳	卯	丑	辰	未
13日	申	亥	午	寅	未
14日	申	申	卯	未	申
15日	午	丑	辰	辰	申
16日	酉	午	酉	巳	酉
17日	午	卯	寅	卯	酉
18日	未	辰	未	申	戌
19日	戌	子	辰	巳	戌
20日	未	酉	巳	午	亥
21日	申	寅	戌	辰	亥
22日	亥	未	卯	酉	子
23日	申	辰	申	午	子
24日	酉	巳	巳	未	丑
25日	子	丑	午	巳	丑
26日	酉	戌	亥	戌	寅
27日	戌	卯	辰	未	寅
28日	丑	申	酉	申	卯
29日	戌	巳	午	午	卯
30日	亥	午	未	亥	辰

紫微星系主星算出表

紫微星系主星 / 紫微星がある宮	天機星	太陽星	武曲星	天同星	廉貞星	天府星
子	亥	酉	申	未	辰	辰
丑	子	戌	酉	申	巳	卯
寅	丑	亥	戌	酉	午	寅
卯	寅	子	亥	戌	未	丑
辰	卯	丑	子	亥	申	子
巳	辰	寅	丑	子	酉	亥
午	巳	卯	寅	丑	戌	戌
未	午	辰	卯	寅	亥	酉
申	未	巳	辰	卯	子	申
酉	申	午	巳	辰	丑	未
戌	酉	未	午	巳	寅	午
亥	戌	申	未	午	卯	巳

天府星系主星算出表

天府星系主星 / 天府星がある宮	太陰星	貪狼星	巨門星	天相星	天梁星	七殺星	破軍星
子	丑	寅	卯	辰	巳	午	戌
丑	寅	卯	辰	巳	午	未	亥
寅	卯	辰	巳	午	未	申	子
卯	辰	巳	午	未	申	酉	丑
辰	巳	午	未	申	酉	戌	寅
巳	午	未	申	酉	戌	亥	卯
午	未	申	酉	戌	亥	子	辰
未	申	酉	戌	亥	子	丑	巳
申	酉	戌	亥	子	丑	寅	午
酉	戌	亥	子	丑	寅	卯	未
戌	亥	子	丑	寅	卯	辰	申
亥	子	丑	寅	卯	辰	巳	酉

月系星算出表

生月(旧暦) ＼ 月系星	天姚星	天刑星	左輔星	右弼星	陰煞星
1月	丑	酉	辰	戌	寅
2月	寅	戌	巳	酉	子
3月	卯	亥	午	申	戌
4月	辰	子	未	未	申
5月	巳	丑	申	午	午
6月	午	寅	酉	巳	辰
7月	未	卯	戌	辰	寅
8月	申	辰	亥	卯	子
9月	酉	巳	子	寅	戌
10月	戌	午	丑	丑	申
11月	亥	未	寅	子	午
12月	子	申	卯	亥	辰

年干系星算出表

生年干 ＼ 年干系星	禄存星	擎羊星	陀羅星	天魁星	天鉞星	化禄星	化権星	化科星	化忌星
甲	寅	卯	丑	丑	未	廉貞星	破軍星	武曲星	太陽星
乙	卯	辰	寅	子	申	天機星	天梁星	紫微星	太陰星
丙	巳	午	辰	亥	酉	天同星	天機星	文昌星	廉貞星
丁	午	未	巳	亥	酉	太陰星	天同星	天機星	巨門星
戊	巳	午	辰	丑	未	貪狼星	太陰星	右弼星	天機星
己	午	未	巳	子	申	武曲星	貪狼星	天梁星	文曲星
庚	申	酉	未	丑	未	太陽星	武曲星	太陰星	天同星
辛	酉	戌	申	午	寅	巨門星	太陽星	文曲星	文昌星
壬	亥	子	戌	卯	巳	天梁星	紫微星	左輔星	武曲星
癸	子	丑	亥	卯	巳	破軍星	巨門星	太陰星	貪狼星

時系星算出表

生年支				寅・午・戌		子・辰・申		丑・巳・酉		卯・未・亥	
時系星 / 生時支	文昌星	文曲星	天空星	地劫星	火星	鈴星	火星	鈴星	火星	鈴星	火星	鈴星
子	戌	辰	亥	亥	丑	卯	寅	戌	卯	戌	酉	戌
丑	酉	巳	戌	子	寅	辰	卯	亥	辰	亥	戌	亥
寅	申	午	酉	丑	卯	巳	辰	子	巳	子	亥	子
卯	未	未	申	寅	辰	午	巳	丑	午	丑	子	丑
辰	午	申	未	卯	巳	未	午	寅	未	寅	丑	寅
巳	巳	酉	午	辰	午	申	未	卯	申	卯	寅	卯
午	辰	戌	巳	巳	未	酉	申	辰	酉	辰	卯	辰
未	卯	亥	辰	午	申	戌	酉	巳	戌	巳	辰	巳
申	寅	子	卯	未	酉	亥	戌	午	亥	午	巳	午
酉	丑	丑	寅	申	戌	子	亥	未	子	未	午	未
戌	子	寅	丑	酉	亥	丑	子	申	丑	申	未	申
亥	亥	卯	子	戌	子	寅	丑	酉	寅	酉	申	酉

年支系星算出表

年支系星 / 生年支	天馬星	紅鸞星	天喜星
子	寅	卯	酉
丑	亥	寅	申
寅	申	丑	未
卯	巳	子	午
辰	寅	亥	巳
巳	亥	戌	辰
午	申	酉	卯
未	巳	申	寅
申	寅	未	丑
酉	亥	午	子
戌	申	巳	亥
亥	巳	辰	戌

陰陽

陰陽……万物は陰と陽という相反する性質から構成されるという考え

陽。積極的なものが分類される。
天、表、動、太陽、山、男、春など

陰。消極的なものが分類される。
地、裏、静、月、谷、女、秋など

太陽・太陰力量表

各宮にも陰陽が振り分けられており、それにしたがって太陽星と太陰星の力を発揮しやすい、しにくいが決まる

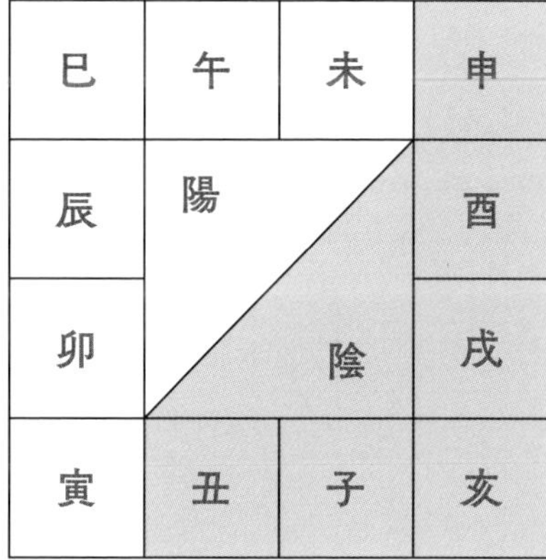

太陽星	力を発揮しやすい	寅・卯・辰・巳・午・未
	力を発揮しにくい	申・酉・戌・亥・子・丑
太陰星	力を発揮しやすい	申・酉・戌・亥・子・丑
	力を発揮しにくい	寅・卯・辰・巳・午・未

五行局 ＼ 陰陽男女 ＼ 大限宮		命宮	兄弟宮	夫妻宮	子女宮	財帛宮	疾厄宮	遷移宮	奴僕宮	官禄宮	田宅宮	福徳宮	父母宮
水二局	陽男・陰女	2～11歳	112～121歳	102～111歳	92～101歳	82～91歳	72～81歳	62～71歳	52～61歳	42～51歳	32～41歳	22～31歳	12～21歳
	陰男・陽女	2～11歳	12～21歳	22～31歳	32～41歳	42～51歳	52～61歳	62～71歳	72～81歳	82～91歳	92～101歳	102～111歳	112～121歳
木三局	陽男・陰女	3～12歳	113～122歳	103～112歳	93～102歳	83～92歳	73～82歳	63～72歳	53～62歳	43～52歳	33～42歳	23～32歳	13～22歳
	陰男・陽女	3～12歳	13～22歳	23～32歳	33～42歳	43～52歳	53～62歳	63～72歳	73～82歳	83～92歳	93～102歳	103～112歳	113～122歳
金四局	陽男・陰女	4～13歳	114～123歳	104～113歳	94～103歳	84～93歳	74～83歳	64～73歳	54～63歳	44～53歳	34～43歳	24～33歳	14～23歳
	陰男・陽女	4～13歳	14～23歳	24～33歳	34～43歳	44～53歳	54～63歳	64～73歳	74～83歳	84～93歳	94～103歳	104～113歳	114～123歳
土五局	陽男・陰女	5～14歳	115～124歳	105～114歳	95～104歳	85～94歳	75～84歳	65～74歳	55～64歳	45～54歳	35～44歳	25～34歳	15～24歳
	陰男・陽女	5～14歳	15～24歳	25～34歳	35～44歳	45～54歳	55～64歳	65～74歳	75～84歳	85～94歳	95～104歳	105～114歳	115～124歳
火六局	陽男・陰女	6～15歳	116～125歳	106～115歳	96～105歳	86～95歳	76～85歳	66～75歳	56～65歳	46～55歳	36～45歳	26～35歳	16～25歳
	陰男・陽女	6～15歳	16～25歳	26～35歳	36～45歳	46～55歳	56～65歳	66～75歳	76～85歳	86～95歳	96～105歳	106～115歳	116～125歳

子年斗君表

生月（旧暦）／生時支	1月	2月	3月	4月	5月	6月	7月	8月	9月	10月	11月	12月
子	子	亥	戌	酉	申	未	午	巳	辰	卯	寅	丑
丑	丑	子	亥	戌	酉	申	未	午	巳	辰	卯	寅
寅	寅	丑	子	亥	戌	酉	申	未	午	巳	辰	卯
卯	卯	寅	丑	子	亥	戌	酉	申	未	午	巳	辰
辰	辰	卯	寅	丑	子	亥	戌	酉	申	未	午	巳
巳	巳	辰	卯	寅	丑	子	亥	戌	酉	申	未	午
午	午	巳	辰	卯	寅	丑	子	亥	戌	酉	申	未
未	未	午	巳	辰	卯	寅	丑	子	亥	戌	酉	申
申	申	未	午	巳	辰	卯	寅	丑	子	亥	戌	酉
酉	酉	申	未	午	巳	辰	卯	寅	丑	子	亥	戌
戌	戌	酉	申	未	午	巳	辰	卯	寅	丑	子	亥
亥	亥	戌	酉	申	未	午	巳	辰	卯	寅	丑	子

例1 **一般的な手順**

1990年（庚午）

農暦	初一	初二	初三	初四	初五	初六	初七	初八	初九	初十	十一	十二	十三	十四	十五
正月	1・27	1・28	1・29	1・30	1・31	2・1	2・2	2・3	2・4	2・5	2・6	2・7	2・8	2・9	2・10
二月	2・25	2・26	2・27	2・28	3・1	3・2	3・3	3・4	3・5	3・6	3・7	3・8	3・9	3・10	3・11

1990年3月10日生まれのFさんの場合

①表内から誕生日を見つける

②誕生日のマスを起点に、表頭・表側へ移動する

③Fさんの誕生日を旧暦に直すと「2月14日」となる

例2 **閏月の手順**

1993年（癸酉）

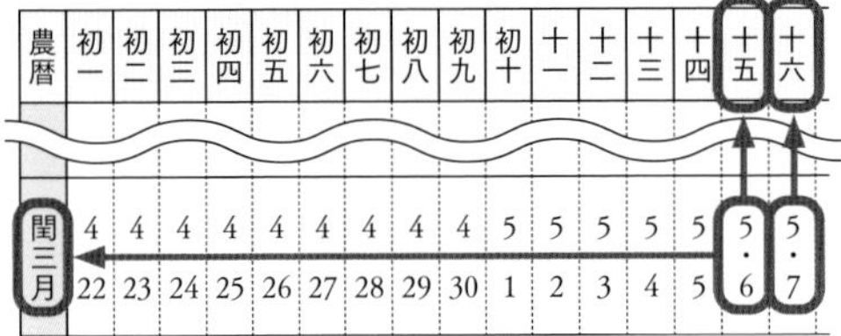

農暦	初一	初二	初三	初四	初五	初六	初七	初八	初九	初十	十一	十二	十三	十四	十五	十六
閏三月	4・22	4・23	4・24	4・25	4・26	4・27	4・28	4・29	4・30	5・1	5・2	5・3	5・4	5・5	5・6	5・7

1993年5月6日生まれのGさん、7日生まれのHさんの場合

①一般的な手順で旧暦に直し「閏月」に該当したら、「生日」を確認する

②15日まで→前月生まれ、16日以降→翌月生まれとする

③Gさんの誕生日の旧暦は「3月15日」、Hさんは「4月16日」となる

例3 **早生まれの手順**

1998年（戊寅）

農暦	初一	初二	初三	初四	初五	初六	初七	初八	初九	初十	十一	十二	十三	十四	十五
正月	1・28	1・29	1・30	1・31	2・1	2・2	2・3	2・4	2・5	2・6	2・7	2・8	2・9	2・10	2・11

1997年（丁丑）

農暦	初一	初二	初三	初四	初五	初六	初七	初八	初九	初十	十一	十二	十三	十四	十五
一月	・30	・1	・2	・3	・4	・5	・6	・7	・8	・9	・10	・11	・12	・13	・14
十二月	12・30	12・31	1・1	1・2	1・3	1・4	1・5	1・6	1・7	1・8	1・9	1・10	1・11	1・12	1・13

1998年1月5日生まれのIさんの場合

①生年の表を見て、左上のマス（正月初一）以前の生まれの場合、前年のページを見る（1998年の場合、1月1日～27日生まれの人は、1997年のページを見る）

②1997年12月31日以降のマスから自分の誕生日を見つけ、旧暦に直す

③Iさんの誕生日を旧暦に直すと「12月7日」となる

1950年（庚寅）

農暦	初一	初二	初三	初四	初五	初六	初七	初八	初九	初十	十一	十二	十三	十四	十五	十六	十七	十八	十九	二十	廿一	廿二	廿三	廿四	廿五	廿六	廿七	廿八	廿九	三十
正月	2・17	2・18	2・19	2・20	2・21	2・22	2・23	2・24	2・25	2・26	2・27	2・28	3・1	3・2	3・3	3・4	3・5	3・6	3・7	3・8	3・9	3・10	3・11	3・12	3・13	3・14	3・15	3・16	3・17	
二月	3・18	3・19	3・20	3・21	3・22	3・23	3・24	3・25	3・26	3・27	3・28	3・29	3・30	3・31	4・1	4・2	4・3	4・4	4・5	4・6	4・7	4・8	4・9	4・10	4・11	4・12	4・13	4・14	4・15	4・16
三月	4・17	4・18	4・19	4・20	4・21	4・22	4・23	4・24	4・25	4・26	4・27	4・28	4・29	4・30	5・1	5・2	5・3	5・4	5・5	5・6	5・7	5・8	5・9	5・10	5・11	5・12	5・13	5・14	5・15	5・16
四月	5・17	5・18	5・19	5・20	5・21	5・22	5・23	5・24	5・25	5・26	5・27	5・28	5・29	5・30	5・31	6・1	6・2	6・3	6・4	6・5	6・6	6・7	6・8	6・9	6・10	6・11	6・12	6・13	6・14	
五月	6・15	6・16	6・17	6・18	6・19	6・20	6・21	6・22	6・23	6・24	6・25	6・26	6・27	6・28	6・29	6・30	7・1	7・2	7・3	7・4	7・5	7・6	7・7	7・8	7・9	7・10	7・11	7・12	7・13	7・14
六月	7・15	7・16	7・17	7・18	7・19	7・20	7・21	7・22	7・23	7・24	7・25	7・26	7・27	7・28	7・29	7・30	7・31	8・1	8・2	8・3	8・4	8・5	8・6	8・7	8・8	8・9	8・10	8・11	8・12	8・13
七月	8・14	8・15	8・16	8・17	8・18	8・19	8・20	8・21	8・22	8・23	8・24	8・25	8・26	8・27	8・28	8・29	8・30	8・31	9・1	9・2	9・3	9・4	9・5	9・6	9・7	9・8	9・9	9・10	9・11	
八月	9・12	9・13	9・14	9・15	9・16	9・17	9・18	9・19	9・20	9・21	9・22	9・23	9・24	9・25	9・26	9・27	9・28	9・29	9・30	10・1	10・2	10・3	10・4	10・5	10・6	10・7	10・8	10・9	10・10	
九月	10・11	10・12	10・13	10・14	10・15	10・16	10・17	10・18	10・19	10・20	10・21	10・22	10・23	10・24	10・25	10・26	10・27	10・28	10・29	10・30	10・31	11・1	11・2	11・3	11・4	11・5	11・6	11・7	11・8	11・9
十月	11・10	11・11	11・12	11・13	11・14	11・15	11・16	11・17	11・18	11・19	11・20	11・21	11・22	11・23	11・24	11・25	11・26	11・27	11・28	11・29	11・30	12・1	12・2	12・3	12・4	12・5	12・6	12・7	12・8	
十一月	12・9	12・10	12・11	12・12	12・13	12・14	12・15	12・16	12・17	12・18	12・19	12・20	12・21	12・22	12・23	12・24	12・25	12・26	12・27	12・28	12・29	12・30	12・31	1・1	1・2	1・3	1・4	1・5	1・6	1・7
十二月	1・8	1・9	1・10	1・11	1・12	1・13	1・14	1・15	1・16	1・17	1・18	1・19	1・20	1・21	1・22	1・23	1・24	1・25	1・26	1・27	1・28	1・29	1・30	1・31	2・1	2・2	2・3	2・4	2・5	

1951年（辛卯）

農暦	初一	初二	初三	初四	初五	初六	初七	初八	初九	初十	十一	十二	十三	十四	十五	十六	十七	十八	十九	二十	廿一	廿二	廿三	廿四	廿五	廿六	廿七	廿八	廿九	三十
正月	2・6	2・7	2・8	2・9	2・10	2・11	2・12	2・13	2・14	2・15	2・16	2・17	2・18	2・19	2・20	2・21	2・22	2・23	2・24	2・25	2・26	2・27	2・28	3・1	3・2	3・3	3・4	3・5	3・6	3・7
二月	3・8	3・9	3・10	3・11	3・12	3・13	3・14	3・15	3・16	3・17	3・18	3・19	3・20	3・21	3・22	3・23	3・24	3・25	3・26	3・27	3・28	3・29	3・30	3・31	4・1	4・2	4・3	4・4	4・5	
三月	4・6	4・7	4・8	4・9	4・10	4・11	4・12	4・13	4・14	4・15	4・16	4・17	4・18	4・19	4・20	4・21	4・22	4・23	4・24	4・25	4・26	4・27	4・28	4・29	4・30	5・1	5・2	5・3	5・4	5・5
四月	5・6	5・7	5・8	5・9	5・10	5・11	5・12	5・13	5・14	5・15	5・16	5・17	5・18	5・19	5・20	5・21	5・22	5・23	5・24	5・25	5・26	5・27	5・28	5・29	5・30	5・31	6・1	6・2	6・3	6・4
五月	6・5	6・6	6・7	6・8	6・9	6・10	6・11	6・12	6・13	6・14	6・15	6・16	6・17	6・18	6・19	6・20	6・21	6・22	6・23	6・24	6・25	6・26	6・27	6・28	6・29	6・30	7・1	7・2	7・3	
六月	7・4	7・5	7・6	7・7	7・8	7・9	7・10	7・11	7・12	7・13	7・14	7・15	7・16	7・17	7・18	7・19	7・20	7・21	7・22	7・23	7・24	7・25	7・26	7・27	7・28	7・29	7・30	7・31	8・1	8・2
七月	8・3	8・4	8・5	8・6	8・7	8・8	8・9	8・10	8・11	8・12	8・13	8・14	8・15	8・16	8・17	8・18	8・19	8・20	8・21	8・22	8・23	8・24	8・25	8・26	8・27	8・28	8・29	8・30	8・31	
八月	9・1	9・2	9・3	9・4	9・5	9・6	9・7	9・8	9・9	9・10	9・11	9・12	9・13	9・14	9・15	9・16	9・17	9・18	9・19	9・20	9・21	9・22	9・23	9・24	9・25	9・26	9・27	9・28	9・29	9・30
九月	10・1	10・2	10・3	10・4	10・5	10・6	10・7	10・8	10・9	10・10	10・11	10・12	10・13	10・14	10・15	10・16	10・17	10・18	10・19	10・20	10・21	10・22	10・23	10・24	10・25	10・26	10・27	10・28	10・29	
十月	10・30	10・31	11・1	11・2	11・3	11・4	11・5	11・6	11・7	11・8	11・9	11・10	11・11	11・12	11・13	11・14	11・15	11・16	11・17	11・18	11・19	11・20	11・21	11・22	11・23	11・24	11・25	11・26	11・27	11・28
十一月	11・29	11・30	12・1	12・2	12・3	12・4	12・5	12・6	12・7	12・8	12・9	12・10	12・11	12・12	12・13	12・14	12・15	12・16	12・17	12・18	12・19	12・20	12・21	12・22	12・23	12・24	12・25	12・26	12・27	
十二月	12・28	12・29	12・30	12・31	1・1	1・2	1・3	1・4	1・5	1・6	1・7	1・8	1・9	1・10	1・11	1・12	1・13	1・14	1・15	1・16	1・17	1・18	1・19	1・20	1・21	1・22	1・23	1・24	1・25	1・26

1952年（壬辰）

農暦	初一	初二	初三	初四	初五	初六	初七	初八	初九	初十	十一	十二	十三	十四	十五	十六	十七	十八	十九	二十	廿一	廿二	廿三	廿四	廿五	廿六	廿七	廿八	廿九	三十
正月	1・27	1・28	1・29	1・30	1・31	2・1	2・2	2・3	2・4	2・5	2・6	2・7	2・8	2・9	2・10	2・11	2・12	2・13	2・14	2・15	2・16	2・17	2・18	2・19	2・20	2・21	2・22	2・23	2・24	
二月	2・25	2・26	2・27	2・28	2・29	3・1	3・2	3・3	3・4	3・5	3・6	3・7	3・8	3・9	3・10	3・11	3・12	3・13	3・14	3・15	3・16	3・17	3・18	3・19	3・20	3・21	3・22	3・23	3・24	3・25
三月	3・26	3・27	3・28	3・29	3・30	3・31	4・1	4・2	4・3	4・4	4・5	4・6	4・7	4・8	4・9	4・10	4・11	4・12	4・13	4・14	4・15	4・16	4・17	4・18	4・19	4・20	4・21	4・22	4・23	
四月	4・24	4・25	4・26	4・27	4・28	4・29	4・30	5・1	5・2	5・3	5・4	5・5	5・6	5・7	5・8	5・9	5・10	5・11	5・12	5・13	5・14	5・15	5・16	5・17	5・18	5・19	5・20	5・21	5・22	5・23
五月	5・24	5・25	5・26	5・27	5・28	5・29	5・30	5・31	6・1	6・2	6・3	6・4	6・5	6・6	6・7	6・8	6・9	6・10	6・11	6・12	6・13	6・14	6・15	6・16	6・17	6・18	6・19	6・20	6・21	
閏五月	6・22	6・23	6・24	6・25	6・26	6・27	6・28	6・29	6・30	7・1	7・2	7・3	7・4	7・5	7・6	7・7	7・8	7・9	7・10	7・11	7・12	7・13	7・14	7・15	7・16	7・17	7・18	7・19	7・20	7・21
六月	7・22	7・23	7・24	7・25	7・26	7・27	7・28	7・29	7・30	7・31	8・1	8・2	8・3	8・4	8・5	8・6	8・7	8・8	8・9	8・10	8・11	8・12	8・13	8・14	8・15	8・16	8・17	8・18	8・19	
七月	8・20	8・21	8・22	8・23	8・24	8・25	8・26	8・27	8・28	8・29	8・30	8・31	9・1	9・2	9・3	9・4	9・5	9・6	9・7	9・8	9・9	9・10	9・11	9・12	9・13	9・14	9・15	9・16	9・17	9・18
八月	9・19	9・20	9・21	9・22	9・23	9・24	9・25	9・26	9・27	9・28	9・29	9・30	10・1	10・2	10・3	10・4	10・5	10・6	10・7	10・8	10・9	10・10	10・11	10・12	10・13	10・14	10・15	10・16	10・17	10・18
九月	10・19	10・20	10・21	10・22	10・23	10・24	10・25	10・26	10・27	10・28	10・29	10・30	10・31	11・1	11・2	11・3	11・4	11・5	11・6	11・7	11・8	11・9	11・10	11・11	11・12	11・13	11・14	11・15	11・16	
十月	11・17	11・18	11・19	11・20	11・21	11・22	11・23	11・24	11・25	11・26	11・27	11・28	11・29	11・30	12・1	12・2	12・3	12・4	12・5	12・6	12・7	12・8	12・9	12・10	12・11	12・12	12・13	12・14	12・15	12・16
十一月	12・17	12・18	12・19	12・20	12・21	12・22	12・23	12・24	12・25	12・26	12・27	12・28	12・29	12・30	12・31	1・1	1・2	1・3	1・4	1・5	1・6	1・7	1・8	1・9	1・10	1・11	1・12	1・13	1・14	
十二月	1・15	1・16	1・17	1・18	1・19	1・20	1・21	1・22	1・23	1・24	1・25	1・26	1・27	1・28	1・29	1・30	1・31	2・1	2・2	2・3	2・4	2・5	2・6	2・7	2・8	2・9	2・10	2・11	2・12	2・13

1953年（癸巳）

農暦	初一	初二	初三	初四	初五	初六	初七	初八	初九	初十	十一	十二	十三	十四	十五	十六	十七	十八	十九	二十	廿一	廿二	廿三	廿四	廿五	廿六	廿七	廿八	廿九	三十
正月	2・14	2・15	2・16	2・17	2・18	2・19	2・20	2・21	2・22	2・23	2・24	2・25	2・26	2・27	2・28	3・1	3・2	3・3	3・4	3・5	3・6	3・7	3・8	3・9	3・10	3・11	3・12	3・13	3・14	
二月	3・15	3・16	3・17	3・18	3・19	3・20	3・21	3・22	3・23	3・24	3・25	3・26	3・27	3・28	3・29	3・30	3・31	4・1	4・2	4・3	4・4	4・5	4・6	4・7	4・8	4・9	4・10	4・11	4・12	4・13
三月	4・14	4・15	4・16	4・17	4・18	4・19	4・20	4・21	4・22	4・23	4・24	4・25	4・26	4・27	4・28	4・29	4・30	5・1	5・2	5・3	5・4	5・5	5・6	5・7	5・8	5・9	5・10	5・11	5・12	
四月	5・13	5・14	5・15	5・16	5・17	5・18	5・19	5・20	5・21	5・22	5・23	5・24	5・25	5・26	5・27	5・28	5・29	5・30	5・31	6・1	6・2	6・3	6・4	6・5	6・6	6・7	6・8	6・9	6・10	
五月	6・11	6・12	6・13	6・14	6・15	6・16	6・17	6・18	6・19	6・20	6・21	6・22	6・23	6・24	6・25	6・26	6・27	6・28	6・29	6・30	7・1	7・2	7・3	7・4	7・5	7・6	7・7	7・8	7・9	7・10
六月	7・11	7・12	7・13	7・14	7・15	7・16	7・17	7・18	7・19	7・20	7・21	7・22	7・23	7・24	7・25	7・26	7・27	7・28	7・29	7・30	7・31	8・1	8・2	8・3	8・4	8・5	8・6	8・7	8・8	8・9
七月	8・10	8・11	8・12	8・13	8・14	8・15	8・16	8・17	8・18	8・19	8・20	8・21	8・22	8・23	8・24	8・25	8・26	8・27	8・28	8・29	8・30	8・31	9・1	9・2	9・3	9・4	9・5	9・6	9・7	
八月	9・8	9・9	9・10	9・11	9・12	9・13	9・14	9・15	9・16	9・17	9・18	9・19	9・20	9・21	9・22	9・23	9・24	9・25	9・26	9・27	9・28	9・29	9・30	10・1	10・2	10・3	10・4	10・5	10・6	10・7
九月	10・8	10・9	10・10	10・11	10・12	10・13	10・14	10・15	10・16	10・17	10・18	10・19	10・20	10・21	10・22	10・23	10・24	10・25	10・26	10・27	10・28	10・29	10・30	10・31	11・1	11・2	11・3	11・4	11・5	11・6
十月	11・7	11・8	11・9	11・10	11・11	11・12	11・13	11・14	11・15	11・16	11・17	11・18	11・19	11・20	11・21	11・22	11・23	11・24	11・25	11・26	11・27	11・28	11・29	11・30	12・1	12・2	12・3	12・4	12・5	
十一月	12・6	12・7	12・8	12・9	12・10	12・11	12・12	12・13	12・14	12・15	12・16	12・17	12・18	12・19	12・20	12・21	12・22	12・23	12・24	12・25	12・26	12・27	12・28	12・29	12・30	12・31	1・1	1・2	1・3	1・4
十二月	1・5	1・6	1・7	1・8	1・9	1・10	1・11	1・12	1・13	1・14	1・15	1・16	1・17	1・18	1・19	1・20	1・21	1・22	1・23	1・24	1・25	1・26	1・27	1・28	1・29	1・30	1・31	2・1	2・2	

1954年（甲午）

農曆	初一	初二	初三	初四	初五	初六	初七	初八	初九	初十	十一	十二	十三	十四	十五	十六	十七	十八	十九	二十	廿一	廿二	廿三	廿四	廿五	廿六	廿七	廿八	廿九	三十
正月	2・3	2・4	2・5	2・6	2・7	2・8	2・9	2・10	2・11	2・12	2・13	2・14	2・15	2・16	2・17	2・18	2・19	2・20	2・21	2・22	2・23	2・24	2・25	2・26	2・27	2・28	3・1	3・2	3・3	3・4
二月	3・5	3・6	3・7	3・8	3・9	3・10	3・11	3・12	3・13	3・14	3・15	3・16	3・17	3・18	3・19	3・20	3・21	3・22	3・23	3・24	3・25	3・26	3・27	3・28	3・29	3・30	3・31	4・1	4・2	
三月	4・3	4・4	4・5	4・6	4・7	4・8	4・9	4・10	4・11	4・12	4・13	4・14	4・15	4・16	4・17	4・18	4・19	4・20	4・21	4・22	4・23	4・24	4・25	4・26	4・27	4・28	4・29	4・30	5・1	5・2
四月	5・3	5・4	5・5	5・6	5・7	5・8	5・9	5・10	5・11	5・12	5・13	5・14	5・15	5・16	5・17	5・18	5・19	5・20	5・21	5・22	5・23	5・24	5・25	5・26	5・27	5・28	5・29	5・30	5・31	
五月	6・1	6・2	6・3	6・4	6・5	6・6	6・7	6・8	6・9	6・10	6・11	6・12	6・13	6・14	6・15	6・16	6・17	6・18	6・19	6・20	6・21	6・22	6・23	6・24	6・25	6・26	6・27	6・28	6・29	
六月	6・30	7・1	7・2	7・3	7・4	7・5	7・6	7・7	7・8	7・9	7・10	7・11	7・12	7・13	7・14	7・15	7・16	7・17	7・18	7・19	7・20	7・21	7・22	7・23	7・24	7・25	7・26	7・27	7・28	7・29
七月	7・30	7・31	8・1	8・2	8・3	8・4	8・5	8・6	8・7	8・8	8・9	8・10	8・11	8・12	8・13	8・14	8・15	8・16	8・17	8・18	8・19	8・20	8・21	8・22	8・23	8・24	8・25	8・26	8・27	
八月	8・28	8・29	8・30	8・31	9・1	9・2	9・3	9・4	9・5	9・6	9・7	9・8	9・9	9・10	9・11	9・12	9・13	9・14	9・15	9・16	9・17	9・18	9・19	9・20	9・21	9・22	9・23	9・24	9・25	9・26
九月	9・27	9・28	9・29	9・30	10・1	10・2	10・3	10・4	10・5	10・6	10・7	10・8	10・9	10・10	10・11	10・12	10・13	10・14	10・15	10・16	10・17	10・18	10・19	10・20	10・21	10・22	10・23	10・24	10・25	10・26
十月	10・27	10・28	10・29	10・30	10・31	11・1	11・2	11・3	11・4	11・5	11・6	11・7	11・8	11・9	11・10	11・11	11・12	11・13	11・14	11・15	11・16	11・17	11・18	11・19	11・20	11・21	11・22	11・23	11・24	
十一月	11・25	11・26	11・27	11・28	11・29	11・30	12・1	12・2	12・3	12・4	12・5	12・6	12・7	12・8	12・9	12・10	12・11	12・12	12・13	12・14	12・15	12・16	12・17	12・18	12・19	12・20	12・21	12・22	12・23	12・24
十二月	12・25	12・26	12・27	12・28	12・29	12・30	12・31	1・1	1・2	1・3	1・4	1・5	1・6	1・7	1・8	1・9	1・10	1・11	1・12	1・13	1・14	1・15	1・16	1・17	1・18	1・19	1・20	1・21	1・22	1・23

1955年（乙未）

農曆	初一	初二	初三	初四	初五	初六	初七	初八	初九	初十	十一	十二	十三	十四	十五	十六	十七	十八	十九	二十	廿一	廿二	廿三	廿四	廿五	廿六	廿七	廿八	廿九	三十
正月	1・24	1・25	1・26	1・27	1・28	1・29	1・30	1・31	2・1	2・2	2・3	2・4	2・5	2・6	2・7	2・8	2・9	2・10	2・11	2・12	2・13	2・14	2・15	2・16	2・17	2・18	2・19	2・20	2・21	
二月	2・22	2・23	2・24	2・25	2・26	2・27	2・28	3・1	3・2	3・3	3・4	3・5	3・6	3・7	3・8	3・9	3・10	3・11	3・12	3・13	3・14	3・15	3・16	3・17	3・18	3・19	3・20	3・21	3・22	3・23
三月	3・24	3・25	3・26	3・27	3・28	3・29	3・30	3・31	4・1	4・2	4・3	4・4	4・5	4・6	4・7	4・8	4・9	4・10	4・11	4・12	4・13	4・14	4・15	4・16	4・17	4・18	4・19	4・20	4・21	
閏三月	4・22	4・23	4・24	4・25	4・26	4・27	4・28	4・29	4・30	5・1	5・2	5・3	5・4	5・5	5・6	5・7	5・8	5・9	5・10	5・11	5・12	5・13	5・14	5・15	5・16	5・17	5・18	5・19	5・20	5・21
四月	5・22	5・23	5・24	5・25	5・26	5・27	5・28	5・29	5・30	5・31	6・1	6・2	6・3	6・4	6・5	6・6	6・7	6・8	6・9	6・10	6・11	6・12	6・13	6・14	6・15	6・16	6・17	6・18	6・19	
五月	6・20	6・21	6・22	6・23	6・24	6・25	6・26	6・27	6・28	6・29	6・30	7・1	7・2	7・3	7・4	7・5	7・6	7・7	7・8	7・9	7・10	7・11	7・12	7・13	7・14	7・15	7・16	7・17	7・18	
六月	7・19	7・20	7・21	7・22	7・23	7・24	7・25	7・26	7・27	7・28	7・29	7・30	7・31	8・1	8・2	8・3	8・4	8・5	8・6	8・7	8・8	8・9	8・10	8・11	8・12	8・13	8・14	8・15	8・16	8・17
七月	8・18	8・19	8・20	8・21	8・22	8・23	8・24	8・25	8・26	8・27	8・28	8・29	8・30	8・31	9・1	9・2	9・3	9・4	9・5	9・6	9・7	9・8	9・9	9・10	9・11	9・12	9・13	9・14	9・15	
八月	9・16	9・17	9・18	9・19	9・20	9・21	9・22	9・23	9・24	9・25	9・26	9・27	9・28	9・29	9・30	10・1	10・2	10・3	10・4	10・5	10・6	10・7	10・8	10・9	10・10	10・11	10・12	10・13	10・14	10・15
九月	10・16	10・17	10・18	10・19	10・20	10・21	10・22	10・23	10・24	10・25	10・26	10・27	10・28	10・29	10・30	10・31	11・1	11・2	11・3	11・4	11・5	11・6	11・7	11・8	11・9	11・10	11・11	11・12	11・13	
十月	11・14	11・15	11・16	11・17	11・18	11・19	11・20	11・21	11・22	11・23	11・24	11・25	11・26	11・27	11・28	11・29	11・30	12・1	12・2	12・3	12・4	12・5	12・6	12・7	12・8	12・9	12・10	12・11	12・12	12・13
十一月	12・14	12・15	12・16	12・17	12・18	12・19	12・20	12・21	12・22	12・23	12・24	12・25	12・26	12・27	12・28	12・29	12・30	12・31	1・1	1・2	1・3	1・4	1・5	1・6	1・7	1・8	1・9	1・10	1・11	1・12
十二月	1・13	1・14	1・15	1・16	1・17	1・18	1・19	1・20	1・21	1・22	1・23	1・24	1・25	1・26	1・27	1・28	1・29	1・30	1・31	2・1	2・2	2・3	2・4	2・5	2・6	2・7	2・8	2・9	2・10	2・11

1956年（丙申）

農暦	初一	初二	初三	初四	初五	初六	初七	初八	初九	初十	十一	十二	十三	十四	十五	十六	十七	十八	十九	二十	廿一	廿二	廿三	廿四	廿五	廿六	廿七	廿八	廿九	三十
正月	2・12	2・13	2・14	2・15	2・16	2・17	2・18	2・19	2・20	2・21	2・22	2・23	2・24	2・25	2・26	2・27	2・28	2・29	3・1	3・2	3・3	3・4	3・5	3・6	3・7	3・8	3・9	3・10	3・11	
二月	3・12	3・13	3・14	3・15	3・16	3・17	3・18	3・19	3・20	3・21	3・22	3・23	3・24	3・25	3・26	3・27	3・28	3・29	3・30	3・31	4・1	4・2	4・3	4・4	4・5	4・6	4・7	4・8	4・9	4・10
三月	4・11	4・12	4・13	4・14	4・15	4・16	4・17	4・18	4・19	4・20	4・21	4・22	4・23	4・24	4・25	4・26	4・27	4・28	4・29	4・30	5・1	5・2	5・3	5・4	5・5	5・6	5・7	5・8	5・9	
四月	5・10	5・11	5・12	5・13	5・14	5・15	5・16	5・17	5・18	5・19	5・20	5・21	5・22	5・23	5・24	5・25	5・26	5・27	5・28	5・29	5・30	5・31	6・1	6・2	6・3	6・4	6・5	6・6	6・7	6・8
五月	6・9	6・10	6・11	6・12	6・13	6・14	6・15	6・16	6・17	6・18	6・19	6・20	6・21	6・22	6・23	6・24	6・25	6・26	6・27	6・28	6・29	6・30	7・1	7・2	7・3	7・4	7・5	7・6	7・7	
六月	7・8	7・9	7・10	7・11	7・12	7・13	7・14	7・15	7・16	7・17	7・18	7・19	7・20	7・21	7・22	7・23	7・24	7・25	7・26	7・27	7・28	7・29	7・30	7・31	8・1	8・2	8・3	8・4	8・5	
七月	8・6	8・7	8・8	8・9	8・10	8・11	8・12	8・13	8・14	8・15	8・16	8・17	8・18	8・19	8・20	8・21	8・22	8・23	8・24	8・25	8・26	8・27	8・28	8・29	8・30	8・31	9・1	9・2	9・3	9・4
八月	9・5	9・6	9・7	9・8	9・9	9・10	9・11	9・12	9・13	9・14	9・15	9・16	9・17	9・18	9・19	9・20	9・21	9・22	9・23	9・24	9・25	9・26	9・27	9・28	9・29	9・30	10・1	10・2	10・3	
九月	10・4	10・5	10・6	10・7	10・8	10・9	10・10	10・11	10・12	10・13	10・14	10・15	10・16	10・17	10・18	10・19	10・20	10・21	10・22	10・23	10・24	10・25	10・26	10・27	10・28	10・29	10・30	10・31	11・1	11・2
十月	11・3	11・4	11・5	11・6	11・7	11・8	11・9	11・10	11・11	11・12	11・13	11・14	11・15	11・16	11・17	11・18	11・19	11・20	11・21	11・22	11・23	11・24	11・25	11・26	11・27	11・28	11・29	11・30	12・1	
十一月	12・2	12・3	12・4	12・5	12・6	12・7	12・8	12・9	12・10	12・11	12・12	12・13	12・14	12・15	12・16	12・17	12・18	12・19	12・20	12・21	12・22	12・23	12・24	12・25	12・26	12・27	12・28	12・29	12・30	12・31
十二月	1・1	1・2	1・3	1・4	1・5	1・6	1・7	1・8	1・9	1・10	1・11	1・12	1・13	1・14	1・15	1・16	1・17	1・18	1・19	1・20	1・21	1・22	1・23	1・24	1・25	1・26	1・27	1・28	1・29	1・30

1957年（丁酉）

農暦	初一	初二	初三	初四	初五	初六	初七	初八	初九	初十	十一	十二	十三	十四	十五	十六	十七	十八	十九	二十	廿一	廿二	廿三	廿四	廿五	廿六	廿七	廿八	廿九	三十
正月	1・31	2・1	2・2	2・3	2・4	2・5	2・6	2・7	2・8	2・9	2・10	2・11	2・12	2・13	2・14	2・15	2・16	2・17	2・18	2・19	2・20	2・21	2・22	2・23	2・24	2・25	2・26	2・27	2・28	3・1
二月	3・2	3・3	3・4	3・5	3・6	3・7	3・8	3・9	3・10	3・11	3・12	3・13	3・14	3・15	3・16	3・17	3・18	3・19	3・20	3・21	3・22	3・23	3・24	3・25	3・26	3・27	3・28	3・29	3・30	
三月	3・31	4・1	4・2	4・3	4・4	4・5	4・6	4・7	4・8	4・9	4・10	4・11	4・12	4・13	4・14	4・15	4・16	4・17	4・18	4・19	4・20	4・21	4・22	4・23	4・24	4・25	4・26	4・27	4・28	4・29
四月	4・30	5・1	5・2	5・3	5・4	5・5	5・6	5・7	5・8	5・9	5・10	5・11	5・12	5・13	5・14	5・15	5・16	5・17	5・18	5・19	5・20	5・21	5・22	5・23	5・24	5・25	5・26	5・27	5・28	
五月	5・29	5・30	5・31	6・1	6・2	6・3	6・4	6・5	6・6	6・7	6・8	6・9	6・10	6・11	6・12	6・13	6・14	6・15	6・16	6・17	6・18	6・19	6・20	6・21	6・22	6・23	6・24	6・25	6・26	6・27
六月	6・28	6・29	6・30	7・1	7・2	7・3	7・4	7・5	7・6	7・7	7・8	7・9	7・10	7・11	7・12	7・13	7・14	7・15	7・16	7・17	7・18	7・19	7・20	7・21	7・22	7・23	7・24	7・25	7・26	
七月	7・27	7・28	7・29	7・30	7・31	8・1	8・2	8・3	8・4	8・5	8・6	8・7	8・8	8・9	8・10	8・11	8・12	8・13	8・14	8・15	8・16	8・17	8・18	8・19	8・20	8・21	8・22	8・23	8・24	
八月	8・25	8・26	8・27	8・28	8・29	8・30	8・31	9・1	9・2	9・3	9・4	9・5	9・6	9・7	9・8	9・9	9・10	9・11	9・12	9・13	9・14	9・15	9・16	9・17	9・18	9・19	9・20	9・21	9・22	9・23
閏八月	9・24	9・25	9・26	9・27	9・28	9・29	9・30	10・1	10・2	10・3	10・4	10・5	10・6	10・7	10・8	10・9	10・10	10・11	10・12	10・13	10・14	10・15	10・16	10・17	10・18	10・19	10・20	10・21	10・22	
九月	10・23	10・24	10・25	10・26	10・27	10・28	10・29	10・30	10・31	11・1	11・2	11・3	11・4	11・5	11・6	11・7	11・8	11・9	11・10	11・11	11・12	11・13	11・14	11・15	11・16	11・17	11・18	11・19	11・20	11・21
十月	11・22	11・23	11・24	11・25	11・26	11・27	11・28	11・29	11・30	12・1	12・2	12・3	12・4	12・5	12・6	12・7	12・8	12・9	12・10	12・11	12・12	12・13	12・14	12・15	12・16	12・17	12・18	12・19	12・20	
十一月	12・21	12・22	12・23	12・24	12・25	12・26	12・27	12・28	12・29	12・30	12・31	1・1	1・2	1・3	1・4	1・5	1・6	1・7	1・8	1・9	1・10	1・11	1・12	1・13	1・14	1・15	1・16	1・17	1・18	1・19
十二月	1・20	1・21	1・22	1・23	1・24	1・25	1・26	1・27	1・28	1・29	1・30	1・31	2・1	2・2	2・3	2・4	2・5	2・6	2・7	2・8	2・9	2・10	2・11	2・12	2・13	2・14	2・15	2・16	2・17	

1958年（戊戌）

農暦	初一	初二	初三	初四	初五	初六	初七	初八	初九	初十	十一	十二	十三	十四	十五	十六	十七	十八	十九	二十	廿一	廿二	廿三	廿四	廿五	廿六	廿七	廿八	廿九	三十
正月	2・18	2・19	2・20	2・21	2・22	2・23	2・24	2・25	2・26	2・27	2・28	3・1	3・2	3・3	3・4	3・5	3・6	3・7	3・8	3・9	3・10	3・11	3・12	3・13	3・14	3・15	3・16	3・17	3・18	3・19
二月	3・20	3・21	3・22	3・23	3・24	3・25	3・26	3・27	3・28	3・29	3・30	3・31	4・1	4・2	4・3	4・4	4・5	4・6	4・7	4・8	4・9	4・10	4・11	4・12	4・13	4・14	4・15	4・16	4・17	4・18
三月	4・19	4・20	4・21	4・22	4・23	4・24	4・25	4・26	4・27	4・28	4・29	4・30	5・1	5・2	5・3	5・4	5・5	5・6	5・7	5・8	5・9	5・10	5・11	5・12	5・13	5・14	5・15	5・16	5・17	5・18
四月	5・19	5・20	5・21	5・22	5・23	5・24	5・25	5・26	5・27	5・28	5・29	5・30	5・31	6・1	6・2	6・3	6・4	6・5	6・6	6・7	6・8	6・9	6・10	6・11	6・12	6・13	6・14	6・15	6・16	
五月	6・17	6・18	6・19	6・20	6・21	6・22	6・23	6・24	6・25	6・26	6・27	6・28	6・29	6・30	7・1	7・2	7・3	7・4	7・5	7・6	7・7	7・8	7・9	7・10	7・11	7・12	7・13	7・14	7・15	7・16
六月	7・17	7・18	7・19	7・20	7・21	7・22	7・23	7・24	7・25	7・26	7・27	7・28	7・29	7・30	7・31	8・1	8・2	8・3	8・4	8・5	8・6	8・7	8・8	8・9	8・10	8・11	8・12	8・13	8・14	
七月	8・15	8・16	8・17	8・18	8・19	8・20	8・21	8・22	8・23	8・24	8・25	8・26	8・27	8・28	8・29	8・30	8・31	9・1	9・2	9・3	9・4	9・5	9・6	9・7	9・8	9・9	9・10	9・11	9・12	
八月	9・13	9・14	9・15	9・16	9・17	9・18	9・19	9・20	9・21	9・22	9・23	9・24	9・25	9・26	9・27	9・28	9・29	9・30	10・1	10・2	10・3	10・4	10・5	10・6	10・7	10・8	10・9	10・10	10・11	10・12
九月	10・13	10・14	10・15	10・16	10・17	10・18	10・19	10・20	10・21	10・22	10・23	10・24	10・25	10・26	10・27	10・28	10・29	10・30	10・31	11・1	11・2	11・3	11・4	11・5	11・6	11・7	11・8	11・9	11・10	
十月	11・11	11・12	11・13	11・14	11・15	11・16	11・17	11・18	11・19	11・20	11・21	11・22	11・23	11・24	11・25	11・26	11・27	11・28	11・29	11・30	12・1	12・2	12・3	12・4	12・5	12・6	12・7	12・8	12・9	12・10
十一月	12・11	12・12	12・13	12・14	12・15	12・16	12・17	12・18	12・19	12・20	12・21	12・22	12・23	12・24	12・25	12・26	12・27	12・28	12・29	12・30	12・31	1・1	1・2	1・3	1・4	1・5	1・6	1・7	1・8	
十二月	1・9	1・10	1・11	1・12	1・13	1・14	1・15	1・16	1・17	1・18	1・19	1・20	1・21	1・22	1・23	1・24	1・25	1・26	1・27	1・28	1・29	1・30	1・31	2・1	2・2	2・3	2・4	2・5	2・6	2・7

1959年（己亥）

農暦	初一	初二	初三	初四	初五	初六	初七	初八	初九	初十	十一	十二	十三	十四	十五	十六	十七	十八	十九	二十	廿一	廿二	廿三	廿四	廿五	廿六	廿七	廿八	廿九	三十
正月	2・8	2・9	2・10	2・11	2・12	2・13	2・14	2・15	2・16	2・17	2・18	2・19	2・20	2・21	2・22	2・23	2・24	2・25	2・26	2・27	2・28	3・1	3・2	3・3	3・4	3・5	3・6	3・7	3・8	
二月	3・9	3・10	3・11	3・12	3・13	3・14	3・15	3・16	3・17	3・18	3・19	3・20	3・21	3・22	3・23	3・24	3・25	3・26	3・27	3・28	3・29	3・30	3・31	4・1	4・2	4・3	4・4	4・5	4・6	4・7
三月	4・8	4・9	4・10	4・11	4・12	4・13	4・14	4・15	4・16	4・17	4・18	4・19	4・20	4・21	4・22	4・23	4・24	4・25	4・26	4・27	4・28	4・29	4・30	5・1	5・2	5・3	5・4	5・5	5・6	5・7
四月	5・8	5・9	5・10	5・11	5・12	5・13	5・14	5・15	5・16	5・17	5・18	5・19	5・20	5・21	5・22	5・23	5・24	5・25	5・26	5・27	5・28	5・29	5・30	5・31	6・1	6・2	6・3	6・4	6・5	
五月	6・6	6・7	6・8	6・9	6・10	6・11	6・12	6・13	6・14	6・15	6・16	6・17	6・18	6・19	6・20	6・21	6・22	6・23	6・24	6・25	6・26	6・27	6・28	6・29	6・30	7・1	7・2	7・3	7・4	7・5
六月	7・6	7・7	7・8	7・9	7・10	7・11	7・12	7・13	7・14	7・15	7・16	7・17	7・18	7・19	7・20	7・21	7・22	7・23	7・24	7・25	7・26	7・27	7・28	7・29	7・30	7・31	8・1	8・2	8・3	
七月	8・4	8・5	8・6	8・7	8・8	8・9	8・10	8・11	8・12	8・13	8・14	8・15	8・16	8・17	8・18	8・19	8・20	8・21	8・22	8・23	8・24	8・25	8・26	8・27	8・28	8・29	8・30	8・31	9・1	9・2
八月	9・3	9・4	9・5	9・6	9・7	9・8	9・9	9・10	9・11	9・12	9・13	9・14	9・15	9・16	9・17	9・18	9・19	9・20	9・21	9・22	9・23	9・24	9・25	9・26	9・27	9・28	9・29	9・30	10・1	
九月	10・2	10・3	10・4	10・5	10・6	10・7	10・8	10・9	10・10	10・11	10・12	10・13	10・14	10・15	10・16	10・17	10・18	10・19	10・20	10・21	10・22	10・23	10・24	10・25	10・26	10・27	10・28	10・29	10・30	10・31
十月	11・1	11・2	11・3	11・4	11・5	11・6	11・7	11・8	11・9	11・10	11・11	11・12	11・13	11・14	11・15	11・16	11・17	11・18	11・19	11・20	11・21	11・22	11・23	11・24	11・25	11・26	11・27	11・28	11・29	
十一月	11・30	12・1	12・2	12・3	12・4	12・5	12・6	12・7	12・8	12・9	12・10	12・11	12・12	12・13	12・14	12・15	12・16	12・17	12・18	12・19	12・20	12・21	12・22	12・23	12・24	12・25	12・26	12・27	12・28	12・29
十二月	12・30	12・31	1・1	1・2	1・3	1・4	1・5	1・6	1・7	1・8	1・9	1・10	1・11	1・12	1・13	1・14	1・15	1・16	1・17	1・18	1・19	1・20	1・21	1・22	1・23	1・24	1・25	1・26	1・27	

1960年（庚子）

農暦	初一	初二	初三	初四	初五	初六	初七	初八	初九	初十	十一	十二	十三	十四	十五	十六	十七	十八	十九	二十	廿一	廿二	廿三	廿四	廿五	廿六	廿七	廿八	廿九	三十
正月	1・28	1・29	1・30	1・31	2・1	2・2	2・3	2・4	2・5	2・6	2・7	2・8	2・9	2・10	2・11	2・12	2・13	2・14	2・15	2・16	2・17	2・18	2・19	2・20	2・21	2・22	2・23	2・24	2・25	2・26
二月	2・27	2・28	2・29	3・1	3・2	3・3	3・4	3・5	3・6	3・7	3・8	3・9	3・10	3・11	3・12	3・13	3・14	3・15	3・16	3・17	3・18	3・19	3・20	3・21	3・22	3・23	3・24	3・25	3・26	
三月	3・27	3・28	3・29	3・30	3・31	4・1	4・2	4・3	4・4	4・5	4・6	4・7	4・8	4・9	4・10	4・11	4・12	4・13	4・14	4・15	4・16	4・17	4・18	4・19	4・20	4・21	4・22	4・23	4・24	4・25
四月	4・26	4・27	4・28	4・29	4・30	5・1	5・2	5・3	5・4	5・5	5・6	5・7	5・8	5・9	5・10	5・11	5・12	5・13	5・14	5・15	5・16	5・17	5・18	5・19	5・20	5・21	5・22	5・23	5・24	
五月	5・25	5・26	5・27	5・28	5・29	5・30	5・31	6・1	6・2	6・3	6・4	6・5	6・6	6・7	6・8	6・9	6・10	6・11	6・12	6・13	6・14	6・15	6・16	6・17	6・18	6・19	6・20	6・21	6・22	6・23
六月	6・24	6・25	6・26	6・27	6・28	6・29	6・30	7・1	7・2	7・3	7・4	7・5	7・6	7・7	7・8	7・9	7・10	7・11	7・12	7・13	7・14	7・15	7・16	7・17	7・18	7・19	7・20	7・21	7・22	7・23
閏六月	7・24	7・25	7・26	7・27	7・28	7・29	7・30	7・31	8・1	8・2	8・3	8・4	8・5	8・6	8・7	8・8	8・9	8・10	8・11	8・12	8・13	8・14	8・15	8・16	8・17	8・18	8・19	8・20	8・21	
七月	8・22	8・23	8・24	8・25	8・26	8・27	8・28	8・29	8・30	8・31	9・1	9・2	9・3	9・4	9・5	9・6	9・7	9・8	9・9	9・10	9・11	9・12	9・13	9・14	9・15	9・16	9・17	9・18	9・19	9・20
八月	9・21	9・22	9・23	9・24	9・25	9・26	9・27	9・28	9・29	9・30	10・1	10・2	10・3	10・4	10・5	10・6	10・7	10・8	10・9	10・10	10・11	10・12	10・13	10・14	10・15	10・16	10・17	10・18	10・19	
九月	10・20	10・21	10・22	10・23	10・24	10・25	10・26	10・27	10・28	10・29	10・30	10・31	11・1	11・2	11・3	11・4	11・5	11・6	11・7	11・8	11・9	11・10	11・11	11・12	11・13	11・14	11・15	11・16	11・17	11・18
十月	11・19	11・20	11・21	11・22	11・23	11・24	11・25	11・26	11・27	11・28	11・29	11・30	12・1	12・2	12・3	12・4	12・5	12・6	12・7	12・8	12・9	12・10	12・11	12・12	12・13	12・14	12・15	12・16	12・17	
十一月	12・18	12・19	12・20	12・21	12・22	12・23	12・24	12・25	12・26	12・27	12・28	12・29	12・30	12・31	1・1	1・2	1・3	1・4	1・5	1・6	1・7	1・8	1・9	1・10	1・11	1・12	1・13	1・14	1・15	1・16
十二月	1・17	1・18	1・19	1・20	1・21	1・22	1・23	1・24	1・25	1・26	1・27	1・28	1・29	1・30	1・31	2・1	2・2	2・3	2・4	2・5	2・6	2・7	2・8	2・9	2・10	2・11	2・12	2・13	2・14	

1961年（辛丑）

農曆	初一	初二	初三	初四	初五	初六	初七	初八	初九	初十	十一	十二	十三	十四	十五	十六	十七	十八	十九	二十	廿一	廿二	廿三	廿四	廿五	廿六	廿七	廿八	廿九	三十
正月	2・15	2・16	2・17	2・18	2・19	2・20	2・21	2・22	2・23	2・24	2・25	2・26	2・27	2・28	3・1	3・2	3・3	3・4	3・5	3・6	3・7	3・8	3・9	3・10	3・11	3・12	3・13	3・14	3・15	3・16
二月	3・17	3・18	3・19	3・20	3・21	3・22	3・23	3・24	3・25	3・26	3・27	3・28	3・29	3・30	3・31	4・1	4・2	4・3	4・4	4・5	4・6	4・7	4・8	4・9	4・10	4・11	4・12	4・13	4・14	
三月	4・15	4・16	4・17	4・18	4・19	4・20	4・21	4・22	4・23	4・24	4・25	4・26	4・27	4・28	4・29	4・30	5・1	5・2	5・3	5・4	5・5	5・6	5・7	5・8	5・9	5・10	5・11	5・12	5・13	5・14
四月	5・15	5・16	5・17	5・18	5・19	5・20	5・21	5・22	5・23	5・24	5・25	5・26	5・27	5・28	5・29	5・30	5・31	6・1	6・2	6・3	6・4	6・5	6・6	6・7	6・8	6・9	6・10	6・11	6・12	
五月	6・13	6・14	6・15	6・16	6・17	6・18	6・19	6・20	6・21	6・22	6・23	6・24	6・25	6・26	6・27	6・28	6・29	6・30	7・1	7・2	7・3	7・4	7・5	7・6	7・7	7・8	7・9	7・10	7・11	7・12
六月	7・13	7・14	7・15	7・16	7・17	7・18	7・19	7・20	7・21	7・22	7・23	7・24	7・25	7・26	7・27	7・28	7・29	7・30	7・31	8・1	8・2	8・3	8・4	8・5	8・6	8・7	8・8	8・9	8・10	
七月	8・11	8・12	8・13	8・14	8・15	8・16	8・17	8・18	8・19	8・20	8・21	8・22	8・23	8・24	8・25	8・26	8・27	8・28	8・29	8・30	8・31	9・1	9・2	9・3	9・4	9・5	9・6	9・7	9・8	9・9
八月	9・10	9・11	9・12	9・13	9・14	9・15	9・16	9・17	9・18	9・19	9・20	9・21	9・22	9・23	9・24	9・25	9・26	9・27	9・28	9・29	9・30	10・1	10・2	10・3	10・4	10・5	10・6	10・7	10・8	10・9
九月	10・10	10・11	10・12	10・13	10・14	10・15	10・16	10・17	10・18	10・19	10・20	10・21	10・22	10・23	10・24	10・25	10・26	10・27	10・28	10・29	10・30	10・31	11・1	11・2	11・3	11・4	11・5	11・6	11・7	
十月	11・8	11・9	11・10	11・11	11・12	11・13	11・14	11・15	11・16	11・17	11・18	11・19	11・20	11・21	11・22	11・23	11・24	11・25	11・26	11・27	11・28	11・29	11・30	12・1	12・2	12・3	12・4	12・5	12・6	12・7
十一月	12・8	12・9	12・10	12・11	12・12	12・13	12・14	12・15	12・16	12・17	12・18	12・19	12・20	12・21	12・22	12・23	12・24	12・25	12・26	12・27	12・28	12・29	12・30	12・31	1・1	1・2	1・3	1・4	1・5	
十二月	1・6	1・7	1・8	1・9	1・10	1・11	1・12	1・13	1・14	1・15	1・16	1・17	1・18	1・19	1・20	1・21	1・22	1・23	1・24	1・25	1・26	1・27	1・28	1・29	1・30	1・31	2・1	2・2	2・3	2・4

1962年（壬寅）

農暦	初一	初二	初三	初四	初五	初六	初七	初八	初九	初十	十一	十二	十三	十四	十五	十六	十七	十八	十九	二十	廿一	廿二	廿三	廿四	廿五	廿六	廿七	廿八	廿九	三十
正月	2・5	2・6	2・7	2・8	2・9	2・10	2・11	2・12	2・13	2・14	2・15	2・16	2・17	2・18	2・19	2・20	2・21	2・22	2・23	2・24	2・25	2・26	2・27	2・28	3・1	3・2	3・3	3・4	3・5	
二月	3・6	3・7	3・8	3・9	3・10	3・11	3・12	3・13	3・14	3・15	3・16	3・17	3・18	3・19	3・20	3・21	3・22	3・23	3・24	3・25	3・26	3・27	3・28	3・29	3・30	3・31	4・1	4・2	4・3	4・4
三月	4・5	4・6	4・7	4・8	4・9	4・10	4・11	4・12	4・13	4・14	4・15	4・16	4・17	4・18	4・19	4・20	4・21	4・22	4・23	4・24	4・25	4・26	4・27	4・28	4・29	4・30	5・1	5・2	5・3	
四月	5・4	5・5	5・6	5・7	5・8	5・9	5・10	5・11	5・12	5・13	5・14	5・15	5・16	5・17	5・18	5・19	5・20	5・21	5・22	5・23	5・24	5・25	5・26	5・27	5・28	5・29	5・30	5・31	6・1	
五月	6・2	6・3	6・4	6・5	6・6	6・7	6・8	6・9	6・10	6・11	6・12	6・13	6・14	6・15	6・16	6・17	6・18	6・19	6・20	6・21	6・22	6・23	6・24	6・25	6・26	6・27	6・28	6・29	6・30	7・1
六月	7・2	7・3	7・4	7・5	7・6	7・7	7・8	7・9	7・10	7・11	7・12	7・13	7・14	7・15	7・16	7・17	7・18	7・19	7・20	7・21	7・22	7・23	7・24	7・25	7・26	7・27	7・28	7・29	7・30	
七月	7・31	8・1	8・2	8・3	8・4	8・5	8・6	8・7	8・8	8・9	8・10	8・11	8・12	8・13	8・14	8・15	8・16	8・17	8・18	8・19	8・20	8・21	8・22	8・23	8・24	8・25	8・26	8・27	8・28	8・29
八月	8・30	8・31	9・1	9・2	9・3	9・4	9・5	9・6	9・7	9・8	9・9	9・10	9・11	9・12	9・13	9・14	9・15	9・16	9・17	9・18	9・19	9・20	9・21	9・22	9・23	9・24	9・25	9・26	9・27	9・28
九月	9・29	9・30	10・1	10・2	10・3	10・4	10・5	10・6	10・7	10・8	10・9	10・10	10・11	10・12	10・13	10・14	10・15	10・16	10・17	10・18	10・19	10・20	10・21	10・22	10・23	10・24	10・25	10・26	10・27	
十月	10・28	10・29	10・30	10・31	11・1	11・2	11・3	11・4	11・5	11・6	11・7	11・8	11・9	11・10	11・11	11・12	11・13	11・14	11・15	11・16	11・17	11・18	11・19	11・20	11・21	11・22	11・23	11・24	11・25	11・26
十一月	11・27	11・28	11・29	11・30	12・1	12・2	12・3	12・4	12・5	12・6	12・7	12・8	12・9	12・10	12・11	12・12	12・13	12・14	12・15	12・16	12・17	12・18	12・19	12・20	12・21	12・22	12・23	12・24	12・25	12・26
十二月	12・27	12・28	12・29	12・30	12・31	1・1	1・2	1・3	1・4	1・5	1・6	1・7	1・8	1・9	1・10	1・11	1・12	1・13	1・14	1・15	1・16	1・17	1・18	1・19	1・20	1・21	1・22	1・23	1・24	

1963年（癸卯）

農暦	初一	初二	初三	初四	初五	初六	初七	初八	初九	初十	十一	十二	十三	十四	十五	十六	十七	十八	十九	二十	廿一	廿二	廿三	廿四	廿五	廿六	廿七	廿八	廿九	三十
正月	1・25	1・26	1・27	1・28	1・29	1・30	1・31	2・1	2・2	2・3	2・4	2・5	2・6	2・7	2・8	2・9	2・10	2・11	2・12	2・13	2・14	2・15	2・16	2・17	2・18	2・19	2・20	2・21	2・22	2・23
二月	2・24	2・25	2・26	2・27	2・28	3・1	3・2	3・3	3・4	3・5	3・6	3・7	3・8	3・9	3・10	3・11	3・12	3・13	3・14	3・15	3・16	3・17	3・18	3・19	3・20	3・21	3・22	3・23	3・24	
三月	3・25	3・26	3・27	3・28	3・29	3・30	3・31	4・1	4・2	4・3	4・4	4・5	4・6	4・7	4・8	4・9	4・10	4・11	4・12	4・13	4・14	4・15	4・16	4・17	4・18	4・19	4・20	4・21	4・22	4・23
四月	4・24	4・25	4・26	4・27	4・28	4・29	4・30	5・1	5・2	5・3	5・4	5・5	5・6	5・7	5・8	5・9	5・10	5・11	5・12	5・13	5・14	5・15	5・16	5・17	5・18	5・19	5・20	5・21	5・22	
閏四月	5・23	5・24	5・25	5・26	5・27	5・28	5・29	5・30	5・31	6・1	6・2	6・3	6・4	6・5	6・6	6・7	6・8	6・9	6・10	6・11	6・12	6・13	6・14	6・15	6・16	6・17	6・18	6・19	6・20	
五月	6・21	6・22	6・23	6・24	6・25	6・26	6・27	6・28	6・29	6・30	7・1	7・2	7・3	7・4	7・5	7・6	7・7	7・8	7・9	7・10	7・11	7・12	7・13	7・14	7・15	7・16	7・17	7・18	7・19	7・20
六月	7・21	7・22	7・23	7・24	7・25	7・26	7・27	7・28	7・29	7・30	7・31	8・1	8・2	8・3	8・4	8・5	8・6	8・7	8・8	8・9	8・10	8・11	8・12	8・13	8・14	8・15	8・16	8・17	8・18	
七月	8・19	8・20	8・21	8・22	8・23	8・24	8・25	8・26	8・27	8・28	8・29	8・30	8・31	9・1	9・2	9・3	9・4	9・5	9・6	9・7	9・8	9・9	9・10	9・11	9・12	9・13	9・14	9・15	9・16	9・17
八月	9・18	9・19	9・20	9・21	9・22	9・23	9・24	9・25	9・26	9・27	9・28	9・29	9・30	10・1	10・2	10・3	10・4	10・5	10・6	10・7	10・8	10・9	10・10	10・11	10・12	10・13	10・14	10・15	10・16	
九月	10・17	10・18	10・19	10・20	10・21	10・22	10・23	10・24	10・25	10・26	10・27	10・28	10・29	10・30	10・31	11・1	11・2	11・3	11・4	11・5	11・6	11・7	11・8	11・9	11・10	11・11	11・12	11・13	11・14	11・15
十月	11・16	11・17	11・18	11・19	11・20	11・21	11・22	11・23	11・24	11・25	11・26	11・27	11・28	11・29	11・30	12・1	12・2	12・3	12・4	12・5	12・6	12・7	12・8	12・9	12・10	12・11	12・12	12・13	12・14	12・15
十一月	12・16	12・17	12・18	12・19	12・20	12・21	12・22	12・23	12・24	12・25	12・26	12・27	12・28	12・29	12・30	12・31	1・1	1・2	1・3	1・4	1・5	1・6	1・7	1・8	1・9	1・10	1・11	1・12	1・13	1・14
十二月	1・15	1・16	1・17	1・18	1・19	1・20	1・21	1・22	1・23	1・24	1・25	1・26	1・27	1・28	1・29	1・30	1・31	2・1	2・2	2・3	2・4	2・5	2・6	2・7	2・8	2・9	2・10	2・11	2・12	

1964年（甲辰）

農暦	初一	初二	初三	初四	初五	初六	初七	初八	初九	初十	十一	十二	十三	十四	十五	十六	十七	十八	十九	二十	廿一	廿二	廿三	廿四	廿五	廿六	廿七	廿八	廿九	三十
正月	2・13	2・14	2・15	2・16	2・17	2・18	2・19	2・20	2・21	2・22	2・23	2・24	2・25	2・26	2・27	2・28	2・29	3・1	3・2	3・3	3・4	3・5	3・6	3・7	3・8	3・9	3・10	3・11	3・12	3・13
二月	3・14	3・15	3・16	3・17	3・18	3・19	3・20	3・21	3・22	3・23	3・24	3・25	3・26	3・27	3・28	3・29	3・30	3・31	4・1	4・2	4・3	4・4	4・5	4・6	4・7	4・8	4・9	4・10	4・11	
三月	4・12	4・13	4・14	4・15	4・16	4・17	4・18	4・19	4・20	4・21	4・22	4・23	4・24	4・25	4・26	4・27	4・28	4・29	4・30	5・1	5・2	5・3	5・4	5・5	5・6	5・7	5・8	5・9	5・10	5・11
四月	5・12	5・13	5・14	5・15	5・16	5・17	5・18	5・19	5・20	5・21	5・22	5・23	5・24	5・25	5・26	5・27	5・28	5・29	5・30	5・31	6・1	6・2	6・3	6・4	6・5	6・6	6・7	6・8	6・9	
五月	6・10	6・11	6・12	6・13	6・14	6・15	6・16	6・17	6・18	6・19	6・20	6・21	6・22	6・23	6・24	6・25	6・26	6・27	6・28	6・29	6・30	7・1	7・2	7・3	7・4	7・5	7・6	7・7	7・8	
六月	7・9	7・10	7・11	7・12	7・13	7・14	7・15	7・16	7・17	7・18	7・19	7・20	7・21	7・22	7・23	7・24	7・25	7・26	7・27	7・28	7・29	7・30	7・31	8・1	8・2	8・3	8・4	8・5	8・6	8・7
七月	8・8	8・9	8・10	8・11	8・12	8・13	8・14	8・15	8・16	8・17	8・18	8・19	8・20	8・21	8・22	8・23	8・24	8・25	8・26	8・27	8・28	8・29	8・30	8・31	9・1	9・2	9・3	9・4	9・5	
八月	9・6	9・7	9・8	9・9	9・10	9・11	9・12	9・13	9・14	9・15	9・16	9・17	9・18	9・19	9・20	9・21	9・22	9・23	9・24	9・25	9・26	9・27	9・28	9・29	9・30	10・1	10・2	10・3	10・4	10・5
九月	10・6	10・7	10・8	10・9	10・10	10・11	10・12	10・13	10・14	10・15	10・16	10・17	10・18	10・19	10・20	10・21	10・22	10・23	10・24	10・25	10・26	10・27	10・28	10・29	10・30	10・31	11・1	11・2	11・3	
十月	11・4	11・5	11・6	11・7	11・8	11・9	11・10	11・11	11・12	11・13	11・14	11・15	11・16	11・17	11・18	11・19	11・20	11・21	11・22	11・23	11・24	11・25	11・26	11・27	11・28	11・29	11・30	12・1	12・2	12・3
十一月	12・4	12・5	12・6	12・7	12・8	12・9	12・10	12・11	12・12	12・13	12・14	12・15	12・16	12・17	12・18	12・19	12・20	12・21	12・22	12・23	12・24	12・25	12・26	12・27	12・28	12・29	12・30	12・31	1・1	1・2
十二月	1・3	1・4	1・5	1・6	1・7	1・8	1・9	1・10	1・11	1・12	1・13	1・14	1・15	1・16	1・17	1・18	1・19	1・20	1・21	1・22	1・23	1・24	1・25	1・26	1・27	1・28	1・29	1・30	1・31	2・1

1965年（乙巳）

農曆	初一	初二	初三	初四	初五	初六	初七	初八	初九	初十	十一	十二	十三	十四	十五	十六	十七	十八	十九	二十	廿一	廿二	廿三	廿四	廿五	廿六	廿七	廿八	廿九	三十
正月	2·2	2·3	2·4	2·5	2·6	2·7	2·8	2·9	2·10	2·11	2·12	2·13	2·14	2·15	2·16	2·17	2·18	2·19	2·20	2·21	2·22	2·23	2·24	2·25	2·26	2·27	2·28	3·1	3·2	
二月	3·3	3·4	3·5	3·6	3·7	3·8	3·9	3·10	3·11	3·12	3·13	3·14	3·15	3·16	3·17	3·18	3·19	3·20	3·21	3·22	3·23	3·24	3·25	3·26	3·27	3·28	3·29	3·30	3·31	4·1
三月	4·2	4·3	4·4	4·5	4·6	4·7	4·8	4·9	4·10	4·11	4·12	4·13	4·14	4·15	4·16	4·17	4·18	4·19	4·20	4·21	4·22	4·23	4·24	4·25	4·26	4·27	4·28	4·29	4·30	
四月	5·1	5·2	5·3	5·4	5·5	5·6	5·7	5·8	5·9	5·10	5·11	5·12	5·13	5·14	5·15	5·16	5·17	5·18	5·19	5·20	5·21	5·22	5·23	5·24	5·25	5·26	5·27	5·28	5·29	5·30
五月	5·31	6·1	6·2	6·3	6·4	6·5	6·6	6·7	6·8	6·9	6·10	6·11	6·12	6·13	6·14	6·15	6·16	6·17	6·18	6·19	6·20	6·21	6·22	6·23	6·24	6·25	6·26	6·27	6·28	
六月	6·29	6·30	7·1	7·2	7·3	7·4	7·5	7·6	7·7	7·8	7·9	7·10	7·11	7·12	7·13	7·14	7·15	7·16	7·17	7·18	7·19	7·20	7·21	7·22	7·23	7·24	7·25	7·26	7·27	
七月	7·28	7·29	7·30	7·31	8·1	8·2	8·3	8·4	8·5	8·6	8·7	8·8	8·9	8·10	8·11	8·12	8·13	8·14	8·15	8·16	8·17	8·18	8·19	8·20	8·21	8·22	8·23	8·24	8·25	8·26
八月	8·27	8·28	8·29	8·30	8·31	9·1	9·2	9·3	9·4	9·5	9·6	9·7	9·8	9·9	9·10	9·11	9·12	9·13	9·14	9·15	9·16	9·17	9·18	9·19	9·20	9·21	9·22	9·23	9·24	
九月	9·25	9·26	9·27	9·28	9·29	9·30	10·1	10·2	10·3	10·4	10·5	10·6	10·7	10·8	10·9	10·10	10·11	10·12	10·13	10·14	10·15	10·16	10·17	10·18	10·19	10·20	10·21	10·22	10·23	
十月	10·24	10·25	10·26	10·27	10·28	10·29	10·30	10·31	11·1	11·2	11·3	11·4	11·5	11·6	11·7	11·8	11·9	11·10	11·11	11·12	11·13	11·14	11·15	11·16	11·17	11·18	11·19	11·20	11·21	11·22
十一月	11·23	11·24	11·25	11·26	11·27	11·28	11·29	11·30	12·1	12·2	12·3	12·4	12·5	12·6	12·7	12·8	12·9	12·10	12·11	12·12	12·13	12·14	12·15	12·16	12·17	12·18	12·19	12·20	12·21	12·22
十二月	12·23	12·24	12·25	12·26	12·27	12·28	12·29	12·30	12·31	1·1	1·2	1·3	1·4	1·5	1·6	1·7	1·8	1·9	1·10	1·11	1·12	1·13	1·14	1·15	1·16	1·17	1·18	1·19	1·20	

1966年（丙午）

農暦	初一	初二	初三	初四	初五	初六	初七	初八	初九	初十	十一	十二	十三	十四	十五	十六	十七	十八	十九	二十	廿一	廿二	廿三	廿四	廿五	廿六	廿七	廿八	廿九	三十
正月	1・21	1・22	1・23	1・24	1・25	1・26	1・27	1・28	1・29	1・30	1・31	2・1	2・2	2・3	2・4	2・5	2・6	2・7	2・8	2・9	2・10	2・11	2・12	2・13	2・14	2・15	2・16	2・17	2・18	2・19
二月	2・20	2・21	2・22	2・23	2・24	2・25	2・26	2・27	2・28	3・1	3・2	3・3	3・4	3・5	3・6	3・7	3・8	3・9	3・10	3・11	3・12	3・13	3・14	3・15	3・16	3・17	3・18	3・19	3・20	3・21
三月	3・22	3・23	3・24	3・25	3・26	3・27	3・28	3・29	3・30	3・31	4・1	4・2	4・3	4・4	4・5	4・6	4・7	4・8	4・9	4・10	4・11	4・12	4・13	4・14	4・15	4・16	4・17	4・18	4・19	4・20
閏三月	4・21	4・22	4・23	4・24	4・25	4・26	4・27	4・28	4・29	4・30	5・1	5・2	5・3	5・4	5・5	5・6	5・7	5・8	5・9	5・10	5・11	5・12	5・13	5・14	5・15	5・16	5・17	5・18	5・19	
四月	5・20	5・21	5・22	5・23	5・24	5・25	5・26	5・27	5・28	5・29	5・30	5・31	6・1	6・2	6・3	6・4	6・5	6・6	6・7	6・8	6・9	6・10	6・11	6・12	6・13	6・14	6・15	6・16	6・17	6・18
五月	6・19	6・20	6・21	6・22	6・23	6・24	6・25	6・26	6・27	6・28	6・29	6・30	7・1	7・2	7・3	7・4	7・5	7・6	7・7	7・8	7・9	7・10	7・11	7・12	7・13	7・14	7・15	7・16	7・17	
六月	7・18	7・19	7・20	7・21	7・22	7・23	7・24	7・25	7・26	7・27	7・28	7・29	7・30	7・31	8・1	8・2	8・3	8・4	8・5	8・6	8・7	8・8	8・9	8・10	8・11	8・12	8・13	8・14	8・15	
七月	8・16	8・17	8・18	8・19	8・20	8・21	8・22	8・23	8・24	8・25	8・26	8・27	8・28	8・29	8・30	8・31	9・1	9・2	9・3	9・4	9・5	9・6	9・7	9・8	9・9	9・10	9・11	9・12	9・13	9・14
八月	9・15	9・16	9・17	9・18	9・19	9・20	9・21	9・22	9・23	9・24	9・25	9・26	9・27	9・28	9・29	9・30	10・1	10・2	10・3	10・4	10・5	10・6	10・7	10・8	10・9	10・10	10・11	10・12	10・13	
九月	10・14	10・15	10・16	10・17	10・18	10・19	10・20	10・21	10・22	10・23	10・24	10・25	10・26	10・27	10・28	10・29	10・30	10・31	11・1	11・2	11・3	11・4	11・5	11・6	11・7	11・8	11・9	11・10	11・11	
十月	11・12	11・13	11・14	11・15	11・16	11・17	11・18	11・19	11・20	11・21	11・22	11・23	11・24	11・25	11・26	11・27	11・28	11・29	11・30	12・1	12・2	12・3	12・4	12・5	12・6	12・7	12・8	12・9	12・10	12・11
十一月	12・12	12・13	12・14	12・15	12・16	12・17	12・18	12・19	12・20	12・21	12・22	12・23	12・24	12・25	12・26	12・27	12・28	12・29	12・30	12・31	1・1	1・2	1・3	1・4	1・5	1・6	1・7	1・8	1・9	1・10
十二月	1・11	1・12	1・13	1・14	1・15	1・16	1・17	1・18	1・19	1・20	1・21	1・22	1・23	1・24	1・25	1・26	1・27	1・28	1・29	1・30	1・31	2・1	2・2	2・3	2・4	2・5	2・6	2・7	2・8	

1967年（丁未）

農暦	初一	初二	初三	初四	初五	初六	初七	初八	初九	初十	十一	十二	十三	十四	十五	十六	十七	十八	十九	二十	廿一	廿二	廿三	廿四	廿五	廿六	廿七	廿八	廿九	三十
正月	2・9	2・10	2・11	2・12	2・13	2・14	2・15	2・16	2・17	2・18	2・19	2・20	2・21	2・22	2・23	2・24	2・25	2・26	2・27	2・28	3・1	3・2	3・3	3・4	3・5	3・6	3・7	3・8	3・9	3・10
二月	3・11	3・12	3・13	3・14	3・15	3・16	3・17	3・18	3・19	3・20	3・21	3・22	3・23	3・24	3・25	3・26	3・27	3・28	3・29	3・30	3・31	4・1	4・2	4・3	4・4	4・5	4・6	4・7	4・8	4・9
三月	4・10	4・11	4・12	4・13	4・14	4・15	4・16	4・17	4・18	4・19	4・20	4・21	4・22	4・23	4・24	4・25	4・26	4・27	4・28	4・29	4・30	5・1	5・2	5・3	5・4	5・5	5・6	5・7	5・8	
四月	5・9	5・10	5・11	5・12	5・13	5・14	5・15	5・16	5・17	5・18	5・19	5・20	5・21	5・22	5・23	5・24	5・25	5・26	5・27	5・28	5・29	5・30	5・31	6・1	6・2	6・3	6・4	6・5	6・6	6・7
五月	6・8	6・9	6・10	6・11	6・12	6・13	6・14	6・15	6・16	6・17	6・18	6・19	6・20	6・21	6・22	6・23	6・24	6・25	6・26	6・27	6・28	6・29	6・30	7・1	7・2	7・3	7・4	7・5	7・6	7・7
六月	7・8	7・9	7・10	7・11	7・12	7・13	7・14	7・15	7・16	7・17	7・18	7・19	7・20	7・21	7・22	7・23	7・24	7・25	7・26	7・27	7・28	7・29	7・30	7・31	8・1	8・2	8・3	8・4	8・5	
七月	8・6	8・7	8・8	8・9	8・10	8・11	8・12	8・13	8・14	8・15	8・16	8・17	8・18	8・19	8・20	8・21	8・22	8・23	8・24	8・25	8・26	8・27	8・28	8・29	8・30	8・31	9・1	9・2	9・3	
八月	9・4	9・5	9・6	9・7	9・8	9・9	9・10	9・11	9・12	9・13	9・14	9・15	9・16	9・17	9・18	9・19	9・20	9・21	9・22	9・23	9・24	9・25	9・26	9・27	9・28	9・29	9・30	10・1	10・2	10・3
九月	10・4	10・5	10・6	10・7	10・8	10・9	10・10	10・11	10・12	10・13	10・14	10・15	10・16	10・17	10・18	10・19	10・20	10・21	10・22	10・23	10・24	10・25	10・26	10・27	10・28	10・29	10・30	10・31	11・1	
十月	11・2	11・3	11・4	11・5	11・6	11・7	11・8	11・9	11・10	11・11	11・12	11・13	11・14	11・15	11・16	11・17	11・18	11・19	11・20	11・21	11・22	11・23	11・24	11・25	11・26	11・27	11・28	11・29	11・30	12・1
十一月	12・2	12・3	12・4	12・5	12・6	12・7	12・8	12・9	12・10	12・11	12・12	12・13	12・14	12・15	12・16	12・17	12・18	12・19	12・20	12・21	12・22	12・23	12・24	12・25	12・26	12・27	12・28	12・29	12・30	
十二月	12・31	1・1	1・2	1・3	1・4	1・5	1・6	1・7	1・8	1・9	1・10	1・11	1・12	1・13	1・14	1・15	1・16	1・17	1・18	1・19	1・20	1・21	1・22	1・23	1・24	1・25	1・26	1・27	1・28	1・29

1968年（戊申）

農暦	初一	初二	初三	初四	初五	初六	初七	初八	初九	初十	十一	十二	十三	十四	十五	十六	十七	十八	十九	二十	廿一	廿二	廿三	廿四	廿五	廿六	廿七	廿八	廿九	三十
正月	1・30	1・31	2・1	2・2	2・3	2・4	2・5	2・6	2・7	2・8	2・9	2・10	2・11	2・12	2・13	2・14	2・15	2・16	2・17	2・18	2・19	2・20	2・21	2・22	2・23	2・24	2・25	2・26	2・27	
二月	2・28	2・29	3・1	3・2	3・3	3・4	3・5	3・6	3・7	3・8	3・9	3・10	3・11	3・12	3・13	3・14	3・15	3・16	3・17	3・18	3・19	3・20	3・21	3・22	3・23	3・24	3・25	3・26	3・27	3・28
三月	3・29	3・30	3・31	4・1	4・2	4・3	4・4	4・5	4・6	4・7	4・8	4・9	4・10	4・11	4・12	4・13	4・14	4・15	4・16	4・17	4・18	4・19	4・20	4・21	4・22	4・23	4・24	4・25	4・26	
四月	4・27	4・28	4・29	4・30	5・1	5・2	5・3	5・4	5・5	5・6	5・7	5・8	5・9	5・10	5・11	5・12	5・13	5・14	5・15	5・16	5・17	5・18	5・19	5・20	5・21	5・22	5・23	5・24	5・25	5・26
五月	5・27	5・28	5・29	5・30	5・31	6・1	6・2	6・3	6・4	6・5	6・6	6・7	6・8	6・9	6・10	6・11	6・12	6・13	6・14	6・15	6・16	6・17	6・18	6・19	6・20	6・21	6・22	6・23	6・24	6・25
六月	6・26	6・27	6・28	6・29	6・30	7・1	7・2	7・3	7・4	7・5	7・6	7・7	7・8	7・9	7・10	7・11	7・12	7・13	7・14	7・15	7・16	7・17	7・18	7・19	7・20	7・21	7・22	7・23	7・24	
七月	7・25	7・26	7・27	7・28	7・29	7・30	7・31	8・1	8・2	8・3	8・4	8・5	8・6	8・7	8・8	8・9	8・10	8・11	8・12	8・13	8・14	8・15	8・16	8・17	8・18	8・19	8・20	8・21	8・22	8・23
閏七月	8・24	8・25	8・26	8・27	8・28	8・29	8・30	8・31	9・1	9・2	9・3	9・4	9・5	9・6	9・7	9・8	9・9	9・10	9・11	9・12	9・13	9・14	9・15	9・16	9・17	9・18	9・19	9・20	9・21	
八月	9・22	9・23	9・24	9・25	9・26	9・27	9・28	9・29	9・30	10・1	10・2	10・3	10・4	10・5	10・6	10・7	10・8	10・9	10・10	10・11	10・12	10・13	10・14	10・15	10・16	10・17	10・18	10・19	10・20	10・21
九月	10・22	10・23	10・24	10・25	10・26	10・27	10・28	10・29	10・30	10・31	11・1	11・2	11・3	11・4	11・5	11・6	11・7	11・8	11・9	11・10	11・11	11・12	11・13	11・14	11・15	11・16	11・17	11・18	11・19	
十月	11・20	11・21	11・22	11・23	11・24	11・25	11・26	11・27	11・28	11・29	11・30	12・1	12・2	12・3	12・4	12・5	12・6	12・7	12・8	12・9	12・10	12・11	12・12	12・13	12・14	12・15	12・16	12・17	12・18	12・19
十一月	12・20	12・21	12・22	12・23	12・24	12・25	12・26	12・27	12・28	12・29	12・30	12・31	1・1	1・2	1・3	1・4	1・5	1・6	1・7	1・8	1・9	1・10	1・11	1・12	1・13	1・14	1・15	1・16	1・17	
十二月	1・18	1・19	1・20	1・21	1・22	1・23	1・24	1・25	1・26	1・27	1・28	1・29	1・30	1・31	2・1	2・2	2・3	2・4	2・5	2・6	2・7	2・8	2・9	2・10	2・11	2・12	2・13	2・14	2・15	2・16

1969年（己酉）

農暦	初一	初二	初三	初四	初五	初六	初七	初八	初九	初十	十一	十二	十三	十四	十五	十六	十七	十八	十九	二十	廿一	廿二	廿三	廿四	廿五	廿六	廿七	廿八	廿九	三十
正月	2・17	2・18	2・19	2・20	2・21	2・22	2・23	2・24	2・25	2・26	2・27	2・28	3・1	3・2	3・3	3・4	3・5	3・6	3・7	3・8	3・9	3・10	3・11	3・12	3・13	3・14	3・15	3・16	3・17	
二月	3・18	3・19	3・20	3・21	3・22	3・23	3・24	3・25	3・26	3・27	3・28	3・29	3・30	3・31	4・1	4・2	4・3	4・4	4・5	4・6	4・7	4・8	4・9	4・10	4・11	4・12	4・13	4・14	4・15	4・16
三月	4・17	4・18	4・19	4・20	4・21	4・22	4・23	4・24	4・25	4・26	4・27	4・28	4・29	4・30	5・1	5・2	5・3	5・4	5・5	5・6	5・7	5・8	5・9	5・10	5・11	5・12	5・13	5・14	5・15	
四月	5・16	5・17	5・18	5・19	5・20	5・21	5・22	5・23	5・24	5・25	5・26	5・27	5・28	5・29	5・30	5・31	6・1	6・2	6・3	6・4	6・5	6・6	6・7	6・8	6・9	6・10	6・11	6・12	6・13	6・14
五月	6・15	6・16	6・17	6・18	6・19	6・20	6・21	6・22	6・23	6・24	6・25	6・26	6・27	6・28	6・29	6・30	7・1	7・2	7・3	7・4	7・5	7・6	7・7	7・8	7・9	7・10	7・11	7・12	7・13	
六月	7・14	7・15	7・16	7・17	7・18	7・19	7・20	7・21	7・22	7・23	7・24	7・25	7・26	7・27	7・28	7・29	7・30	7・31	8・1	8・2	8・3	8・4	8・5	8・6	8・7	8・8	8・9	8・10	8・11	8・12
七月	8・13	8・14	8・15	8・16	8・17	8・18	8・19	8・20	8・21	8・22	8・23	8・24	8・25	8・26	8・27	8・28	8・29	8・30	8・31	9・1	9・2	9・3	9・4	9・5	9・6	9・7	9・8	9・9	9・10	9・11
八月	9・12	9・13	9・14	9・15	9・16	9・17	9・18	9・19	9・20	9・21	9・22	9・23	9・24	9・25	9・26	9・27	9・28	9・29	9・30	10・1	10・2	10・3	10・4	10・5	10・6	10・7	10・8	10・9	10・10	
九月	10・11	10・12	10・13	10・14	10・15	10・16	10・17	10・18	10・19	10・20	10・21	10・22	10・23	10・24	10・25	10・26	10・27	10・28	10・29	10・30	10・31	11・1	11・2	11・3	11・4	11・5	11・6	11・7	11・8	11・9
十月	11・10	11・11	11・12	11・13	11・14	11・15	11・16	11・17	11・18	11・19	11・20	11・21	11・22	11・23	11・24	11・25	11・26	11・27	11・28	11・29	11・30	12・1	12・2	12・3	12・4	12・5	12・6	12・7	12・8	
十一月	12・9	12・10	12・11	12・12	12・13	12・14	12・15	12・16	12・17	12・18	12・19	12・20	12・21	12・22	12・23	12・24	12・25	12・26	12・27	12・28	12・29	12・30	12・31	1・1	1・2	1・3	1・4	1・5	1・6	1・7
十二月	1・8	1・9	1・10	1・11	1・12	1・13	1・14	1・15	1・16	1・17	1・18	1・19	1・20	1・21	1・22	1・23	1・24	1・25	1・26	1・27	1・28	1・29	1・30	1・31	2・1	2・2	2・3	2・4	2・5	

1970年（庚戌）

農暦	初一	初二	初三	初四	初五	初六	初七	初八	初九	初十	十一	十二	十三	十四	十五	十六	十七	十八	十九	二十	廿一	廿二	廿三	廿四	廿五	廿六	廿七	廿八	廿九	三十
正月	2・6	2・7	2・8	2・9	2・10	2・11	2・12	2・13	2・14	2・15	2・16	2・17	2・18	2・19	2・20	2・21	2・22	2・23	2・24	2・25	2・26	2・27	2・28	3・1	3・2	3・3	3・4	3・5	3・6	3・7
二月	3・8	3・9	3・10	3・11	3・12	3・13	3・14	3・15	3・16	3・17	3・18	3・19	3・20	3・21	3・22	3・23	3・24	3・25	3・26	3・27	3・28	3・29	3・30	3・31	4・1	4・2	4・3	4・4	4・5	
三月	4・6	4・7	4・8	4・9	4・10	4・11	4・12	4・13	4・14	4・15	4・16	4・17	4・18	4・19	4・20	4・21	4・22	4・23	4・24	4・25	4・26	4・27	4・28	4・29	4・30	5・1	5・2	5・3	5・4	
四月	5・5	5・6	5・7	5・8	5・9	5・10	5・11	5・12	5・13	5・14	5・15	5・16	5・17	5・18	5・19	5・20	5・21	5・22	5・23	5・24	5・25	5・26	5・27	5・28	5・29	5・30	5・31	6・1	6・2	6・3
五月	6・4	6・5	6・6	6・7	6・8	6・9	6・10	6・11	6・12	6・13	6・14	6・15	6・16	6・17	6・18	6・19	6・20	6・21	6・22	6・23	6・24	6・25	6・26	6・27	6・28	6・29	6・30	7・1	7・2	
六月	7・3	7・4	7・5	7・6	7・7	7・8	7・9	7・10	7・11	7・12	7・13	7・14	7・15	7・16	7・17	7・18	7・19	7・20	7・21	7・22	7・23	7・24	7・25	7・26	7・27	7・28	7・29	7・30	7・31	8・1
七月	8・2	8・3	8・4	8・5	8・6	8・7	8・8	8・9	8・10	8・11	8・12	8・13	8・14	8・15	8・16	8・17	8・18	8・19	8・20	8・21	8・22	8・23	8・24	8・25	8・26	8・27	8・28	8・29	8・30	8・31
八月	9・1	9・2	9・3	9・4	9・5	9・6	9・7	9・8	9・9	9・10	9・11	9・12	9・13	9・14	9・15	9・16	9・17	9・18	9・19	9・20	9・21	9・22	9・23	9・24	9・25	9・26	9・27	9・28	9・29	
九月	9・30	10・1	10・2	10・3	10・4	10・5	10・6	10・7	10・8	10・9	10・10	10・11	10・12	10・13	10・14	10・15	10・16	10・17	10・18	10・19	10・20	10・21	10・22	10・23	10・24	10・25	10・26	10・27	10・28	10・29
十月	10・30	10・31	11・1	11・2	11・3	11・4	11・5	11・6	11・7	11・8	11・9	11・10	11・11	11・12	11・13	11・14	11・15	11・16	11・17	11・18	11・19	11・20	11・21	11・22	11・23	11・24	11・25	11・26	11・27	11・28
十一月	11・29	11・30	12・1	12・2	12・3	12・4	12・5	12・6	12・7	12・8	12・9	12・10	12・11	12・12	12・13	12・14	12・15	12・16	12・17	12・18	12・19	12・20	12・21	12・22	12・23	12・24	12・25	12・26	12・27	
十二月	12・28	12・29	12・30	12・31	1・1	1・2	1・3	1・4	1・5	1・6	1・7	1・8	1・9	1・10	1・11	1・12	1・13	1・14	1・15	1・16	1・17	1・18	1・19	1・20	1・21	1・22	1・23	1・24	1・25	1・26

1971年（辛亥）

農曆	初一	初二	初三	初四	初五	初六	初七	初八	初九	初十	十一	十二	十三	十四	十五	十六	十七	十八	十九	二十	廿一	廿二	廿三	廿四	廿五	廿六	廿七	廿八	廿九	三十
正月	1・27	1・28	1・29	1・30	1・31	2・1	2・2	2・3	2・4	2・5	2・6	2・7	2・8	2・9	2・10	2・11	2・12	2・13	2・14	2・15	2・16	2・17	2・18	2・19	2・20	2・21	2・22	2・23	2・24	
二月	2・25	2・26	2・27	2・28	3・1	3・2	3・3	3・4	3・5	3・6	3・7	3・8	3・9	3・10	3・11	3・12	3・13	3・14	3・15	3・16	3・17	3・18	3・19	3・20	3・21	3・22	3・23	3・24	3・25	3・26
三月	3・27	3・28	3・29	3・30	3・31	4・1	4・2	4・3	4・4	4・5	4・6	4・7	4・8	4・9	4・10	4・11	4・12	4・13	4・14	4・15	4・16	4・17	4・18	4・19	4・20	4・21	4・22	4・23	4・24	
四月	4・25	4・26	4・27	4・28	4・29	4・30	5・1	5・2	5・3	5・4	5・5	5・6	5・7	5・8	5・9	5・10	5・11	5・12	5・13	5・14	5・15	5・16	5・17	5・18	5・19	5・20	5・21	5・22	5・23	
五月	5・24	5・25	5・26	5・27	5・28	5・29	5・30	5・31	6・1	6・2	6・3	6・4	6・5	6・6	6・7	6・8	6・9	6・10	6・11	6・12	6・13	6・14	6・15	6・16	6・17	6・18	6・19	6・20	6・21	6・22
閏五月	6・23	6・24	6・25	6・26	6・27	6・28	6・29	6・30	7・1	7・2	7・3	7・4	7・5	7・6	7・7	7・8	7・9	7・10	7・11	7・12	7・13	7・14	7・15	7・16	7・17	7・18	7・19	7・20	7・21	
六月	7・22	7・23	7・24	7・25	7・26	7・27	7・28	7・29	7・30	7・31	8・1	8・2	8・3	8・4	8・5	8・6	8・7	8・8	8・9	8・10	8・11	8・12	8・13	8・14	8・15	8・16	8・17	8・18	8・19	8・20
七月	8・21	8・22	8・23	8・24	8・25	8・26	8・27	8・28	8・29	8・30	8・31	9・1	9・2	9・3	9・4	9・5	9・6	9・7	9・8	9・9	9・10	9・11	9・12	9・13	9・14	9・15	9・16	9・17	9・18	
八月	9・19	9・20	9・21	9・22	9・23	9・24	9・25	9・26	9・27	9・28	9・29	9・30	10・1	10・2	10・3	10・4	10・5	10・6	10・7	10・8	10・9	10・10	10・11	10・12	10・13	10・14	10・15	10・16	10・17	10・18
九月	10・19	10・20	10・21	10・22	10・23	10・24	10・25	10・26	10・27	10・28	10・29	10・30	10・31	11・1	11・2	11・3	11・4	11・5	11・6	11・7	11・8	11・9	11・10	11・11	11・12	11・13	11・14	11・15	11・16	11・17
十月	11・18	11・19	11・20	11・21	11・22	11・23	11・24	11・25	11・26	11・27	11・28	11・29	11・30	12・1	12・2	12・3	12・4	12・5	12・6	12・7	12・8	12・9	12・10	12・11	12・12	12・13	12・14	12・15	12・16	12・17
十一月	12・18	12・19	12・20	12・21	12・22	12・23	12・24	12・25	12・26	12・27	12・28	12・29	12・30	12・31	1・1	1・2	1・3	1・4	1・5	1・6	1・7	1・8	1・9	1・10	1・11	1・12	1・13	1・14	1・15	
十二月	1・16	1・17	1・18	1・19	1・20	1・21	1・22	1・23	1・24	1・25	1・26	1・27	1・28	1・29	1・30	1・31	2・1	2・2	2・3	2・4	2・5	2・6	2・7	2・8	2・9	2・10	2・11	2・12	2・13	2・14

1972年（壬子）

農暦	初一	初二	初三	初四	初五	初六	初七	初八	初九	初十	十一	十二	十三	十四	十五	十六	十七	十八	十九	二十	廿一	廿二	廿三	廿四	廿五	廿六	廿七	廿八	廿九	三十
正月	2・15	2・16	2・17	2・18	2・19	2・20	2・21	2・22	2・23	2・24	2・25	2・26	2・27	2・28	2・29	3・1	3・2	3・3	3・4	3・5	3・6	3・7	3・8	3・9	3・10	3・11	3・12	3・13	3・14	
二月	3・15	3・16	3・17	3・18	3・19	3・20	3・21	3・22	3・23	3・24	3・25	3・26	3・27	3・28	3・29	3・30	3・31	4・1	4・2	4・3	4・4	4・5	4・6	4・7	4・8	4・9	4・10	4・11	4・12	4・13
三月	4・14	4・15	4・16	4・17	4・18	4・19	4・20	4・21	4・22	4・23	4・24	4・25	4・26	4・27	4・28	4・29	4・30	5・1	5・2	5・3	5・4	5・5	5・6	5・7	5・8	5・9	5・10	5・11	5・12	
四月	5・13	5・14	5・15	5・16	5・17	5・18	5・19	5・20	5・21	5・22	5・23	5・24	5・25	5・26	5・27	5・28	5・29	5・30	5・31	6・1	6・2	6・3	6・4	6・5	6・6	6・7	6・8	6・9	6・10	
五月	6・11	6・12	6・13	6・14	6・15	6・16	6・17	6・18	6・19	6・20	6・21	6・22	6・23	6・24	6・25	6・26	6・27	6・28	6・29	6・30	7・1	7・2	7・3	7・4	7・5	7・6	7・7	7・8	7・9	7・10
六月	7・11	7・12	7・13	7・14	7・15	7・16	7・17	7・18	7・19	7・20	7・21	7・22	7・23	7・24	7・25	7・26	7・27	7・28	7・29	7・30	7・31	8・1	8・2	8・3	8・4	8・5	8・6	8・7	8・8	
七月	8・9	8・10	8・11	8・12	8・13	8・14	8・15	8・16	8・17	8・18	8・19	8・20	8・21	8・22	8・23	8・24	8・25	8・26	8・27	8・28	8・29	8・30	8・31	9・1	9・2	9・3	9・4	9・5	9・6	9・7
八月	9・8	9・9	9・10	9・11	9・12	9・13	9・14	9・15	9・16	9・17	9・18	9・19	9・20	9・21	9・22	9・23	9・24	9・25	9・26	9・27	9・28	9・29	9・30	10・1	10・2	10・3	10・4	10・5	10・6	
九月	10・7	10・8	10・9	10・10	10・11	10・12	10・13	10・14	10・15	10・16	10・17	10・18	10・19	10・20	10・21	10・22	10・23	10・24	10・25	10・26	10・27	10・28	10・29	10・30	10・31	11・1	11・2	11・3	11・4	11・5
十月	11・6	11・7	11・8	11・9	11・10	11・11	11・12	11・13	11・14	11・15	11・16	11・17	11・18	11・19	11・20	11・21	11・22	11・23	11・24	11・25	11・26	11・27	11・28	11・29	11・30	12・1	12・2	12・3	12・4	12・5
十一月	12・6	12・7	12・8	12・9	12・10	12・11	12・12	12・13	12・14	12・15	12・16	12・17	12・18	12・19	12・20	12・21	12・22	12・23	12・24	12・25	12・26	12・27	12・28	12・29	12・30	12・31	1・1	1・2	1・3	
十二月	1・4	1・5	1・6	1・7	1・8	1・9	1・10	1・11	1・12	1・13	1・14	1・15	1・16	1・17	1・18	1・19	1・20	1・21	1・22	1・23	1・24	1・25	1・26	1・27	1・28	1・29	1・30	1・31	2・1	2・2

1973年（癸丑）

農暦	初一	初二	初三	初四	初五	初六	初七	初八	初九	初十	十一	十二	十三	十四	十五	十六	十七	十八	十九	二十	廿一	廿二	廿三	廿四	廿五	廿六	廿七	廿八	廿九	三十
正月	2・3	2・4	2・5	2・6	2・7	2・8	2・9	2・10	2・11	2・12	2・13	2・14	2・15	2・16	2・17	2・18	2・19	2・20	2・21	2・22	2・23	2・24	2・25	2・26	2・27	2・28	3・1	3・2	3・3	3・4
二月	3・5	3・6	3・7	3・8	3・9	3・10	3・11	3・12	3・13	3・14	3・15	3・16	3・17	3・18	3・19	3・20	3・21	3・22	3・23	3・24	3・25	3・26	3・27	3・28	3・29	3・30	3・31	4・1	4・2	
三月	4・3	4・4	4・5	4・6	4・7	4・8	4・9	4・10	4・11	4・12	4・13	4・14	4・15	4・16	4・17	4・18	4・19	4・20	4・21	4・22	4・23	4・24	4・25	4・26	4・27	4・28	4・29	4・30	5・1	5・2
四月	5・3	5・4	5・5	5・6	5・7	5・8	5・9	5・10	5・11	5・12	5・13	5・14	5・15	5・16	5・17	5・18	5・19	5・20	5・21	5・22	5・23	5・24	5・25	5・26	5・27	5・28	5・29	5・30	5・31	
五月	6・1	6・2	6・3	6・4	6・5	6・6	6・7	6・8	6・9	6・10	6・11	6・12	6・13	6・14	6・15	6・16	6・17	6・18	6・19	6・20	6・21	6・22	6・23	6・24	6・25	6・26	6・27	6・28	6・29	
六月	6・30	7・1	7・2	7・3	7・4	7・5	7・6	7・7	7・8	7・9	7・10	7・11	7・12	7・13	7・14	7・15	7・16	7・17	7・18	7・19	7・20	7・21	7・22	7・23	7・24	7・25	7・26	7・27	7・28	7・29
七月	7・30	7・31	8・1	8・2	8・3	8・4	8・5	8・6	8・7	8・8	8・9	8・10	8・11	8・12	8・13	8・14	8・15	8・16	8・17	8・18	8・19	8・20	8・21	8・22	8・23	8・24	8・25	8・26	8・27	
八月	8・28	8・29	8・30	8・31	9・1	9・2	9・3	9・4	9・5	9・6	9・7	9・8	9・9	9・10	9・11	9・12	9・13	9・14	9・15	9・16	9・17	9・18	9・19	9・20	9・21	9・22	9・23	9・24	9・25	
九月	9・26	9・27	9・28	9・29	9・30	10・1	10・2	10・3	10・4	10・5	10・6	10・7	10・8	10・9	10・10	10・11	10・12	10・13	10・14	10・15	10・16	10・17	10・18	10・19	10・20	10・21	10・22	10・23	10・24	10・25
十月	10・26	10・27	10・28	10・29	10・30	10・31	11・1	11・2	11・3	11・4	11・5	11・6	11・7	11・8	11・9	11・10	11・11	11・12	11・13	11・14	11・15	11・16	11・17	11・18	11・19	11・20	11・21	11・22	11・23	11・24
十一月	11・25	11・26	11・27	11・28	11・29	11・30	12・1	12・2	12・3	12・4	12・5	12・6	12・7	12・8	12・9	12・10	12・11	12・12	12・13	12・14	12・15	12・16	12・17	12・18	12・19	12・20	12・21	12・22	12・23	
十二月	12・24	12・25	12・26	12・27	12・28	12・29	12・30	12・31	1・1	1・2	1・3	1・4	1・5	1・6	1・7	1・8	1・9	1・10	1・11	1・12	1・13	1・14	1・15	1・16	1・17	1・18	1・19	1・20	1・21	1・22

1974年（甲寅）

農曆	初一	初二	初三	初四	初五	初六	初七	初八	初九	初十	十一	十二	十三	十四	十五	十六	十七	十八	十九	二十	廿一	廿二	廿三	廿四	廿五	廿六	廿七	廿八	廿九	三十
正月	1・23	1・24	1・25	1・26	1・27	1・28	1・29	1・30	1・31	2・1	2・2	2・3	2・4	2・5	2・6	2・7	2・8	2・9	2・10	2・11	2・12	2・13	2・14	2・15	2・16	2・17	2・18	2・19	2・20	2・21
二月	2・22	2・23	2・24	2・25	2・26	2・27	2・28	3・1	3・2	3・3	3・4	3・5	3・6	3・7	3・8	3・9	3・10	3・11	3・12	3・13	3・14	3・15	3・16	3・17	3・18	3・19	3・20	3・21	3・22	3・23
三月	3・24	3・25	3・26	3・27	3・28	3・29	3・30	3・31	4・1	4・2	4・3	4・4	4・5	4・6	4・7	4・8	4・9	4・10	4・11	4・12	4・13	4・14	4・15	4・16	4・17	4・18	4・19	4・20	4・21	
四月	4・22	4・23	4・24	4・25	4・26	4・27	4・28	4・29	4・30	5・1	5・2	5・3	5・4	5・5	5・6	5・7	5・8	5・9	5・10	5・11	5・12	5・13	5・14	5・15	5・16	5・17	5・18	5・19	5・20	5・21
閏四月	5・22	5・23	5・24	5・25	5・26	5・27	5・28	5・29	5・30	5・31	6・1	6・2	6・3	6・4	6・5	6・6	6・7	6・8	6・9	6・10	6・11	6・12	6・13	6・14	6・15	6・16	6・17	6・18	6・19	
五月	6・20	6・21	6・22	6・23	6・24	6・25	6・26	6・27	6・28	6・29	6・30	7・1	7・2	7・3	7・4	7・5	7・6	7・7	7・8	7・9	7・10	7・11	7・12	7・13	7・14	7・15	7・16	7・17	7・18	
六月	7・19	7・20	7・21	7・22	7・23	7・24	7・25	7・26	7・27	7・28	7・29	7・30	7・31	8・1	8・2	8・3	8・4	8・5	8・6	8・7	8・8	8・9	8・10	8・11	8・12	8・13	8・14	8・15	8・16	8・17
七月	8・18	8・19	8・20	8・21	8・22	8・23	8・24	8・25	8・26	8・27	8・28	8・29	8・30	8・31	9・1	9・2	9・3	9・4	9・5	9・6	9・7	9・8	9・9	9・10	9・11	9・12	9・13	9・14	9・15	
八月	9・16	9・17	9・18	9・19	9・20	9・21	9・22	9・23	9・24	9・25	9・26	9・27	9・28	9・29	9・30	10・1	10・2	10・3	10・4	10・5	10・6	10・7	10・8	10・9	10・10	10・11	10・12	10・13	10・14	
九月	10・15	10・16	10・17	10・18	10・19	10・20	10・21	10・22	10・23	10・24	10・25	10・26	10・27	10・28	10・29	10・30	10・31	11・1	11・2	11・3	11・4	11・5	11・6	11・7	11・8	11・9	11・10	11・11	11・12	11・13
十月	11・14	11・15	11・16	11・17	11・18	11・19	11・20	11・21	11・22	11・23	11・24	11・25	11・26	11・27	11・28	11・29	11・30	12・1	12・2	12・3	12・4	12・5	12・6	12・7	12・8	12・9	12・10	12・11	12・12	12・13
十一月	12・14	12・15	12・16	12・17	12・18	12・19	12・20	12・21	12・22	12・23	12・24	12・25	12・26	12・27	12・28	12・29	12・30	12・31	1・1	1・2	1・3	1・4	1・5	1・6	1・7	1・8	1・9	1・10	1・11	
十二月	1・12	1・13	1・14	1・15	1・16	1・17	1・18	1・19	1・20	1・21	1・22	1・23	1・24	1・25	1・26	1・27	1・28	1・29	1・30	1・31	2・1	2・2	2・3	2・4	2・5	2・6	2・7	2・8	2・9	2・10

1975年（乙卯）

農曆	初一	初二	初三	初四	初五	初六	初七	初八	初九	初十	十一	十二	十三	十四	十五	十六	十七	十八	十九	二十	廿一	廿二	廿三	廿四	廿五	廿六	廿七	廿八	廿九	三十
正月	2・11	2・12	2・13	2・14	2・15	2・16	2・17	2・18	2・19	2・20	2・21	2・22	2・23	2・24	2・25	2・26	2・27	2・28	3・1	3・2	3・3	3・4	3・5	3・6	3・7	3・8	3・9	3・10	3・11	3・12
二月	3・13	3・14	3・15	3・16	3・17	3・18	3・19	3・20	3・21	3・22	3・23	3・24	3・25	3・26	3・27	3・28	3・29	3・30	3・31	4・1	4・2	4・3	4・4	4・5	4・6	4・7	4・8	4・9	4・10	4・11
三月	4・12	4・13	4・14	4・15	4・16	4・17	4・18	4・19	4・20	4・21	4・22	4・23	4・24	4・25	4・26	4・27	4・28	4・29	4・30	5・1	5・2	5・3	5・4	5・5	5・6	5・7	5・8	5・9	5・10	
四月	5・11	5・12	5・13	5・14	5・15	5・16	5・17	5・18	5・19	5・20	5・21	5・22	5・23	5・24	5・25	5・26	5・27	5・28	5・29	5・30	5・31	6・1	6・2	6・3	6・4	6・5	6・6	6・7	6・8	6・9
五月	6・10	6・11	6・12	6・13	6・14	6・15	6・16	6・17	6・18	6・19	6・20	6・21	6・22	6・23	6・24	6・25	6・26	6・27	6・28	6・29	6・30	7・1	7・2	7・3	7・4	7・5	7・6	7・7	7・8	
六月	7・9	7・10	7・11	7・12	7・13	7・14	7・15	7・16	7・17	7・18	7・19	7・20	7・21	7・22	7・23	7・24	7・25	7・26	7・27	7・28	7・29	7・30	7・31	8・1	8・2	8・3	8・4	8・5	8・6	
七月	8・7	8・8	8・9	8・10	8・11	8・12	8・13	8・14	8・15	8・16	8・17	8・18	8・19	8・20	8・21	8・22	8・23	8・24	8・25	8・26	8・27	8・28	8・29	8・30	8・31	9・1	9・2	9・3	9・4	9・5
八月	9・6	9・7	9・8	9・9	9・10	9・11	9・12	9・13	9・14	9・15	9・16	9・17	9・18	9・19	9・20	9・21	9・22	9・23	9・24	9・25	9・26	9・27	9・28	9・29	9・30	10・1	10・2	10・3	10・4	
九月	10・5	10・6	10・7	10・8	10・9	10・10	10・11	10・12	10・13	10・14	10・15	10・16	10・17	10・18	10・19	10・20	10・21	10・22	10・23	10・24	10・25	10・26	10・27	10・28	10・29	10・30	10・31	11・1	11・2	
十月	11・3	11・4	11・5	11・6	11・7	11・8	11・9	11・10	11・11	11・12	11・13	11・14	11・15	11・16	11・17	11・18	11・19	11・20	11・21	11・22	11・23	11・24	11・25	11・26	11・27	11・28	11・29	11・30	12・1	12・2
十一月	12・3	12・4	12・5	12・6	12・7	12・8	12・9	12・10	12・11	12・12	12・13	12・14	12・15	12・16	12・17	12・18	12・19	12・20	12・21	12・22	12・23	12・24	12・25	12・26	12・27	12・28	12・29	12・30	12・31	
十二月	1・1	1・2	1・3	1・4	1・5	1・6	1・7	1・8	1・9	1・10	1・11	1・12	1・13	1・14	1・15	1・16	1・17	1・18	1・19	1・20	1・21	1・22	1・23	1・24	1・25	1・26	1・27	1・28	1・29	1・30

1976年（丙辰）

農暦	初一	初二	初三	初四	初五	初六	初七	初八	初九	初十	十一	十二	十三	十四	十五	十六	十七	十八	十九	二十	廿一	廿二	廿三	廿四	廿五	廿六	廿七	廿八	廿九	三十
正月	1・31	2・1	2・2	2・3	2・4	2・5	2・6	2・7	2・8	2・9	2・10	2・11	2・12	2・13	2・14	2・15	2・16	2・17	2・18	2・19	2・20	2・21	2・22	2・23	2・24	2・25	2・26	2・27	2・28	2・29
二月	3・1	3・2	3・3	3・4	3・5	3・6	3・7	3・8	3・9	3・10	3・11	3・12	3・13	3・14	3・15	3・16	3・17	3・18	3・19	3・20	3・21	3・22	3・23	3・24	3・25	3・26	3・27	3・28	3・29	3・30
三月	3・31	4・1	4・2	4・3	4・4	4・5	4・6	4・7	4・8	4・9	4・10	4・11	4・12	4・13	4・14	4・15	4・16	4・17	4・18	4・19	4・20	4・21	4・22	4・23	4・24	4・25	4・26	4・27	4・28	
四月	4・29	4・30	5・1	5・2	5・3	5・4	5・5	5・6	5・7	5・8	5・9	5・10	5・11	5・12	5・13	5・14	5・15	5・16	5・17	5・18	5・19	5・20	5・21	5・22	5・23	5・24	5・25	5・26	5・27	5・28
五月	5・29	5・30	5・31	6・1	6・2	6・3	6・4	6・5	6・6	6・7	6・8	6・9	6・10	6・11	6・12	6・13	6・14	6・15	6・16	6・17	6・18	6・19	6・20	6・21	6・22	6・23	6・24	6・25	6・26	
六月	6・27	6・28	6・29	6・30	7・1	7・2	7・3	7・4	7・5	7・6	7・7	7・8	7・9	7・10	7・11	7・12	7・13	7・14	7・15	7・16	7・17	7・18	7・19	7・20	7・21	7・22	7・23	7・24	7・25	7・26
七月	7・27	7・28	7・29	7・30	7・31	8・1	8・2	8・3	8・4	8・5	8・6	8・7	8・8	8・9	8・10	8・11	8・12	8・13	8・14	8・15	8・16	8・17	8・18	8・19	8・20	8・21	8・22	8・23	8・24	
八月	8・25	8・26	8・27	8・28	8・29	8・30	8・31	9・1	9・2	9・3	9・4	9・5	9・6	9・7	9・8	9・9	9・10	9・11	9・12	9・13	9・14	9・15	9・16	9・17	9・18	9・19	9・20	9・21	9・22	9・23
閏八月	9・24	9・25	9・26	9・27	9・28	9・29	9・30	10・1	10・2	10・3	10・4	10・5	10・6	10・7	10・8	10・9	10・10	10・11	10・12	10・13	10・14	10・15	10・16	10・17	10・18	10・19	10・20	10・21	10・22	
九月	10・23	10・24	10・25	10・26	10・27	10・28	10・29	10・30	10・31	11・1	11・2	11・3	11・4	11・5	11・6	11・7	11・8	11・9	11・10	11・11	11・12	11・13	11・14	11・15	11・16	11・17	11・18	11・19	11・20	
十月	11・21	11・22	11・23	11・24	11・25	11・26	11・27	11・28	11・29	11・30	12・1	12・2	12・3	12・4	12・5	12・6	12・7	12・8	12・9	12・10	12・11	12・12	12・13	12・14	12・15	12・16	12・17	12・18	12・19	12・20
十一月	12・21	12・22	12・23	12・24	12・25	12・26	12・27	12・28	12・29	12・30	12・31	1・1	1・2	1・3	1・4	1・5	1・6	1・7	1・8	1・9	1・10	1・11	1・12	1・13	1・14	1・15	1・16	1・17	1・18	
十二月	1・19	1・20	1・21	1・22	1・23	1・24	1・25	1・26	1・27	1・28	1・29	1・30	1・31	2・1	2・2	2・3	2・4	2・5	2・6	2・7	2・8	2・9	2・10	2・11	2・12	2・13	2・14	2・15	2・16	2・17

1977年（丁巳）

農暦	初一	初二	初三	初四	初五	初六	初七	初八	初九	初十	十一	十二	十三	十四	十五	十六	十七	十八	十九	二十	廿一	廿二	廿三	廿四	廿五	廿六	廿七	廿八	廿九	三十
正月	2·18	2·19	2·20	2·21	2·22	2·23	2·24	2·25	2·26	2·27	2·28	3·1	3·2	3·3	3·4	3·5	3·6	3·7	3·8	3·9	3·10	3·11	3·12	3·13	3·14	3·15	3·16	3·17	3·18	3·19
二月	3·20	3·21	3·22	3·23	3·24	3·25	3·26	3·27	3·28	3·29	3·30	3·31	4·1	4·2	4·3	4·4	4·5	4·6	4·7	4·8	4·9	4·10	4·11	4·12	4·13	4·14	4·15	4·16	4·17	
三月	4·18	4·19	4·20	4·21	4·22	4·23	4·24	4·25	4·26	4·27	4·28	4·29	4·30	5·1	5·2	5·3	5·4	5·5	5·6	5·7	5·8	5·9	5·10	5·11	5·12	5·13	5·14	5·15	5·16	5·17
四月	5·18	5·19	5·20	5·21	5·22	5·23	5·24	5·25	5·26	5·27	5·28	5·29	5·30	5·31	6·1	6·2	6·3	6·4	6·5	6·6	6·7	6·8	6·9	6·10	6·11	6·12	6·13	6·14	6·15	6·16
五月	6·17	6·18	6·19	6·20	6·21	6·22	6·23	6·24	6·25	6·26	6·27	6·28	6·29	6·30	7·1	7·2	7·3	7·4	7·5	7·6	7·7	7·8	7·9	7·10	7·11	7·12	7·13	7·14	7·15	
六月	7·16	7·17	7·18	7·19	7·20	7·21	7·22	7·23	7·24	7·25	7·26	7·27	7·28	7·29	7·30	7·31	8·1	8·2	8·3	8·4	8·5	8·6	8·7	8·8	8·9	8·10	8·11	8·12	8·13	8·14
七月	8·15	8·16	8·17	8·18	8·19	8·20	8·21	8·22	8·23	8·24	8·25	8·26	8·27	8·28	8·29	8·30	8·31	9·1	9·2	9·3	9·4	9·5	9·6	9·7	9·8	9·9	9·10	9·11	9·12	
八月	9·13	9·14	9·15	9·16	9·17	9·18	9·19	9·20	9·21	9·22	9·23	9·24	9·25	9·26	9·27	9·28	9·29	9·30	10·1	10·2	10·3	10·4	10·5	10·6	10·7	10·8	10·9	10·10	10·11	10·12
九月	10·13	10·14	10·15	10·16	10·17	10·18	10·19	10·20	10·21	10·22	10·23	10·24	10·25	10·26	10·27	10·28	10·29	10·30	10·31	11·1	11·2	11·3	11·4	11·5	11·6	11·7	11·8	11·9	11·10	
十月	11·11	11·12	11·13	11·14	11·15	11·16	11·17	11·18	11·19	11·20	11·21	11·22	11·23	11·24	11·25	11·26	11·27	11·28	11·29	11·30	12·1	12·2	12·3	12·4	12·5	12·6	12·7	12·8	12·9	12·10
十一月	12·11	12·12	12·13	12·14	12·15	12·16	12·17	12·18	12·19	12·20	12·21	12·22	12·23	12·24	12·25	12·26	12·27	12·28	12·29	12·30	12·31	1·1	1·2	1·3	1·4	1·5	1·6	1·7	1·8	
十二月	1·9	1·10	1·11	1·12	1·13	1·14	1·15	1·16	1·17	1·18	1·19	1·20	1·21	1·22	1·23	1·24	1·25	1·26	1·27	1·28	1·29	1·30	1·31	2·1	2·2	2·3	2·4	2·5	2·6	

1978年（戊午）

農暦	初一	初二	初三	初四	初五	初六	初七	初八	初九	初十	十一	十二	十三	十四	十五	十六	十七	十八	十九	二十	廿一	廿二	廿三	廿四	廿五	廿六	廿七	廿八	廿九	三十
正月	2・7	2・8	2・9	2・10	2・11	2・12	2・13	2・14	2・15	2・16	2・17	2・18	2・19	2・20	2・21	2・22	2・23	2・24	2・25	2・26	2・27	2・28	3・1	3・2	3・3	3・4	3・5	3・6	3・7	3・8
二月	3・9	3・10	3・11	3・12	3・13	3・14	3・15	3・16	3・17	3・18	3・19	3・20	3・21	3・22	3・23	3・24	3・25	3・26	3・27	3・28	3・29	3・30	3・31	4・1	4・2	4・3	4・4	4・5	4・6	
三月	4・7	4・8	4・9	4・10	4・11	4・12	4・13	4・14	4・15	4・16	4・17	4・18	4・19	4・20	4・21	4・22	4・23	4・24	4・25	4・26	4・27	4・28	4・29	4・30	5・1	5・2	5・3	5・4	5・5	5・6
四月	5・7	5・8	5・9	5・10	5・11	5・12	5・13	5・14	5・15	5・16	5・17	5・18	5・19	5・20	5・21	5・22	5・23	5・24	5・25	5・26	5・27	5・28	5・29	5・30	5・31	6・1	6・2	6・3	6・4	6・5
五月	6・6	6・7	6・8	6・9	6・10	6・11	6・12	6・13	6・14	6・15	6・16	6・17	6・18	6・19	6・20	6・21	6・22	6・23	6・24	6・25	6・26	6・27	6・28	6・29	6・30	7・1	7・2	7・3	7・4	
六月	7・5	7・6	7・7	7・8	7・9	7・10	7・11	7・12	7・13	7・14	7・15	7・16	7・17	7・18	7・19	7・20	7・21	7・22	7・23	7・24	7・25	7・26	7・27	7・28	7・29	7・30	7・31	8・1	8・2	8・3
七月	8・4	8・5	8・6	8・7	8・8	8・9	8・10	8・11	8・12	8・13	8・14	8・15	8・16	8・17	8・18	8・19	8・20	8・21	8・22	8・23	8・24	8・25	8・26	8・27	8・28	8・29	8・30	8・31	9・1	9・2
八月	9・3	9・4	9・5	9・6	9・7	9・8	9・9	9・10	9・11	9・12	9・13	9・14	9・15	9・16	9・17	9・18	9・19	9・20	9・21	9・22	9・23	9・24	9・25	9・26	9・27	9・28	9・29	9・30	10・1	
九月	10・2	10・3	10・4	10・5	10・6	10・7	10・8	10・9	10・10	10・11	10・12	10・13	10・14	10・15	10・16	10・17	10・18	10・19	10・20	10・21	10・22	10・23	10・24	10・25	10・26	10・27	10・28	10・29	10・30	10・31
十月	11・1	11・2	11・3	11・4	11・5	11・6	11・7	11・8	11・9	11・10	11・11	11・12	11・13	11・14	11・15	11・16	11・17	11・18	11・19	11・20	11・21	11・22	11・23	11・24	11・25	11・26	11・27	11・28	11・29	
十一月	11・30	12・1	12・2	12・3	12・4	12・5	12・6	12・7	12・8	12・9	12・10	12・11	12・12	12・13	12・14	12・15	12・16	12・17	12・18	12・19	12・20	12・21	12・22	12・23	12・24	12・25	12・26	12・27	12・28	12・29
十二月	12・30	12・31	1・1	1・2	1・3	1・4	1・5	1・6	1・7	1・8	1・9	1・10	1・11	1・12	1・13	1・14	1・15	1・16	1・17	1・18	1・19	1・20	1・21	1・22	1・23	1・24	1・25	1・26	1・27	

1979年（己未）

農暦	初一	初二	初三	初四	初五	初六	初七	初八	初九	初十	十一	十二	十三	十四	十五	十六	十七	十八	十九	二十	廿一	廿二	廿三	廿四	廿五	廿六	廿七	廿八	廿九	三十
正月	1・28	1・29	1・30	1・31	2・1	2・2	2・3	2・4	2・5	2・6	2・7	2・8	2・9	2・10	2・11	2・12	2・13	2・14	2・15	2・16	2・17	2・18	2・19	2・20	2・21	2・22	2・23	2・24	2・25	2・26
二月	2・27	2・28	3・1	3・2	3・3	3・4	3・5	3・6	3・7	3・8	3・9	3・10	3・11	3・12	3・13	3・14	3・15	3・16	3・17	3・18	3・19	3・20	3・21	3・22	3・23	3・24	3・25	3・26	3・27	
三月	3・28	3・29	3・30	3・31	4・1	4・2	4・3	4・4	4・5	4・6	4・7	4・8	4・9	4・10	4・11	4・12	4・13	4・14	4・15	4・16	4・17	4・18	4・19	4・20	4・21	4・22	4・23	4・24	4・25	
四月	4・26	4・27	4・28	4・29	4・30	5・1	5・2	5・3	5・4	5・5	5・6	5・7	5・8	5・9	5・10	5・11	5・12	5・13	5・14	5・15	5・16	5・17	5・18	5・19	5・20	5・21	5・22	5・23	5・24	5・25
五月	5・26	5・27	5・28	5・29	5・30	5・31	6・1	6・2	6・3	6・4	6・5	6・6	6・7	6・8	6・9	6・10	6・11	6・12	6・13	6・14	6・15	6・16	6・17	6・18	6・19	6・20	6・21	6・22	6・23	
六月	6・24	6・25	6・26	6・27	6・28	6・29	6・30	7・1	7・2	7・3	7・4	7・5	7・6	7・7	7・8	7・9	7・10	7・11	7・12	7・13	7・14	7・15	7・16	7・17	7・18	7・19	7・20	7・21	7・22	7・23
閏六月	7・24	7・25	7・26	7・27	7・28	7・29	7・30	7・31	8・1	8・2	8・3	8・4	8・5	8・6	8・7	8・8	8・9	8・10	8・11	8・12	8・13	8・14	8・15	8・16	8・17	8・18	8・19	8・20	8・21	8・22
七月	8・23	8・24	8・25	8・26	8・27	8・28	8・29	8・30	8・31	9・1	9・2	9・3	9・4	9・5	9・6	9・7	9・8	9・9	9・10	9・11	9・12	9・13	9・14	9・15	9・16	9・17	9・18	9・19	9・20	
八月	9・21	9・22	9・23	9・24	9・25	9・26	9・27	9・28	9・29	9・30	10・1	10・2	10・3	10・4	10・5	10・6	10・7	10・8	10・9	10・10	10・11	10・12	10・13	10・14	10・15	10・16	10・17	10・18	10・19	10・20
九月	10・21	10・22	10・23	10・24	10・25	10・26	10・27	10・28	10・29	10・30	10・31	11・1	11・2	11・3	11・4	11・5	11・6	11・7	11・8	11・9	11・10	11・11	11・12	11・13	11・14	11・15	11・16	11・17	11・18	11・19
十月	11・20	11・21	11・22	11・23	11・24	11・25	11・26	11・27	11・28	11・29	11・30	12・1	12・2	12・3	12・4	12・5	12・6	12・7	12・8	12・9	12・10	12・11	12・12	12・13	12・14	12・15	12・16	12・17	12・18	
十一月	12・19	12・20	12・21	12・22	12・23	12・24	12・25	12・26	12・27	12・28	12・29	12・30	12・31	1・1	1・2	1・3	1・4	1・5	1・6	1・7	1・8	1・9	1・10	1・11	1・12	1・13	1・14	1・15	1・16	1・17
十二月	1・18	1・19	1・20	1・21	1・22	1・23	1・24	1・25	1・26	1・27	1・28	1・29	1・30	1・31	2・1	2・2	2・3	2・4	2・5	2・6	2・7	2・8	2・9	2・10	2・11	2・12	2・13	2・14	2・15	

1980年（庚申）

農暦	初一	初二	初三	初四	初五	初六	初七	初八	初九	初十	十一	十二	十三	十四	十五	十六	十七	十八	十九	二十	廿一	廿二	廿三	廿四	廿五	廿六	廿七	廿八	廿九	三十
正月	2・16	2・17	2・18	2・19	2・20	2・21	2・22	2・23	2・24	2・25	2・26	2・27	2・28	2・29	3・1	3・2	3・3	3・4	3・5	3・6	3・7	3・8	3・9	3・10	3・11	3・12	3・13	3・14	3・15	3・16
二月	3・17	3・18	3・19	3・20	3・21	3・22	3・23	3・24	3・25	3・26	3・27	3・28	3・29	3・30	3・31	4・1	4・2	4・3	4・4	4・5	4・6	4・7	4・8	4・9	4・10	4・11	4・12	4・13	4・14	
三月	4・15	4・16	4・17	4・18	4・19	4・20	4・21	4・22	4・23	4・24	4・25	4・26	4・27	4・28	4・29	4・30	5・1	5・2	5・3	5・4	5・5	5・6	5・7	5・8	5・9	5・10	5・11	5・12	5・13	
四月	5・14	5・15	5・16	5・17	5・18	5・19	5・20	5・21	5・22	5・23	5・24	5・25	5・26	5・27	5・28	5・29	5・30	5・31	6・1	6・2	6・3	6・4	6・5	6・6	6・7	6・8	6・9	6・10	6・11	6・12
五月	6・13	6・14	6・15	6・16	6・17	6・18	6・19	6・20	6・21	6・22	6・23	6・24	6・25	6・26	6・27	6・28	6・29	6・30	7・1	7・2	7・3	7・4	7・5	7・6	7・7	7・8	7・9	7・10	7・11	
六月	7・12	7・13	7・14	7・15	7・16	7・17	7・18	7・19	7・20	7・21	7・22	7・23	7・24	7・25	7・26	7・27	7・28	7・29	7・30	7・31	8・1	8・2	8・3	8・4	8・5	8・6	8・7	8・8	8・9	8・10
七月	8・11	8・12	8・13	8・14	8・15	8・16	8・17	8・18	8・19	8・20	8・21	8・22	8・23	8・24	8・25	8・26	8・27	8・28	8・29	8・30	8・31	9・1	9・2	9・3	9・4	9・5	9・6	9・7	9・8	
八月	9・9	9・10	9・11	9・12	9・13	9・14	9・15	9・16	9・17	9・18	9・19	9・20	9・21	9・22	9・23	9・24	9・25	9・26	9・27	9・28	9・29	9・30	10・1	10・2	10・3	10・4	10・5	10・6	10・7	10・8
九月	10・9	10・10	10・11	10・12	10・13	10・14	10・15	10・16	10・17	10・18	10・19	10・20	10・21	10・22	10・23	10・24	10・25	10・26	10・27	10・28	10・29	10・30	10・31	11・1	11・2	11・3	11・4	11・5	11・6	11・7
十月	11・8	11・9	11・10	11・11	11・12	11・13	11・14	11・15	11・16	11・17	11・18	11・19	11・20	11・21	11・22	11・23	11・24	11・25	11・26	11・27	11・28	11・29	11・30	12・1	12・2	12・3	12・4	12・5	12・6	
十一月	12・7	12・8	12・9	12・10	12・11	12・12	12・13	12・14	12・15	12・16	12・17	12・18	12・19	12・20	12・21	12・22	12・23	12・24	12・25	12・26	12・27	12・28	12・29	12・30	12・31	1・1	1・2	1・3	1・4	1・5
十二月	1・6	1・7	1・8	1・9	1・10	1・11	1・12	1・13	1・14	1・15	1・16	1・17	1・18	1・19	1・20	1・21	1・22	1・23	1・24	1・25	1・26	1・27	1・28	1・29	1・30	1・31	2・1	2・2	2・3	2・4

1981年（辛酉）

農暦	初一	初二	初三	初四	初五	初六	初七	初八	初九	初十	十一	十二	十三	十四	十五	十六	十七	十八	十九	二十	廿一	廿二	廿三	廿四	廿五	廿六	廿七	廿八	廿九	三十
正月	2・5	2・6	2・7	2・8	2・9	2・10	2・11	2・12	2・13	2・14	2・15	2・16	2・17	2・18	2・19	2・20	2・21	2・22	2・23	2・24	2・25	2・26	2・27	2・28	3・1	3・2	3・3	3・4	3・5	
二月	3・6	3・7	3・8	3・9	3・10	3・11	3・12	3・13	3・14	3・15	3・16	3・17	3・18	3・19	3・20	3・21	3・22	3・23	3・24	3・25	3・26	3・27	3・28	3・29	3・30	3・31	4・1	4・2	4・3	4・4
三月	4・5	4・6	4・7	4・8	4・9	4・10	4・11	4・12	4・13	4・14	4・15	4・16	4・17	4・18	4・19	4・20	4・21	4・22	4・23	4・24	4・25	4・26	4・27	4・28	4・29	4・30	5・1	5・2	5・3	
四月	5・4	5・5	5・6	5・7	5・8	5・9	5・10	5・11	5・12	5・13	5・14	5・15	5・16	5・17	5・18	5・19	5・20	5・21	5・22	5・23	5・24	5・25	5・26	5・27	5・28	5・29	5・30	5・31	6・1	
五月	6・2	6・3	6・4	6・5	6・6	6・7	6・8	6・9	6・10	6・11	6・12	6・13	6・14	6・15	6・16	6・17	6・18	6・19	6・20	6・21	6・22	6・23	6・24	6・25	6・26	6・27	6・28	6・29	6・30	7・1
六月	7・2	7・3	7・4	7・5	7・6	7・7	7・8	7・9	7・10	7・11	7・12	7・13	7・14	7・15	7・16	7・17	7・18	7・19	7・20	7・21	7・22	7・23	7・24	7・25	7・26	7・27	7・28	7・29	7・30	
七月	7・31	8・1	8・2	8・3	8・4	8・5	8・6	8・7	8・8	8・9	8・10	8・11	8・12	8・13	8・14	8・15	8・16	8・17	8・18	8・19	8・20	8・21	8・22	8・23	8・24	8・25	8・26	8・27	8・28	
八月	8・29	8・30	8・31	9・1	9・2	9・3	9・4	9・5	9・6	9・7	9・8	9・9	9・10	9・11	9・12	9・13	9・14	9・15	9・16	9・17	9・18	9・19	9・20	9・21	9・22	9・23	9・24	9・25	9・26	9・27
九月	9・28	9・29	9・30	10・1	10・2	10・3	10・4	10・5	10・6	10・7	10・8	10・9	10・10	10・11	10・12	10・13	10・14	10・15	10・16	10・17	10・18	10・19	10・20	10・21	10・22	10・23	10・24	10・25	10・26	10・27
十月	10・28	10・29	10・30	10・31	11・1	11・2	11・3	11・4	11・5	11・6	11・7	11・8	11・9	11・10	11・11	11・12	11・13	11・14	11・15	11・16	11・17	11・18	11・19	11・20	11・21	11・22	11・23	11・24	11・25	
十一月	11・26	11・27	11・28	11・29	11・30	12・1	12・2	12・3	12・4	12・5	12・6	12・7	12・8	12・9	12・10	12・11	12・12	12・13	12・14	12・15	12・16	12・17	12・18	12・19	12・20	12・21	12・22	12・23	12・24	12・25
十二月	12・26	12・27	12・28	12・29	12・30	12・31	1・1	1・2	1・3	1・4	1・5	1・6	1・7	1・8	1・9	1・10	1・11	1・12	1・13	1・14	1・15	1・16	1・17	1・18	1・19	1・20	1・21	1・22	1・23	1・24

1982年（壬戌）

農暦	初一	初二	初三	初四	初五	初六	初七	初八	初九	初十	十一	十二	十三	十四	十五	十六	十七	十八	十九	二十	廿一	廿二	廿三	廿四	廿五	廿六	廿七	廿八	廿九	三十
正月	1・25	1・26	1・27	1・28	1・29	1・30	1・31	2・1	2・2	2・3	2・4	2・5	2・6	2・7	2・8	2・9	2・10	2・11	2・12	2・13	2・14	2・15	2・16	2・17	2・18	2・19	2・20	2・21	2・22	2・23
二月	2・24	2・25	2・26	2・27	2・28	3・1	3・2	3・3	3・4	3・5	3・6	3・7	3・8	3・9	3・10	3・11	3・12	3・13	3・14	3・15	3・16	3・17	3・18	3・19	3・20	3・21	3・22	3・23	3・24	
三月	3・25	3・26	3・27	3・28	3・29	3・30	3・31	4・1	4・2	4・3	4・4	4・5	4・6	4・7	4・8	4・9	4・10	4・11	4・12	4・13	4・14	4・15	4・16	4・17	4・18	4・19	4・20	4・21	4・22	4・23
四月	4・24	4・25	4・26	4・27	4・28	4・29	4・30	5・1	5・2	5・3	5・4	5・5	5・6	5・7	5・8	5・9	5・10	5・11	5・12	5・13	5・14	5・15	5・16	5・17	5・18	5・19	5・20	5・21	5・22	
閏四月	5・23	5・24	5・25	5・26	5・27	5・28	5・29	5・30	5・31	6・1	6・2	6・3	6・4	6・5	6・6	6・7	6・8	6・9	6・10	6・11	6・12	6・13	6・14	6・15	6・16	6・17	6・18	6・19	6・20	
五月	6・21	6・22	6・23	6・24	6・25	6・26	6・27	6・28	6・29	6・30	7・1	7・2	7・3	7・4	7・5	7・6	7・7	7・8	7・9	7・10	7・11	7・12	7・13	7・14	7・15	7・16	7・17	7・18	7・19	7・20
六月	7・21	7・22	7・23	7・24	7・25	7・26	7・27	7・28	7・29	7・30	7・31	8・1	8・2	8・3	8・4	8・5	8・6	8・7	8・8	8・9	8・10	8・11	8・12	8・13	8・14	8・15	8・16	8・17	8・18	
七月	8・19	8・20	8・21	8・22	8・23	8・24	8・25	8・26	8・27	8・28	8・29	8・30	8・31	9・1	9・2	9・3	9・4	9・5	9・6	9・7	9・8	9・9	9・10	9・11	9・12	9・13	9・14	9・15	9・16	
八月	9・17	9・18	9・19	9・20	9・21	9・22	9・23	9・24	9・25	9・26	9・27	9・28	9・29	9・30	10・1	10・2	10・3	10・4	10・5	10・6	10・7	10・8	10・9	10・10	10・11	10・12	10・13	10・14	10・15	10・16
九月	10・17	10・18	10・19	10・20	10・21	10・22	10・23	10・24	10・25	10・26	10・27	10・28	10・29	10・30	10・31	11・1	11・2	11・3	11・4	11・5	11・6	11・7	11・8	11・9	11・10	11・11	11・12	11・13	11・14	
十月	11・15	11・16	11・17	11・18	11・19	11・20	11・21	11・22	11・23	11・24	11・25	11・26	11・27	11・28	11・29	11・30	12・1	12・2	12・3	12・4	12・5	12・6	12・7	12・8	12・9	12・10	12・11	12・12	12・13	12・14
十一月	12・15	12・16	12・17	12・18	12・19	12・20	12・21	12・22	12・23	12・24	12・25	12・26	12・27	12・28	12・29	12・30	12・31	1・1	1・2	1・3	1・4	1・5	1・6	1・7	1・8	1・9	1・10	1・11	1・12	1・13
十二月	1・14	1・15	1・16	1・17	1・18	1・19	1・20	1・21	1・22	1・23	1・24	1・25	1・26	1・27	1・28	1・29	1・30	1・31	2・1	2・2	2・3	2・4	2・5	2・6	2・7	2・8	2・9	2・10	2・11	2・12

1983年（癸亥）

農暦	初一	初二	初三	初四	初五	初六	初七	初八	初九	初十	十一	十二	十三	十四	十五	十六	十七	十八	十九	二十	廿一	廿二	廿三	廿四	廿五	廿六	廿七	廿八	廿九	三十
正月	2・13	2・14	2・15	2・16	2・17	2・18	2・19	2・20	2・21	2・22	2・23	2・24	2・25	2・26	2・27	2・28	3・1	3・2	3・3	3・4	3・5	3・6	3・7	3・8	3・9	3・10	3・11	3・12	3・13	3・14
二月	3・15	3・16	3・17	3・18	3・19	3・20	3・21	3・22	3・23	3・24	3・25	3・26	3・27	3・28	3・29	3・30	3・31	4・1	4・2	4・3	4・4	4・5	4・6	4・7	4・8	4・9	4・10	4・11	4・12	
三月	4・13	4・14	4・15	4・16	4・17	4・18	4・19	4・20	4・21	4・22	4・23	4・24	4・25	4・26	4・27	4・28	4・29	4・30	5・1	5・2	5・3	5・4	5・5	5・6	5・7	5・8	5・9	5・10	5・11	5・12
四月	5・13	5・14	5・15	5・16	5・17	5・18	5・19	5・20	5・21	5・22	5・23	5・24	5・25	5・26	5・27	5・28	5・29	5・30	5・31	6・1	6・2	6・3	6・4	6・5	6・6	6・7	6・8	6・9	6・10	
五月	6・11	6・12	6・13	6・14	6・15	6・16	6・17	6・18	6・19	6・20	6・21	6・22	6・23	6・24	6・25	6・26	6・27	6・28	6・29	6・30	7・1	7・2	7・3	7・4	7・5	7・6	7・7	7・8	7・9	
六月	7・10	7・11	7・12	7・13	7・14	7・15	7・16	7・17	7・18	7・19	7・20	7・21	7・22	7・23	7・24	7・25	7・26	7・27	7・28	7・29	7・30	7・31	8・1	8・2	8・3	8・4	8・5	8・6	8・7	8・8
七月	8・9	8・10	8・11	8・12	8・13	8・14	8・15	8・16	8・17	8・18	8・19	8・20	8・21	8・22	8・23	8・24	8・25	8・26	8・27	8・28	8・29	8・30	8・31	9・1	9・2	9・3	9・4	9・5	9・6	
八月	9・7	9・8	9・9	9・10	9・11	9・12	9・13	9・14	9・15	9・16	9・17	9・18	9・19	9・20	9・21	9・22	9・23	9・24	9・25	9・26	9・27	9・28	9・29	9・30	10・1	10・2	10・3	10・4	10・5	
九月	10・6	10・7	10・8	10・9	10・10	10・11	10・12	10・13	10・14	10・15	10・16	10・17	10・18	10・19	10・20	10・21	10・22	10・23	10・24	10・25	10・26	10・27	10・28	10・29	10・30	10・31	11・1	11・2	11・3	11・4
十月	11・5	11・6	11・7	11・8	11・9	11・10	11・11	11・12	11・13	11・14	11・15	11・16	11・17	11・18	11・19	11・20	11・21	11・22	11・23	11・24	11・25	11・26	11・27	11・28	11・29	11・30	12・1	12・2	12・3	
十一月	12・4	12・5	12・6	12・7	12・8	12・9	12・10	12・11	12・12	12・13	12・14	12・15	12・16	12・17	12・18	12・19	12・20	12・21	12・22	12・23	12・24	12・25	12・26	12・27	12・28	12・29	12・30	12・31	1・1	1・2
十二月	1・3	1・4	1・5	1・6	1・7	1・8	1・9	1・10	1・11	1・12	1・13	1・14	1・15	1・16	1・17	1・18	1・19	1・20	1・21	1・22	1・23	1・24	1・25	1・26	1・27	1・28	1・29	1・30	1・31	2・1

1984年（甲子）

農暦	初一	初二	初三	初四	初五	初六	初七	初八	初九	初十	十一	十二	十三	十四	十五	十六	十七	十八	十九	二十	廿一	廿二	廿三	廿四	廿五	廿六	廿七	廿八	廿九	三十
正月	2・2	2・3	2・4	2・5	2・6	2・7	2・8	2・9	2・10	2・11	2・12	2・13	2・14	2・15	2・16	2・17	2・18	2・19	2・20	2・21	2・22	2・23	2・24	2・25	2・26	2・27	2・28	2・29	3・1	3・2
二月	3・3	3・4	3・5	3・6	3・7	3・8	3・9	3・10	3・11	3・12	3・13	3・14	3・15	3・16	3・17	3・18	3・19	3・20	3・21	3・22	3・23	3・24	3・25	3・26	3・27	3・28	3・29	3・30	3・31	
三月	4・1	4・2	4・3	4・4	4・5	4・6	4・7	4・8	4・9	4・10	4・11	4・12	4・13	4・14	4・15	4・16	4・17	4・18	4・19	4・20	4・21	4・22	4・23	4・24	4・25	4・26	4・27	4・28	4・29	4・30
四月	5・1	5・2	5・3	5・4	5・5	5・6	5・7	5・8	5・9	5・10	5・11	5・12	5・13	5・14	5・15	5・16	5・17	5・18	5・19	5・20	5・21	5・22	5・23	5・24	5・25	5・26	5・27	5・28	5・29	5・30
五月	5・31	6・1	6・2	6・3	6・4	6・5	6・6	6・7	6・8	6・9	6・10	6・11	6・12	6・13	6・14	6・15	6・16	6・17	6・18	6・19	6・20	6・21	6・22	6・23	6・24	6・25	6・26	6・27	6・28	
六月	6・29	6・30	7・1	7・2	7・3	7・4	7・5	7・6	7・7	7・8	7・9	7・10	7・11	7・12	7・13	7・14	7・15	7・16	7・17	7・18	7・19	7・20	7・21	7・22	7・23	7・24	7・25	7・26	7・27	
七月	7・28	7・29	7・30	7・31	8・1	8・2	8・3	8・4	8・5	8・6	8・7	8・8	8・9	8・10	8・11	8・12	8・13	8・14	8・15	8・16	8・17	8・18	8・19	8・20	8・21	8・22	8・23	8・24	8・25	8・26
八月	8・27	8・28	8・29	8・30	8・31	9・1	9・2	9・3	9・4	9・5	9・6	9・7	9・8	9・9	9・10	9・11	9・12	9・13	9・14	9・15	9・16	9・17	9・18	9・19	9・20	9・21	9・22	9・23	9・24	
九月	9・25	9・26	9・27	9・28	9・29	9・30	10・1	10・2	10・3	10・4	10・5	10・6	10・7	10・8	10・9	10・10	10・11	10・12	10・13	10・14	10・15	10・16	10・17	10・18	10・19	10・20	10・21	10・22	10・23	
十月	10・24	10・25	10・26	10・27	10・28	10・29	10・30	10・31	11・1	11・2	11・3	11・4	11・5	11・6	11・7	11・8	11・9	11・10	11・11	11・12	11・13	11・14	11・15	11・16	11・17	11・18	11・19	11・20	11・21	11・22
閏十月	11・23	11・24	11・25	11・26	11・27	11・28	11・29	11・30	12・1	12・2	12・3	12・4	12・5	12・6	12・7	12・8	12・9	12・10	12・11	12・12	12・13	12・14	12・15	12・16	12・17	12・18	12・19	12・20	12・21	
十一月	12・22	12・23	12・24	12・25	12・26	12・27	12・28	12・29	12・30	12・31	1・1	1・2	1・3	1・4	1・5	1・6	1・7	1・8	1・9	1・10	1・11	1・12	1・13	1・14	1・15	1・16	1・17	1・18	1・19	1・20
十二月	1・21	1・22	1・23	1・24	1・25	1・26	1・27	1・28	1・29	1・30	1・31	2・1	2・2	2・3	2・4	2・5	2・6	2・7	2・8	2・9	2・10	2・11	2・12	2・13	2・14	2・15	2・16	2・17	2・18	2・19

1985年（乙丑）

農暦	初一	初二	初三	初四	初五	初六	初七	初八	初九	初十	十一	十二	十三	十四	十五	十六	十七	十八	十九	二十	廿一	廿二	廿三	廿四	廿五	廿六	廿七	廿八	廿九	三十
正月	2・20	2・21	2・22	2・23	2・24	2・25	2・26	2・27	2・28	3・1	3・2	3・3	3・4	3・5	3・6	3・7	3・8	3・9	3・10	3・11	3・12	3・13	3・14	3・15	3・16	3・17	3・18	3・19	3・20	
二月	3・21	3・22	3・23	3・24	3・25	3・26	3・27	3・28	3・29	3・30	3・31	4・1	4・2	4・3	4・4	4・5	4・6	4・7	4・8	4・9	4・10	4・11	4・12	4・13	4・14	4・15	4・16	4・17	4・18	4・19
三月	4・20	4・21	4・22	4・23	4・24	4・25	4・26	4・27	4・28	4・29	4・30	5・1	5・2	5・3	5・4	5・5	5・6	5・7	5・8	5・9	5・10	5・11	5・12	5・13	5・14	5・15	5・16	5・17	5・18	5・19
四月	5・20	5・21	5・22	5・23	5・24	5・25	5・26	5・27	5・28	5・29	5・30	5・31	6・1	6・2	6・3	6・4	6・5	6・6	6・7	6・8	6・9	6・10	6・11	6・12	6・13	6・14	6・15	6・16	6・17	
五月	6・18	6・19	6・20	6・21	6・22	6・23	6・24	6・25	6・26	6・27	6・28	6・29	6・30	7・1	7・2	7・3	7・4	7・5	7・6	7・7	7・8	7・9	7・10	7・11	7・12	7・13	7・14	7・15	7・16	7・17
六月	7・18	7・19	7・20	7・21	7・22	7・23	7・24	7・25	7・26	7・27	7・28	7・29	7・30	7・31	8・1	8・2	8・3	8・4	8・5	8・6	8・7	8・8	8・9	8・10	8・11	8・12	8・13	8・14	8・15	
七月	8・16	8・17	8・18	8・19	8・20	8・21	8・22	8・23	8・24	8・25	8・26	8・27	8・28	8・29	8・30	8・31	9・1	9・2	9・3	9・4	9・5	9・6	9・7	9・8	9・9	9・10	9・11	9・12	9・13	9・14
八月	9・15	9・16	9・17	9・18	9・19	9・20	9・21	9・22	9・23	9・24	9・25	9・26	9・27	9・28	9・29	9・30	10・1	10・2	10・3	10・4	10・5	10・6	10・7	10・8	10・9	10・10	10・11	10・12	10・13	
九月	10・14	10・15	10・16	10・17	10・18	10・19	10・20	10・21	10・22	10・23	10・24	10・25	10・26	10・27	10・28	10・29	10・30	10・31	11・1	11・2	11・3	11・4	11・5	11・6	11・7	11・8	11・9	11・10	11・11	
十月	11・12	11・13	11・14	11・15	11・16	11・17	11・18	11・19	11・20	11・21	11・22	11・23	11・24	11・25	11・26	11・27	11・28	11・29	11・30	12・1	12・2	12・3	12・4	12・5	12・6	12・7	12・8	12・9	12・10	12・11
十一月	12・12	12・13	12・14	12・15	12・16	12・17	12・18	12・19	12・20	12・21	12・22	12・23	12・24	12・25	12・26	12・27	12・28	12・29	12・30	12・31	1・1	1・2	1・3	1・4	1・5	1・6	1・7	1・8	1・9	
十二月	1・10	1・11	1・12	1・13	1・14	1・15	1・16	1・17	1・18	1・19	1・20	1・21	1・22	1・23	1・24	1・25	1・26	1・27	1・28	1・29	1・30	1・31	2・1	2・2	2・3	2・4	2・5	2・6	2・7	2・8

1986年（丙寅）

農暦	初一	初二	初三	初四	初五	初六	初七	初八	初九	初十	十一	十二	十三	十四	十五	十六	十七	十八	十九	二十	廿一	廿二	廿三	廿四	廿五	廿六	廿七	廿八	廿九	三十
正月	2・9	2・10	2・11	2・12	2・13	2・14	2・15	2・16	2・17	2・18	2・19	2・20	2・21	2・22	2・23	2・24	2・25	2・26	2・27	2・28	3・1	3・2	3・3	3・4	3・5	3・6	3・7	3・8	3・9	
二月	3・10	3・11	3・12	3・13	3・14	3・15	3・16	3・17	3・18	3・19	3・20	3・21	3・22	3・23	3・24	3・25	3・26	3・27	3・28	3・29	3・30	3・31	4・1	4・2	4・3	4・4	4・5	4・6	4・7	4・8
三月	4・9	4・10	4・11	4・12	4・13	4・14	4・15	4・16	4・17	4・18	4・19	4・20	4・21	4・22	4・23	4・24	4・25	4・26	4・27	4・28	4・29	4・30	5・1	5・2	5・3	5・4	5・5	5・6	5・7	5・8
四月	5・9	5・10	5・11	5・12	5・13	5・14	5・15	5・16	5・17	5・18	5・19	5・20	5・21	5・22	5・23	5・24	5・25	5・26	5・27	5・28	5・29	5・30	5・31	6・1	6・2	6・3	6・4	6・5	6・6	
五月	6・7	6・8	6・9	6・10	6・11	6・12	6・13	6・14	6・15	6・16	6・17	6・18	6・19	6・20	6・21	6・22	6・23	6・24	6・25	6・26	6・27	6・28	6・29	6・30	7・1	7・2	7・3	7・4	7・5	7・6
六月	7・7	7・8	7・9	7・10	7・11	7・12	7・13	7・14	7・15	7・16	7・17	7・18	7・19	7・20	7・21	7・22	7・23	7・24	7・25	7・26	7・27	7・28	7・29	7・30	7・31	8・1	8・2	8・3	8・4	8・5
七月	8・6	8・7	8・8	8・9	8・10	8・11	8・12	8・13	8・14	8・15	8・16	8・17	8・18	8・19	8・20	8・21	8・22	8・23	8・24	8・25	8・26	8・27	8・28	8・29	8・30	8・31	9・1	9・2	9・3	
八月	9・4	9・5	9・6	9・7	9・8	9・9	9・10	9・11	9・12	9・13	9・14	9・15	9・16	9・17	9・18	9・19	9・20	9・21	9・22	9・23	9・24	9・25	9・26	9・27	9・28	9・29	9・30	10・1	10・2	10・3
九月	10・4	10・5	10・6	10・7	10・8	10・9	10・10	10・11	10・12	10・13	10・14	10・15	10・16	10・17	10・18	10・19	10・20	10・21	10・22	10・23	10・24	10・25	10・26	10・27	10・28	10・29	10・30	10・31	11・1	
十月	11・2	11・3	11・4	11・5	11・6	11・7	11・8	11・9	11・10	11・11	11・12	11・13	11・14	11・15	11・16	11・17	11・18	11・19	11・20	11・21	11・22	11・23	11・24	11・25	11・26	11・27	11・28	11・29	11・30	12・1
十一月	12・2	12・3	12・4	12・5	12・6	12・7	12・8	12・9	12・10	12・11	12・12	12・13	12・14	12・15	12・16	12・17	12・18	12・19	12・20	12・21	12・22	12・23	12・24	12・25	12・26	12・27	12・28	12・29	12・30	
十二月	12・31	1・1	1・2	1・3	1・4	1・5	1・6	1・7	1・8	1・9	1・10	1・11	1・12	1・13	1・14	1・15	1・16	1・17	1・18	1・19	1・20	1・21	1・22	1・23	1・24	1・25	1・26	1・27	1・28	

1987年（丁卯）

農暦	初一	初二	初三	初四	初五	初六	初七	初八	初九	初十	十一	十二	十三	十四	十五	十六	十七	十八	十九	二十	廿一	廿二	廿三	廿四	廿五	廿六	廿七	廿八	廿九	三十
正月	1・29	1・30	1・31	2・1	2・2	2・3	2・4	2・5	2・6	2・7	2・8	2・9	2・10	2・11	2・12	2・13	2・14	2・15	2・16	2・17	2・18	2・19	2・20	2・21	2・22	2・23	2・24	2・25	2・26	2・27
二月	2・28	3・1	3・2	3・3	3・4	3・5	3・6	3・7	3・8	3・9	3・10	3・11	3・12	3・13	3・14	3・15	3・16	3・17	3・18	3・19	3・20	3・21	3・22	3・23	3・24	3・25	3・26	3・27	3・28	
三月	3・29	3・30	3・31	4・1	4・2	4・3	4・4	4・5	4・6	4・7	4・8	4・9	4・10	4・11	4・12	4・13	4・14	4・15	4・16	4・17	4・18	4・19	4・20	4・21	4・22	4・23	4・24	4・25	4・26	4・27
四月	4・28	4・29	4・30	5・1	5・2	5・3	5・4	5・5	5・6	5・7	5・8	5・9	5・10	5・11	5・12	5・13	5・14	5・15	5・16	5・17	5・18	5・19	5・20	5・21	5・22	5・23	5・24	5・25	5・26	
五月	5・27	5・28	5・29	5・30	5・31	6・1	6・2	6・3	6・4	6・5	6・6	6・7	6・8	6・9	6・10	6・11	6・12	6・13	6・14	6・15	6・16	6・17	6・18	6・19	6・20	6・21	6・22	6・23	6・24	6・25
六月	6・26	6・27	6・28	6・29	6・30	7・1	7・2	7・3	7・4	7・5	7・6	7・7	7・8	7・9	7・10	7・11	7・12	7・13	7・14	7・15	7・16	7・17	7・18	7・19	7・20	7・21	7・22	7・23	7・24	7・25
閏六月	7・26	7・27	7・28	7・29	7・30	7・31	8・1	8・2	8・3	8・4	8・5	8・6	8・7	8・8	8・9	8・10	8・11	8・12	8・13	8・14	8・15	8・16	8・17	8・18	8・19	8・20	8・21	8・22	8・23	
七月	8・24	8・25	8・26	8・27	8・28	8・29	8・30	8・31	9・1	9・2	9・3	9・4	9・5	9・6	9・7	9・8	9・9	9・10	9・11	9・12	9・13	9・14	9・15	9・16	9・17	9・18	9・19	9・20	9・21	9・22
八月	9・23	9・24	9・25	9・26	9・27	9・28	9・29	9・30	10・1	10・2	10・3	10・4	10・5	10・6	10・7	10・8	10・9	10・10	10・11	10・12	10・13	10・14	10・15	10・16	10・17	10・18	10・19	10・20	10・21	10・22
九月	10・23	10・24	10・25	10・26	10・27	10・28	10・29	10・30	10・31	11・1	11・2	11・3	11・4	11・5	11・6	11・7	11・8	11・9	11・10	11・11	11・12	11・13	11・14	11・15	11・16	11・17	11・18	11・19	11・20	
十月	11・21	11・22	11・23	11・24	11・25	11・26	11・27	11・28	11・29	11・30	12・1	12・2	12・3	12・4	12・5	12・6	12・7	12・8	12・9	12・10	12・11	12・12	12・13	12・14	12・15	12・16	12・17	12・18	12・19	12・20
十一月	12・21	12・22	12・23	12・24	12・25	12・26	12・27	12・28	12・29	12・30	12・31	1・1	1・2	1・3	1・4	1・5	1・6	1・7	1・8	1・9	1・10	1・11	1・12	1・13	1・14	1・15	1・16	1・17	1・18	
十二月	1・19	1・20	1・21	1・22	1・23	1・24	1・25	1・26	1・27	1・28	1・29	1・30	1・31	2・1	2・2	2・3	2・4	2・5	2・6	2・7	2・8	2・9	2・10	2・11	2・12	2・13	2・14	2・15	2・16	

1988年（戊辰）

農暦	初一	初二	初三	初四	初五	初六	初七	初八	初九	初十	十一	十二	十三	十四	十五	十六	十七	十八	十九	二十	廿一	廿二	廿三	廿四	廿五	廿六	廿七	廿八	廿九	三十
正月	2・17	2・18	2・19	2・20	2・21	2・22	2・23	2・24	2・25	2・26	2・27	2・28	2・29	3・1	3・2	3・3	3・4	3・5	3・6	3・7	3・8	3・9	3・10	3・11	3・12	3・13	3・14	3・15	3・16	3・17
二月	3・18	3・19	3・20	3・21	3・22	3・23	3・24	3・25	3・26	3・27	3・28	3・29	3・30	3・31	4・1	4・2	4・3	4・4	4・5	4・6	4・7	4・8	4・9	4・10	4・11	4・12	4・13	4・14	4・15	
三月	4・16	4・17	4・18	4・19	4・20	4・21	4・22	4・23	4・24	4・25	4・26	4・27	4・28	4・29	4・30	5・1	5・2	5・3	5・4	5・5	5・6	5・7	5・8	5・9	5・10	5・11	5・12	5・13	5・14	5・15
四月	5・16	5・17	5・18	5・19	5・20	5・21	5・22	5・23	5・24	5・25	5・26	5・27	5・28	5・29	5・30	5・31	6・1	6・2	6・3	6・4	6・5	6・6	6・7	6・8	6・9	6・10	6・11	6・12	6・13	
五月	6・14	6・15	6・16	6・17	6・18	6・19	6・20	6・21	6・22	6・23	6・24	6・25	6・26	6・27	6・28	6・29	6・30	7・1	7・2	7・3	7・4	7・5	7・6	7・7	7・8	7・9	7・10	7・11	7・12	7・13
六月	7・14	7・15	7・16	7・17	7・18	7・19	7・20	7・21	7・22	7・23	7・24	7・25	7・26	7・27	7・28	7・29	7・30	7・31	8・1	8・2	8・3	8・4	8・5	8・6	8・7	8・8	8・9	8・10	8・11	
七月	8・12	8・13	8・14	8・15	8・16	8・17	8・18	8・19	8・20	8・21	8・22	8・23	8・24	8・25	8・26	8・27	8・28	8・29	8・30	8・31	9・1	9・2	9・3	9・4	9・5	9・6	9・7	9・8	9・9	9・10
八月	9・11	9・12	9・13	9・14	9・15	9・16	9・17	9・18	9・19	9・20	9・21	9・22	9・23	9・24	9・25	9・26	9・27	9・28	9・29	9・30	10・1	10・2	10・3	10・4	10・5	10・6	10・7	10・8	10・9	10・10
九月	10・11	10・12	10・13	10・14	10・15	10・16	10・17	10・18	10・19	10・20	10・21	10・22	10・23	10・24	10・25	10・26	10・27	10・28	10・29	10・30	10・31	11・1	11・2	11・3	11・4	11・5	11・6	11・7	11・8	
十月	11・9	11・10	11・11	11・12	11・13	11・14	11・15	11・16	11・17	11・18	11・19	11・20	11・21	11・22	11・23	11・24	11・25	11・26	11・27	11・28	11・29	11・30	12・1	12・2	12・3	12・4	12・5	12・6	12・7	12・8
十一月	12・9	12・10	12・11	12・12	12・13	12・14	12・15	12・16	12・17	12・18	12・19	12・20	12・21	12・22	12・23	12・24	12・25	12・26	12・27	12・28	12・29	12・30	12・31	1・1	1・2	1・3	1・4	1・5	1・6	1・7
十二月	1・8	1・9	1・10	1・11	1・12	1・13	1・14	1・15	1・16	1・17	1・18	1・19	1・20	1・21	1・22	1・23	1・24	1・25	1・26	1・27	1・28	1・29	1・30	1・31	2・1	2・2	2・3	2・4	2・5	

1989年（己巳）

農暦	初一	初二	初三	初四	初五	初六	初七	初八	初九	初十	十一	十二	十三	十四	十五	十六	十七	十八	十九	二十	廿一	廿二	廿三	廿四	廿五	廿六	廿七	廿八	廿九	三十
正月	2・6	2・7	2・8	2・9	2・10	2・11	2・12	2・13	2・14	2・15	2・16	2・17	2・18	2・19	2・20	2・21	2・22	2・23	2・24	2・25	2・26	2・27	2・28	3・1	3・2	3・3	3・4	3・5	3・6	3・7
二月	3・8	3・9	3・10	3・11	3・12	3・13	3・14	3・15	3・16	3・17	3・18	3・19	3・20	3・21	3・22	3・23	3・24	3・25	3・26	3・27	3・28	3・29	3・30	3・31	4・1	4・2	4・3	4・4	4・5	
三月	4・6	4・7	4・8	4・9	4・10	4・11	4・12	4・13	4・14	4・15	4・16	4・17	4・18	4・19	4・20	4・21	4・22	4・23	4・24	4・25	4・26	4・27	4・28	4・29	4・30	5・1	5・2	5・3	5・4	
四月	5・5	5・6	5・7	5・8	5・9	5・10	5・11	5・12	5・13	5・14	5・15	5・16	5・17	5・18	5・19	5・20	5・21	5・22	5・23	5・24	5・25	5・26	5・27	5・28	5・29	5・30	5・31	6・1	6・2	6・3
五月	6・4	6・5	6・6	6・7	6・8	6・9	6・10	6・11	6・12	6・13	6・14	6・15	6・16	6・17	6・18	6・19	6・20	6・21	6・22	6・23	6・24	6・25	6・26	6・27	6・28	6・29	6・30	7・1	7・2	
六月	7・3	7・4	7・5	7・6	7・7	7・8	7・9	7・10	7・11	7・12	7・13	7・14	7・15	7・16	7・17	7・18	7・19	7・20	7・21	7・22	7・23	7・24	7・25	7・26	7・27	7・28	7・29	7・30	7・31	8・1
七月	8・2	8・3	8・4	8・5	8・6	8・7	8・8	8・9	8・10	8・11	8・12	8・13	8・14	8・15	8・16	8・17	8・18	8・19	8・20	8・21	8・22	8・23	8・24	8・25	8・26	8・27	8・28	8・29	8・30	
八月	8・31	9・1	9・2	9・3	9・4	9・5	9・6	9・7	9・8	9・9	9・10	9・11	9・12	9・13	9・14	9・15	9・16	9・17	9・18	9・19	9・20	9・21	9・22	9・23	9・24	9・25	9・26	9・27	9・28	9・29
九月	9・30	10・1	10・2	10・3	10・4	10・5	10・6	10・7	10・8	10・9	10・10	10・11	10・12	10・13	10・14	10・15	10・16	10・17	10・18	10・19	10・20	10・21	10・22	10・23	10・24	10・25	10・26	10・27	10・28	
十月	10・29	10・30	10・31	11・1	11・2	11・3	11・4	11・5	11・6	11・7	11・8	11・9	11・10	11・11	11・12	11・13	11・14	11・15	11・16	11・17	11・18	11・19	11・20	11・21	11・22	11・23	11・24	11・25	11・26	11・27
十一月	11・28	11・29	11・30	12・1	12・2	12・3	12・4	12・5	12・6	12・7	12・8	12・9	12・10	12・11	12・12	12・13	12・14	12・15	12・16	12・17	12・18	12・19	12・20	12・21	12・22	12・23	12・24	12・25	12・26	12・27
十二月	12・28	12・29	12・30	12・31	1・1	1・2	1・3	1・4	1・5	1・6	1・7	1・8	1・9	1・10	1・11	1・12	1・13	1・14	1・15	1・16	1・17	1・18	1・19	1・20	1・21	1・22	1・23	1・24	1・25	1・26

1990年（庚午）

農曆	初一	初二	初三	初四	初五	初六	初七	初八	初九	初十	十一	十二	十三	十四	十五	十六	十七	十八	十九	二十	廿一	廿二	廿三	廿四	廿五	廿六	廿七	廿八	廿九	三十
正月	1・27	1・28	1・29	1・30	1・31	2・1	2・2	2・3	2・4	2・5	2・6	2・7	2・8	2・9	2・10	2・11	2・12	2・13	2・14	2・15	2・16	2・17	2・18	2・19	2・20	2・21	2・22	2・23	2・24	
二月	2・25	2・26	2・27	2・28	3・1	3・2	3・3	3・4	3・5	3・6	3・7	3・8	3・9	3・10	3・11	3・12	3・13	3・14	3・15	3・16	3・17	3・18	3・19	3・20	3・21	3・22	3・23	3・24	3・25	3・26
三月	3・27	3・28	3・29	3・30	3・31	4・1	4・2	4・3	4・4	4・5	4・6	4・7	4・8	4・9	4・10	4・11	4・12	4・13	4・14	4・15	4・16	4・17	4・18	4・19	4・20	4・21	4・22	4・23	4・24	
四月	4・25	4・26	4・27	4・28	4・29	4・30	5・1	5・2	5・3	5・4	5・5	5・6	5・7	5・8	5・9	5・10	5・11	5・12	5・13	5・14	5・15	5・16	5・17	5・18	5・19	5・20	5・21	5・22	5・23	
五月	5・24	5・25	5・26	5・27	5・28	5・29	5・30	5・31	6・1	6・2	6・3	6・4	6・5	6・6	6・7	6・8	6・9	6・10	6・11	6・12	6・13	6・14	6・15	6・16	6・17	6・18	6・19	6・20	6・21	6・22
閏五月	6・23	6・24	6・25	6・26	6・27	6・28	6・29	6・30	7・1	7・2	7・3	7・4	7・5	7・6	7・7	7・8	7・9	7・10	7・11	7・12	7・13	7・14	7・15	7・16	7・17	7・18	7・19	7・20	7・21	
六月	7・22	7・23	7・24	7・25	7・26	7・27	7・28	7・29	7・30	7・31	8・1	8・2	8・3	8・4	8・5	8・6	8・7	8・8	8・9	8・10	8・11	8・12	8・13	8・14	8・15	8・16	8・17	8・18	8・19	
七月	8・20	8・21	8・22	8・23	8・24	8・25	8・26	8・27	8・28	8・29	8・30	8・31	9・1	9・2	9・3	9・4	9・5	9・6	9・7	9・8	9・9	9・10	9・11	9・12	9・13	9・14	9・15	9・16	9・17	9・18
八月	9・19	9・20	9・21	9・22	9・23	9・24	9・25	9・26	9・27	9・28	9・29	9・30	10・1	10・2	10・3	10・4	10・5	10・6	10・7	10・8	10・9	10・10	10・11	10・12	10・13	10・14	10・15	10・16	10・17	
九月	10・18	10・19	10・20	10・21	10・22	10・23	10・24	10・25	10・26	10・27	10・28	10・29	10・30	10・31	11・1	11・2	11・3	11・4	11・5	11・6	11・7	11・8	11・9	11・10	11・11	11・12	11・13	11・14	11・15	11・16
十月	11・17	11・18	11・19	11・20	11・21	11・22	11・23	11・24	11・25	11・26	11・27	11・28	11・29	11・30	12・1	12・2	12・3	12・4	12・5	12・6	12・7	12・8	12・9	12・10	12・11	12・12	12・13	12・14	12・15	12・16
十一月	12・17	12・18	12・19	12・20	12・21	12・22	12・23	12・24	12・25	12・26	12・27	12・28	12・29	12・30	12・31	1・1	1・2	1・3	1・4	1・5	1・6	1・7	1・8	1・9	1・10	1・11	1・12	1・13	1・14	1・15
十二月	1・16	1・17	1・18	1・19	1・20	1・21	1・22	1・23	1・24	1・25	1・26	1・27	1・28	1・29	1・30	1・31	2・1	2・2	2・3	2・4	2・5	2・6	2・7	2・8	2・9	2・10	2・11	2・12	2・13	2・14

1991年（辛未）

農曆	初一	初二	初三	初四	初五	初六	初七	初八	初九	初十	十一	十二	十三	十四	十五	十六	十七	十八	十九	二十	廿一	廿二	廿三	廿四	廿五	廿六	廿七	廿八	廿九	三十
正月	2・15	2・16	2・17	2・18	2・19	2・20	2・21	2・22	2・23	2・24	2・25	2・26	2・27	2・28	3・1	3・2	3・3	3・4	3・5	3・6	3・7	3・8	3・9	3・10	3・11	3・12	3・13	3・14	3・15	
二月	3・16	3・17	3・18	3・19	3・20	3・21	3・22	3・23	3・24	3・25	3・26	3・27	3・28	3・29	3・30	3・31	4・1	4・2	4・3	4・4	4・5	4・6	4・7	4・8	4・9	4・10	4・11	4・12	4・13	4・14
三月	4・15	4・16	4・17	4・18	4・19	4・20	4・21	4・22	4・23	4・24	4・25	4・26	4・27	4・28	4・29	4・30	5・1	5・2	5・3	5・4	5・5	5・6	5・7	5・8	5・9	5・10	5・11	5・12	5・13	
四月	5・14	5・15	5・16	5・17	5・18	5・19	5・20	5・21	5・22	5・23	5・24	5・25	5・26	5・27	5・28	5・29	5・30	5・31	6・1	6・2	6・3	6・4	6・5	6・6	6・7	6・8	6・9	6・10	6・11	
五月	6・12	6・13	6・14	6・15	6・16	6・17	6・18	6・19	6・20	6・21	6・22	6・23	6・24	6・25	6・26	6・27	6・28	6・29	6・30	7・1	7・2	7・3	7・4	7・5	7・6	7・7	7・8	7・9	7・10	7・11
六月	7・12	7・13	7・14	7・15	7・16	7・17	7・18	7・19	7・20	7・21	7・22	7・23	7・24	7・25	7・26	7・27	7・28	7・29	7・30	7・31	8・1	8・2	8・3	8・4	8・5	8・6	8・7	8・8	8・9	
七月	8・10	8・11	8・12	8・13	8・14	8・15	8・16	8・17	8・18	8・19	8・20	8・21	8・22	8・23	8・24	8・25	8・26	8・27	8・28	8・29	8・30	8・31	9・1	9・2	9・3	9・4	9・5	9・6	9・7	
八月	9・8	9・9	9・10	9・11	9・12	9・13	9・14	9・15	9・16	9・17	9・18	9・19	9・20	9・21	9・22	9・23	9・24	9・25	9・26	9・27	9・28	9・29	9・30	10・1	10・2	10・3	10・4	10・5	10・6	10・7
九月	10・8	10・9	10・10	10・11	10・12	10・13	10・14	10・15	10・16	10・17	10・18	10・19	10・20	10・21	10・22	10・23	10・24	10・25	10・26	10・27	10・28	10・29	10・30	10・31	11・1	11・2	11・3	11・4	11・5	
十月	11・6	11・7	11・8	11・9	11・10	11・11	11・12	11・13	11・14	11・15	11・16	11・17	11・18	11・19	11・20	11・21	11・22	11・23	11・24	11・25	11・26	11・27	11・28	11・29	11・30	12・1	12・2	12・3	12・4	12・5
十一月	12・6	12・7	12・8	12・9	12・10	12・11	12・12	12・13	12・14	12・15	12・16	12・17	12・18	12・19	12・20	12・21	12・22	12・23	12・24	12・25	12・26	12・27	12・28	12・29	12・30	12・31	1・1	1・2	1・3	1・4
十二月	1・5	1・6	1・7	1・8	1・9	1・10	1・11	1・12	1・13	1・14	1・15	1・16	1・17	1・18	1・19	1・20	1・21	1・22	1・23	1・24	1・25	1・26	1・27	1・28	1・29	1・30	1・31	2・1	2・2	2・3

1992年（壬申）

農暦	初一	初二	初三	初四	初五	初六	初七	初八	初九	初十	十一	十二	十三	十四	十五	十六	十七	十八	十九	二十	廿一	廿二	廿三	廿四	廿五	廿六	廿七	廿八	廿九	三十
正月	2・4	2・5	2・6	2・7	2・8	2・9	2・10	2・11	2・12	2・13	2・14	2・15	2・16	2・17	2・18	2・19	2・20	2・21	2・22	2・23	2・24	2・25	2・26	2・27	2・28	2・29	3・1	3・2	3・3	
二月	3・4	3・5	3・6	3・7	3・8	3・9	3・10	3・11	3・12	3・13	3・14	3・15	3・16	3・17	3・18	3・19	3・20	3・21	3・22	3・23	3・24	3・25	3・26	3・27	3・28	3・29	3・30	3・31	4・1	4・2
三月	4・3	4・4	4・5	4・6	4・7	4・8	4・9	4・10	4・11	4・12	4・13	4・14	4・15	4・16	4・17	4・18	4・19	4・20	4・21	4・22	4・23	4・24	4・25	4・26	4・27	4・28	4・29	4・30	5・1	5・2
四月	5・3	5・4	5・5	5・6	5・7	5・8	5・9	5・10	5・11	5・12	5・13	5・14	5・15	5・16	5・17	5・18	5・19	5・20	5・21	5・22	5・23	5・24	5・25	5・26	5・27	5・28	5・29	5・30	5・31	
五月	6・1	6・2	6・3	6・4	6・5	6・6	6・7	6・8	6・9	6・10	6・11	6・12	6・13	6・14	6・15	6・16	6・17	6・18	6・19	6・20	6・21	6・22	6・23	6・24	6・25	6・26	6・27	6・28	6・29	
六月	6・30	7・1	7・2	7・3	7・4	7・5	7・6	7・7	7・8	7・9	7・10	7・11	7・12	7・13	7・14	7・15	7・16	7・17	7・18	7・19	7・20	7・21	7・22	7・23	7・24	7・25	7・26	7・27	7・28	7・29
七月	7・30	7・31	8・1	8・2	8・3	8・4	8・5	8・6	8・7	8・8	8・9	8・10	8・11	8・12	8・13	8・14	8・15	8・16	8・17	8・18	8・19	8・20	8・21	8・22	8・23	8・24	8・25	8・26	8・27	
八月	8・28	8・29	8・30	8・31	9・1	9・2	9・3	9・4	9・5	9・6	9・7	9・8	9・9	9・10	9・11	9・12	9・13	9・14	9・15	9・16	9・17	9・18	9・19	9・20	9・21	9・22	9・23	9・24	9・25	
九月	9・26	9・27	9・28	9・29	9・30	10・1	10・2	10・3	10・4	10・5	10・6	10・7	10・8	10・9	10・10	10・11	10・12	10・13	10・14	10・15	10・16	10・17	10・18	10・19	10・20	10・21	10・22	10・23	10・24	10・25
十月	10・26	10・27	10・28	10・29	10・30	10・31	11・1	11・2	11・3	11・4	11・5	11・6	11・7	11・8	11・9	11・10	11・11	11・12	11・13	11・14	11・15	11・16	11・17	11・18	11・19	11・20	11・21	11・22	11・23	
十一月	11・24	11・25	11・26	11・27	11・28	11・29	11・30	12・1	12・2	12・3	12・4	12・5	12・6	12・7	12・8	12・9	12・10	12・11	12・12	12・13	12・14	12・15	12・16	12・17	12・18	12・19	12・20	12・21	12・22	12・23
十二月	12・24	12・25	12・26	12・27	12・28	12・29	12・30	12・31	1・1	1・2	1・3	1・4	1・5	1・6	1・7	1・8	1・9	1・10	1・11	1・12	1・13	1・14	1・15	1・16	1・17	1・18	1・19	1・20	1・21	1・22

1993年（癸酉）

農暦	初一	初二	初三	初四	初五	初六	初七	初八	初九	初十	十一	十二	十三	十四	十五	十六	十七	十八	十九	二十	廿一	廿二	廿三	廿四	廿五	廿六	廿七	廿八	廿九	三十
正月	1・23	1・24	1・25	1・26	1・27	1・28	1・29	1・30	1・31	2・1	2・2	2・3	2・4	2・5	2・6	2・7	2・8	2・9	2・10	2・11	2・12	2・13	2・14	2・15	2・16	2・17	2・18	2・19	2・20	
二月	2・21	2・22	2・23	2・24	2・25	2・26	2・27	2・28	3・1	3・2	3・3	3・4	3・5	3・6	3・7	3・8	3・9	3・10	3・11	3・12	3・13	3・14	3・15	3・16	3・17	3・18	3・19	3・20	3・21	3・22
三月	3・23	3・24	3・25	3・26	3・27	3・28	3・29	3・30	3・31	4・1	4・2	4・3	4・4	4・5	4・6	4・7	4・8	4・9	4・10	4・11	4・12	4・13	4・14	4・15	4・16	4・17	4・18	4・19	4・20	4・21
閏三月	4・22	4・23	4・24	4・25	4・26	4・27	4・28	4・29	4・30	5・1	5・2	5・3	5・4	5・5	5・6	5・7	5・8	5・9	5・10	5・11	5・12	5・13	5・14	5・15	5・16	5・17	5・18	5・19	5・20	
四月	5・21	5・22	5・23	5・24	5・25	5・26	5・27	5・28	5・29	5・30	5・31	6・1	6・2	6・3	6・4	6・5	6・6	6・7	6・8	6・9	6・10	6・11	6・12	6・13	6・14	6・15	6・16	6・17	6・18	6・19
五月	6・20	6・21	6・22	6・23	6・24	6・25	6・26	6・27	6・28	6・29	6・30	7・1	7・2	7・3	7・4	7・5	7・6	7・7	7・8	7・9	7・10	7・11	7・12	7・13	7・14	7・15	7・16	7・17	7・18	
六月	7・19	7・20	7・21	7・22	7・23	7・24	7・25	7・26	7・27	7・28	7・29	7・30	7・31	8・1	8・2	8・3	8・4	8・5	8・6	8・7	8・8	8・9	8・10	8・11	8・12	8・13	8・14	8・15	8・16	8・17
七月	8・18	8・19	8・20	8・21	8・22	8・23	8・24	8・25	8・26	8・27	8・28	8・29	8・30	8・31	9・1	9・2	9・3	9・4	9・5	9・6	9・7	9・8	9・9	9・10	9・11	9・12	9・13	9・14	9・15	
八月	9・16	9・17	9・18	9・19	9・20	9・21	9・22	9・23	9・24	9・25	9・26	9・27	9・28	9・29	9・30	10・1	10・2	10・3	10・4	10・5	10・6	10・7	10・8	10・9	10・10	10・11	10・12	10・13	10・14	
九月	10・15	10・16	10・17	10・18	10・19	10・20	10・21	10・22	10・23	10・24	10・25	10・26	10・27	10・28	10・29	10・30	10・31	11・1	11・2	11・3	11・4	11・5	11・6	11・7	11・8	11・9	11・10	11・11	11・12	11・13
十月	11・14	11・15	11・16	11・17	11・18	11・19	11・20	11・21	11・22	11・23	11・24	11・25	11・26	11・27	11・28	11・29	11・30	12・1	12・2	12・3	12・4	12・5	12・6	12・7	12・8	12・9	12・10	12・11	12・12	
十一月	12・13	12・14	12・15	12・16	12・17	12・18	12・19	12・20	12・21	12・22	12・23	12・24	12・25	12・26	12・27	12・28	12・29	12・30	12・31	1・1	1・2	1・3	1・4	1・5	1・6	1・7	1・8	1・9	1・10	1・11
十二月	1・12	1・13	1・14	1・15	1・16	1・17	1・18	1・19	1・20	1・21	1・22	1・23	1・24	1・25	1・26	1・27	1・28	1・29	1・30	1・31	2・1	2・2	2・3	2・4	2・5	2・6	2・7	2・8	2・9	

1994年（甲戌）

農曆	初一	初二	初三	初四	初五	初六	初七	初八	初九	初十	十一	十二	十三	十四	十五	十六	十七	十八	十九	二十	廿一	廿二	廿三	廿四	廿五	廿六	廿七	廿八	廿九	三十
正月	2・10	2・11	2・12	2・13	2・14	2・15	2・16	2・17	2・18	2・19	2・20	2・21	2・22	2・23	2・24	2・25	2・26	2・27	2・28	3・1	3・2	3・3	3・4	3・5	3・6	3・7	3・8	3・9	3・10	3・11
二月	3・12	3・13	3・14	3・15	3・16	3・17	3・18	3・19	3・20	3・21	3・22	3・23	3・24	3・25	3・26	3・27	3・28	3・29	3・30	3・31	4・1	4・2	4・3	4・4	4・5	4・6	4・7	4・8	4・9	4・10
三月	4・11	4・12	4・13	4・14	4・15	4・16	4・17	4・18	4・19	4・20	4・21	4・22	4・23	4・24	4・25	4・26	4・27	4・28	4・29	4・30	5・1	5・2	5・3	5・4	5・5	5・6	5・7	5・8	5・9	5・10
四月	5・11	5・12	5・13	5・14	5・15	5・16	5・17	5・18	5・19	5・20	5・21	5・22	5・23	5・24	5・25	5・26	5・27	5・28	5・29	5・30	5・31	6・1	6・2	6・3	6・4	6・5	6・6	6・7	6・8	
五月	6・9	6・10	6・11	6・12	6・13	6・14	6・15	6・16	6・17	6・18	6・19	6・20	6・21	6・22	6・23	6・24	6・25	6・26	6・27	6・28	6・29	6・30	7・1	7・2	7・3	7・4	7・5	7・6	7・7	7・8
六月	7・9	7・10	7・11	7・12	7・13	7・14	7・15	7・16	7・17	7・18	7・19	7・20	7・21	7・22	7・23	7・24	7・25	7・26	7・27	7・28	7・29	7・30	7・31	8・1	8・2	8・3	8・4	8・5	8・6	
七月	8・7	8・8	8・9	8・10	8・11	8・12	8・13	8・14	8・15	8・16	8・17	8・18	8・19	8・20	8・21	8・22	8・23	8・24	8・25	8・26	8・27	8・28	8・29	8・30	8・31	9・1	9・2	9・3	9・4	9・5
八月	9・6	9・7	9・8	9・9	9・10	9・11	9・12	9・13	9・14	9・15	9・16	9・17	9・18	9・19	9・20	9・21	9・22	9・23	9・24	9・25	9・26	9・27	9・28	9・29	9・30	10・1	10・2	10・3	10・4	
九月	10・5	10・6	10・7	10・8	10・9	10・10	10・11	10・12	10・13	10・14	10・15	10・16	10・17	10・18	10・19	10・20	10・21	10・22	10・23	10・24	10・25	10・26	10・27	10・28	10・29	10・30	10・31	11・1	11・2	
十月	11・3	11・4	11・5	11・6	11・7	11・8	11・9	11・10	11・11	11・12	11・13	11・14	11・15	11・16	11・17	11・18	11・19	11・20	11・21	11・22	11・23	11・24	11・25	11・26	11・27	11・28	11・29	11・30	12・1	12・2
十一月	12・3	12・4	12・5	12・6	12・7	12・8	12・9	12・10	12・11	12・12	12・13	12・14	12・15	12・16	12・17	12・18	12・19	12・20	12・21	12・22	12・23	12・24	12・25	12・26	12・27	12・28	12・29	12・30	12・31	
十二月	1・1	1・2	1・3	1・4	1・5	1・6	1・7	1・8	1・9	1・10	1・11	1・12	1・13	1・14	1・15	1・16	1・17	1・18	1・19	1・20	1・21	1・22	1・23	1・24	1・25	1・26	1・27	1・28	1・29	1・30

1995年（乙亥）

農曆	初一	初二	初三	初四	初五	初六	初七	初八	初九	初十	十一	十二	十三	十四	十五	十六	十七	十八	十九	二十	廿一	廿二	廿三	廿四	廿五	廿六	廿七	廿八	廿九	三十
正月	1·31	2·1	2·2	2·3	2·4	2·5	2·6	2·7	2·8	2·9	2·10	2·11	2·12	2·13	2·14	2·15	2·16	2·17	2·18	2·19	2·20	2·21	2·22	2·23	2·24	2·25	2·26	2·27	2·28	
二月	3·1	3·2	3·3	3·4	3·5	3·6	3·7	3·8	3·9	3·10	3·11	3·12	3·13	3·14	3·15	3·16	3·17	3·18	3·19	3·20	3·21	3·22	3·23	3·24	3·25	3·26	3·27	3·28	3·29	3·30
三月	3·31	4·1	4·2	4·3	4·4	4·5	4·6	4·7	4·8	4·9	4·10	4·11	4·12	4·13	4·14	4·15	4·16	4·17	4·18	4·19	4·20	4·21	4·22	4·23	4·24	4·25	4·26	4·27	4·28	4·29
四月	4·30	5·1	5·2	5·3	5·4	5·5	5·6	5·7	5·8	5·9	5·10	5·11	5·12	5·13	5·14	5·15	5·16	5·17	5·18	5·19	5·20	5·21	5·22	5·23	5·24	5·25	5·26	5·27	5·28	
五月	5·29	5·30	5·31	6·1	6·2	6·3	6·4	6·5	6·6	6·7	6·8	6·9	6·10	6·11	6·12	6·13	6·14	6·15	6·16	6·17	6·18	6·19	6·20	6·21	6·22	6·23	6·24	6·25	6·26	6·27
六月	6·28	6·29	6·30	7·1	7·2	7·3	7·4	7·5	7·6	7·7	7·8	7·9	7·10	7·11	7·12	7·13	7·14	7·15	7·16	7·17	7·18	7·19	7·20	7·21	7·22	7·23	7·24	7·25	7·26	
七月	7·27	7·28	7·29	7·30	7·31	8·1	8·2	8·3	8·4	8·5	8·6	8·7	8·8	8·9	8·10	8·11	8·12	8·13	8·14	8·15	8·16	8·17	8·18	8·19	8·20	8·21	8·22	8·23	8·24	8·25
八月	8·26	8·27	8·28	8·29	8·30	8·31	9·1	9·2	9·3	9·4	9·5	9·6	9·7	9·8	9·9	9·10	9·11	9·12	9·13	9·14	9·15	9·16	9·17	9·18	9·19	9·20	9·21	9·22	9·23	9·24
閏八月	9·25	9·26	9·27	9·28	9·29	9·30	10·1	10·2	10·3	10·4	10·5	10·6	10·7	10·8	10·9	10·10	10·11	10·12	10·13	10·14	10·15	10·16	10·17	10·18	10·19	10·20	10·21	10·22	10·23	
九月	10·24	10·25	10·26	10·27	10·28	10·29	10·30	10·31	11·1	11·2	11·3	11·4	11·5	11·6	11·7	11·8	11·9	11·10	11·11	11·12	11·13	11·14	11·15	11·16	11·17	11·18	11·19	11·20	11·21	
十月	11·22	11·23	11·24	11·25	11·26	11·27	11·28	11·29	11·30	12·1	12·2	12·3	12·4	12·5	12·6	12·7	12·8	12·9	12·10	12·11	12·12	12·13	12·14	12·15	12·16	12·17	12·18	12·19	12·20	12·21
十一月	12·22	12·23	12·24	12·25	12·26	12·27	12·28	12·29	12·30	12·31	1·1	1·2	1·3	1·4	1·5	1·6	1·7	1·8	1·9	1·10	1·11	1·12	1·13	1·14	1·15	1·16	1·17	1·18	1·19	
十二月	1·20	1·21	1·22	1·23	1·24	1·25	1·26	1·27	1·28	1·29	1·30	1·31	2·1	2·2	2·3	2·4	2·5	2·6	2·7	2·8	2·9	2·10	2·11	2·12	2·13	2·14	2·15	2·16	2·17	2·18

1996年（丙子）

農暦	初一	初二	初三	初四	初五	初六	初七	初八	初九	初十	十一	十二	十三	十四	十五	十六	十七	十八	十九	二十	廿一	廿二	廿三	廿四	廿五	廿六	廿七	廿八	廿九	三十
正月	2・19	2・20	2・21	2・22	2・23	2・24	2・25	2・26	2・27	2・28	2・29	3・1	3・2	3・3	3・4	3・5	3・6	3・7	3・8	3・9	3・10	3・11	3・12	3・13	3・14	3・15	3・16	3・17	3・18	
二月	3・19	3・20	3・21	3・22	3・23	3・24	3・25	3・26	3・27	3・28	3・29	3・30	3・31	4・1	4・2	4・3	4・4	4・5	4・6	4・7	4・8	4・9	4・10	4・11	4・12	4・13	4・14	4・15	4・16	4・17
三月	4・18	4・19	4・20	4・21	4・22	4・23	4・24	4・25	4・26	4・27	4・28	4・29	4・30	5・1	5・2	5・3	5・4	5・5	5・6	5・7	5・8	5・9	5・10	5・11	5・12	5・13	5・14	5・15	5・16	
四月	5・17	5・18	5・19	5・20	5・21	5・22	5・23	5・24	5・25	5・26	5・27	5・28	5・29	5・30	5・31	6・1	6・2	6・3	6・4	6・5	6・6	6・7	6・8	6・9	6・10	6・11	6・12	6・13	6・14	6・15
五月	6・16	6・17	6・18	6・19	6・20	6・21	6・22	6・23	6・24	6・25	6・26	6・27	6・28	6・29	6・30	7・1	7・2	7・3	7・4	7・5	7・6	7・7	7・8	7・9	7・10	7・11	7・12	7・13	7・14	7・15
六月	7・16	7・17	7・18	7・19	7・20	7・21	7・22	7・23	7・24	7・25	7・26	7・27	7・28	7・29	7・30	7・31	8・1	8・2	8・3	8・4	8・5	8・6	8・7	8・8	8・9	8・10	8・11	8・12	8・13	
七月	8・14	8・15	8・16	8・17	8・18	8・19	8・20	8・21	8・22	8・23	8・24	8・25	8・26	8・27	8・28	8・29	8・30	8・31	9・1	9・2	9・3	9・4	9・5	9・6	9・7	9・8	9・9	9・10	9・11	9・12
八月	9・13	9・14	9・15	9・16	9・17	9・18	9・19	9・20	9・21	9・22	9・23	9・24	9・25	9・26	9・27	9・28	9・29	9・30	10・1	10・2	10・3	10・4	10・5	10・6	10・7	10・8	10・9	10・10	10・11	
九月	10・12	10・13	10・14	10・15	10・16	10・17	10・18	10・19	10・20	10・21	10・22	10・23	10・24	10・25	10・26	10・27	10・28	10・29	10・30	10・31	11・1	11・2	11・3	11・4	11・5	11・6	11・7	11・8	11・9	11・10
十月	11・11	11・12	11・13	11・14	11・15	11・16	11・17	11・18	11・19	11・20	11・21	11・22	11・23	11・24	11・25	11・26	11・27	11・28	11・29	11・30	12・1	12・2	12・3	12・4	12・5	12・6	12・7	12・8	12・9	12・10
十一月	12・11	12・12	12・13	12・14	12・15	12・16	12・17	12・18	12・19	12・20	12・21	12・22	12・23	12・24	12・25	12・26	12・27	12・28	12・29	12・30	12・31	1・1	1・2	1・3	1・4	1・5	1・6	1・7	1・8	
十二月	1・9	1・10	1・11	1・12	1・13	1・14	1・15	1・16	1・17	1・18	1・19	1・20	1・21	1・22	1・23	1・24	1・25	1・26	1・27	1・28	1・29	1・30	1・31	2・1	2・2	2・3	2・4	2・5	2・6	

1997年（丁丑）

農曆	初一	初二	初三	初四	初五	初六	初七	初八	初九	初十	十一	十二	十三	十四	十五	十六	十七	十八	十九	二十	廿一	廿二	廿三	廿四	廿五	廿六	廿七	廿八	廿九	三十
正月	2・7	2・8	2・9	2・10	2・11	2・12	2・13	2・14	2・15	2・16	2・17	2・18	2・19	2・20	2・21	2・22	2・23	2・24	2・25	2・26	2・27	2・28	3・1	3・2	3・3	3・4	3・5	3・6	3・7	3・8
二月	3・9	3・10	3・11	3・12	3・13	3・14	3・15	3・16	3・17	3・18	3・19	3・20	3・21	3・22	3・23	3・24	3・25	3・26	3・27	3・28	3・29	3・30	3・31	4・1	4・2	4・3	4・4	4・5	4・6	
三月	4・7	4・8	4・9	4・10	4・11	4・12	4・13	4・14	4・15	4・16	4・17	4・18	4・19	4・20	4・21	4・22	4・23	4・24	4・25	4・26	4・27	4・28	4・29	4・30	5・1	5・2	5・3	5・4	5・5	5・6
四月	5・7	5・8	5・9	5・10	5・11	5・12	5・13	5・14	5・15	5・16	5・17	5・18	5・19	5・20	5・21	5・22	5・23	5・24	5・25	5・26	5・27	5・28	5・29	5・30	5・31	6・1	6・2	6・3	6・4	
五月	6・5	6・6	6・7	6・8	6・9	6・10	6・11	6・12	6・13	6・14	6・15	6・16	6・17	6・18	6・19	6・20	6・21	6・22	6・23	6・24	6・25	6・26	6・27	6・28	6・29	6・30	7・1	7・2	7・3	7・4
六月	7・5	7・6	7・7	7・8	7・9	7・10	7・11	7・12	7・13	7・14	7・15	7・16	7・17	7・18	7・19	7・20	7・21	7・22	7・23	7・24	7・25	7・26	7・27	7・28	7・29	7・30	7・31	8・1	8・2	
七月	8・3	8・4	8・5	8・6	8・7	8・8	8・9	8・10	8・11	8・12	8・13	8・14	8・15	8・16	8・17	8・18	8・19	8・20	8・21	8・22	8・23	8・24	8・25	8・26	8・27	8・28	8・29	8・30	8・31	9・1
八月	9・2	9・3	9・4	9・5	9・6	9・7	9・8	9・9	9・10	9・11	9・12	9・13	9・14	9・15	9・16	9・17	9・18	9・19	9・20	9・21	9・22	9・23	9・24	9・25	9・26	9・27	9・28	9・29	9・30	10・1
九月	10・2	10・3	10・4	10・5	10・6	10・7	10・8	10・9	10・10	10・11	10・12	10・13	10・14	10・15	10・16	10・17	10・18	10・19	10・20	10・21	10・22	10・23	10・24	10・25	10・26	10・27	10・28	10・29	10・30	
十月	10・31	11・1	11・2	11・3	11・4	11・5	11・6	11・7	11・8	11・9	11・10	11・11	11・12	11・13	11・14	11・15	11・16	11・17	11・18	11・19	11・20	11・21	11・22	11・23	11・24	11・25	11・26	11・27	11・28	11・29
十一月	11・30	12・1	12・2	12・3	12・4	12・5	12・6	12・7	12・8	12・9	12・10	12・11	12・12	12・13	12・14	12・15	12・16	12・17	12・18	12・19	12・20	12・21	12・22	12・23	12・24	12・25	12・26	12・27	12・28	12・29
十二月	12・30	12・31	1・1	1・2	1・3	1・4	1・5	1・6	1・7	1・8	1・9	1・10	1・11	1・12	1・13	1・14	1・15	1・16	1・17	1・18	1・19	1・20	1・21	1・22	1・23	1・24	1・25	1・26	1・27	

1998年（戊寅）

農暦	初一	初二	初三	初四	初五	初六	初七	初八	初九	初十	十一	十二	十三	十四	十五	十六	十七	十八	十九	二十	廿一	廿二	廿三	廿四	廿五	廿六	廿七	廿八	廿九	三十
正月	1・28	1・29	1・30	1・31	2・1	2・2	2・3	2・4	2・5	2・6	2・7	2・8	2・9	2・10	2・11	2・12	2・13	2・14	2・15	2・16	2・17	2・18	2・19	2・20	2・21	2・22	2・23	2・24	2・25	2・26
二月	2・27	2・28	3・1	3・2	3・3	3・4	3・5	3・6	3・7	3・8	3・9	3・10	3・11	3・12	3・13	3・14	3・15	3・16	3・17	3・18	3・19	3・20	3・21	3・22	3・23	3・24	3・25	3・26	3・27	
三月	3・28	3・29	3・30	3・31	4・1	4・2	4・3	4・4	4・5	4・6	4・7	4・8	4・9	4・10	4・11	4・12	4・13	4・14	4・15	4・16	4・17	4・18	4・19	4・20	4・21	4・22	4・23	4・24	4・25	
四月	4・26	4・27	4・28	4・29	4・30	5・1	5・2	5・3	5・4	5・5	5・6	5・7	5・8	5・9	5・10	5・11	5・12	5・13	5・14	5・15	5・16	5・17	5・18	5・19	5・20	5・21	5・22	5・23	5・24	5・25
五月	5・26	5・27	5・28	5・29	5・30	5・31	6・1	6・2	6・3	6・4	6・5	6・6	6・7	6・8	6・9	6・10	6・11	6・12	6・13	6・14	6・15	6・16	6・17	6・18	6・19	6・20	6・21	6・22	6・23	
閏五月	6・24	6・25	6・26	6・27	6・28	6・29	6・30	7・1	7・2	7・3	7・4	7・5	7・6	7・7	7・8	7・9	7・10	7・11	7・12	7・13	7・14	7・15	7・16	7・17	7・18	7・19	7・20	7・21	7・22	
六月	7・23	7・24	7・25	7・26	7・27	7・28	7・29	7・30	7・31	8・1	8・2	8・3	8・4	8・5	8・6	8・7	8・8	8・9	8・10	8・11	8・12	8・13	8・14	8・15	8・16	8・17	8・18	8・19	8・20	8・21
七月	8・22	8・23	8・24	8・25	8・26	8・27	8・28	8・29	8・30	8・31	9・1	9・2	9・3	9・4	9・5	9・6	9・7	9・8	9・9	9・10	9・11	9・12	9・13	9・14	9・15	9・16	9・17	9・18	9・19	9・20
八月	9・21	9・22	9・23	9・24	9・25	9・26	9・27	9・28	9・29	9・30	10・1	10・2	10・3	10・4	10・5	10・6	10・7	10・8	10・9	10・10	10・11	10・12	10・13	10・14	10・15	10・16	10・17	10・18	10・19	
九月	10・20	10・21	10・22	10・23	10・24	10・25	10・26	10・27	10・28	10・29	10・30	10・31	11・1	11・2	11・3	11・4	11・5	11・6	11・7	11・8	11・9	11・10	11・11	11・12	11・13	11・14	11・15	11・16	11・17	11・18
十月	11・19	11・20	11・21	11・22	11・23	11・24	11・25	11・26	11・27	11・28	11・29	11・30	12・1	12・2	12・3	12・4	12・5	12・6	12・7	12・8	12・9	12・10	12・11	12・12	12・13	12・14	12・15	12・16	12・17	12・18
十一月	12・19	12・20	12・21	12・22	12・23	12・24	12・25	12・26	12・27	12・28	12・29	12・30	12・31	1・1	1・2	1・3	1・4	1・5	1・6	1・7	1・8	1・9	1・10	1・11	1・12	1・13	1・14	1・15	1・16	
十二月	1・17	1・18	1・19	1・20	1・21	1・22	1・23	1・24	1・25	1・26	1・27	1・28	1・29	1・30	1・31	2・1	2・2	2・3	2・4	2・5	2・6	2・7	2・8	2・9	2・10	2・11	2・12	2・13	2・14	2・15

1999年（己卯）

農暦	初一	初二	初三	初四	初五	初六	初七	初八	初九	初十	十一	十二	十三	十四	十五	十六	十七	十八	十九	二十	廿一	廿二	廿三	廿四	廿五	廿六	廿七	廿八	廿九	三十
正月	2・16	2・17	2・18	2・19	2・20	2・21	2・22	2・23	2・24	2・25	2・26	2・27	2・28	3・1	3・2	3・3	3・4	3・5	3・6	3・7	3・8	3・9	3・10	3・11	3・12	3・13	3・14	3・15	3・16	3・17
二月	3・18	3・19	3・20	3・21	3・22	3・23	3・24	3・25	3・26	3・27	3・28	3・29	3・30	3・31	4・1	4・2	4・3	4・4	4・5	4・6	4・7	4・8	4・9	4・10	4・11	4・12	4・13	4・14	4・15	
三月	4・16	4・17	4・18	4・19	4・20	4・21	4・22	4・23	4・24	4・25	4・26	4・27	4・28	4・29	4・30	5・1	5・2	5・3	5・4	5・5	5・6	5・7	5・8	5・9	5・10	5・11	5・12	5・13	5・14	
四月	5・15	5・16	5・17	5・18	5・19	5・20	5・21	5・22	5・23	5・24	5・25	5・26	5・27	5・28	5・29	5・30	5・31	6・1	6・2	6・3	6・4	6・5	6・6	6・7	6・8	6・9	6・10	6・11	6・12	6・13
五月	6・14	6・15	6・16	6・17	6・18	6・19	6・20	6・21	6・22	6・23	6・24	6・25	6・26	6・27	6・28	6・29	6・30	7・1	7・2	7・3	7・4	7・5	7・6	7・7	7・8	7・9	7・10	7・11	7・12	
六月	7・13	7・14	7・15	7・16	7・17	7・18	7・19	7・20	7・21	7・22	7・23	7・24	7・25	7・26	7・27	7・28	7・29	7・30	7・31	8・1	8・2	8・3	8・4	8・5	8・6	8・7	8・8	8・9	8・10	
七月	8・11	8・12	8・13	8・14	8・15	8・16	8・17	8・18	8・19	8・20	8・21	8・22	8・23	8・24	8・25	8・26	8・27	8・28	8・29	8・30	8・31	9・1	9・2	9・3	9・4	9・5	9・6	9・7	9・8	9・9
八月	9・10	9・11	9・12	9・13	9・14	9・15	9・16	9・17	9・18	9・19	9・20	9・21	9・22	9・23	9・24	9・25	9・26	9・27	9・28	9・29	9・30	10・1	10・2	10・3	10・4	10・5	10・6	10・7	10・8	
九月	10・9	10・10	10・11	10・12	10・13	10・14	10・15	10・16	10・17	10・18	10・19	10・20	10・21	10・22	10・23	10・24	10・25	10・26	10・27	10・28	10・29	10・30	10・31	11・1	11・2	11・3	11・4	11・5	11・6	11・7
十月	11・8	11・9	11・10	11・11	11・12	11・13	11・14	11・15	11・16	11・17	11・18	11・19	11・20	11・21	11・22	11・23	11・24	11・25	11・26	11・27	11・28	11・29	11・30	12・1	12・2	12・3	12・4	12・5	12・6	12・7
十一月	12・8	12・9	12・10	12・11	12・12	12・13	12・14	12・15	12・16	12・17	12・18	12・19	12・20	12・21	12・22	12・23	12・24	12・25	12・26	12・27	12・28	12・29	12・30	12・31	1・1	1・2	1・3	1・4	1・5	1・6
十二月	1・7	1・8	1・9	1・10	1・11	1・12	1・13	1・14	1・15	1・16	1・17	1・18	1・19	1・20	1・21	1・22	1・23	1・24	1・25	1・26	1・27	1・28	1・29	1・30	1・31	2・1	2・2	2・3	2・4	

2000年（庚辰）

農暦	初一	初二	初三	初四	初五	初六	初七	初八	初九	初十	十一	十二	十三	十四	十五	十六	十七	十八	十九	二十	廿一	廿二	廿三	廿四	廿五	廿六	廿七	廿八	廿九	三十
正月	2・5	2・6	2・7	2・8	2・9	2・10	2・11	2・12	2・13	2・14	2・15	2・16	2・17	2・18	2・19	2・20	2・21	2・22	2・23	2・24	2・25	2・26	2・27	2・28	2・29	3・1	3・2	3・3	3・4	3・5
二月	3・6	3・7	3・8	3・9	3・10	3・11	3・12	3・13	3・14	3・15	3・16	3・17	3・18	3・19	3・20	3・21	3・22	3・23	3・24	3・25	3・26	3・27	3・28	3・29	3・30	3・31	4・1	4・2	4・3	4・4
三月	4・5	4・6	4・7	4・8	4・9	4・10	4・11	4・12	4・13	4・14	4・15	4・16	4・17	4・18	4・19	4・20	4・21	4・22	4・23	4・24	4・25	4・26	4・27	4・28	4・29	4・30	5・1	5・2	5・3	
四月	5・4	5・5	5・6	5・7	5・8	5・9	5・10	5・11	5・12	5・13	5・14	5・15	5・16	5・17	5・18	5・19	5・20	5・21	5・22	5・23	5・24	5・25	5・26	5・27	5・28	5・29	5・30	5・31	6・1	
五月	6・2	6・3	6・4	6・5	6・6	6・7	6・8	6・9	6・10	6・11	6・12	6・13	6・14	6・15	6・16	6・17	6・18	6・19	6・20	6・21	6・22	6・23	6・24	6・25	6・26	6・27	6・28	6・29	6・30	7・1
六月	7・2	7・3	7・4	7・5	7・6	7・7	7・8	7・9	7・10	7・11	7・12	7・13	7・14	7・15	7・16	7・17	7・18	7・19	7・20	7・21	7・22	7・23	7・24	7・25	7・26	7・27	7・28	7・29	7・30	
七月	7・31	8・1	8・2	8・3	8・4	8・5	8・6	8・7	8・8	8・9	8・10	8・11	8・12	8・13	8・14	8・15	8・16	8・17	8・18	8・19	8・20	8・21	8・22	8・23	8・24	8・25	8・26	8・27	8・28	
八月	8・29	8・30	8・31	9・1	9・2	9・3	9・4	9・5	9・6	9・7	9・8	9・9	9・10	9・11	9・12	9・13	9・14	9・15	9・16	9・17	9・18	9・19	9・20	9・21	9・22	9・23	9・24	9・25	9・26	9・27
九月	9・28	9・29	9・30	10・1	10・2	10・3	10・4	10・5	10・6	10・7	10・8	10・9	10・10	10・11	10・12	10・13	10・14	10・15	10・16	10・17	10・18	10・19	10・20	10・21	10・22	10・23	10・24	10・25	10・26	
十月	10・27	10・28	10・29	10・30	10・31	11・1	11・2	11・3	11・4	11・5	11・6	11・7	11・8	11・9	11・10	11・11	11・12	11・13	11・14	11・15	11・16	11・17	11・18	11・19	11・20	11・21	11・22	11・23	11・24	11・25
十一月	11・26	11・27	11・28	11・29	11・30	12・1	12・2	12・3	12・4	12・5	12・6	12・7	12・8	12・9	12・10	12・11	12・12	12・13	12・14	12・15	12・16	12・17	12・18	12・19	12・20	12・21	12・22	12・23	12・24	12・25
十二月	12・26	12・27	12・28	12・29	12・30	12・31	1・1	1・2	1・3	1・4	1・5	1・6	1・7	1・8	1・9	1・10	1・11	1・12	1・13	1・14	1・15	1・16	1・17	1・18	1・19	1・20	1・21	1・22	1・23	

2001年（辛巳）

農暦	初一	初二	初三	初四	初五	初六	初七	初八	初九	初十	十一	十二	十三	十四	十五	十六	十七	十八	十九	二十	廿一	廿二	廿三	廿四	廿五	廿六	廿七	廿八	廿九	三十
正月	1・24	1・25	1・26	1・27	1・28	1・29	1・30	1・31	2・1	2・2	2・3	2・4	2・5	2・6	2・7	2・8	2・9	2・10	2・11	2・12	2・13	2・14	2・15	2・16	2・17	2・18	2・19	2・20	2・21	2・22
二月	2・23	2・24	2・25	2・26	2・27	2・28	3・1	3・2	3・3	3・4	3・5	3・6	3・7	3・8	3・9	3・10	3・11	3・12	3・13	3・14	3・15	3・16	3・17	3・18	3・19	3・20	3・21	3・22	3・23	3・24
三月	3・25	3・26	3・27	3・28	3・29	3・30	3・31	4・1	4・2	4・3	4・4	4・5	4・6	4・7	4・8	4・9	4・10	4・11	4・12	4・13	4・14	4・15	4・16	4・17	4・18	4・19	4・20	4・21	4・22	
四月	4・23	4・24	4・25	4・26	4・27	4・28	4・29	4・30	5・1	5・2	5・3	5・4	5・5	5・6	5・7	5・8	5・9	5・10	5・11	5・12	5・13	5・14	5・15	5・16	5・17	5・18	5・19	5・20	5・21	5・22
閏四月	5・23	5・24	5・25	5・26	5・27	5・28	5・29	5・30	5・31	6・1	6・2	6・3	6・4	6・5	6・6	6・7	6・8	6・9	6・10	6・11	6・12	6・13	6・14	6・15	6・16	6・17	6・18	6・19	6・20	
五月	6・21	6・22	6・23	6・24	6・25	6・26	6・27	6・28	6・29	6・30	7・1	7・2	7・3	7・4	7・5	7・6	7・7	7・8	7・9	7・10	7・11	7・12	7・13	7・14	7・15	7・16	7・17	7・18	7・19	7・20
六月	7・21	7・22	7・23	7・24	7・25	7・26	7・27	7・28	7・29	7・30	7・31	8・1	8・2	8・3	8・4	8・5	8・6	8・7	8・8	8・9	8・10	8・11	8・12	8・13	8・14	8・15	8・16	8・17	8・18	
七月	8・19	8・20	8・21	8・22	8・23	8・24	8・25	8・26	8・27	8・28	8・29	8・30	8・31	9・1	9・2	9・3	9・4	9・5	9・6	9・7	9・8	9・9	9・10	9・11	9・12	9・13	9・14	9・15	9・16	
八月	9・17	9・18	9・19	9・20	9・21	9・22	9・23	9・24	9・25	9・26	9・27	9・28	9・29	9・30	10・1	10・2	10・3	10・4	10・5	10・6	10・7	10・8	10・9	10・10	10・11	10・12	10・13	10・14	10・15	10・16
九月	10・17	10・18	10・19	10・20	10・21	10・22	10・23	10・24	10・25	10・26	10・27	10・28	10・29	10・30	10・31	11・1	11・2	11・3	11・4	11・5	11・6	11・7	11・8	11・9	11・10	11・11	11・12	11・13	11・14	
十月	11・15	11・16	11・17	11・18	11・19	11・20	11・21	11・22	11・23	11・24	11・25	11・26	11・27	11・28	11・29	11・30	12・1	12・2	12・3	12・4	12・5	12・6	12・7	12・8	12・9	12・10	12・11	12・12	12・13	12・14
十一月	12・15	12・16	12・17	12・18	12・19	12・20	12・21	12・22	12・23	12・24	12・25	12・26	12・27	12・28	12・29	12・30	12・31	1・1	1・2	1・3	1・4	1・5	1・6	1・7	1・8	1・9	1・10	1・11	1・12	
十二月	1・13	1・14	1・15	1・16	1・17	1・18	1・19	1・20	1・21	1・22	1・23	1・24	1・25	1・26	1・27	1・28	1・29	1・30	1・31	2・1	2・2	2・3	2・4	2・5	2・6	2・7	2・8	2・9	2・10	2・11

2002年（壬午）

農暦	初一	初二	初三	初四	初五	初六	初七	初八	初九	初十	十一	十二	十三	十四	十五	十六	十七	十八	十九	二十	廿一	廿二	廿三	廿四	廿五	廿六	廿七	廿八	廿九	三十
正月	2・12	2・13	2・14	2・15	2・16	2・17	2・18	2・19	2・20	2・21	2・22	2・23	2・24	2・25	2・26	2・27	2・28	3・1	3・2	3・3	3・4	3・5	3・6	3・7	3・8	3・9	3・10	3・11	3・12	3・13
二月	3・14	3・15	3・16	3・17	3・18	3・19	3・20	3・21	3・22	3・23	3・24	3・25	3・26	3・27	3・28	3・29	3・30	3・31	4・1	4・2	4・3	4・4	4・5	4・6	4・7	4・8	4・9	4・10	4・11	4・12
三月	4・13	4・14	4・15	4・16	4・17	4・18	4・19	4・20	4・21	4・22	4・23	4・24	4・25	4・26	4・27	4・28	4・29	4・30	5・1	5・2	5・3	5・4	5・5	5・6	5・7	5・8	5・9	5・10	5・11	
四月	5・12	5・13	5・14	5・15	5・16	5・17	5・18	5・19	5・20	5・21	5・22	5・23	5・24	5・25	5・26	5・27	5・28	5・29	5・30	5・31	6・1	6・2	6・3	6・4	6・5	6・6	6・7	6・8	6・9	6・10
五月	6・11	6・12	6・13	6・14	6・15	6・16	6・17	6・18	6・19	6・20	6・21	6・22	6・23	6・24	6・25	6・26	6・27	6・28	6・29	6・30	7・1	7・2	7・3	7・4	7・5	7・6	7・7	7・8	7・9	
六月	7・10	7・11	7・12	7・13	7・14	7・15	7・16	7・17	7・18	7・19	7・20	7・21	7・22	7・23	7・24	7・25	7・26	7・27	7・28	7・29	7・30	7・31	8・1	8・2	8・3	8・4	8・5	8・6	8・7	8・8
七月	8・9	8・10	8・11	8・12	8・13	8・14	8・15	8・16	8・17	8・18	8・19	8・20	8・21	8・22	8・23	8・24	8・25	8・26	8・27	8・28	8・29	8・30	8・31	9・1	9・2	9・3	9・4	9・5	9・6	
八月	9・7	9・8	9・9	9・10	9・11	9・12	9・13	9・14	9・15	9・16	9・17	9・18	9・19	9・20	9・21	9・22	9・23	9・24	9・25	9・26	9・27	9・28	9・29	9・30	10・1	10・2	10・3	10・4	10・5	
九月	10・6	10・7	10・8	10・9	10・10	10・11	10・12	10・13	10・14	10・15	10・16	10・17	10・18	10・19	10・20	10・21	10・22	10・23	10・24	10・25	10・26	10・27	10・28	10・29	10・30	10・31	11・1	11・2	11・3	11・4
十月	11・5	11・6	11・7	11・8	11・9	11・10	11・11	11・12	11・13	11・14	11・15	11・16	11・17	11・18	11・19	11・20	11・21	11・22	11・23	11・24	11・25	11・26	11・27	11・28	11・29	11・30	12・1	12・2	12・3	
十一月	12・4	12・5	12・6	12・7	12・8	12・9	12・10	12・11	12・12	12・13	12・14	12・15	12・16	12・17	12・18	12・19	12・20	12・21	12・22	12・23	12・24	12・25	12・26	12・27	12・28	12・29	12・30	12・31	1・1	1・2
十二月	1・3	1・4	1・5	1・6	1・7	1・8	1・9	1・10	1・11	1・12	1・13	1・14	1・15	1・16	1・17	1・18	1・19	1・20	1・21	1・22	1・23	1・24	1・25	1・26	1・27	1・28	1・29	1・30	1・31	

2003年（癸未）

農暦	初一	初二	初三	初四	初五	初六	初七	初八	初九	初十	十一	十二	十三	十四	十五	十六	十七	十八	十九	二十	廿一	廿二	廿三	廿四	廿五	廿六	廿七	廿八	廿九	三十
正月	2・1	2・2	2・3	2・4	2・5	2・6	2・7	2・8	2・9	2・10	2・11	2・12	2・13	2・14	2・15	2・16	2・17	2・18	2・19	2・20	2・21	2・22	2・23	2・24	2・25	2・26	2・27	2・28	3・1	3・2
二月	3・3	3・4	3・5	3・6	3・7	3・8	3・9	3・10	3・11	3・12	3・13	3・14	3・15	3・16	3・17	3・18	3・19	3・20	3・21	3・22	3・23	3・24	3・25	3・26	3・27	3・28	3・29	3・30	3・31	4・1
三月	4・2	4・3	4・4	4・5	4・6	4・7	4・8	4・9	4・10	4・11	4・12	4・13	4・14	4・15	4・16	4・17	4・18	4・19	4・20	4・21	4・22	4・23	4・24	4・25	4・26	4・27	4・28	4・29	4・30	
四月	5・1	5・2	5・3	5・4	5・5	5・6	5・7	5・8	5・9	5・10	5・11	5・12	5・13	5・14	5・15	5・16	5・17	5・18	5・19	5・20	5・21	5・22	5・23	5・24	5・25	5・26	5・27	5・28	5・29	5・30
五月	5・31	6・1	6・2	6・3	6・4	6・5	6・6	6・7	6・8	6・9	6・10	6・11	6・12	6・13	6・14	6・15	6・16	6・17	6・18	6・19	6・20	6・21	6・22	6・23	6・24	6・25	6・26	6・27	6・28	6・29
六月	6・30	7・1	7・2	7・3	7・4	7・5	7・6	7・7	7・8	7・9	7・10	7・11	7・12	7・13	7・14	7・15	7・16	7・17	7・18	7・19	7・20	7・21	7・22	7・23	7・24	7・25	7・26	7・27	7・28	
七月	7・29	7・30	7・31	8・1	8・2	8・3	8・4	8・5	8・6	8・7	8・8	8・9	8・10	8・11	8・12	8・13	8・14	8・15	8・16	8・17	8・18	8・19	8・20	8・21	8・22	8・23	8・24	8・25	8・26	8・27
八月	8・28	8・29	8・30	8・31	9・1	9・2	9・3	9・4	9・5	9・6	9・7	9・8	9・9	9・10	9・11	9・12	9・13	9・14	9・15	9・16	9・17	9・18	9・19	9・20	9・21	9・22	9・23	9・24	9・25	
九月	9・26	9・27	9・28	9・29	9・30	10・1	10・2	10・3	10・4	10・5	10・6	10・7	10・8	10・9	10・10	10・11	10・12	10・13	10・14	10・15	10・16	10・17	10・18	10・19	10・20	10・21	10・22	10・23	10・24	
十月	10・25	10・26	10・27	10・28	10・29	10・30	10・31	11・1	11・2	11・3	11・4	11・5	11・6	11・7	11・8	11・9	11・10	11・11	11・12	11・13	11・14	11・15	11・16	11・17	11・18	11・19	11・20	11・21	11・22	11・23
十一月	11・24	11・25	11・26	11・27	11・28	11・29	11・30	12・1	12・2	12・3	12・4	12・5	12・6	12・7	12・8	12・9	12・10	12・11	12・12	12・13	12・14	12・15	12・16	12・17	12・18	12・19	12・20	12・21	12・22	
十二月	12・23	12・24	12・25	12・26	12・27	12・28	12・29	12・30	12・31	1・1	1・2	1・3	1・4	1・5	1・6	1・7	1・8	1・9	1・10	1・11	1・12	1・13	1・14	1・15	1・16	1・17	1・18	1・19	1・20	1・21

2004年（甲申）

農暦	初一	初二	初三	初四	初五	初六	初七	初八	初九	初十	十一	十二	十三	十四	十五	十六	十七	十八	十九	二十	廿一	廿二	廿三	廿四	廿五	廿六	廿七	廿八	廿九	三十
正月	1・22	1・23	1・24	1・25	1・26	1・27	1・28	1・29	1・30	1・31	2・1	2・2	2・3	2・4	2・5	2・6	2・7	2・8	2・9	2・10	2・11	2・12	2・13	2・14	2・15	2・16	2・17	2・18	2・19	
二月	2・20	2・21	2・22	2・23	2・24	2・25	2・26	2・27	2・28	2・29	3・1	3・2	3・3	3・4	3・5	3・6	3・7	3・8	3・9	3・10	3・11	3・12	3・13	3・14	3・15	3・16	3・17	3・18	3・19	3・20
閏二月	3・21	3・22	3・23	3・24	3・25	3・26	3・27	3・28	3・29	3・30	3・31	4・1	4・2	4・3	4・4	4・5	4・6	4・7	4・8	4・9	4・10	4・11	4・12	4・13	4・14	4・15	4・16	4・17	4・18	
三月	4・19	4・20	4・21	4・22	4・23	4・24	4・25	4・26	4・27	4・28	4・29	4・30	5・1	5・2	5・3	5・4	5・5	5・6	5・7	5・8	5・9	5・10	5・11	5・12	5・13	5・14	5・15	5・16	5・17	5・18
四月	5・19	5・20	5・21	5・22	5・23	5・24	5・25	5・26	5・27	5・28	5・29	5・30	5・31	6・1	6・2	6・3	6・4	6・5	6・6	6・7	6・8	6・9	6・10	6・11	6・12	6・13	6・14	6・15	6・16	6・17
五月	6・18	6・19	6・20	6・21	6・22	6・23	6・24	6・25	6・26	6・27	6・28	6・29	6・30	7・1	7・2	7・3	7・4	7・5	7・6	7・7	7・8	7・9	7・10	7・11	7・12	7・13	7・14	7・15	7・16	
六月	7・17	7・18	7・19	7・20	7・21	7・22	7・23	7・24	7・25	7・26	7・27	7・28	7・29	7・30	7・31	8・1	8・2	8・3	8・4	8・5	8・6	8・7	8・8	8・9	8・10	8・11	8・12	8・13	8・14	8・15
七月	8・16	8・17	8・18	8・19	8・20	8・21	8・22	8・23	8・24	8・25	8・26	8・27	8・28	8・29	8・30	8・31	9・1	9・2	9・3	9・4	9・5	9・6	9・7	9・8	9・9	9・10	9・11	9・12	9・13	
八月	9・14	9・15	9・16	9・17	9・18	9・19	9・20	9・21	9・22	9・23	9・24	9・25	9・26	9・27	9・28	9・29	9・30	10・1	10・2	10・3	10・4	10・5	10・6	10・7	10・8	10・9	10・10	10・11	10・12	10・13
九月	10・14	10・15	10・16	10・17	10・18	10・19	10・20	10・21	10・22	10・23	10・24	10・25	10・26	10・27	10・28	10・29	10・30	10・31	11・1	11・2	11・3	11・4	11・5	11・6	11・7	11・8	11・9	11・10	11・11	
十月	11・12	11・13	11・14	11・15	11・16	11・17	11・18	11・19	11・20	11・21	11・22	11・23	11・24	11・25	11・26	11・27	11・28	11・29	11・30	12・1	12・2	12・3	12・4	12・5	12・6	12・7	12・8	12・9	12・10	12・11
十一月	12・12	12・13	12・14	12・15	12・16	12・17	12・18	12・19	12・20	12・21	12・22	12・23	12・24	12・25	12・26	12・27	12・28	12・29	12・30	12・31	1・1	1・2	1・3	1・4	1・5	1・6	1・7	1・8	1・9	
十二月	1・10	1・11	1・12	1・13	1・14	1・15	1・16	1・17	1・18	1・19	1・20	1・21	1・22	1・23	1・24	1・25	1・26	1・27	1・28	1・29	1・30	1・31	2・1	2・2	2・3	2・4	2・5	2・6	2・7	2・8

2005年（乙酉）

農暦	初一	初二	初三	初四	初五	初六	初七	初八	初九	初十	十一	十二	十三	十四	十五	十六	十七	十八	十九	二十	廿一	廿二	廿三	廿四	廿五	廿六	廿七	廿八	廿九	三十
正月	2·9	2·10	2·11	2·12	2·13	2·14	2·15	2·16	2·17	2·18	2·19	2·20	2·21	2·22	2·23	2·24	2·25	2·26	2·27	2·28	3·1	3·2	3·3	3·4	3·5	3·6	3·7	3·8	3·9	
二月	3·10	3·11	3·12	3·13	3·14	3·15	3·16	3·17	3·18	3·19	3·20	3·21	3·22	3·23	3·24	3·25	3·26	3·27	3·28	3·29	3·30	3·31	4·1	4·2	4·3	4·4	4·5	4·6	4·7	4·8
三月	4·9	4·10	4·11	4·12	4·13	4·14	4·15	4·16	4·17	4·18	4·19	4·20	4·21	4·22	4·23	4·24	4·25	4·26	4·27	4·28	4·29	4·30	5·1	5·2	5·3	5·4	5·5	5·6	5·7	
四月	5·8	5·9	5·10	5·11	5·12	5·13	5·14	5·15	5·16	5·17	5·18	5·19	5·20	5·21	5·22	5·23	5·24	5·25	5·26	5·27	5·28	5·29	5·30	5·31	6·1	6·2	6·3	6·4	6·5	6·6
五月	6·7	6·8	6·9	6·10	6·11	6·12	6·13	6·14	6·15	6·16	6·17	6·18	6·19	6·20	6·21	6·22	6·23	6·24	6·25	6·26	6·27	6·28	6·29	6·30	7·1	7·2	7·3	7·4	7·5	
六月	7·6	7·7	7·8	7·9	7·10	7·11	7·12	7·13	7·14	7·15	7·16	7·17	7·18	7·19	7·20	7·21	7·22	7·23	7·24	7·25	7·26	7·27	7·28	7·29	7·30	7·31	8·1	8·2	8·3	8·4
七月	8·5	8·6	8·7	8·8	8·9	8·10	8·11	8·12	8·13	8·14	8·15	8·16	8·17	8·18	8·19	8·20	8·21	8·22	8·23	8·24	8·25	8·26	8·27	8·28	8·29	8·30	8·31	9·1	9·2	9·3
八月	9·4	9·5	9·6	9·7	9·8	9·9	9·10	9·11	9·12	9·13	9·14	9·15	9·16	9·17	9·18	9·19	9·20	9·21	9·22	9·23	9·24	9·25	9·26	9·27	9·28	9·29	9·30	10·1	10·2	
九月	10·3	10·4	10·5	10·6	10·7	10·8	10·9	10·10	10·11	10·12	10·13	10·14	10·15	10·16	10·17	10·18	10·19	10·20	10·21	10·22	10·23	10·24	10·25	10·26	10·27	10·28	10·29	10·30	10·31	11·1
十月	11·2	11·3	11·4	11·5	11·6	11·7	11·8	11·9	11·10	11·11	11·12	11·13	11·14	11·15	11·16	11·17	11·18	11·19	11·20	11·21	11·22	11·23	11·24	11·25	11·26	11·27	11·28	11·29	11·30	
十一月	12·1	12·2	12·3	12·4	12·5	12·6	12·7	12·8	12·9	12·10	12·11	12·12	12·13	12·14	12·15	12·16	12·17	12·18	12·19	12·20	12·21	12·22	12·23	12·24	12·25	12·26	12·27	12·28	12·29	12·30
十二月	12·31	1·1	1·2	1·3	1·4	1·5	1·6	1·7	1·8	1·9	1·10	1·11	1·12	1·13	1·14	1·15	1·16	1·17	1·18	1·19	1·20	1·21	1·22	1·23	1·24	1·25	1·26	1·27	1·28	

2006年（丙戌）

農暦	初一	初二	初三	初四	初五	初六	初七	初八	初九	初十	十一	十二	十三	十四	十五	十六	十七	十八	十九	二十	廿一	廿二	廿三	廿四	廿五	廿六	廿七	廿八	廿九	三十
正月	1・29	1・30	1・31	2・1	2・2	2・3	2・4	2・5	2・6	2・7	2・8	2・9	2・10	2・11	2・12	2・13	2・14	2・15	2・16	2・17	2・18	2・19	2・20	2・21	2・22	2・23	2・24	2・25	2・26	2・27
二月	2・28	3・1	3・2	3・3	3・4	3・5	3・6	3・7	3・8	3・9	3・10	3・11	3・12	3・13	3・14	3・15	3・16	3・17	3・18	3・19	3・20	3・21	3・22	3・23	3・24	3・25	3・26	3・27	3・28	
三月	3・29	3・30	3・31	4・1	4・2	4・3	4・4	4・5	4・6	4・7	4・8	4・9	4・10	4・11	4・12	4・13	4・14	4・15	4・16	4・17	4・18	4・19	4・20	4・21	4・22	4・23	4・24	4・25	4・26	4・27
四月	4・28	4・29	4・30	5・1	5・2	5・3	5・4	5・5	5・6	5・7	5・8	5・9	5・10	5・11	5・12	5・13	5・14	5・15	5・16	5・17	5・18	5・19	5・20	5・21	5・22	5・23	5・24	5・25	5・26	
五月	5・27	5・28	5・29	5・30	5・31	6・1	6・2	6・3	6・4	6・5	6・6	6・7	6・8	6・9	6・10	6・11	6・12	6・13	6・14	6・15	6・16	6・17	6・18	6・19	6・20	6・21	6・22	6・23	6・24	6・25
六月	6・26	6・27	6・28	6・29	6・30	7・1	7・2	7・3	7・4	7・5	7・6	7・7	7・8	7・9	7・10	7・11	7・12	7・13	7・14	7・15	7・16	7・17	7・18	7・19	7・20	7・21	7・22	7・23	7・24	
七月	7・25	7・26	7・27	7・28	7・29	7・30	7・31	8・1	8・2	8・3	8・4	8・5	8・6	8・7	8・8	8・9	8・10	8・11	8・12	8・13	8・14	8・15	8・16	8・17	8・18	8・19	8・20	8・21	8・22	8・23
閏七月	8・24	8・25	8・26	8・27	8・28	8・29	8・30	8・31	9・1	9・2	9・3	9・4	9・5	9・6	9・7	9・8	9・9	9・10	9・11	9・12	9・13	9・14	9・15	9・16	9・17	9・18	9・19	9・20	9・21	
八月	9・22	9・23	9・24	9・25	9・26	9・27	9・28	9・29	9・30	10・1	10・2	10・3	10・4	10・5	10・6	10・7	10・8	10・9	10・10	10・11	10・12	10・13	10・14	10・15	10・16	10・17	10・18	10・19	10・20	10・21
九月	10・22	10・23	10・24	10・25	10・26	10・27	10・28	10・29	10・30	10・31	11・1	11・2	11・3	11・4	11・5	11・6	11・7	11・8	11・9	11・10	11・11	11・12	11・13	11・14	11・15	11・16	11・17	11・18	11・19	11・20
十月	11・21	11・22	11・23	11・24	11・25	11・26	11・27	11・28	11・29	11・30	12・1	12・2	12・3	12・4	12・5	12・6	12・7	12・8	12・9	12・10	12・11	12・12	12・13	12・14	12・15	12・16	12・17	12・18	12・19	
十一月	12・20	12・21	12・22	12・23	12・24	12・25	12・26	12・27	12・28	12・29	12・30	12・31	1・1	1・2	1・3	1・4	1・5	1・6	1・7	1・8	1・9	1・10	1・11	1・12	1・13	1・14	1・15	1・16	1・17	1・18
十二月	1・19	1・20	1・21	1・22	1・23	1・24	1・25	1・26	1・27	1・28	1・29	1・30	1・31	2・1	2・2	2・3	2・4	2・5	2・6	2・7	2・8	2・9	2・10	2・11	2・12	2・13	2・14	2・15	2・16	2・17

2007年（丁亥）

農曆	初一	初二	初三	初四	初五	初六	初七	初八	初九	初十	十一	十二	十三	十四	十五	十六	十七	十八	十九	二十	廿一	廿二	廿三	廿四	廿五	廿六	廿七	廿八	廿九	三十
正月	2・18	2・19	2・20	2・21	2・22	2・23	2・24	2・25	2・26	2・27	2・28	3・1	3・2	3・3	3・4	3・5	3・6	3・7	3・8	3・9	3・10	3・11	3・12	3・13	3・14	3・15	3・16	3・17	3・18	
二月	3・19	3・20	3・21	3・22	3・23	3・24	3・25	3・26	3・27	3・28	3・29	3・30	3・31	4・1	4・2	4・3	4・4	4・5	4・6	4・7	4・8	4・9	4・10	4・11	4・12	4・13	4・14	4・15	4・16	
三月	4・17	4・18	4・19	4・20	4・21	4・22	4・23	4・24	4・25	4・26	4・27	4・28	4・29	4・30	5・1	5・2	5・3	5・4	5・5	5・6	5・7	5・8	5・9	5・10	5・11	5・12	5・13	5・14	5・15	5・16
四月	5・17	5・18	5・19	5・20	5・21	5・22	5・23	5・24	5・25	5・26	5・27	5・28	5・29	5・30	5・31	6・1	6・2	6・3	6・4	6・5	6・6	6・7	6・8	6・9	6・10	6・11	6・12	6・13	6・14	
五月	6・15	6・16	6・17	6・18	6・19	6・20	6・21	6・22	6・23	6・24	6・25	6・26	6・27	6・28	6・29	6・30	7・1	7・2	7・3	7・4	7・5	7・6	7・7	7・8	7・9	7・10	7・11	7・12	7・13	
六月	7・14	7・15	7・16	7・17	7・18	7・19	7・20	7・21	7・22	7・23	7・24	7・25	7・26	7・27	7・28	7・29	7・30	7・31	8・1	8・2	8・3	8・4	8・5	8・6	8・7	8・8	8・9	8・10	8・11	8・12
七月	8・13	8・14	8・15	8・16	8・17	8・18	8・19	8・20	8・21	8・22	8・23	8・24	8・25	8・26	8・27	8・28	8・29	8・30	8・31	9・1	9・2	9・3	9・4	9・5	9・6	9・7	9・8	9・9	9・10	
八月	9・11	9・12	9・13	9・14	9・15	9・16	9・17	9・18	9・19	9・20	9・21	9・22	9・23	9・24	9・25	9・26	9・27	9・28	9・29	9・30	10・1	10・2	10・3	10・4	10・5	10・6	10・7	10・8	10・9	10・10
九月	10・11	10・12	10・13	10・14	10・15	10・16	10・17	10・18	10・19	10・20	10・21	10・22	10・23	10・24	10・25	10・26	10・27	10・28	10・29	10・30	10・31	11・1	11・2	11・3	11・4	11・5	11・6	11・7	11・8	11・9
十月	11・10	11・11	11・12	11・13	11・14	11・15	11・16	11・17	11・18	11・19	11・20	11・21	11・22	11・23	11・24	11・25	11・26	11・27	11・28	11・29	11・30	12・1	12・2	12・3	12・4	12・5	12・6	12・7	12・8	12・9
十一月	12・10	12・11	12・12	12・13	12・14	12・15	12・16	12・17	12・18	12・19	12・20	12・21	12・22	12・23	12・24	12・25	12・26	12・27	12・28	12・29	12・30	12・31	1・1	1・2	1・3	1・4	1・5	1・6	1・7	
十二月	1・8	1・9	1・10	1・11	1・12	1・13	1・14	1・15	1・16	1・17	1・18	1・19	1・20	1・21	1・22	1・23	1・24	1・25	1・26	1・27	1・28	1・29	1・30	1・31	2・1	2・2	2・3	2・4	2・5	2・6

2008年（戊子）

農暦	初一	初二	初三	初四	初五	初六	初七	初八	初九	初十	十一	十二	十三	十四	十五	十六	十七	十八	十九	二十	廿一	廿二	廿三	廿四	廿五	廿六	廿七	廿八	廿九	三十
正月	2・7	2・8	2・9	2・10	2・11	2・12	2・13	2・14	2・15	2・16	2・17	2・18	2・19	2・20	2・21	2・22	2・23	2・24	2・25	2・26	2・27	2・28	2・29	3・1	3・2	3・3	3・4	3・5	3・6	3・7
二月	3・8	3・9	3・10	3・11	3・12	3・13	3・14	3・15	3・16	3・17	3・18	3・19	3・20	3・21	3・22	3・23	3・24	3・25	3・26	3・27	3・28	3・29	3・30	3・31	4・1	4・2	4・3	4・4	4・5	
三月	4・6	4・7	4・8	4・9	4・10	4・11	4・12	4・13	4・14	4・15	4・16	4・17	4・18	4・19	4・20	4・21	4・22	4・23	4・24	4・25	4・26	4・27	4・28	4・29	4・30	5・1	5・2	5・3	5・4	
四月	5・5	5・6	5・7	5・8	5・9	5・10	5・11	5・12	5・13	5・14	5・15	5・16	5・17	5・18	5・19	5・20	5・21	5・22	5・23	5・24	5・25	5・26	5・27	5・28	5・29	5・30	5・31	6・1	6・2	6・3
五月	6・4	6・5	6・6	6・7	6・8	6・9	6・10	6・11	6・12	6・13	6・14	6・15	6・16	6・17	6・18	6・19	6・20	6・21	6・22	6・23	6・24	6・25	6・26	6・27	6・28	6・29	6・30	7・1	7・2	
六月	7・3	7・4	7・5	7・6	7・7	7・8	7・9	7・10	7・11	7・12	7・13	7・14	7・15	7・16	7・17	7・18	7・19	7・20	7・21	7・22	7・23	7・24	7・25	7・26	7・27	7・28	7・29	7・30	7・31	
七月	8・1	8・2	8・3	8・4	8・5	8・6	8・7	8・8	8・9	8・10	8・11	8・12	8・13	8・14	8・15	8・16	8・17	8・18	8・19	8・20	8・21	8・22	8・23	8・24	8・25	8・26	8・27	8・28	8・29	8・30
八月	8・31	9・1	9・2	9・3	9・4	9・5	9・6	9・7	9・8	9・9	9・10	9・11	9・12	9・13	9・14	9・15	9・16	9・17	9・18	9・19	9・20	9・21	9・22	9・23	9・24	9・25	9・26	9・27	9・28	
九月	9・29	9・30	10・1	10・2	10・3	10・4	10・5	10・6	10・7	10・8	10・9	10・10	10・11	10・12	10・13	10・14	10・15	10・16	10・17	10・18	10・19	10・20	10・21	10・22	10・23	10・24	10・25	10・26	10・27	10・28
十月	10・29	10・30	10・31	11・1	11・2	11・3	11・4	11・5	11・6	11・7	11・8	11・9	11・10	11・11	11・12	11・13	11・14	11・15	11・16	11・17	11・18	11・19	11・20	11・21	11・22	11・23	11・24	11・25	11・26	11・27
十一月	11・28	11・29	11・30	12・1	12・2	12・3	12・4	12・5	12・6	12・7	12・8	12・9	12・10	12・11	12・12	12・13	12・14	12・15	12・16	12・17	12・18	12・19	12・20	12・21	12・22	12・23	12・24	12・25	12・26	
十二月	12・27	12・28	12・29	12・30	12・31	1・1	1・2	1・3	1・4	1・5	1・6	1・7	1・8	1・9	1・10	1・11	1・12	1・13	1・14	1・15	1・16	1・17	1・18	1・19	1・20	1・21	1・22	1・23	1・24	1・25

2009年（己丑）

農暦	初一	初二	初三	初四	初五	初六	初七	初八	初九	初十	十一	十二	十三	十四	十五	十六	十七	十八	十九	二十	廿一	廿二	廿三	廿四	廿五	廿六	廿七	廿八	廿九	三十
正月	1·26	1·27	1·28	1·29	1·30	1·31	2·1	2·2	2·3	2·4	2·5	2·6	2·7	2·8	2·9	2·10	2·11	2·12	2·13	2·14	2·15	2·16	2·17	2·18	2·19	2·20	2·21	2·22	2·23	2·24
二月	2·25	2·26	2·27	2·28	3·1	3·2	3·3	3·4	3·5	3·6	3·7	3·8	3·9	3·10	3·11	3·12	3·13	3·14	3·15	3·16	3·17	3·18	3·19	3·20	3·21	3·22	3·23	3·24	3·25	3·26
三月	3·27	3·28	3·29	3·30	3·31	4·1	4·2	4·3	4·4	4·5	4·6	4·7	4·8	4·9	4·10	4·11	4·12	4·13	4·14	4·15	4·16	4·17	4·18	4·19	4·20	4·21	4·22	4·23	4·24	
四月	4·25	4·26	4·27	4·28	4·29	4·30	5·1	5·2	5·3	5·4	5·5	5·6	5·7	5·8	5·9	5·10	5·11	5·12	5·13	5·14	5·15	5·16	5·17	5·18	5·19	5·20	5·21	5·22	5·23	
五月	5·24	5·25	5·26	5·27	5·28	5·29	5·30	5·31	6·1	6·2	6·3	6·4	6·5	6·6	6·7	6·8	6·9	6·10	6·11	6·12	6·13	6·14	6·15	6·16	6·17	6·18	6·19	6·20	6·21	6·22
閏五月	6·23	6·24	6·25	6·26	6·27	6·28	6·29	6·30	7·1	7·2	7·3	7·4	7·5	7·6	7·7	7·8	7·9	7·10	7·11	7·12	7·13	7·14	7·15	7·16	7·17	7·18	7·19	7·20	7·21	
六月	7·22	7·23	7·24	7·25	7·26	7·27	7·28	7·29	7·30	7·31	8·1	8·2	8·3	8·4	8·5	8·6	8·7	8·8	8·9	8·10	8·11	8·12	8·13	8·14	8·15	8·16	8·17	8·18	8·19	
七月	8·20	8·21	8·22	8·23	8·24	8·25	8·26	8·27	8·28	8·29	8·30	8·31	9·1	9·2	9·3	9·4	9·5	9·6	9·7	9·8	9·9	9·10	9·11	9·12	9·13	9·14	9·15	9·16	9·17	9·18
八月	9·19	9·20	9·21	9·22	9·23	9·24	9·25	9·26	9·27	9·28	9·29	9·30	10·1	10·2	10·3	10·4	10·5	10·6	10·7	10·8	10·9	10·10	10·11	10·12	10·13	10·14	10·15	10·16	10·17	
九月	10·18	10·19	10·20	10·21	10·22	10·23	10·24	10·25	10·26	10·27	10·28	10·29	10·30	10·31	11·1	11·2	11·3	11·4	11·5	11·6	11·7	11·8	11·9	11·10	11·11	11·12	11·13	11·14	11·15	11·16
十月	11·17	11·18	11·19	11·20	11·21	11·22	11·23	11·24	11·25	11·26	11·27	11·28	11·29	11·30	12·1	12·2	12·3	12·4	12·5	12·6	12·7	12·8	12·9	12·10	12·11	12·12	12·13	12·14	12·15	
十一月	12·16	12·17	12·18	12·19	12·20	12·21	12·22	12·23	12·24	12·25	12·26	12·27	12·28	12·29	12·30	12·31	1·1	1·2	1·3	1·4	1·5	1·6	1·7	1·8	1·9	1·10	1·11	1·12	1·13	1·14
十二月	1·15	1·16	1·17	1·18	1·19	1·20	1·21	1·22	1·23	1·24	1·25	1·26	1·27	1·28	1·29	1·30	1·31	2·1	2·2	2·3	2·4	2·5	2·6	2·7	2·8	2·9	2·10	2·11	2·12	2·13

2010年（庚寅）

農暦	初一	初二	初三	初四	初五	初六	初七	初八	初九	初十	十一	十二	十三	十四	十五	十六	十七	十八	十九	二十	廿一	廿二	廿三	廿四	廿五	廿六	廿七	廿八	廿九	三十
正月	2・14	2・15	2・16	2・17	2・18	2・19	2・20	2・21	2・22	2・23	2・24	2・25	2・26	2・27	2・28	3・1	3・2	3・3	3・4	3・5	3・6	3・7	3・8	3・9	3・10	3・11	3・12	3・13	3・14	3・15
二月	3・16	3・17	3・18	3・19	3・20	3・21	3・22	3・23	3・24	3・25	3・26	3・27	3・28	3・29	3・30	3・31	4・1	4・2	4・3	4・4	4・5	4・6	4・7	4・8	4・9	4・10	4・11	4・12	4・13	
三月	4・14	4・15	4・16	4・17	4・18	4・19	4・20	4・21	4・22	4・23	4・24	4・25	4・26	4・27	4・28	4・29	4・30	5・1	5・2	5・3	5・4	5・5	5・6	5・7	5・8	5・9	5・10	5・11	5・12	5・13
四月	5・14	5・15	5・16	5・17	5・18	5・19	5・20	5・21	5・22	5・23	5・24	5・25	5・26	5・27	5・28	5・29	5・30	5・31	6・1	6・2	6・3	6・4	6・5	6・6	6・7	6・8	6・9	6・10	6・11	
五月	6・12	6・13	6・14	6・15	6・16	6・17	6・18	6・19	6・20	6・21	6・22	6・23	6・24	6・25	6・26	6・27	6・28	6・29	6・30	7・1	7・2	7・3	7・4	7・5	7・6	7・7	7・8	7・9	7・10	7・11
六月	7・12	7・13	7・14	7・15	7・16	7・17	7・18	7・19	7・20	7・21	7・22	7・23	7・24	7・25	7・26	7・27	7・28	7・29	7・30	7・31	8・1	8・2	8・3	8・4	8・5	8・6	8・7	8・8	8・9	
七月	8・10	8・11	8・12	8・13	8・14	8・15	8・16	8・17	8・18	8・19	8・20	8・21	8・22	8・23	8・24	8・25	8・26	8・27	8・28	8・29	8・30	8・31	9・1	9・2	9・3	9・4	9・5	9・6	9・7	
八月	9・8	9・9	9・10	9・11	9・12	9・13	9・14	9・15	9・16	9・17	9・18	9・19	9・20	9・21	9・22	9・23	9・24	9・25	9・26	9・27	9・28	9・29	9・30	10・1	10・2	10・3	10・4	10・5	10・6	10・7
九月	10・8	10・9	10・10	10・11	10・12	10・13	10・14	10・15	10・16	10・17	10・18	10・19	10・20	10・21	10・22	10・23	10・24	10・25	10・26	10・27	10・28	10・29	10・30	10・31	11・1	11・2	11・3	11・4	11・5	
十月	11・6	11・7	11・8	11・9	11・10	11・11	11・12	11・13	11・14	11・15	11・16	11・17	11・18	11・19	11・20	11・21	11・22	11・23	11・24	11・25	11・26	11・27	11・28	11・29	11・30	12・1	12・2	12・3	12・4	12・5
十一月	12・6	12・7	12・8	12・9	12・10	12・11	12・12	12・13	12・14	12・15	12・16	12・17	12・18	12・19	12・20	12・21	12・22	12・23	12・24	12・25	12・26	12・27	12・28	12・29	12・30	12・31	1・1	1・2	1・3	
十二月	1・4	1・5	1・6	1・7	1・8	1・9	1・10	1・11	1・12	1・13	1・14	1・15	1・16	1・17	1・18	1・19	1・20	1・21	1・22	1・23	1・24	1・25	1・26	1・27	1・28	1・29	1・30	1・31	2・1	2・2

2011年（辛卯）

農曆	初一	初二	初三	初四	初五	初六	初七	初八	初九	初十	十一	十二	十三	十四	十五	十六	十七	十八	十九	二十	廿一	廿二	廿三	廿四	廿五	廿六	廿七	廿八	廿九	三十
正月	2·3	2·4	2·5	2·6	2·7	2·8	2·9	2·10	2·11	2·12	2·13	2·14	2·15	2·16	2·17	2·18	2·19	2·20	2·21	2·22	2·23	2·24	2·25	2·26	2·27	2·28	3·1	3·2	3·3	3·4
二月	3·5	3·6	3·7	3·8	3·9	3·10	3·11	3·12	3·13	3·14	3·15	3·16	3·17	3·18	3·19	3·20	3·21	3·22	3·23	3·24	3·25	3·26	3·27	3·28	3·29	3·30	3·31	4·1	4·2	
三月	4·3	4·4	4·5	4·6	4·7	4·8	4·9	4·10	4·11	4·12	4·13	4·14	4·15	4·16	4·17	4·18	4·19	4·20	4·21	4·22	4·23	4·24	4·25	4·26	4·27	4·28	4·29	4·30	5·1	5·2
四月	5·3	5·4	5·5	5·6	5·7	5·8	5·9	5·10	5·11	5·12	5·13	5·14	5·15	5·16	5·17	5·18	5·19	5·20	5·21	5·22	5·23	5·24	5·25	5·26	5·27	5·28	5·29	5·30	5·31	6·1
五月	6·2	6·3	6·4	6·5	6·6	6·7	6·8	6·9	6·10	6·11	6·12	6·13	6·14	6·15	6·16	6·17	6·18	6·19	6·20	6·21	6·22	6·23	6·24	6·25	6·26	6·27	6·28	6·29	6·30	
六月	7·1	7·2	7·3	7·4	7·5	7·6	7·7	7·8	7·9	7·10	7·11	7·12	7·13	7·14	7·15	7·16	7·17	7·18	7·19	7·20	7·21	7·22	7·23	7·24	7·25	7·26	7·27	7·28	7·29	7·30
七月	7·31	8·1	8·2	8·3	8·4	8·5	8·6	8·7	8·8	8·9	8·10	8·11	8·12	8·13	8·14	8·15	8·16	8·17	8·18	8·19	8·20	8·21	8·22	8·23	8·24	8·25	8·26	8·27	8·28	
八月	8·29	8·30	8·31	9·1	9·2	9·3	9·4	9·5	9·6	9·7	9·8	9·9	9·10	9·11	9·12	9·13	9·14	9·15	9·16	9·17	9·18	9·19	9·20	9·21	9·22	9·23	9·24	9·25	9·26	
九月	9·27	9·28	9·29	9·30	10·1	10·2	10·3	10·4	10·5	10·6	10·7	10·8	10·9	10·10	10·11	10·12	10·13	10·14	10·15	10·16	10·17	10·18	10·19	10·20	10·21	10·22	10·23	10·24	10·25	10·26
十月	10·27	10·28	10·29	10·30	10·31	11·1	11·2	11·3	11·4	11·5	11·6	11·7	11·8	11·9	11·10	11·11	11·12	11·13	11·14	11·15	11·16	11·17	11·18	11·19	11·20	11·21	11·22	11·23	11·24	
十一月	11·25	11·26	11·27	11·28	11·29	11·30	12·1	12·2	12·3	12·4	12·5	12·6	12·7	12·8	12·9	12·10	12·11	12·12	12·13	12·14	12·15	12·16	12·17	12·18	12·19	12·20	12·21	12·22	12·23	12·24
十二月	12·25	12·26	12·27	12·28	12·29	12·30	12·31	1·1	1·2	1·3	1·4	1·5	1·6	1·7	1·8	1·9	1·10	1·11	1·12	1·13	1·14	1·15	1·16	1·17	1·18	1·19	1·20	1·21	1·22	

2012年（壬辰）

農暦	初一	初二	初三	初四	初五	初六	初七	初八	初九	初十	十一	十二	十三	十四	十五	十六	十七	十八	十九	二十	廿一	廿二	廿三	廿四	廿五	廿六	廿七	廿八	廿九	三十
正月	1・23	1・24	1・25	1・26	1・27	1・28	1・29	1・30	1・31	2・1	2・2	2・3	2・4	2・5	2・6	2・7	2・8	2・9	2・10	2・11	2・12	2・13	2・14	2・15	2・16	2・17	2・18	2・19	2・20	2・21
二月	2・22	2・23	2・24	2・25	2・26	2・27	2・28	2・29	3・1	3・2	3・3	3・4	3・5	3・6	3・7	3・8	3・9	3・10	3・11	3・12	3・13	3・14	3・15	3・16	3・17	3・18	3・19	3・20	3・21	
三月	3・22	3・23	3・24	3・25	3・26	3・27	3・28	3・29	3・30	3・31	4・1	4・2	4・3	4・4	4・5	4・6	4・7	4・8	4・9	4・10	4・11	4・12	4・13	4・14	4・15	4・16	4・17	4・18	4・19	4・20
四月	4・21	4・22	4・23	4・24	4・25	4・26	4・27	4・28	4・29	4・30	5・1	5・2	5・3	5・4	5・5	5・6	5・7	5・8	5・9	5・10	5・11	5・12	5・13	5・14	5・15	5・16	5・17	5・18	5・19	5・20
閏四月	5・21	5・22	5・23	5・24	5・25	5・26	5・27	5・28	5・29	5・30	5・31	6・1	6・2	6・3	6・4	6・5	6・6	6・7	6・8	6・9	6・10	6・11	6・12	6・13	6・14	6・15	6・16	6・17	6・18	
五月	6・19	6・20	6・21	6・22	6・23	6・24	6・25	6・26	6・27	6・28	6・29	6・30	7・1	7・2	7・3	7・4	7・5	7・6	7・7	7・8	7・9	7・10	7・11	7・12	7・13	7・14	7・15	7・16	7・17	7・18
六月	7・19	7・20	7・21	7・22	7・23	7・24	7・25	7・26	7・27	7・28	7・29	7・30	7・31	8・1	8・2	8・3	8・4	8・5	8・6	8・7	8・8	8・9	8・10	8・11	8・12	8・13	8・14	8・15	8・16	
七月	8・17	8・18	8・19	8・20	8・21	8・22	8・23	8・24	8・25	8・26	8・27	8・28	8・29	8・30	8・31	9・1	9・2	9・3	9・4	9・5	9・6	9・7	9・8	9・9	9・10	9・11	9・12	9・13	9・14	9・15
八月	9・16	9・17	9・18	9・19	9・20	9・21	9・22	9・23	9・24	9・25	9・26	9・27	9・28	9・29	9・30	10・1	10・2	10・3	10・4	10・5	10・6	10・7	10・8	10・9	10・10	10・11	10・12	10・13	10・14	
九月	10・15	10・16	10・17	10・18	10・19	10・20	10・21	10・22	10・23	10・24	10・25	10・26	10・27	10・28	10・29	10・30	10・31	11・1	11・2	11・3	11・4	11・5	11・6	11・7	11・8	11・9	11・10	11・11	11・12	11・13
十月	11・14	11・15	11・16	11・17	11・18	11・19	11・20	11・21	11・22	11・23	11・24	11・25	11・26	11・27	11・28	11・29	11・30	12・1	12・2	12・3	12・4	12・5	12・6	12・7	12・8	12・9	12・10	12・11	12・12	
十一月	12・13	12・14	12・15	12・16	12・17	12・18	12・19	12・20	12・21	12・22	12・23	12・24	12・25	12・26	12・27	12・28	12・29	12・30	12・31	1・1	1・2	1・3	1・4	1・5	1・6	1・7	1・8	1・9	1・10	1・11
十二月	1・12	1・13	1・14	1・15	1・16	1・17	1・18	1・19	1・20	1・21	1・22	1・23	1・24	1・25	1・26	1・27	1・28	1・29	1・30	1・31	2・1	2・2	2・3	2・4	2・5	2・6	2・7	2・8	2・9	

2013年（癸巳）

農暦	初一	初二	初三	初四	初五	初六	初七	初八	初九	初十	十一	十二	十三	十四	十五	十六	十七	十八	十九	二十	廿一	廿二	廿三	廿四	廿五	廿六	廿七	廿八	廿九	三十
正月	2・10	2・11	2・12	2・13	2・14	2・15	2・16	2・17	2・18	2・19	2・20	2・21	2・22	2・23	2・24	2・25	2・26	2・27	2・28	3・1	3・2	3・3	3・4	3・5	3・6	3・7	3・8	3・9	3・10	3・11
二月	3・12	3・13	3・14	3・15	3・16	3・17	3・18	3・19	3・20	3・21	3・22	3・23	3・24	3・25	3・26	3・27	3・28	3・29	3・30	3・31	4・1	4・2	4・3	4・4	4・5	4・6	4・7	4・8	4・9	
三月	4・10	4・11	4・12	4・13	4・14	4・15	4・16	4・17	4・18	4・19	4・20	4・21	4・22	4・23	4・24	4・25	4・26	4・27	4・28	4・29	4・30	5・1	5・2	5・3	5・4	5・5	5・6	5・7	5・8	5・9
四月	5・10	5・11	5・12	5・13	5・14	5・15	5・16	5・17	5・18	5・19	5・20	5・21	5・22	5・23	5・24	5・25	5・26	5・27	5・28	5・29	5・30	5・31	6・1	6・2	6・3	6・4	6・5	6・6	6・7	
五月	6・8	6・9	6・10	6・11	6・12	6・13	6・14	6・15	6・16	6・17	6・18	6・19	6・20	6・21	6・22	6・23	6・24	6・25	6・26	6・27	6・28	6・29	6・30	7・1	7・2	7・3	7・4	7・5	7・6	7・7
六月	7・8	7・9	7・10	7・11	7・12	7・13	7・14	7・15	7・16	7・17	7・18	7・19	7・20	7・21	7・22	7・23	7・24	7・25	7・26	7・27	7・28	7・29	7・30	7・31	8・1	8・2	8・3	8・4	8・5	8・6
七月	8・7	8・8	8・9	8・10	8・11	8・12	8・13	8・14	8・15	8・16	8・17	8・18	8・19	8・20	8・21	8・22	8・23	8・24	8・25	8・26	8・27	8・28	8・29	8・30	8・31	9・1	9・2	9・3	9・4	
八月	9・5	9・6	9・7	9・8	9・9	9・10	9・11	9・12	9・13	9・14	9・15	9・16	9・17	9・18	9・19	9・20	9・21	9・22	9・23	9・24	9・25	9・26	9・27	9・28	9・29	9・30	10・1	10・2	10・3	10・4
九月	10・5	10・6	10・7	10・8	10・9	10・10	10・11	10・12	10・13	10・14	10・15	10・16	10・17	10・18	10・19	10・20	10・21	10・22	10・23	10・24	10・25	10・26	10・27	10・28	10・29	10・30	10・31	11・1	11・2	
十月	11・3	11・4	11・5	11・6	11・7	11・8	11・9	11・10	11・11	11・12	11・13	11・14	11・15	11・16	11・17	11・18	11・19	11・20	11・21	11・22	11・23	11・24	11・25	11・26	11・27	11・28	11・29	11・30	12・1	12・2
十一月	12・3	12・4	12・5	12・6	12・7	12・8	12・9	12・10	12・11	12・12	12・13	12・14	12・15	12・16	12・17	12・18	12・19	12・20	12・21	12・22	12・23	12・24	12・25	12・26	12・27	12・28	12・29	12・30	12・31	
十二月	1・1	1・2	1・3	1・4	1・5	1・6	1・7	1・8	1・9	1・10	1・11	1・12	1・13	1・14	1・15	1・16	1・17	1・18	1・19	1・20	1・21	1・22	1・23	1・24	1・25	1・26	1・27	1・28	1・29	1・30

2014年（甲午）

農暦	初一	初二	初三	初四	初五	初六	初七	初八	初九	初十	十一	十二	十三	十四	十五	十六	十七	十八	十九	二十	廿一	廿二	廿三	廿四	廿五	廿六	廿七	廿八	廿九	三十
正月	1・31	2・1	2・2	2・3	2・4	2・5	2・6	2・7	2・8	2・9	2・10	2・11	2・12	2・13	2・14	2・15	2・16	2・17	2・18	2・19	2・20	2・21	2・22	2・23	2・24	2・25	2・26	2・27	2・28	
二月	3・1	3・2	3・3	3・4	3・5	3・6	3・7	3・8	3・9	3・10	3・11	3・12	3・13	3・14	3・15	3・16	3・17	3・18	3・19	3・20	3・21	3・22	3・23	3・24	3・25	3・26	3・27	3・28	3・29	3・30
三月	3・31	4・1	4・2	4・3	4・4	4・5	4・6	4・7	4・8	4・9	4・10	4・11	4・12	4・13	4・14	4・15	4・16	4・17	4・18	4・19	4・20	4・21	4・22	4・23	4・24	4・25	4・26	4・27	4・28	
四月	4・29	4・30	5・1	5・2	5・3	5・4	5・5	5・6	5・7	5・8	5・9	5・10	5・11	5・12	5・13	5・14	5・15	5・16	5・17	5・18	5・19	5・20	5・21	5・22	5・23	5・24	5・25	5・26	5・27	5・28
五月	5・29	5・30	5・31	6・1	6・2	6・3	6・4	6・5	6・6	6・7	6・8	6・9	6・10	6・11	6・12	6・13	6・14	6・15	6・16	6・17	6・18	6・19	6・20	6・21	6・22	6・23	6・24	6・25	6・26	
六月	6・27	6・28	6・29	6・30	7・1	7・2	7・3	7・4	7・5	7・6	7・7	7・8	7・9	7・10	7・11	7・12	7・13	7・14	7・15	7・16	7・17	7・18	7・19	7・20	7・21	7・22	7・23	7・24	7・25	7・26
七月	7・27	7・28	7・29	7・30	7・31	8・1	8・2	8・3	8・4	8・5	8・6	8・7	8・8	8・9	8・10	8・11	8・12	8・13	8・14	8・15	8・16	8・17	8・18	8・19	8・20	8・21	8・22	8・23	8・24	
八月	8・25	8・26	8・27	8・28	8・29	8・30	8・31	9・1	9・2	9・3	9・4	9・5	9・6	9・7	9・8	9・9	9・10	9・11	9・12	9・13	9・14	9・15	9・16	9・17	9・18	9・19	9・20	9・21	9・22	9・23
九月	9・24	9・25	9・26	9・27	9・28	9・29	9・30	10・1	10・2	10・3	10・4	10・5	10・6	10・7	10・8	10・9	10・10	10・11	10・12	10・13	10・14	10・15	10・16	10・17	10・18	10・19	10・20	10・21	10・22	10・23
閏九月	10・24	10・25	10・26	10・27	10・28	10・29	10・30	10・31	11・1	11・2	11・3	11・4	11・5	11・6	11・7	11・8	11・9	11・10	11・11	11・12	11・13	11・14	11・15	11・16	11・17	11・18	11・19	11・20	11・21	
十月	11・22	11・23	11・24	11・25	11・26	11・27	11・28	11・29	11・30	12・1	12・2	12・3	12・4	12・5	12・6	12・7	12・8	12・9	12・10	12・11	12・12	12・13	12・14	12・15	12・16	12・17	12・18	12・19	12・20	12・21
十一月	12・22	12・23	12・24	12・25	12・26	12・27	12・28	12・29	12・30	12・31	1・1	1・2	1・3	1・4	1・5	1・6	1・7	1・8	1・9	1・10	1・11	1・12	1・13	1・14	1・15	1・16	1・17	1・18	1・19	
十二月	1・20	1・21	1・22	1・23	1・24	1・25	1・26	1・27	1・28	1・29	1・30	1・31	2・1	2・2	2・3	2・4	2・5	2・6	2・7	2・8	2・9	2・10	2・11	2・12	2・13	2・14	2・15	2・16	2・17	2・18

2015年（乙未）

農暦	初一	初二	初三	初四	初五	初六	初七	初八	初九	初十	十一	十二	十三	十四	十五	十六	十七	十八	十九	二十	廿一	廿二	廿三	廿四	廿五	廿六	廿七	廿八	廿九	三十
正月	2・19	2・20	2・21	2・22	2・23	2・24	2・25	2・26	2・27	2・28	3・1	3・2	3・3	3・4	3・5	3・6	3・7	3・8	3・9	3・10	3・11	3・12	3・13	3・14	3・15	3・16	3・17	3・18	3・19	
二月	3・20	3・21	3・22	3・23	3・24	3・25	3・26	3・27	3・28	3・29	3・30	3・31	4・1	4・2	4・3	4・4	4・5	4・6	4・7	4・8	4・9	4・10	4・11	4・12	4・13	4・14	4・15	4・16	4・17	4・18
三月	4・19	4・20	4・21	4・22	4・23	4・24	4・25	4・26	4・27	4・28	4・29	4・30	5・1	5・2	5・3	5・4	5・5	5・6	5・7	5・8	5・9	5・10	5・11	5・12	5・13	5・14	5・15	5・16	5・17	
四月	5・18	5・19	5・20	5・21	5・22	5・23	5・24	5・25	5・26	5・27	5・28	5・29	5・30	5・31	6・1	6・2	6・3	6・4	6・5	6・6	6・7	6・8	6・9	6・10	6・11	6・12	6・13	6・14	6・15	
五月	6・16	6・17	6・18	6・19	6・20	6・21	6・22	6・23	6・24	6・25	6・26	6・27	6・28	6・29	6・30	7・1	7・2	7・3	7・4	7・5	7・6	7・7	7・8	7・9	7・10	7・11	7・12	7・13	7・14	7・15
六月	7・16	7・17	7・18	7・19	7・20	7・21	7・22	7・23	7・24	7・25	7・26	7・27	7・28	7・29	7・30	7・31	8・1	8・2	8・3	8・4	8・5	8・6	8・7	8・8	8・9	8・10	8・11	8・12	8・13	
七月	8・14	8・15	8・16	8・17	8・18	8・19	8・20	8・21	8・22	8・23	8・24	8・25	8・26	8・27	8・28	8・29	8・30	8・31	9・1	9・2	9・3	9・4	9・5	9・6	9・7	9・8	9・9	9・10	9・11	9・12
八月	9・13	9・14	9・15	9・16	9・17	9・18	9・19	9・20	9・21	9・22	9・23	9・24	9・25	9・26	9・27	9・28	9・29	9・30	10・1	10・2	10・3	10・4	10・5	10・6	10・7	10・8	10・9	10・10	10・11	10・12
九月	10・13	10・14	10・15	10・16	10・17	10・18	10・19	10・20	10・21	10・22	10・23	10・24	10・25	10・26	10・27	10・28	10・29	10・30	10・31	11・1	11・2	11・3	11・4	11・5	11・6	11・7	11・8	11・9	11・10	11・11
十月	11・12	11・13	11・14	11・15	11・16	11・17	11・18	11・19	11・20	11・21	11・22	11・23	11・24	11・25	11・26	11・27	11・28	11・29	11・30	12・1	12・2	12・3	12・4	12・5	12・6	12・7	12・8	12・9	12・10	
十一月	12・11	12・12	12・13	12・14	12・15	12・16	12・17	12・18	12・19	12・20	12・21	12・22	12・23	12・24	12・25	12・26	12・27	12・28	12・29	12・30	12・31	1・1	1・2	1・3	1・4	1・5	1・6	1・7	1・8	1・9
十二月	1・10	1・11	1・12	1・13	1・14	1・15	1・16	1・17	1・18	1・19	1・20	1・21	1・22	1・23	1・24	1・25	1・26	1・27	1・28	1・29	1・30	1・31	2・1	2・2	2・3	2・4	2・5	2・6	2・7	

2016年（丙申）

農暦	初一	初二	初三	初四	初五	初六	初七	初八	初九	初十	十一	十二	十三	十四	十五	十六	十七	十八	十九	二十	廿一	廿二	廿三	廿四	廿五	廿六	廿七	廿八	廿九	三十
正月	2・8	2・9	2・10	2・11	2・12	2・13	2・14	2・15	2・16	2・17	2・18	2・19	2・20	2・21	2・22	2・23	2・24	2・25	2・26	2・27	2・28	2・29	3・1	3・2	3・3	3・4	3・5	3・6	3・7	3・8
二月	3・9	3・10	3・11	3・12	3・13	3・14	3・15	3・16	3・17	3・18	3・19	3・20	3・21	3・22	3・23	3・24	3・25	3・26	3・27	3・28	3・29	3・30	3・31	4・1	4・2	4・3	4・4	4・5	4・6	
三月	4・7	4・8	4・9	4・10	4・11	4・12	4・13	4・14	4・15	4・16	4・17	4・18	4・19	4・20	4・21	4・22	4・23	4・24	4・25	4・26	4・27	4・28	4・29	4・30	5・1	5・2	5・3	5・4	5・5	5・6
四月	5・7	5・8	5・9	5・10	5・11	5・12	5・13	5・14	5・15	5・16	5・17	5・18	5・19	5・20	5・21	5・22	5・23	5・24	5・25	5・26	5・27	5・28	5・29	5・30	5・31	6・1	6・2	6・3	6・4	
五月	6・5	6・6	6・7	6・8	6・9	6・10	6・11	6・12	6・13	6・14	6・15	6・16	6・17	6・18	6・19	6・20	6・21	6・22	6・23	6・24	6・25	6・26	6・27	6・28	6・29	6・30	7・1	7・2	7・3	
六月	7・4	7・5	7・6	7・7	7・8	7・9	7・10	7・11	7・12	7・13	7・14	7・15	7・16	7・17	7・18	7・19	7・20	7・21	7・22	7・23	7・24	7・25	7・26	7・27	7・28	7・29	7・30	7・31	8・1	8・2
七月	8・3	8・4	8・5	8・6	8・7	8・8	8・9	8・10	8・11	8・12	8・13	8・14	8・15	8・16	8・17	8・18	8・19	8・20	8・21	8・22	8・23	8・24	8・25	8・26	8・27	8・28	8・29	8・30	8・31	
八月	9・1	9・2	9・3	9・4	9・5	9・6	9・7	9・8	9・9	9・10	9・11	9・12	9・13	9・14	9・15	9・16	9・17	9・18	9・19	9・20	9・21	9・22	9・23	9・24	9・25	9・26	9・27	9・28	9・29	9・30
九月	10・1	10・2	10・3	10・4	10・5	10・6	10・7	10・8	10・9	10・10	10・11	10・12	10・13	10・14	10・15	10・16	10・17	10・18	10・19	10・20	10・21	10・22	10・23	10・24	10・25	10・26	10・27	10・28	10・29	10・30
十月	10・31	11・1	11・2	11・3	11・4	11・5	11・6	11・7	11・8	11・9	11・10	11・11	11・12	11・13	11・14	11・15	11・16	11・17	11・18	11・19	11・20	11・21	11・22	11・23	11・24	11・25	11・26	11・27	11・28	
十一月	11・29	11・30	12・1	12・2	12・3	12・4	12・5	12・6	12・7	12・8	12・9	12・10	12・11	12・12	12・13	12・14	12・15	12・16	12・17	12・18	12・19	12・20	12・21	12・22	12・23	12・24	12・25	12・26	12・27	12・28
十二月	12・29	12・30	12・31	1・1	1・2	1・3	1・4	1・5	1・6	1・7	1・8	1・9	1・10	1・11	1・12	1・13	1・14	1・15	1・16	1・17	1・18	1・19	1・20	1・21	1・22	1・23	1・24	1・25	1・26	1・27

2017年（丁酉）

農暦	初一	初二	初三	初四	初五	初六	初七	初八	初九	初十	十一	十二	十三	十四	十五	十六	十七	十八	十九	二十	廿一	廿二	廿三	廿四	廿五	廿六	廿七	廿八	廿九	三十
正月	1・28	1・29	1・30	1・31	2・1	2・2	2・3	2・4	2・5	2・6	2・7	2・8	2・9	2・10	2・11	2・12	2・13	2・14	2・15	2・16	2・17	2・18	2・19	2・20	2・21	2・22	2・23	2・24	2・25	
二月	2・26	2・27	2・28	3・1	3・2	3・3	3・4	3・5	3・6	3・7	3・8	3・9	3・10	3・11	3・12	3・13	3・14	3・15	3・16	3・17	3・18	3・19	3・20	3・21	3・22	3・23	3・24	3・25	3・26	3・27
三月	3・28	3・29	3・30	3・31	4・1	4・2	4・3	4・4	4・5	4・6	4・7	4・8	4・9	4・10	4・11	4・12	4・13	4・14	4・15	4・16	4・17	4・18	4・19	4・20	4・21	4・22	4・23	4・24	4・25	
四月	4・26	4・27	4・28	4・29	4・30	5・1	5・2	5・3	5・4	5・5	5・6	5・7	5・8	5・9	5・10	5・11	5・12	5・13	5・14	5・15	5・16	5・17	5・18	5・19	5・20	5・21	5・22	5・23	5・24	5・25
五月	5・26	5・27	5・28	5・29	5・30	5・31	6・1	6・2	6・3	6・4	6・5	6・6	6・7	6・8	6・9	6・10	6・11	6・12	6・13	6・14	6・15	6・16	6・17	6・18	6・19	6・20	6・21	6・22	6・23	
六月	6・24	6・25	6・26	6・27	6・28	6・29	6・30	7・1	7・2	7・3	7・4	7・5	7・6	7・7	7・8	7・9	7・10	7・11	7・12	7・13	7・14	7・15	7・16	7・17	7・18	7・19	7・20	7・21	7・22	
閏六月	7・23	7・24	7・25	7・26	7・27	7・28	7・29	7・30	7・31	8・1	8・2	8・3	8・4	8・5	8・6	8・7	8・8	8・9	8・10	8・11	8・12	8・13	8・14	8・15	8・16	8・17	8・18	8・19	8・20	8・21
七月	8・22	8・23	8・24	8・25	8・26	8・27	8・28	8・29	8・30	8・31	9・1	9・2	9・3	9・4	9・5	9・6	9・7	9・8	9・9	9・10	9・11	9・12	9・13	9・14	9・15	9・16	9・17	9・18	9・19	
八月	9・20	9・21	9・22	9・23	9・24	9・25	9・26	9・27	9・28	9・29	9・30	10・1	10・2	10・3	10・4	10・5	10・6	10・7	10・8	10・9	10・10	10・11	10・12	10・13	10・14	10・15	10・16	10・17	10・18	10・19
九月	10・20	10・21	10・22	10・23	10・24	10・25	10・26	10・27	10・28	10・29	10・30	10・31	11・1	11・2	11・3	11・4	11・5	11・6	11・7	11・8	11・9	11・10	11・11	11・12	11・13	11・14	11・15	11・16	11・17	
十月	11・18	11・19	11・20	11・21	11・22	11・23	11・24	11・25	11・26	11・27	11・28	11・29	11・30	12・1	12・2	12・3	12・4	12・5	12・6	12・7	12・8	12・9	12・10	12・11	12・12	12・13	12・14	12・15	12・16	12・17
十一月	12・18	12・19	12・20	12・21	12・22	12・23	12・24	12・25	12・26	12・27	12・28	12・29	12・30	12・31	1・1	1・2	1・3	1・4	1・5	1・6	1・7	1・8	1・9	1・10	1・11	1・12	1・13	1・14	1・15	1・16
十二月	1・17	1・18	1・19	1・20	1・21	1・22	1・23	1・24	1・25	1・26	1・27	1・28	1・29	1・30	1・31	2・1	2・2	2・3	2・4	2・5	2・6	2・7	2・8	2・9	2・10	2・11	2・12	2・13	2・14	2・15

2018年（戊戌）

農暦	初一	初二	初三	初四	初五	初六	初七	初八	初九	初十	十一	十二	十三	十四	十五	十六	十七	十八	十九	二十	廿一	廿二	廿三	廿四	廿五	廿六	廿七	廿八	廿九	三十
正月	2・16	2・17	2・18	2・19	2・20	2・21	2・22	2・23	2・24	2・25	2・26	2・27	2・28	3・1	3・2	3・3	3・4	3・5	3・6	3・7	3・8	3・9	3・10	3・11	3・12	3・13	3・14	3・15	3・16	
二月	3・17	3・18	3・19	3・20	3・21	3・22	3・23	3・24	3・25	3・26	3・27	3・28	3・29	3・30	3・31	4・1	4・2	4・3	4・4	4・5	4・6	4・7	4・8	4・9	4・10	4・11	4・12	4・13	4・14	4・15
三月	4・16	4・17	4・18	4・19	4・20	4・21	4・22	4・23	4・24	4・25	4・26	4・27	4・28	4・29	4・30	5・1	5・2	5・3	5・4	5・5	5・6	5・7	5・8	5・9	5・10	5・11	5・12	5・13	5・14	
四月	5・15	5・16	5・17	5・18	5・19	5・20	5・21	5・22	5・23	5・24	5・25	5・26	5・27	5・28	5・29	5・30	5・31	6・1	6・2	6・3	6・4	6・5	6・6	6・7	6・8	6・9	6・10	6・11	6・12	6・13
五月	6・14	6・15	6・16	6・17	6・18	6・19	6・20	6・21	6・22	6・23	6・24	6・25	6・26	6・27	6・28	6・29	6・30	7・1	7・2	7・3	7・4	7・5	7・6	7・7	7・8	7・9	7・10	7・11	7・12	
六月	7・13	7・14	7・15	7・16	7・17	7・18	7・19	7・20	7・21	7・22	7・23	7・24	7・25	7・26	7・27	7・28	7・29	7・30	7・31	8・1	8・2	8・3	8・4	8・5	8・6	8・7	8・8	8・9	8・10	
七月	8・11	8・12	8・13	8・14	8・15	8・16	8・17	8・18	8・19	8・20	8・21	8・22	8・23	8・24	8・25	8・26	8・27	8・28	8・29	8・30	8・31	9・1	9・2	9・3	9・4	9・5	9・6	9・7	9・8	9・9
八月	9・10	9・11	9・12	9・13	9・14	9・15	9・16	9・17	9・18	9・19	9・20	9・21	9・22	9・23	9・24	9・25	9・26	9・27	9・28	9・29	9・30	10・1	10・2	10・3	10・4	10・5	10・6	10・7	10・8	
九月	10・9	10・10	10・11	10・12	10・13	10・14	10・15	10・16	10・17	10・18	10・19	10・20	10・21	10・22	10・23	10・24	10・25	10・26	10・27	10・28	10・29	10・30	10・31	11・1	11・2	11・3	11・4	11・5	11・6	11・7
十月	11・8	11・9	11・10	11・11	11・12	11・13	11・14	11・15	11・16	11・17	11・18	11・19	11・20	11・21	11・22	11・23	11・24	11・25	11・26	11・27	11・28	11・29	11・30	12・1	12・2	12・3	12・4	12・5	12・6	
十一月	12・7	12・8	12・9	12・10	12・11	12・12	12・13	12・14	12・15	12・16	12・17	12・18	12・19	12・20	12・21	12・22	12・23	12・24	12・25	12・26	12・27	12・28	12・29	12・30	12・31	1・1	1・2	1・3	1・4	1・5
十二月	1・6	1・7	1・8	1・9	1・10	1・11	1・12	1・13	1・14	1・15	1・16	1・17	1・18	1・19	1・20	1・21	1・22	1・23	1・24	1・25	1・26	1・27	1・28	1・29	1・30	1・31	2・1	2・2	2・3	2・4

2019年（己亥）

農暦	初一	初二	初三	初四	初五	初六	初七	初八	初九	初十	十一	十二	十三	十四	十五	十六	十七	十八	十九	二十	廿一	廿二	廿三	廿四	廿五	廿六	廿七	廿八	廿九	三十
正月	2・5	2・6	2・7	2・8	2・9	2・10	2・11	2・12	2・13	2・14	2・15	2・16	2・17	2・18	2・19	2・20	2・21	2・22	2・23	2・24	2・25	2・26	2・27	2・28	3・1	3・2	3・3	3・4	3・5	3・6
二月	3・7	3・8	3・9	3・10	3・11	3・12	3・13	3・14	3・15	3・16	3・17	3・18	3・19	3・20	3・21	3・22	3・23	3・24	3・25	3・26	3・27	3・28	3・29	3・30	3・31	4・1	4・2	4・3	4・4	
三月	4・5	4・6	4・7	4・8	4・9	4・10	4・11	4・12	4・13	4・14	4・15	4・16	4・17	4・18	4・19	4・20	4・21	4・22	4・23	4・24	4・25	4・26	4・27	4・28	4・29	4・30	5・1	5・2	5・3	5・4
四月	5・5	5・6	5・7	5・8	5・9	5・10	5・11	5・12	5・13	5・14	5・15	5・16	5・17	5・18	5・19	5・20	5・21	5・22	5・23	5・24	5・25	5・26	5・27	5・28	5・29	5・30	5・31	6・1	6・2	
五月	6・3	6・4	6・5	6・6	6・7	6・8	6・9	6・10	6・11	6・12	6・13	6・14	6・15	6・16	6・17	6・18	6・19	6・20	6・21	6・22	6・23	6・24	6・25	6・26	6・27	6・28	6・29	6・30	7・1	7・2
六月	7・3	7・4	7・5	7・6	7・7	7・8	7・9	7・10	7・11	7・12	7・13	7・14	7・15	7・16	7・17	7・18	7・19	7・20	7・21	7・22	7・23	7・24	7・25	7・26	7・27	7・28	7・29	7・30	7・31	
七月	8・1	8・2	8・3	8・4	8・5	8・6	8・7	8・8	8・9	8・10	8・11	8・12	8・13	8・14	8・15	8・16	8・17	8・18	8・19	8・20	8・21	8・22	8・23	8・24	8・25	8・26	8・27	8・28	8・29	
八月	8・30	8・31	9・1	9・2	9・3	9・4	9・5	9・6	9・7	9・8	9・9	9・10	9・11	9・12	9・13	9・14	9・15	9・16	9・17	9・18	9・19	9・20	9・21	9・22	9・23	9・24	9・25	9・26	9・27	9・28
九月	9・29	9・30	10・1	10・2	10・3	10・4	10・5	10・6	10・7	10・8	10・9	10・10	10・11	10・12	10・13	10・14	10・15	10・16	10・17	10・18	10・19	10・20	10・21	10・22	10・23	10・24	10・25	10・26	10・27	
十月	10・28	10・29	10・30	10・31	11・1	11・2	11・3	11・4	11・5	11・6	11・7	11・8	11・9	11・10	11・11	11・12	11・13	11・14	11・15	11・16	11・17	11・18	11・19	11・20	11・21	11・22	11・23	11・24	11・25	
十一月	11・26	11・27	11・28	11・29	11・30	12・1	12・2	12・3	12・4	12・5	12・6	12・7	12・8	12・9	12・10	12・11	12・12	12・13	12・14	12・15	12・16	12・17	12・18	12・19	12・20	12・21	12・22	12・23	12・24	12・25
十二月	12・26	12・27	12・28	12・29	12・30	12・31	1・1	1・2	1・3	1・4	1・5	1・6	1・7	1・8	1・9	1・10	1・11	1・12	1・13	1・14	1・15	1・16	1・17	1・18	1・19	1・20	1・21	1・22	1・23	1・24

2020年（庚子）

農暦	初一	初二	初三	初四	初五	初六	初七	初八	初九	初十	十一	十二	十三	十四	十五	十六	十七	十八	十九	二十	廿一	廿二	廿三	廿四	廿五	廿六	廿七	廿八	廿九	三十
正月	1・25	1・26	1・27	1・28	1・29	1・30	1・31	2・1	2・2	2・3	2・4	2・5	2・6	2・7	2・8	2・9	2・10	2・11	2・12	2・13	2・14	2・15	2・16	2・17	2・18	2・19	2・20	2・21	2・22	
二月	2・23	2・24	2・25	2・26	2・27	2・28	2・29	3・1	3・2	3・3	3・4	3・5	3・6	3・7	3・8	3・9	3・10	3・11	3・12	3・13	3・14	3・15	3・16	3・17	3・18	3・19	3・20	3・21	3・22	3・23
三月	3・24	3・25	3・26	3・27	3・28	3・29	3・30	3・31	4・1	4・2	4・3	4・4	4・5	4・6	4・7	4・8	4・9	4・10	4・11	4・12	4・13	4・14	4・15	4・16	4・17	4・18	4・19	4・20	4・21	4・22
四月	4・23	4・24	4・25	4・26	4・27	4・28	4・29	4・30	5・1	5・2	5・3	5・4	5・5	5・6	5・7	5・8	5・9	5・10	5・11	5・12	5・13	5・14	5・15	5・16	5・17	5・18	5・19	5・20	5・21	5・22
閏四月	5・23	5・24	5・25	5・26	5・27	5・28	5・29	5・30	5・31	6・1	6・2	6・3	6・4	6・5	6・6	6・7	6・8	6・9	6・10	6・11	6・12	6・13	6・14	6・15	6・16	6・17	6・18	6・19	6・20	
五月	6・21	6・22	6・23	6・24	6・25	6・26	6・27	6・28	6・29	6・30	7・1	7・2	7・3	7・4	7・5	7・6	7・7	7・8	7・9	7・10	7・11	7・12	7・13	7・14	7・15	7・16	7・17	7・18	7・19	7・20
六月	7・21	7・22	7・23	7・24	7・25	7・26	7・27	7・28	7・29	7・30	7・31	8・1	8・2	8・3	8・4	8・5	8・6	8・7	8・8	8・9	8・10	8・11	8・12	8・13	8・14	8・15	8・16	8・17	8・18	
七月	8・19	8・20	8・21	8・22	8・23	8・24	8・25	8・26	8・27	8・28	8・29	8・30	8・31	9・1	9・2	9・3	9・4	9・5	9・6	9・7	9・8	9・9	9・10	9・11	9・12	9・13	9・14	9・15	9・16	
八月	9・17	9・18	9・19	9・20	9・21	9・22	9・23	9・24	9・25	9・26	9・27	9・28	9・29	9・30	10・1	10・2	10・3	10・4	10・5	10・6	10・7	10・8	10・9	10・10	10・11	10・12	10・13	10・14	10・15	10・16
九月	10・17	10・18	10・19	10・20	10・21	10・22	10・23	10・24	10・25	10・26	10・27	10・28	10・29	10・30	10・31	11・1	11・2	11・3	11・4	11・5	11・6	11・7	11・8	11・9	11・10	11・11	11・12	11・13	11・14	
十月	11・15	11・16	11・17	11・18	11・19	11・20	11・21	11・22	11・23	11・24	11・25	11・26	11・27	11・28	11・29	11・30	12・1	12・2	12・3	12・4	12・5	12・6	12・7	12・8	12・9	12・10	12・11	12・12	12・13	12・14
十一月	12・15	12・16	12・17	12・18	12・19	12・20	12・21	12・22	12・23	12・24	12・25	12・26	12・27	12・28	12・29	12・30	12・31	1・1	1・2	1・3	1・4	1・5	1・6	1・7	1・8	1・9	1・10	1・11	1・12	
十二月	1・13	1・14	1・15	1・16	1・17	1・18	1・19	1・20	1・21	1・22	1・23	1・24	1・25	1・26	1・27	1・28	1・29	1・30	1・31	2・1	2・2	2・3	2・4	2・5	2・6	2・7	2・8	2・9	2・10	2・11

2021年（辛丑）

農暦	初一	初二	初三	初四	初五	初六	初七	初八	初九	初十	十一	十二	十三	十四	十五	十六	十七	十八	十九	二十	廿一	廿二	廿三	廿四	廿五	廿六	廿七	廿八	廿九	三十
正月	2・12	2・13	2・14	2・15	2・16	2・17	2・18	2・19	2・20	2・21	2・22	2・23	2・24	2・25	2・26	2・27	2・28	3・1	3・2	3・3	3・4	3・5	3・6	3・7	3・8	3・9	3・10	3・11	3・12	
二月	3・13	3・14	3・15	3・16	3・17	3・18	3・19	3・20	3・21	3・22	3・23	3・24	3・25	3・26	3・27	3・28	3・29	3・30	3・31	4・1	4・2	4・3	4・4	4・5	4・6	4・7	4・8	4・9	4・10	4・11
三月	4・12	4・13	4・14	4・15	4・16	4・17	4・18	4・19	4・20	4・21	4・22	4・23	4・24	4・25	4・26	4・27	4・28	4・29	4・30	5・1	5・2	5・3	5・4	5・5	5・6	5・7	5・8	5・9	5・10	5・11
四月	5・12	5・13	5・14	5・15	5・16	5・17	5・18	5・19	5・20	5・21	5・22	5・23	5・24	5・25	5・26	5・27	5・28	5・29	5・30	5・31	6・1	6・2	6・3	6・4	6・5	6・6	6・7	6・8	6・9	
五月	6・10	6・11	6・12	6・13	6・14	6・15	6・16	6・17	6・18	6・19	6・20	6・21	6・22	6・23	6・24	6・25	6・26	6・27	6・28	6・29	6・30	7・1	7・2	7・3	7・4	7・5	7・6	7・7	7・8	7・9
六月	7・10	7・11	7・12	7・13	7・14	7・15	7・16	7・17	7・18	7・19	7・20	7・21	7・22	7・23	7・24	7・25	7・26	7・27	7・28	7・29	7・30	7・31	8・1	8・2	8・3	8・4	8・5	8・6	8・7	
七月	8・8	8・9	8・10	8・11	8・12	8・13	8・14	8・15	8・16	8・17	8・18	8・19	8・20	8・21	8・22	8・23	8・24	8・25	8・26	8・27	8・28	8・29	8・30	8・31	9・1	9・2	9・3	9・4	9・5	9・6
八月	9・7	9・8	9・9	9・10	9・11	9・12	9・13	9・14	9・15	9・16	9・17	9・18	9・19	9・20	9・21	9・22	9・23	9・24	9・25	9・26	9・27	9・28	9・29	9・30	10・1	10・2	10・3	10・4	10・5	
九月	10・6	10・7	10・8	10・9	10・10	10・11	10・12	10・13	10・14	10・15	10・16	10・17	10・18	10・19	10・20	10・21	10・22	10・23	10・24	10・25	10・26	10・27	10・28	10・29	10・30	10・31	11・1	11・2	11・3	11・4
十月	11・5	11・6	11・7	11・8	11・9	11・10	11・11	11・12	11・13	11・14	11・15	11・16	11・17	11・18	11・19	11・20	11・21	11・22	11・23	11・24	11・25	11・26	11・27	11・28	11・29	11・30	12・1	12・2	12・3	
十一月	12・4	12・5	12・6	12・7	12・8	12・9	12・10	12・11	12・12	12・13	12・14	12・15	12・16	12・17	12・18	12・19	12・20	12・21	12・22	12・23	12・24	12・25	12・26	12・27	12・28	12・29	12・30	12・31	1・1	1・2
十二月	1・3	1・4	1・5	1・6	1・7	1・8	1・9	1・10	1・11	1・12	1・13	1・14	1・15	1・16	1・17	1・18	1・19	1・20	1・21	1・22	1・23	1・24	1・25	1・26	1・27	1・28	1・29	1・30	1・31	

2022年（壬寅）

農暦	初一	初二	初三	初四	初五	初六	初七	初八	初九	初十	十一	十二	十三	十四	十五	十六	十七	十八	十九	二十	廿一	廿二	廿三	廿四	廿五	廿六	廿七	廿八	廿九	三十
正月	2・1	2・2	2・3	2・4	2・5	2・6	2・7	2・8	2・9	2・10	2・11	2・12	2・13	2・14	2・15	2・16	2・17	2・18	2・19	2・20	2・21	2・22	2・23	2・24	2・25	2・26	2・27	2・28	3・1	3・2
二月	3・3	3・4	3・5	3・6	3・7	3・8	3・9	3・10	3・11	3・12	3・13	3・14	3・15	3・16	3・17	3・18	3・19	3・20	3・21	3・22	3・23	3・24	3・25	3・26	3・27	3・28	3・29	3・30	3・31	
三月	4・1	4・2	4・3	4・4	4・5	4・6	4・7	4・8	4・9	4・10	4・11	4・12	4・13	4・14	4・15	4・16	4・17	4・18	4・19	4・20	4・21	4・22	4・23	4・24	4・25	4・26	4・27	4・28	4・29	4・30
四月	5・1	5・2	5・3	5・4	5・5	5・6	5・7	5・8	5・9	5・10	5・11	5・12	5・13	5・14	5・15	5・16	5・17	5・18	5・19	5・20	5・21	5・22	5・23	5・24	5・25	5・26	5・27	5・28	5・29	
五月	5・30	5・31	6・1	6・2	6・3	6・4	6・5	6・6	6・7	6・8	6・9	6・10	6・11	6・12	6・13	6・14	6・15	6・16	6・17	6・18	6・19	6・20	6・21	6・22	6・23	6・24	6・25	6・26	6・27	6・28
六月	6・29	6・30	7・1	7・2	7・3	7・4	7・5	7・6	7・7	7・8	7・9	7・10	7・11	7・12	7・13	7・14	7・15	7・16	7・17	7・18	7・19	7・20	7・21	7・22	7・23	7・24	7・25	7・26	7・27	7・28
七月	7・29	7・30	7・31	8・1	8・2	8・3	8・4	8・5	8・6	8・7	8・8	8・9	8・10	8・11	8・12	8・13	8・14	8・15	8・16	8・17	8・18	8・19	8・20	8・21	8・22	8・23	8・24	8・25	8・26	
八月	8・27	8・28	8・29	8・30	8・31	9・1	9・2	9・3	9・4	9・5	9・6	9・7	9・8	9・9	9・10	9・11	9・12	9・13	9・14	9・15	9・16	9・17	9・18	9・19	9・20	9・21	9・22	9・23	9・24	9・25
九月	9・26	9・27	9・28	9・29	9・30	10・1	10・2	10・3	10・4	10・5	10・6	10・7	10・8	10・9	10・10	10・11	10・12	10・13	10・14	10・15	10・16	10・17	10・18	10・19	10・20	10・21	10・22	10・23	10・24	
十月	10・25	10・26	10・27	10・28	10・29	10・30	10・31	11・1	11・2	11・3	11・4	11・5	11・6	11・7	11・8	11・9	11・10	11・11	11・12	11・13	11・14	11・15	11・16	11・17	11・18	11・19	11・20	11・21	11・22	11・23
十一月	11・24	11・25	11・26	11・27	11・28	11・29	11・30	12・1	12・2	12・3	12・4	12・5	12・6	12・7	12・8	12・9	12・10	12・11	12・12	12・13	12・14	12・15	12・16	12・17	12・18	12・19	12・20	12・21	12・22	
十二月	12・23	12・24	12・25	12・26	12・27	12・28	12・29	12・30	12・31	1・1	1・2	1・3	1・4	1・5	1・6	1・7	1・8	1・9	1・10	1・11	1・12	1・13	1・14	1・15	1・16	1・17	1・18	1・19	1・20	1・21

2023年（癸卯）

農暦	初一	初二	初三	初四	初五	初六	初七	初八	初九	初十	十一	十二	十三	十四	十五	十六	十七	十八	十九	二十	廿一	廿二	廿三	廿四	廿五	廿六	廿七	廿八	廿九	三十
正月	1・22	1・23	1・24	1・25	1・26	1・27	1・28	1・29	1・30	1・31	2・1	2・2	2・3	2・4	2・5	2・6	2・7	2・8	2・9	2・10	2・11	2・12	2・13	2・14	2・15	2・16	2・17	2・18	2・19	
二月	2・20	2・21	2・22	2・23	2・24	2・25	2・26	2・27	2・28	3・1	3・2	3・3	3・4	3・5	3・6	3・7	3・8	3・9	3・10	3・11	3・12	3・13	3・14	3・15	3・16	3・17	3・18	3・19	3・20	3・21
閏二月	3・22	3・23	3・24	3・25	3・26	3・27	3・28	3・29	3・30	3・31	4・1	4・2	4・3	4・4	4・5	4・6	4・7	4・8	4・9	4・10	4・11	4・12	4・13	4・14	4・15	4・16	4・17	4・18	4・19	
三月	4・20	4・21	4・22	4・23	4・24	4・25	4・26	4・27	4・28	4・29	4・30	5・1	5・2	5・3	5・4	5・5	5・6	5・7	5・8	5・9	5・10	5・11	5・12	5・13	5・14	5・15	5・16	5・17	5・18	
四月	5・19	5・20	5・21	5・22	5・23	5・24	5・25	5・26	5・27	5・28	5・29	5・30	5・31	6・1	6・2	6・3	6・4	6・5	6・6	6・7	6・8	6・9	6・10	6・11	6・12	6・13	6・14	6・15	6・16	6・17
五月	6・18	6・19	6・20	6・21	6・22	6・23	6・24	6・25	6・26	6・27	6・28	6・29	6・30	7・1	7・2	7・3	7・4	7・5	7・6	7・7	7・8	7・9	7・10	7・11	7・12	7・13	7・14	7・15	7・16	7・17
六月	7・18	7・19	7・20	7・21	7・22	7・23	7・24	7・25	7・26	7・27	7・28	7・29	7・30	7・31	8・1	8・2	8・3	8・4	8・5	8・6	8・7	8・8	8・9	8・10	8・11	8・12	8・13	8・14	8・15	
七月	8・16	8・17	8・18	8・19	8・20	8・21	8・22	8・23	8・24	8・25	8・26	8・27	8・28	8・29	8・30	8・31	9・1	9・2	9・3	9・4	9・5	9・6	9・7	9・8	9・9	9・10	9・11	9・12	9・13	9・14
八月	9・15	9・16	9・17	9・18	9・19	9・20	9・21	9・22	9・23	9・24	9・25	9・26	9・27	9・28	9・29	9・30	10・1	10・2	10・3	10・4	10・5	10・6	10・7	10・8	10・9	10・10	10・11	10・12	10・13	10・14
九月	10・15	10・16	10・17	10・18	10・19	10・20	10・21	10・22	10・23	10・24	10・25	10・26	10・27	10・28	10・29	10・30	10・31	11・1	11・2	11・3	11・4	11・5	11・6	11・7	11・8	11・9	11・10	11・11	11・12	
十月	11・13	11・14	11・15	11・16	11・17	11・18	11・19	11・20	11・21	11・22	11・23	11・24	11・25	11・26	11・27	11・28	11・29	11・30	12・1	12・2	12・3	12・4	12・5	12・6	12・7	12・8	12・9	12・10	12・11	12・12
十一月	12・13	12・14	12・15	12・16	12・17	12・18	12・19	12・20	12・21	12・22	12・23	12・24	12・25	12・26	12・27	12・28	12・29	12・30	12・31	1・1	1・2	1・3	1・4	1・5	1・6	1・7	1・8	1・9	1・10	
十二月	1・11	1・12	1・13	1・14	1・15	1・16	1・17	1・18	1・19	1・20	1・21	1・22	1・23	1・24	1・25	1・26	1・27	1・28	1・29	1・30	1・31	2・1	2・2	2・3	2・4	2・5	2・6	2・7	2・8	2・9

2024年（甲辰）

農暦	初一	初二	初三	初四	初五	初六	初七	初八	初九	初十	十一	十二	十三	十四	十五	十六	十七	十八	十九	二十	廿一	廿二	廿三	廿四	廿五	廿六	廿七	廿八	廿九	三十
正月	2・10	2・11	2・12	2・13	2・14	2・15	2・16	2・17	2・18	2・19	2・20	2・21	2・22	2・23	2・24	2・25	2・26	2・27	2・28	2・29	3・1	3・2	3・3	3・4	3・5	3・6	3・7	3・8	3・9	
二月	3・10	3・11	3・12	3・13	3・14	3・15	3・16	3・17	3・18	3・19	3・20	3・21	3・22	3・23	3・24	3・25	3・26	3・27	3・28	3・29	3・30	3・31	4・1	4・2	4・3	4・4	4・5	4・6	4・7	4・8
三月	4・9	4・10	4・11	4・12	4・13	4・14	4・15	4・16	4・17	4・18	4・19	4・20	4・21	4・22	4・23	4・24	4・25	4・26	4・27	4・28	4・29	4・30	5・1	5・2	5・3	5・4	5・5	5・6	5・7	
四月	5・8	5・9	5・10	5・11	5・12	5・13	5・14	5・15	5・16	5・17	5・18	5・19	5・20	5・21	5・22	5・23	5・24	5・25	5・26	5・27	5・28	5・29	5・30	5・31	6・1	6・2	6・3	6・4	6・5	
五月	6・6	6・7	6・8	6・9	6・10	6・11	6・12	6・13	6・14	6・15	6・16	6・17	6・18	6・19	6・20	6・21	6・22	6・23	6・24	6・25	6・26	6・27	6・28	6・29	6・30	7・1	7・2	7・3	7・4	7・5
六月	7・6	7・7	7・8	7・9	7・10	7・11	7・12	7・13	7・14	7・15	7・16	7・17	7・18	7・19	7・20	7・21	7・22	7・23	7・24	7・25	7・26	7・27	7・28	7・29	7・30	7・31	8・1	8・2	8・3	
七月	8・4	8・5	8・6	8・7	8・8	8・9	8・10	8・11	8・12	8・13	8・14	8・15	8・16	8・17	8・18	8・19	8・20	8・21	8・22	8・23	8・24	8・25	8・26	8・27	8・28	8・29	8・30	8・31	9・1	9・2
八月	9・3	9・4	9・5	9・6	9・7	9・8	9・9	9・10	9・11	9・12	9・13	9・14	9・15	9・16	9・17	9・18	9・19	9・20	9・21	9・22	9・23	9・24	9・25	9・26	9・27	9・28	9・29	9・30	10・1	10・2
九月	10・3	10・4	10・5	10・6	10・7	10・8	10・9	10・10	10・11	10・12	10・13	10・14	10・15	10・16	10・17	10・18	10・19	10・20	10・21	10・22	10・23	10・24	10・25	10・26	10・27	10・28	10・29	10・30	10・31	
十月	11・1	11・2	11・3	11・4	11・5	11・6	11・7	11・8	11・9	11・10	11・11	11・12	11・13	11・14	11・15	11・16	11・17	11・18	11・19	11・20	11・21	11・22	11・23	11・24	11・25	11・26	11・27	11・28	11・29	11・30
十一月	12・1	12・2	12・3	12・4	12・5	12・6	12・7	12・8	12・9	12・10	12・11	12・12	12・13	12・14	12・15	12・16	12・17	12・18	12・19	12・20	12・21	12・22	12・23	12・24	12・25	12・26	12・27	12・28	12・29	12・30
十二月	12・31	1・1	1・2	1・3	1・4	1・5	1・6	1・7	1・8	1・9	1・10	1・11	1・12	1・13	1・14	1・15	1・16	1・17	1・18	1・19	1・20	1・21	1・22	1・23	1・24	1・25	1・26	1・27	1・28	

2025年（乙巳）

農暦	初一	初二	初三	初四	初五	初六	初七	初八	初九	初十	十一	十二	十三	十四	十五	十六	十七	十八	十九	二十	廿一	廿二	廿三	廿四	廿五	廿六	廿七	廿八	廿九	三十
正月	1・29	1・30	1・31	2・1	2・2	2・3	2・4	2・5	2・6	2・7	2・8	2・9	2・10	2・11	2・12	2・13	2・14	2・15	2・16	2・17	2・18	2・19	2・20	2・21	2・22	2・23	2・24	2・25	2・26	2・27
二月	2・28	3・1	3・2	3・3	3・4	3・5	3・6	3・7	3・8	3・9	3・10	3・11	3・12	3・13	3・14	3・15	3・16	3・17	3・18	3・19	3・20	3・21	3・22	3・23	3・24	3・25	3・26	3・27	3・28	
三月	3・29	3・30	3・31	4・1	4・2	4・3	4・4	4・5	4・6	4・7	4・8	4・9	4・10	4・11	4・12	4・13	4・14	4・15	4・16	4・17	4・18	4・19	4・20	4・21	4・22	4・23	4・24	4・25	4・26	4・27
四月	4・28	4・29	4・30	5・1	5・2	5・3	5・4	5・5	5・6	5・7	5・8	5・9	5・10	5・11	5・12	5・13	5・14	5・15	5・16	5・17	5・18	5・19	5・20	5・21	5・22	5・23	5・24	5・25	5・26	
五月	5・27	5・28	5・29	5・30	5・31	6・1	6・2	6・3	6・4	6・5	6・6	6・7	6・8	6・9	6・10	6・11	6・12	6・13	6・14	6・15	6・16	6・17	6・18	6・19	6・20	6・21	6・22	6・23	6・24	
六月	6・25	6・26	6・27	6・28	6・29	6・30	7・1	7・2	7・3	7・4	7・5	7・6	7・7	7・8	7・9	7・10	7・11	7・12	7・13	7・14	7・15	7・16	7・17	7・18	7・19	7・20	7・21	7・22	7・23	7・24
閏六月	7・25	7・26	7・27	7・28	7・29	7・30	7・31	8・1	8・2	8・3	8・4	8・5	8・6	8・7	8・8	8・9	8・10	8・11	8・12	8・13	8・14	8・15	8・16	8・17	8・18	8・19	8・20	8・21	8・22	
七月	8・23	8・24	8・25	8・26	8・27	8・28	8・29	8・30	8・31	9・1	9・2	9・3	9・4	9・5	9・6	9・7	9・8	9・9	9・10	9・11	9・12	9・13	9・14	9・15	9・16	9・17	9・18	9・19	9・20	9・21
八月	9・22	9・23	9・24	9・25	9・26	9・27	9・28	9・29	9・30	10・1	10・2	10・3	10・4	10・5	10・6	10・7	10・8	10・9	10・10	10・11	10・12	10・13	10・14	10・15	10・16	10・17	10・18	10・19	10・20	
九月	10・21	10・22	10・23	10・24	10・25	10・26	10・27	10・28	10・29	10・30	10・31	11・1	11・2	11・3	11・4	11・5	11・6	11・7	11・8	11・9	11・10	11・11	11・12	11・13	11・14	11・15	11・16	11・17	11・18	11・19
十月	11・20	11・21	11・22	11・23	11・24	11・25	11・26	11・27	11・28	11・29	11・30	12・1	12・2	12・3	12・4	12・5	12・6	12・7	12・8	12・9	12・10	12・11	12・12	12・13	12・14	12・15	12・16	12・17	12・18	12・19
十一月	12・20	12・21	12・22	12・23	12・24	12・25	12・26	12・27	12・28	12・29	12・30	12・31	1・1	1・2	1・3	1・4	1・5	1・6	1・7	1・8	1・9	1・10	1・11	1・12	1・13	1・14	1・15	1・16	1・17	1・18
十二月	1・19	1・20	1・21	1・22	1・23	1・24	1・25	1・26	1・27	1・28	1・29	1・30	1・31	2・1	2・2	2・3	2・4	2・5	2・6	2・7	2・8	2・9	2・10	2・11	2・12	2・13	2・14	2・15	2・16	

2026年（丙午）

農暦	初一	初二	初三	初四	初五	初六	初七	初八	初九	初十	十一	十二	十三	十四	十五	十六	十七	十八	十九	二十	廿一	廿二	廿三	廿四	廿五	廿六	廿七	廿八	廿九	三十
正月	2・17	2・18	2・19	2・20	2・21	2・22	2・23	2・24	2・25	2・26	2・27	2・28	3・1	3・2	3・3	3・4	3・5	3・6	3・7	3・8	3・9	3・10	3・11	3・12	3・13	3・14	3・15	3・16	3・17	3・18
二月	3・19	3・20	3・21	3・22	3・23	3・24	3・25	3・26	3・27	3・28	3・29	3・30	3・31	4・1	4・2	4・3	4・4	4・5	4・6	4・7	4・8	4・9	4・10	4・11	4・12	4・13	4・14	4・15	4・16	
三月	4・17	4・18	4・19	4・20	4・21	4・22	4・23	4・24	4・25	4・26	4・27	4・28	4・29	4・30	5・1	5・2	5・3	5・4	5・5	5・6	5・7	5・8	5・9	5・10	5・11	5・12	5・13	5・14	5・15	5・16
四月	5・17	5・18	5・19	5・20	5・21	5・22	5・23	5・24	5・25	5・26	5・27	5・28	5・29	5・30	5・31	6・1	6・2	6・3	6・4	6・5	6・6	6・7	6・8	6・9	6・10	6・11	6・12	6・13	6・14	
五月	6・15	6・16	6・17	6・18	6・19	6・20	6・21	6・22	6・23	6・24	6・25	6・26	6・27	6・28	6・29	6・30	7・1	7・2	7・3	7・4	7・5	7・6	7・7	7・8	7・9	7・10	7・11	7・12	7・13	
六月	7・14	7・15	7・16	7・17	7・18	7・19	7・20	7・21	7・22	7・23	7・24	7・25	7・26	7・27	7・28	7・29	7・30	7・31	8・1	8・2	8・3	8・4	8・5	8・6	8・7	8・8	8・9	8・10	8・11	8・12
七月	8・13	8・14	8・15	8・16	8・17	8・18	8・19	8・20	8・21	8・22	8・23	8・24	8・25	8・26	8・27	8・28	8・29	8・30	8・31	9・1	9・2	9・3	9・4	9・5	9・6	9・7	9・8	9・9	9・10	
八月	9・11	9・12	9・13	9・14	9・15	9・16	9・17	9・18	9・19	9・20	9・21	9・22	9・23	9・24	9・25	9・26	9・27	9・28	9・29	9・30	10・1	10・2	10・3	10・4	10・5	10・6	10・7	10・8	10・9	
九月	10・10	10・11	10・12	10・13	10・14	10・15	10・16	10・17	10・18	10・19	10・20	10・21	10・22	10・23	10・24	10・25	10・26	10・27	10・28	10・29	10・30	10・31	11・1	11・2	11・3	11・4	11・5	11・6	11・7	11・8
十月	11・9	11・10	11・11	11・12	11・13	11・14	11・15	11・16	11・17	11・18	11・19	11・20	11・21	11・22	11・23	11・24	11・25	11・26	11・27	11・28	11・29	11・30	12・1	12・2	12・3	12・4	12・5	12・6	12・7	12・8
十一月	12・9	12・10	12・11	12・12	12・13	12・14	12・15	12・16	12・17	12・18	12・19	12・20	12・21	12・22	12・23	12・24	12・25	12・26	12・27	12・28	12・29	12・30	12・31	1・1	1・2	1・3	1・4	1・5	1・6	1・7
十二月	1・8	1・9	1・10	1・11	1・12	1・13	1・14	1・15	1・16	1・17	1・18	1・19	1・20	1・21	1・22	1・23	1・24	1・25	1・26	1・27	1・28	1・29	1・30	1・31	2・1	2・2	2・3	2・4	2・5	

2027年（丁未）

農暦	初一	初二	初三	初四	初五	初六	初七	初八	初九	初十	十一	十二	十三	十四	十五	十六	十七	十八	十九	二十	廿一	廿二	廿三	廿四	廿五	廿六	廿七	廿八	廿九	三十
正月	2・6	2・7	2・8	2・9	2・10	2・11	2・12	2・13	2・14	2・15	2・16	2・17	2・18	2・19	2・20	2・21	2・22	2・23	2・24	2・25	2・26	2・27	2・28	3・1	3・2	3・3	3・4	3・5	3・6	3・7
二月	3・8	3・9	3・10	3・11	3・12	3・13	3・14	3・15	3・16	3・17	3・18	3・19	3・20	3・21	3・22	3・23	3・24	3・25	3・26	3・27	3・28	3・29	3・30	3・31	4・1	4・2	4・3	4・4	4・5	4・6
三月	4・7	4・8	4・9	4・10	4・11	4・12	4・13	4・14	4・15	4・16	4・17	4・18	4・19	4・20	4・21	4・22	4・23	4・24	4・25	4・26	4・27	4・28	4・29	4・30	5・1	5・2	5・3	5・4	5・5	
四月	5・6	5・7	5・8	5・9	5・10	5・11	5・12	5・13	5・14	5・15	5・16	5・17	5・18	5・19	5・20	5・21	5・22	5・23	5・24	5・25	5・26	5・27	5・28	5・29	5・30	5・31	6・1	6・2	6・3	6・4
五月	6・5	6・6	6・7	6・8	6・9	6・10	6・11	6・12	6・13	6・14	6・15	6・16	6・17	6・18	6・19	6・20	6・21	6・22	6・23	6・24	6・25	6・26	6・27	6・28	6・29	6・30	7・1	7・2	7・3	
六月	7・4	7・5	7・6	7・7	7・8	7・9	7・10	7・11	7・12	7・13	7・14	7・15	7・16	7・17	7・18	7・19	7・20	7・21	7・22	7・23	7・24	7・25	7・26	7・27	7・28	7・29	7・30	7・31	8・1	
七月	8・2	8・3	8・4	8・5	8・6	8・7	8・8	8・9	8・10	8・11	8・12	8・13	8・14	8・15	8・16	8・17	8・18	8・19	8・20	8・21	8・22	8・23	8・24	8・25	8・26	8・27	8・28	8・29	8・30	8・31
八月	9・1	9・2	9・3	9・4	9・5	9・6	9・7	9・8	9・9	9・10	9・11	9・12	9・13	9・14	9・15	9・16	9・17	9・18	9・19	9・20	9・21	9・22	9・23	9・24	9・25	9・26	9・27	9・28	9・29	
九月	9・30	10・1	10・2	10・3	10・4	10・5	10・6	10・7	10・8	10・9	10・10	10・11	10・12	10・13	10・14	10・15	10・16	10・17	10・18	10・19	10・20	10・21	10・22	10・23	10・24	10・25	10・26	10・27	10・28	
十月	10・29	10・30	10・31	11・1	11・2	11・3	11・4	11・5	11・6	11・7	11・8	11・9	11・10	11・11	11・12	11・13	11・14	11・15	11・16	11・17	11・18	11・19	11・20	11・21	11・22	11・23	11・24	11・25	11・26	11・27
十一月	11・28	11・29	11・30	12・1	12・2	12・3	12・4	12・5	12・6	12・7	12・8	12・9	12・10	12・11	12・12	12・13	12・14	12・15	12・16	12・17	12・18	12・19	12・20	12・21	12・22	12・23	12・24	12・25	12・26	12・27
十二月	12・28	12・29	12・30	12・31	1・1	1・2	1・3	1・4	1・5	1・6	1・7	1・8	1・9	1・10	1・11	1・12	1・13	1・14	1・15	1・16	1・17	1・18	1・19	1・20	1・21	1・22	1・23	1・24	1・25	

2028年（戊申）

農暦	初一	初二	初三	初四	初五	初六	初七	初八	初九	初十	十一	十二	十三	十四	十五	十六	十七	十八	十九	二十	廿一	廿二	廿三	廿四	廿五	廿六	廿七	廿八	廿九	三十
正月	1・26	1・27	1・28	1・29	1・30	1・31	2・1	2・2	2・3	2・4	2・5	2・6	2・7	2・8	2・9	2・10	2・11	2・12	2・13	2・14	2・15	2・16	2・17	2・18	2・19	2・20	2・21	2・22	2・23	2・24
二月	2・25	2・26	2・27	2・28	2・29	3・1	3・2	3・3	3・4	3・5	3・6	3・7	3・8	3・9	3・10	3・11	3・12	3・13	3・14	3・15	3・16	3・17	3・18	3・19	3・20	3・21	3・22	3・23	3・24	3・25
三月	3・26	3・27	3・28	3・29	3・30	3・31	4・1	4・2	4・3	4・4	4・5	4・6	4・7	4・8	4・9	4・10	4・11	4・12	4・13	4・14	4・15	4・16	4・17	4・18	4・19	4・20	4・21	4・22	4・23	4・24
四月	4・25	4・26	4・27	4・28	4・29	4・30	5・1	5・2	5・3	5・4	5・5	5・6	5・7	5・8	5・9	5・10	5・11	5・12	5・13	5・14	5・15	5・16	5・17	5・18	5・19	5・20	5・21	5・22	5・23	
五月	5・24	5・25	5・26	5・27	5・28	5・29	5・30	5・31	6・1	6・2	6・3	6・4	6・5	6・6	6・7	6・8	6・9	6・10	6・11	6・12	6・13	6・14	6・15	6・16	6・17	6・18	6・19	6・20	6・21	6・22
閏五月	6・23	6・24	6・25	6・26	6・27	6・28	6・29	6・30	7・1	7・2	7・3	7・4	7・5	7・6	7・7	7・8	7・9	7・10	7・11	7・12	7・13	7・14	7・15	7・16	7・17	7・18	7・19	7・20	7・21	
六月	7・22	7・23	7・24	7・25	7・26	7・27	7・28	7・29	7・30	7・31	8・1	8・2	8・3	8・4	8・5	8・6	8・7	8・8	8・9	8・10	8・11	8・12	8・13	8・14	8・15	8・16	8・17	8・18	8・19	
七月	8・20	8・21	8・22	8・23	8・24	8・25	8・26	8・27	8・28	8・29	8・30	8・31	9・1	9・2	9・3	9・4	9・5	9・6	9・7	9・8	9・9	9・10	9・11	9・12	9・13	9・14	9・15	9・16	9・17	9・18
八月	9・19	9・20	9・21	9・22	9・23	9・24	9・25	9・26	9・27	9・28	9・29	9・30	10・1	10・2	10・3	10・4	10・5	10・6	10・7	10・8	10・9	10・10	10・11	10・12	10・13	10・14	10・15	10・16	10・17	
九月	10・18	10・19	10・20	10・21	10・22	10・23	10・24	10・25	10・26	10・27	10・28	10・29	10・30	10・31	11・1	11・2	11・3	11・4	11・5	11・6	11・7	11・8	11・9	11・10	11・11	11・12	11・13	11・14	11・15	
十月	11・16	11・17	11・18	11・19	11・20	11・21	11・22	11・23	11・24	11・25	11・26	11・27	11・28	11・29	11・30	12・1	12・2	12・3	12・4	12・5	12・6	12・7	12・8	12・9	12・10	12・11	12・12	12・13	12・14	12・15
十一月	12・16	12・17	12・18	12・19	12・20	12・21	12・22	12・23	12・24	12・25	12・26	12・27	12・28	12・29	12・30	12・31	1・1	1・2	1・3	1・4	1・5	1・6	1・7	1・8	1・9	1・10	1・11	1・12	1・13	1・14
十二月	1・15	1・16	1・17	1・18	1・19	1・20	1・21	1・22	1・23	1・24	1・25	1・26	1・27	1・28	1・29	1・30	1・31	2・1	2・2	2・3	2・4	2・5	2・6	2・7	2・8	2・9	2・10	2・11	2・12	

2029年（己酉）

農暦	初一	初二	初三	初四	初五	初六	初七	初八	初九	初十	十一	十二	十三	十四	十五	十六	十七	十八	十九	二十	廿一	廿二	廿三	廿四	廿五	廿六	廿七	廿八	廿九	三十
正月	2・13	2・14	2・15	2・16	2・17	2・18	2・19	2・20	2・21	2・22	2・23	2・24	2・25	2・26	2・27	2・28	3・1	3・2	3・3	3・4	3・5	3・6	3・7	3・8	3・9	3・10	3・11	3・12	3・13	3・14
二月	3・15	3・16	3・17	3・18	3・19	3・20	3・21	3・22	3・23	3・24	3・25	3・26	3・27	3・28	3・29	3・30	3・31	4・1	4・2	4・3	4・4	4・5	4・6	4・7	4・8	4・9	4・10	4・11	4・12	4・13
三月	4・14	4・15	4・16	4・17	4・18	4・19	4・20	4・21	4・22	4・23	4・24	4・25	4・26	4・27	4・28	4・29	4・30	5・1	5・2	5・3	5・4	5・5	5・6	5・7	5・8	5・9	5・10	5・11	5・12	
四月	5・13	5・14	5・15	5・16	5・17	5・18	5・19	5・20	5・21	5・22	5・23	5・24	5・25	5・26	5・27	5・28	5・29	5・30	5・31	6・1	6・2	6・3	6・4	6・5	6・6	6・7	6・8	6・9	6・10	6・11
五月	6・12	6・13	6・14	6・15	6・16	6・17	6・18	6・19	6・20	6・21	6・22	6・23	6・24	6・25	6・26	6・27	6・28	6・29	6・30	7・1	7・2	7・3	7・4	7・5	7・6	7・7	7・8	7・9	7・10	
六月	7・11	7・12	7・13	7・14	7・15	7・16	7・17	7・18	7・19	7・20	7・21	7・22	7・23	7・24	7・25	7・26	7・27	7・28	7・29	7・30	7・31	8・1	8・2	8・3	8・4	8・5	8・6	8・7	8・8	8・9
七月	8・10	8・11	8・12	8・13	8・14	8・15	8・16	8・17	8・18	8・19	8・20	8・21	8・22	8・23	8・24	8・25	8・26	8・27	8・28	8・29	8・30	8・31	9・1	9・2	9・3	9・4	9・5	9・6	9・7	
八月	9・8	9・9	9・10	9・11	9・12	9・13	9・14	9・15	9・16	9・17	9・18	9・19	9・20	9・21	9・22	9・23	9・24	9・25	9・26	9・27	9・28	9・29	9・30	10・1	10・2	10・3	10・4	10・5	10・6	10・7
九月	10・8	10・9	10・10	10・11	10・12	10・13	10・14	10・15	10・16	10・17	10・18	10・19	10・20	10・21	10・22	10・23	10・24	10・25	10・26	10・27	10・28	10・29	10・30	10・31	11・1	11・2	11・3	11・4	11・5	
十月	11・6	11・7	11・8	11・9	11・10	11・11	11・12	11・13	11・14	11・15	11・16	11・17	11・18	11・19	11・20	11・21	11・22	11・23	11・24	11・25	11・26	11・27	11・28	11・29	11・30	12・1	12・2	12・3	12・4	
十一月	12・5	12・6	12・7	12・8	12・9	12・10	12・11	12・12	12・13	12・14	12・15	12・16	12・17	12・18	12・19	12・20	12・21	12・22	12・23	12・24	12・25	12・26	12・27	12・28	12・29	12・30	12・31	1・1	1・2	1・3
十二月	1・4	1・5	1・6	1・7	1・8	1・9	1・10	1・11	1・12	1・13	1・14	1・15	1・16	1・17	1・18	1・19	1・20	1・21	1・22	1・23	1・24	1・25	1・26	1・27	1・28	1・29	1・30	1・31	2・1	2・2

2030年（庚戌）

農暦	初一	初二	初三	初四	初五	初六	初七	初八	初九	初十	十一	十二	十三	十四	十五	十六	十七	十八	十九	二十	廿一	廿二	廿三	廿四	廿五	廿六	廿七	廿八	廿九	三十
正月	2・3	2・4	2・5	2・6	2・7	2・8	2・9	2・10	2・11	2・12	2・13	2・14	2・15	2・16	2・17	2・18	2・19	2・20	2・21	2・22	2・23	2・24	2・25	2・26	2・27	2・28	3・1	3・2	3・3	
二月	3・4	3・5	3・6	3・7	3・8	3・9	3・10	3・11	3・12	3・13	3・14	3・15	3・16	3・17	3・18	3・19	3・20	3・21	3・22	3・23	3・24	3・25	3・26	3・27	3・28	3・29	3・30	3・31	4・1	4・2
三月	4・3	4・4	4・5	4・6	4・7	4・8	4・9	4・10	4・11	4・12	4・13	4・14	4・15	4・16	4・17	4・18	4・19	4・20	4・21	4・22	4・23	4・24	4・25	4・26	4・27	4・28	4・29	4・30	5・1	
四月	5・2	5・3	5・4	5・5	5・6	5・7	5・8	5・9	5・10	5・11	5・12	5・13	5・14	5・15	5・16	5・17	5・18	5・19	5・20	5・21	5・22	5・23	5・24	5・25	5・26	5・27	5・28	5・29	5・30	5・31
五月	6・1	6・2	6・3	6・4	6・5	6・6	6・7	6・8	6・9	6・10	6・11	6・12	6・13	6・14	6・15	6・16	6・17	6・18	6・19	6・20	6・21	6・22	6・23	6・24	6・25	6・26	6・27	6・28	6・29	6・30
六月	7・1	7・2	7・3	7・4	7・5	7・6	7・7	7・8	7・9	7・10	7・11	7・12	7・13	7・14	7・15	7・16	7・17	7・18	7・19	7・20	7・21	7・22	7・23	7・24	7・25	7・26	7・27	7・28	7・29	
七月	7・30	7・31	8・1	8・2	8・3	8・4	8・5	8・6	8・7	8・8	8・9	8・10	8・11	8・12	8・13	8・14	8・15	8・16	8・17	8・18	8・19	8・20	8・21	8・22	8・23	8・24	8・25	8・26	8・27	8・28
八月	8・29	8・30	8・31	9・1	9・2	9・3	9・4	9・5	9・6	9・7	9・8	9・9	9・10	9・11	9・12	9・13	9・14	9・15	9・16	9・17	9・18	9・19	9・20	9・21	9・22	9・23	9・24	9・25	9・26	
九月	9・27	9・28	9・29	9・30	10・1	10・2	10・3	10・4	10・5	10・6	10・7	10・8	10・9	10・10	10・11	10・12	10・13	10・14	10・15	10・16	10・17	10・18	10・19	10・20	10・21	10・22	10・23	10・24	10・25	10・26
十月	10・27	10・28	10・29	10・30	10・31	11・1	11・2	11・3	11・4	11・5	11・6	11・7	11・8	11・9	11・10	11・11	11・12	11・13	11・14	11・15	11・16	11・17	11・18	11・19	11・20	11・21	11・22	11・23	11・24	
十一月	11・25	11・26	11・27	11・28	11・29	11・30	12・1	12・2	12・3	12・4	12・5	12・6	12・7	12・8	12・9	12・10	12・11	12・12	12・13	12・14	12・15	12・16	12・17	12・18	12・19	12・20	12・21	12・22	12・23	12・24
十二月	12・25	12・26	12・27	12・28	12・29	12・30	12・31	1・1	1・2	1・3	1・4	1・5	1・6	1・7	1・8	1・9	1・10	1・11	1・12	1・13	1・14	1・15	1・16	1・17	1・18	1・19	1・20	1・21	1・22	

2031年（辛亥）

農暦	初一	初二	初三	初四	初五	初六	初七	初八	初九	初十	十一	十二	十三	十四	十五	十六	十七	十八	十九	二十	廿一	廿二	廿三	廿四	廿五	廿六	廿七	廿八	廿九	三十
正月	1・23	1・24	1・25	1・26	1・27	1・28	1・29	1・30	1・31	2・1	2・2	2・3	2・4	2・5	2・6	2・7	2・8	2・9	2・10	2・11	2・12	2・13	2・14	2・15	2・16	2・17	2・18	2・19	2・20	
二月	2・21	2・22	2・23	2・24	2・25	2・26	2・27	2・28	3・1	3・2	3・3	3・4	3・5	3・6	3・7	3・8	3・9	3・10	3・11	3・12	3・13	3・14	3・15	3・16	3・17	3・18	3・19	3・20	3・21	3・22
三月	3・23	3・24	3・25	3・26	3・27	3・28	3・29	3・30	3・31	4・1	4・2	4・3	4・4	4・5	4・6	4・7	4・8	4・9	4・10	4・11	4・12	4・13	4・14	4・15	4・16	4・17	4・18	4・19	4・20	4・21
閏三月	4・22	4・23	4・24	4・25	4・26	4・27	4・28	4・29	4・30	5・1	5・2	5・3	5・4	5・5	5・6	5・7	5・8	5・9	5・10	5・11	5・12	5・13	5・14	5・15	5・16	5・17	5・18	5・19	5・20	
四月	5・21	5・22	5・23	5・24	5・25	5・26	5・27	5・28	5・29	5・30	5・31	6・1	6・2	6・3	6・4	6・5	6・6	6・7	6・8	6・9	6・10	6・11	6・12	6・13	6・14	6・15	6・16	6・17	6・18	6・19
五月	6・20	6・21	6・22	6・23	6・24	6・25	6・26	6・27	6・28	6・29	6・30	7・1	7・2	7・3	7・4	7・5	7・6	7・7	7・8	7・9	7・10	7・11	7・12	7・13	7・14	7・15	7・16	7・17	7・18	
六月	7・19	7・20	7・21	7・22	7・23	7・24	7・25	7・26	7・27	7・28	7・29	7・30	7・31	8・1	8・2	8・3	8・4	8・5	8・6	8・7	8・8	8・9	8・10	8・11	8・12	8・13	8・14	8・15	8・16	8・17
七月	8・18	8・19	8・20	8・21	8・22	8・23	8・24	8・25	8・26	8・27	8・28	8・29	8・30	8・31	9・1	9・2	9・3	9・4	9・5	9・6	9・7	9・8	9・9	9・10	9・11	9・12	9・13	9・14	9・15	9・16
八月	9・17	9・18	9・19	9・20	9・21	9・22	9・23	9・24	9・25	9・26	9・27	9・28	9・29	9・30	10・1	10・2	10・3	10・4	10・5	10・6	10・7	10・8	10・9	10・10	10・11	10・12	10・13	10・14	10・15	
九月	10・16	10・17	10・18	10・19	10・20	10・21	10・22	10・23	10・24	10・25	10・26	10・27	10・28	10・29	10・30	10・31	11・1	11・2	11・3	11・4	11・5	11・6	11・7	11・8	11・9	11・10	11・11	11・12	11・13	11・14
十月	11・15	11・16	11・17	11・18	11・19	11・20	11・21	11・22	11・23	11・24	11・25	11・26	11・27	11・28	11・29	11・30	12・1	12・2	12・3	12・4	12・5	12・6	12・7	12・8	12・9	12・10	12・11	12・12	12・13	
十一月	12・14	12・15	12・16	12・17	12・18	12・19	12・20	12・21	12・22	12・23	12・24	12・25	12・26	12・27	12・28	12・29	12・30	12・31	1・1	1・2	1・3	1・4	1・5	1・6	1・7	1・8	1・9	1・10	1・11	1・12
十二月	1・13	1・14	1・15	1・16	1・17	1・18	1・19	1・20	1・21	1・22	1・23	1・24	1・25	1・26	1・27	1・28	1・29	1・30	1・31	2・1	2・2	2・3	2・4	2・5	2・6	2・7	2・8	2・9	2・10	

2032年（壬子）

農暦	初一	初二	初三	初四	初五	初六	初七	初八	初九	初十	十一	十二	十三	十四	十五	十六	十七	十八	十九	二十	廿一	廿二	廿三	廿四	廿五	廿六	廿七	廿八	廿九	三十
正月	2・11	2・12	2・13	2・14	2・15	2・16	2・17	2・18	2・19	2・20	2・21	2・22	2・23	2・24	2・25	2・26	2・27	2・28	2・29	3・1	3・2	3・3	3・4	3・5	3・6	3・7	3・8	3・9	3・10	3・11
二月	3・12	3・13	3・14	3・15	3・16	3・17	3・18	3・19	3・20	3・21	3・22	3・23	3・24	3・25	3・26	3・27	3・28	3・29	3・30	3・31	4・1	4・2	4・3	4・4	4・5	4・6	4・7	4・8	4・9	
三月	4・10	4・11	4・12	4・13	4・14	4・15	4・16	4・17	4・18	4・19	4・20	4・21	4・22	4・23	4・24	4・25	4・26	4・27	4・28	4・29	4・30	5・1	5・2	5・3	5・4	5・5	5・6	5・7	5・8	
四月	5・9	5・10	5・11	5・12	5・13	5・14	5・15	5・16	5・17	5・18	5・19	5・20	5・21	5・22	5・23	5・24	5・25	5・26	5・27	5・28	5・29	5・30	5・31	6・1	6・2	6・3	6・4	6・5	6・6	6・7
五月	6・8	6・9	6・10	6・11	6・12	6・13	6・14	6・15	6・16	6・17	6・18	6・19	6・20	6・21	6・22	6・23	6・24	6・25	6・26	6・27	6・28	6・29	6・30	7・1	7・2	7・3	7・4	7・5	7・6	
六月	7・7	7・8	7・9	7・10	7・11	7・12	7・13	7・14	7・15	7・16	7・17	7・18	7・19	7・20	7・21	7・22	7・23	7・24	7・25	7・26	7・27	7・28	7・29	7・30	7・31	8・1	8・2	8・3	8・4	8・5
七月	8・6	8・7	8・8	8・9	8・10	8・11	8・12	8・13	8・14	8・15	8・16	8・17	8・18	8・19	8・20	8・21	8・22	8・23	8・24	8・25	8・26	8・27	8・28	8・29	8・30	8・31	9・1	9・2	9・3	9・4
八月	9・5	9・6	9・7	9・8	9・9	9・10	9・11	9・12	9・13	9・14	9・15	9・16	9・17	9・18	9・19	9・20	9・21	9・22	9・23	9・24	9・25	9・26	9・27	9・28	9・29	9・30	10・1	10・2	10・3	
九月	10・4	10・5	10・6	10・7	10・8	10・9	10・10	10・11	10・12	10・13	10・14	10・15	10・16	10・17	10・18	10・19	10・20	10・21	10・22	10・23	10・24	10・25	10・26	10・27	10・28	10・29	10・30	10・31	11・1	11・2
十月	11・3	11・4	11・5	11・6	11・7	11・8	11・9	11・10	11・11	11・12	11・13	11・14	11・15	11・16	11・17	11・18	11・19	11・20	11・21	11・22	11・23	11・24	11・25	11・26	11・27	11・28	11・29	11・30	12・1	12・2
十一月	12・3	12・4	12・5	12・6	12・7	12・8	12・9	12・10	12・11	12・12	12・13	12・14	12・15	12・16	12・17	12・18	12・19	12・20	12・21	12・22	12・23	12・24	12・25	12・26	12・27	12・28	12・29	12・30	12・31	
十二月	1・1	1・2	1・3	1・4	1・5	1・6	1・7	1・8	1・9	1・10	1・11	1・12	1・13	1・14	1・15	1・16	1・17	1・18	1・19	1・20	1・21	1・22	1・23	1・24	1・25	1・26	1・27	1・28	1・29	1・30

2033年（癸丑）

農暦	初一	初二	初三	初四	初五	初六	初七	初八	初九	初十	十一	十二	十三	十四	十五	十六	十七	十八	十九	二十	廿一	廿二	廿三	廿四	廿五	廿六	廿七	廿八	廿九	三十
正月	1・31	2・1	2・2	2・3	2・4	2・5	2・6	2・7	2・8	2・9	2・10	2・11	2・12	2・13	2・14	2・15	2・16	2・17	2・18	2・19	2・20	2・21	2・22	2・23	2・24	2・25	2・26	2・27	2・28	
二月	3・1	3・2	3・3	3・4	3・5	3・6	3・7	3・8	3・9	3・10	3・11	3・12	3・13	3・14	3・15	3・16	3・17	3・18	3・19	3・20	3・21	3・22	3・23	3・24	3・25	3・26	3・27	3・28	3・29	3・30
三月	3・31	4・1	4・2	4・3	4・4	4・5	4・6	4・7	4・8	4・9	4・10	4・11	4・12	4・13	4・14	4・15	4・16	4・17	4・18	4・19	4・20	4・21	4・22	4・23	4・24	4・25	4・26	4・27	4・28	
四月	4・29	4・30	5・1	5・2	5・3	5・4	5・5	5・6	5・7	5・8	5・9	5・10	5・11	5・12	5・13	5・14	5・15	5・16	5・17	5・18	5・19	5・20	5・21	5・22	5・23	5・24	5・25	5・26	5・27	
五月	5・28	5・29	5・30	5・31	6・1	6・2	6・3	6・4	6・5	6・6	6・7	6・8	6・9	6・10	6・11	6・12	6・13	6・14	6・15	6・16	6・17	6・18	6・19	6・20	6・21	6・22	6・23	6・24	6・25	6・26
六月	6・27	6・28	6・29	6・30	7・1	7・2	7・3	7・4	7・5	7・6	7・7	7・8	7・9	7・10	7・11	7・12	7・13	7・14	7・15	7・16	7・17	7・18	7・19	7・20	7・21	7・22	7・23	7・24	7・25	
七月	7・26	7・27	7・28	7・29	7・30	7・31	8・1	8・2	8・3	8・4	8・5	8・6	8・7	8・8	8・9	8・10	8・11	8・12	8・13	8・14	8・15	8・16	8・17	8・18	8・19	8・20	8・21	8・22	8・23	8・24
八月	8・25	8・26	8・27	8・28	8・29	8・30	8・31	9・1	9・2	9・3	9・4	9・5	9・6	9・7	9・8	9・9	9・10	9・11	9・12	9・13	9・14	9・15	9・16	9・17	9・18	9・19	9・20	9・21	9・22	
九月	9・23	9・24	9・25	9・26	9・27	9・28	9・29	9・30	10・1	10・2	10・3	10・4	10・5	10・6	10・7	10・8	10・9	10・10	10・11	10・12	10・13	10・14	10・15	10・16	10・17	10・18	10・19	10・20	10・21	10・22
十月	10・23	10・24	10・25	10・26	10・27	10・28	10・29	10・30	10・31	11・1	11・2	11・3	11・4	11・5	11・6	11・7	11・8	11・9	11・10	11・11	11・12	11・13	11・14	11・15	11・16	11・17	11・18	11・19	11・20	11・21
十一月	11・22	11・23	11・24	11・25	11・26	11・27	11・28	11・29	11・30	12・1	12・2	12・3	12・4	12・5	12・6	12・7	12・8	12・9	12・10	12・11	12・12	12・13	12・14	12・15	12・16	12・17	12・18	12・19	12・20	12・21
閏十一月	12・22	12・23	12・24	12・25	12・26	12・27	12・28	12・29	12・30	12・31	1・1	1・2	1・3	1・4	1・5	1・6	1・7	1・8	1・9	1・10	1・11	1・12	1・13	1・14	1・15	1・16	1・17	1・18	1・19	
十二月	1・20	1・21	1・22	1・23	1・24	1・25	1・26	1・27	1・28	1・29	1・30	1・31	2・1	2・2	2・3	2・4	2・5	2・6	2・7	2・8	2・9	2・10	2・11	2・12	2・13	2・14	2・15	2・16	2・17	2・18

2034年（甲寅）

農暦	初一	初二	初三	初四	初五	初六	初七	初八	初九	初十	十一	十二	十三	十四	十五	十六	十七	十八	十九	二十	廿一	廿二	廿三	廿四	廿五	廿六	廿七	廿八	廿九	三十
正月	2・19	2・20	2・21	2・22	2・23	2・24	2・25	2・26	2・27	2・28	3・1	3・2	3・3	3・4	3・5	3・6	3・7	3・8	3・9	3・10	3・11	3・12	3・13	3・14	3・15	3・16	3・17	3・18	3・19	
二月	3・20	3・21	3・22	3・23	3・24	3・25	3・26	3・27	3・28	3・29	3・30	3・31	4・1	4・2	4・3	4・4	4・5	4・6	4・7	4・8	4・9	4・10	4・11	4・12	4・13	4・14	4・15	4・16	4・17	4・18
三月	4・19	4・20	4・21	4・22	4・23	4・24	4・25	4・26	4・27	4・28	4・29	4・30	5・1	5・2	5・3	5・4	5・5	5・6	5・7	5・8	5・9	5・10	5・11	5・12	5・13	5・14	5・15	5・16	5・17	
四月	5・18	5・19	5・20	5・21	5・22	5・23	5・24	5・25	5・26	5・27	5・28	5・29	5・30	5・31	6・1	6・2	6・3	6・4	6・5	6・6	6・7	6・8	6・9	6・10	6・11	6・12	6・13	6・14	6・15	
五月	6・16	6・17	6・18	6・19	6・20	6・21	6・22	6・23	6・24	6・25	6・26	6・27	6・28	6・29	6・30	7・1	7・2	7・3	7・4	7・5	7・6	7・7	7・8	7・9	7・10	7・11	7・12	7・13	7・14	7・15
六月	7・16	7・17	7・18	7・19	7・20	7・21	7・22	7・23	7・24	7・25	7・26	7・27	7・28	7・29	7・30	7・31	8・1	8・2	8・3	8・4	8・5	8・6	8・7	8・8	8・9	8・10	8・11	8・12	8・13	
七月	8・14	8・15	8・16	8・17	8・18	8・19	8・20	8・21	8・22	8・23	8・24	8・25	8・26	8・27	8・28	8・29	8・30	8・31	9・1	9・2	9・3	9・4	9・5	9・6	9・7	9・8	9・9	9・10	9・11	9・12
八月	9・13	9・14	9・15	9・16	9・17	9・18	9・19	9・20	9・21	9・22	9・23	9・24	9・25	9・26	9・27	9・28	9・29	9・30	10・1	10・2	10・3	10・4	10・5	10・6	10・7	10・8	10・9	10・10	10・11	
九月	10・12	10・13	10・14	10・15	10・16	10・17	10・18	10・19	10・20	10・21	10・22	10・23	10・24	10・25	10・26	10・27	10・28	10・29	10・30	10・31	11・1	11・2	11・3	11・4	11・5	11・6	11・7	11・8	11・9	11・10
十月	11・11	11・12	11・13	11・14	11・15	11・16	11・17	11・18	11・19	11・20	11・21	11・22	11・23	11・24	11・25	11・26	11・27	11・28	11・29	11・30	12・1	12・2	12・3	12・4	12・5	12・6	12・7	12・8	12・9	12・10
十一月	12・11	12・12	12・13	12・14	12・15	12・16	12・17	12・18	12・19	12・20	12・21	12・22	12・23	12・24	12・25	12・26	12・27	12・28	12・29	12・30	12・31	1・1	1・2	1・3	1・4	1・5	1・6	1・7	1・8	
十二月	1・9	1・10	1・11	1・12	1・13	1・14	1・15	1・16	1・17	1・18	1・19	1・20	1・21	1・22	1・23	1・24	1・25	1・26	1・27	1・28	1・29	1・30	1・31	2・1	2・2	2・3	2・4	2・5	2・6	2・7

2035年（乙卯）

農暦	初一	初二	初三	初四	初五	初六	初七	初八	初九	初十	十一	十二	十三	十四	十五	十六	十七	十八	十九	二十	廿一	廿二	廿三	廿四	廿五	廿六	廿七	廿八	廿九	三十
正月	2.8	2.9	2.10	2.11	2.12	2.13	2.14	2.15	2.16	2.17	2.18	2.19	2.20	2.21	2.22	2.23	2.24	2.25	2.26	2.27	2.28	3.1	3.2	3.3	3.4	3.5	3.6	3.7	3.8	3.9
二月	3.10	3.11	3.12	3.13	3.14	3.15	3.16	3.17	3.18	3.19	3.20	3.21	3.22	3.23	3.24	3.25	3.26	3.27	3.28	3.29	3.30	3.31	4.1	4.2	4.3	4.4	4.5	4.6	4.7	
三月	4.8	4.9	4.10	4.11	4.12	4.13	4.14	4.15	4.16	4.17	4.18	4.19	4.20	4.21	4.22	4.23	4.24	4.25	4.26	4.27	4.28	4.29	4.30	5.1	5.2	5.3	5.4	5.5	5.6	5.7
四月	5.8	5.9	5.10	5.11	5.12	5.13	5.14	5.15	5.16	5.17	5.18	5.19	5.20	5.21	5.22	5.23	5.24	5.25	5.26	5.27	5.28	5.29	5.30	5.31	6.1	6.2	6.3	6.4	6.5	
五月	6.6	6.7	6.8	6.9	6.10	6.11	6.12	6.13	6.14	6.15	6.16	6.17	6.18	6.19	6.20	6.21	6.22	6.23	6.24	6.25	6.26	6.27	6.28	6.29	6.30	7.1	7.2	7.3	7.4	
六月	7.5	7.6	7.7	7.8	7.9	7.10	7.11	7.12	7.13	7.14	7.15	7.16	7.17	7.18	7.19	7.20	7.21	7.22	7.23	7.24	7.25	7.26	7.27	7.28	7.29	7.30	7.31	8.1	8.2	8.3
七月	8.4	8.5	8.6	8.7	8.8	8.9	8.10	8.11	8.12	8.13	8.14	8.15	8.16	8.17	8.18	8.19	8.20	8.21	8.22	8.23	8.24	8.25	8.26	8.27	8.28	8.29	8.30	8.31	9.1	
八月	9.2	9.3	9.4	9.5	9.6	9.7	9.8	9.9	9.10	9.11	9.12	9.13	9.14	9.15	9.16	9.17	9.18	9.19	9.20	9.21	9.22	9.23	9.24	9.25	9.26	9.27	9.28	9.29	9.30	
九月	10.1	10.2	10.3	10.4	10.5	10.6	10.7	10.8	10.9	10.10	10.11	10.12	10.13	10.14	10.15	10.16	10.17	10.18	10.19	10.20	10.21	10.22	10.23	10.24	10.25	10.26	10.27	10.28	10.29	10.30
十月	10.31	11.1	11.2	11.3	11.4	11.5	11.6	11.7	11.8	11.9	11.10	11.11	11.12	11.13	11.14	11.15	11.16	11.17	11.18	11.19	11.20	11.21	11.22	11.23	11.24	11.25	11.26	11.27	11.28	11.29
十一月	11.30	12.1	12.2	12.3	12.4	12.5	12.6	12.7	12.8	12.9	12.10	12.11	12.12	12.13	12.14	12.15	12.16	12.17	12.18	12.19	12.20	12.21	12.22	12.23	12.24	12.25	12.26	12.27	12.28	
十二月	12.29	12.30	12.31	1.1	1.2	1.3	1.4	1.5	1.6	1.7	1.8	1.9	1.10	1.11	1.12	1.13	1.14	1.15	1.16	1.17	1.18	1.19	1.20	1.21	1.22	1.23	1.24	1.25	1.26	1.27

2036年（丙辰）

農暦	初一	初二	初三	初四	初五	初六	初七	初八	初九	初十	十一	十二	十三	十四	十五	十六	十七	十八	十九	二十	廿一	廿二	廿三	廿四	廿五	廿六	廿七	廿八	廿九	三十
正月	1・28	1・29	1・30	1・31	2・1	2・2	2・3	2・4	2・5	2・6	2・7	2・8	2・9	2・10	2・11	2・12	2・13	2・14	2・15	2・16	2・17	2・18	2・19	2・20	2・21	2・22	2・23	2・24	2・25	2・26
二月	2・27	2・28	2・29	3・1	3・2	3・3	3・4	3・5	3・6	3・7	3・8	3・9	3・10	3・11	3・12	3・13	3・14	3・15	3・16	3・17	3・18	3・19	3・20	3・21	3・22	3・23	3・24	3・25	3・26	3・27
三月	3・28	3・29	3・30	3・31	4・1	4・2	4・3	4・4	4・5	4・6	4・7	4・8	4・9	4・10	4・11	4・12	4・13	4・14	4・15	4・16	4・17	4・18	4・19	4・20	4・21	4・22	4・23	4・24	4・25	
四月	4・26	4・27	4・28	4・29	4・30	5・1	5・2	5・3	5・4	5・5	5・6	5・7	5・8	5・9	5・10	5・11	5・12	5・13	5・14	5・15	5・16	5・17	5・18	5・19	5・20	5・21	5・22	5・23	5・24	5・25
五月	5・26	5・27	5・28	5・29	5・30	5・31	6・1	6・2	6・3	6・4	6・5	6・6	6・7	6・8	6・9	6・10	6・11	6・12	6・13	6・14	6・15	6・16	6・17	6・18	6・19	6・20	6・21	6・22	6・23	
六月	6・24	6・25	6・26	6・27	6・28	6・29	6・30	7・1	7・2	7・3	7・4	7・5	7・6	7・7	7・8	7・9	7・10	7・11	7・12	7・13	7・14	7・15	7・16	7・17	7・18	7・19	7・20	7・21	7・22	
閏六月	7・23	7・24	7・25	7・26	7・27	7・28	7・29	7・30	7・31	8・1	8・2	8・3	8・4	8・5	8・6	8・7	8・8	8・9	8・10	8・11	8・12	8・13	8・14	8・15	8・16	8・17	8・18	8・19	8・20	8・21
七月	8・22	8・23	8・24	8・25	8・26	8・27	8・28	8・29	8・30	8・31	9・1	9・2	9・3	9・4	9・5	9・6	9・7	9・8	9・9	9・10	9・11	9・12	9・13	9・14	9・15	9・16	9・17	9・18	9・19	
八月	9・20	9・21	9・22	9・23	9・24	9・25	9・26	9・27	9・28	9・29	9・30	10・1	10・2	10・3	10・4	10・5	10・6	10・7	10・8	10・9	10・10	10・11	10・12	10・13	10・14	10・15	10・16	10・17	10・18	
九月	10・19	10・20	10・21	10・22	10・23	10・24	10・25	10・26	10・27	10・28	10・29	10・30	10・31	11・1	11・2	11・3	11・4	11・5	11・6	11・7	11・8	11・9	11・10	11・11	11・12	11・13	11・14	11・15	11・16	11・17
十月	11・18	11・19	11・20	11・21	11・22	11・23	11・24	11・25	11・26	11・27	11・28	11・29	11・30	12・1	12・2	12・3	12・4	12・5	12・6	12・7	12・8	12・9	12・10	12・11	12・12	12・13	12・14	12・15	12・16	
十一月	12・17	12・18	12・19	12・20	12・21	12・22	12・23	12・24	12・25	12・26	12・27	12・28	12・29	12・30	12・31	1・1	1・2	1・3	1・4	1・5	1・6	1・7	1・8	1・9	1・10	1・11	1・12	1・13	1・14	1・15
十二月	1・16	1・17	1・18	1・19	1・20	1・21	1・22	1・23	1・24	1・25	1・26	1・27	1・28	1・29	1・30	1・31	2・1	2・2	2・3	2・4	2・5	2・6	2・7	2・8	2・9	2・10	2・11	2・12	2・13	2・14

2037年（丁巳）

農曆	初一	初二	初三	初四	初五	初六	初七	初八	初九	初十	十一	十二	十三	十四	十五	十六	十七	十八	十九	二十	廿一	廿二	廿三	廿四	廿五	廿六	廿七	廿八	廿九	三十
正月	2・15	2・16	2・17	2・18	2・19	2・20	2・21	2・22	2・23	2・24	2・25	2・26	2・27	2・28	3・1	3・2	3・3	3・4	3・5	3・6	3・7	3・8	3・9	3・10	3・11	3・12	3・13	3・14	3・15	3・16
二月	3・17	3・18	3・19	3・20	3・21	3・22	3・23	3・24	3・25	3・26	3・27	3・28	3・29	3・30	3・31	4・1	4・2	4・3	4・4	4・5	4・6	4・7	4・8	4・9	4・10	4・11	4・12	4・13	4・14	4・15
三月	4・16	4・17	4・18	4・19	4・20	4・21	4・22	4・23	4・24	4・25	4・26	4・27	4・28	4・29	4・30	5・1	5・2	5・3	5・4	5・5	5・6	5・7	5・8	5・9	5・10	5・11	5・12	5・13	5・14	
四月	5・15	5・16	5・17	5・18	5・19	5・20	5・21	5・22	5・23	5・24	5・25	5・26	5・27	5・28	5・29	5・30	5・31	6・1	6・2	6・3	6・4	6・5	6・6	6・7	6・8	6・9	6・10	6・11	6・12	6・13
五月	6・14	6・15	6・16	6・17	6・18	6・19	6・20	6・21	6・22	6・23	6・24	6・25	6・26	6・27	6・28	6・29	6・30	7・1	7・2	7・3	7・4	7・5	7・6	7・7	7・8	7・9	7・10	7・11	7・12	
六月	7・13	7・14	7・15	7・16	7・17	7・18	7・19	7・20	7・21	7・22	7・23	7・24	7・25	7・26	7・27	7・28	7・29	7・30	7・31	8・1	8・2	8・3	8・4	8・5	8・6	8・7	8・8	8・9	8・10	
七月	8・11	8・12	8・13	8・14	8・15	8・16	8・17	8・18	8・19	8・20	8・21	8・22	8・23	8・24	8・25	8・26	8・27	8・28	8・29	8・30	8・31	9・1	9・2	9・3	9・4	9・5	9・6	9・7	9・8	9・9
八月	9・10	9・11	9・12	9・13	9・14	9・15	9・16	9・17	9・18	9・19	9・20	9・21	9・22	9・23	9・24	9・25	9・26	9・27	9・28	9・29	9・30	10・1	10・2	10・3	10・4	10・5	10・6	10・7	10・8	
九月	10・9	10・10	10・11	10・12	10・13	10・14	10・15	10・16	10・17	10・18	10・19	10・20	10・21	10・22	10・23	10・24	10・25	10・26	10・27	10・28	10・29	10・30	10・31	11・1	11・2	11・3	11・4	11・5	11・6	
十月	11・7	11・8	11・9	11・10	11・11	11・12	11・13	11・14	11・15	11・16	11・17	11・18	11・19	11・20	11・21	11・22	11・23	11・24	11・25	11・26	11・27	11・28	11・29	11・30	12・1	12・2	12・3	12・4	12・5	12・6
十一月	12・7	12・8	12・9	12・10	12・11	12・12	12・13	12・14	12・15	12・16	12・17	12・18	12・19	12・20	12・21	12・22	12・23	12・24	12・25	12・26	12・27	12・28	12・29	12・30	12・31	1・1	1・2	1・3	1・4	
十二月	1・5	1・6	1・7	1・8	1・9	1・10	1・11	1・12	1・13	1・14	1・15	1・16	1・17	1・18	1・19	1・20	1・21	1・22	1・23	1・24	1・25	1・26	1・27	1・28	1・29	1・30	1・31	2・1	2・2	2・3

2038年（戊午）

農曆	初一	初二	初三	初四	初五	初六	初七	初八	初九	初十	十一	十二	十三	十四	十五	十六	十七	十八	十九	二十	廿一	廿二	廿三	廿四	廿五	廿六	廿七	廿八	廿九	三十
正月	2・4	2・5	2・6	2・7	2・8	2・9	2・10	2・11	2・12	2・13	2・14	2・15	2・16	2・17	2・18	2・19	2・20	2・21	2・22	2・23	2・24	2・25	2・26	2・27	2・28	3・1	3・2	3・3	3・4	3・5
二月	3・6	3・7	3・8	3・9	3・10	3・11	3・12	3・13	3・14	3・15	3・16	3・17	3・18	3・19	3・20	3・21	3・22	3・23	3・24	3・25	3・26	3・27	3・28	3・29	3・30	3・31	4・1	4・2	4・3	4・4
三月	4・5	4・6	4・7	4・8	4・9	4・10	4・11	4・12	4・13	4・14	4・15	4・16	4・17	4・18	4・19	4・20	4・21	4・22	4・23	4・24	4・25	4・26	4・27	4・28	4・29	4・30	5・1	5・2	5・3	
四月	5・4	5・5	5・6	5・7	5・8	5・9	5・10	5・11	5・12	5・13	5・14	5・15	5・16	5・17	5・18	5・19	5・20	5・21	5・22	5・23	5・24	5・25	5・26	5・27	5・28	5・29	5・30	5・31	6・1	6・2
五月	6・3	6・4	6・5	6・6	6・7	6・8	6・9	6・10	6・11	6・12	6・13	6・14	6・15	6・16	6・17	6・18	6・19	6・20	6・21	6・22	6・23	6・24	6・25	6・26	6・27	6・28	6・29	6・30	7・1	
六月	7・2	7・3	7・4	7・5	7・6	7・7	7・8	7・9	7・10	7・11	7・12	7・13	7・14	7・15	7・16	7・17	7・18	7・19	7・20	7・21	7・22	7・23	7・24	7・25	7・26	7・27	7・28	7・29	7・30	7・31
七月	8・1	8・2	8・3	8・4	8・5	8・6	8・7	8・8	8・9	8・10	8・11	8・12	8・13	8・14	8・15	8・16	8・17	8・18	8・19	8・20	8・21	8・22	8・23	8・24	8・25	8・26	8・27	8・28	8・29	
八月	8・30	8・31	9・1	9・2	9・3	9・4	9・5	9・6	9・7	9・8	9・9	9・10	9・11	9・12	9・13	9・14	9・15	9・16	9・17	9・18	9・19	9・20	9・21	9・22	9・23	9・24	9・25	9・26	9・27	9・28
九月	9・29	9・30	10・1	10・2	10・3	10・4	10・5	10・6	10・7	10・8	10・9	10・10	10・11	10・12	10・13	10・14	10・15	10・16	10・17	10・18	10・19	10・20	10・21	10・22	10・23	10・24	10・25	10・26	10・27	
十月	10・28	10・29	10・30	10・31	11・1	11・2	11・3	11・4	11・5	11・6	11・7	11・8	11・9	11・10	11・11	11・12	11・13	11・14	11・15	11・16	11・17	11・18	11・19	11・20	11・21	11・22	11・23	11・24	11・25	
十一月	11・26	11・27	11・28	11・29	11・30	12・1	12・2	12・3	12・4	12・5	12・6	12・7	12・8	12・9	12・10	12・11	12・12	12・13	12・14	12・15	12・16	12・17	12・18	12・19	12・20	12・21	12・22	12・23	12・24	12・25
十二月	12・26	12・27	12・28	12・29	12・30	12・31	1・1	1・2	1・3	1・4	1・5	1・6	1・7	1・8	1・9	1・10	1・11	1・12	1・13	1・14	1・15	1・16	1・17	1・18	1・19	1・20	1・21	1・22	1・23	

2039年（己未）

農暦	初一	初二	初三	初四	初五	初六	初七	初八	初九	初十	十一	十二	十三	十四	十五	十六	十七	十八	十九	二十	廿一	廿二	廿三	廿四	廿五	廿六	廿七	廿八	廿九	三十
正月	1・24	1・25	1・26	1・27	1・28	1・29	1・30	1・31	2・1	2・2	2・3	2・4	2・5	2・6	2・7	2・8	2・9	2・10	2・11	2・12	2・13	2・14	2・15	2・16	2・17	2・18	2・19	2・20	2・21	2・22
二月	2・23	2・24	2・25	2・26	2・27	2・28	3・1	3・2	3・3	3・4	3・5	3・6	3・7	3・8	3・9	3・10	3・11	3・12	3・13	3・14	3・15	3・16	3・17	3・18	3・19	3・20	3・21	3・22	3・23	3・24
三月	3・25	3・26	3・27	3・28	3・29	3・30	3・31	4・1	4・2	4・3	4・4	4・5	4・6	4・7	4・8	4・9	4・10	4・11	4・12	4・13	4・14	4・15	4・16	4・17	4・18	4・19	4・20	4・21	4・22	
四月	4・23	4・24	4・25	4・26	4・27	4・28	4・29	4・30	5・1	5・2	5・3	5・4	5・5	5・6	5・7	5・8	5・9	5・10	5・11	5・12	5・13	5・14	5・15	5・16	5・17	5・18	5・19	5・20	5・21	5・22
五月	5・23	5・24	5・25	5・26	5・27	5・28	5・29	5・30	5・31	6・1	6・2	6・3	6・4	6・5	6・6	6・7	6・8	6・9	6・10	6・11	6・12	6・13	6・14	6・15	6・16	6・17	6・18	6・19	6・20	6・21
閏五月	6・22	6・23	6・24	6・25	6・26	6・27	6・28	6・29	6・30	7・1	7・2	7・3	7・4	7・5	7・6	7・7	7・8	7・9	7・10	7・11	7・12	7・13	7・14	7・15	7・16	7・17	7・18	7・19	7・20	
六月	7・21	7・22	7・23	7・24	7・25	7・26	7・27	7・28	7・29	7・30	7・31	8・1	8・2	8・3	8・4	8・5	8・6	8・7	8・8	8・9	8・10	8・11	8・12	8・13	8・14	8・15	8・16	8・17	8・18	8・19
七月	8・20	8・21	8・22	8・23	8・24	8・25	8・26	8・27	8・28	8・29	8・30	8・31	9・1	9・2	9・3	9・4	9・5	9・6	9・7	9・8	9・9	9・10	9・11	9・12	9・13	9・14	9・15	9・16	9・17	
八月	9・18	9・19	9・20	9・21	9・22	9・23	9・24	9・25	9・26	9・27	9・28	9・29	9・30	10・1	10・2	10・3	10・4	10・5	10・6	10・7	10・8	10・9	10・10	10・11	10・12	10・13	10・14	10・15	10・16	10・17
九月	10・18	10・19	10・20	10・21	10・22	10・23	10・24	10・25	10・26	10・27	10・28	10・29	10・30	10・31	11・1	11・2	11・3	11・4	11・5	11・6	11・7	11・8	11・9	11・10	11・11	11・12	11・13	11・14	11・15	
十月	11・16	11・17	11・18	11・19	11・20	11・21	11・22	11・23	11・24	11・25	11・26	11・27	11・28	11・29	11・30	12・1	12・2	12・3	12・4	12・5	12・6	12・7	12・8	12・9	12・10	12・11	12・12	12・13	12・14	12・15
十一月	12・16	12・17	12・18	12・19	12・20	12・21	12・22	12・23	12・24	12・25	12・26	12・27	12・28	12・29	12・30	12・31	1・1	1・2	1・3	1・4	1・5	1・6	1・7	1・8	1・9	1・10	1・11	1・12	1・13	
十二月	1・14	1・15	1・16	1・17	1・18	1・19	1・20	1・21	1・22	1・23	1・24	1・25	1・26	1・27	1・28	1・29	1・30	1・31	2・1	2・2	2・3	2・4	2・5	2・6	2・7	2・8	2・9	2・10	2・11	

参考文献

日本書籍

・『一生の運勢を読み解く！ 紫微斗数占い』照葉桜子著、東海林秀樹監修（説話社）
・『紫微斗数精義――あなただけの星マンダラ占星術』鮑黎明著（ビイングネットプレス）
・『紫微斗数占星術教本』東海林秀樹、堀川祐化加共著（説話社）
・『黒門占い 紫微斗数――恋と結婚の「宿命」がズバリわかる』黒門著（東邦出版）
・『増補改訂 決定版 紫微斗数占星術奥義』東海林秀樹著（学研プラス）
・『紫微斗数古訣神探――台湾・香港の飛星派技法集』紫天十二宮会編（東洋書院）
・『精解吉象万年暦 気学、紫微斗数、推命、断易活用 昭和元年（1926）～令和50年（2068）』東海林秀樹監修（東洋書院）
・『完全マスター 紫微斗数占い』東海林秀樹著（説話社）
・『神秘聖学 天文紫微運命學』阿部泰山著（京都書院）
・『飛星紫微斗数闡秘』鮑黎明著（東洋書院）
・『紫微斗数推命術』鮑黎明著（ごま書房）
・『紫微斗数入門』鮑黎明著（オレンジ出版）
・『四化活盤秘伝 紫微斗数占法要義』東海林秀樹著（東洋書院）
・『紫微斗数占星術奥義』東海林秀樹著（学研）
・『最強の中国占星法 紫微斗数とは何か』東海林秀樹著（PHP研究所）
・『秘中 紫微斗数奥義――飛星四化究極の占断法』鳴海健一著（東洋書院）
・『紫微斗数命理学――新理論の活用』村野大衡著（東洋書院）
・『中国が生んだ最奥秘伝占術 紫微斗数』村野大衡著（たちばな出版）
・『もっともわかりやすい 紫微斗数占い』田宮規雄著（説話社）
・『秘伝 紫微斗数占術』田宮規雄著（祥伝社）
・『命理革命 紫微斗数の現代観』李憲青著（日本図書刊行会発刊、近代文芸社発売）

海外書籍

・『紫微斗數看人生』藩子漁著（武陵出版社）
・『紫微斗数宣微（全）』観雲主人著（集文書局印行）
・『紫微斗數精義』江柏逸、余雪鴻共著（集文書局印行）
・『紫微初階①』勸學齋編著・発行
・『紫微初階② 紫微進階』勸學齋編著・発行
・『紫微斗数講義 1如何排命盤』陸斌兆編著、王亭之補注
・『紫微斗数講義 2星曜的特性』陸斌兆編著、王亭之補注
・『王亭之談星 中州学派経典系列（五）』王亭之著（圓方出版）
・『命理叢書 現代紫微斗數眞訣（一）修訂版』天乙上人（蓮田出版）
・『紫微斗数講義』陳雪濤著（武陵出版社）
・『紫微寳典』劉純市著（進源書局）
・『紫微六玄經脈欽天四化秘儀在華山』蔡明著（紫雲慈航出版）
・『風水天地萬年暦（贈訂版袋装本）』羅量著（聚賢館文化有限公司）

著者

照葉桜子ーテルハサクラコー

学生時代に西洋占星術の大家二代目、故・潮島郁幸先生に師事。精神的な占術鑑定技術を学ぶ。高い占術の技の必要性を痛感し、東洋占術の現師匠・東海林秀樹氏に出会い、東洋占術の鋭い技と世界観に触れ感銘を受ける。現在、３万人以上の鑑定経験を生かし、西洋占術・東洋占術の多彩な占術科目の、実践的でわかりやすい個人授業や講座講師を務める。ハイレベルな占術知識と技術の世界を社会に伝えたいという情熱から、占術情報季刊誌『旅猫倶楽部』を年４回発行。

ブログ「占術セミナータロット相談室」
https://sanrueru.exblog.jp/
ブログ「白猫占術学園」
https://profile.ameba.jp/ameba/sironeko-gakuen2020

STAFF

- カバーデザイン
  若井裕美
- 本文デザイン・DTP
  竹崎真弓（株式会社ループスプロダクション）
- イラスト
  cake
- 編集
  花塚水結（株式会社ループスプロダクション）
- 校正
  玄冬書林

一番（いちばん）わかりやすい
はじめての紫微斗数（しびとすう）占い（うらない）

2023年２月20日　第１刷発行

著　者　照葉桜子（てるはさくらこ）
発行者　吉田芳史
印刷所　株式会社文化カラー印刷
製本所　大口製本印刷株式会社
発行所　株式会社日本文芸社
〒100-0003 東京都千代田区一ツ橋1-1-1 パレスサイドビル8F
TEL　03-5224-6460（代表）

Printed in Japan
112230210-112230210 Ⓝ 01（310089）
ISBN978-4-537-22082-7

（編集担当：藤井）

内容に関するお問い合わせは、
小社ウェブサイトお問い合わせフォームまでお願いいたします。
https://www.nihonbungeisha.co.jp/